于程远／主编

QINGMIAOFAXUE LUNCONG

青苗法学论丛

（第2卷）

中国政法大学出版社

2023·北京

图书在版编目（ＣＩＰ）数据

青苗法学论丛. 第2卷/于程远主编. —北京：中国政法大学出版社，2023.3
ISBN 978-7-5764-0885-0

Ⅰ.①青… Ⅱ.①于… Ⅲ.①法学－文集 Ⅳ.①D90-53

中国版本图书馆CIP数据核字(2023)第071701号

出　版　者　中国政法大学出版社
地　　　址　北京市海淀区西土城路25号
邮寄地址　北京100088 信箱8034分箱　邮编100088
网　　　址　http://www.cuplpress.com (网络实名：中国政法大学出版社)
电　　　话　010-58908586(编辑部) 58908334(邮购部)
编辑邮箱　zhengfadch@126.com
承　　　印　北京旺都印务有限公司
开　　　本　720mm×960mm　　1/16
印　　　张　24.25
字　　　数　400千字
版　　　次　2023年3月第1版
印　　　次　2023年3月第1次印刷
定　　　价　119.00元

前 言

PREFACE

　　《青苗法学论丛》是中国政法大学培训学院进行同等学力研修班培养模式改革系列举措的重要成果之一。为培养学员的研究能力，中国政法大学同等学力研修班特别设置了论文写作方法课以及针对不同专业方向的论文写作辅导。本书配合课程设置，将学员们在研习过程中的优秀成果集结出版，以期固化学习成果，激发学习热情，鼓励学员在学习过程中勇于探索、独立思考，并将自身思考以论文的方式落于实处。

　　理论研究的意义在于让人知其然，亦知其所以然。法学是极其强调理论联系实际的学科，研修班学员通常具备较为丰富的实践经验，更了解一线实务工作对理论供给的现实需求以及理论问题在社会生活中呈现出的真实样态，这为后续的理论研究打下了良好的基础。然而研究与实务不同的是，实务工作更为关注当前问题的解决，"规则是什么"是其核心关切；而研究则要更深入一步，思考"为何产生这样的规则，这样的规则是否合理，为什么"——事实上此类问题也是大家在实务工作中经常面临的困惑。这就要求研究者不能满足于对当前现实问题的解决，而要进一步追问规则背后的理论源泉与正当性基础。这对于每一位学员而言都是一个新的挑战，也是一次有益的尝试。

　　合抱之木，生于毫末；九层之台，起于累土。学员们在研习过程中的习作是大家迈入研究领域的第一步，也是非常重要的一步。对未知领域的探索必然与挫折相伴，甚至有时会以失败告终。然而无论挫折还是失败，都终将化作前进道路上的养分，启迪我们的智慧，磨砺我们的性情，坚定我们的信念，从而令我们在潜移默化中实现自我的突破和提升。研究不是能够一蹴而就的事情，与一时的砥砺奋进相比，它更需要平淡中的坚持、枯燥中的坚守乃至逆境中的坚强。一篇优秀的法学论文不可能是对既有资料进行简单收集、拼凑的产物，作者的逻辑思维能力、语言表达能力、基础知识掌握乃至对社会现实的认知、自身的人生经历以及生活体验都会不可避免地在论文中得到体现。这就要求论文的作者在充分调动自身的思维能力、语言能力的同时，还要时刻保持自我质疑、自我批判的精神——充分意识到自身认知能力的有限性，是写出一篇优秀论文的重要前提。研究不易，将研究成果以论文的形式表达出来更为不易，每一位研究者都值得我们尊重。作为学员们在研究领域的初次尝试，这些论文或许文笔稍显稚嫩，或许内容上依旧有待提升，但这无疑已经形成了良好的开端。

我们希望本书能够成为学员们学习过程的记录者、探索道路的陪伴者、自我升华的见证者，也希望本书能够对理论与实务界志趣相投的各位同仁有所启发，同时激励更多的人投身理论联系实际、探索法学新问题、推进我国法治建设的事业中来。

于程远

2022 年 8 月 13 日

目录
CONTENTS

二手车经营者告知义务研究

杨小红*

（中国政法大学 北京 100088）

摘　要： 随着民众消费观念的改变，二手车行业出现了蓬勃发展，侵害二手车消费者权益的事件时有发生。虽然有相关规范性文件予以规范，但至今并无完善的法律制度保障。本文立足于二手车交易过程中存在的信息问题，在信息告知主体、信息告知范围、认定欺诈等方面提出完善建议。

关键词： 二手车交易　告知主体　告知范围　制度完善

一、问题的提出

汽车存量时代来临，多数车逐步进入置换期。汽车置换率的上升为二手车交易市场提供了广阔的发展空间。数据显示，2020 年中国二手车交易量为1434.14 万辆，看似巨大，但二手车交易量仅为新车交易量的 71%，显著低于国外成熟的汽车市场，如英国约为 344%、美国约为 239%、日本约为 137%。未来，伴随中国汽车保有量的进一步增加，二手车交易制度及政策的不断完善及落地以及二手车不对称信息问题的解决，未来二手车市场将会迎来巨大的增长空间。[1]

本文就二手车交易过程中存在的信息问题以及相应制度的完善提出个人见解，以期助力二手车交易市场的发展。

---

* 作者简介：杨小红（1984 年-），女，土家族，四川成都人，中国政法大学同等学力研修班2022 级学员，研究方向为经济法学。

〔1〕 言九："2020 年中国二手车市场交易量与交易额分析，行业发展潜力巨大"，载 https://www. huaon. com/channel/trend/684703. html，最后访问日期：2021 年 9 月 15 日。

二、二手车交易中存在的信息问题

（一）信息告知义务主体范围狭窄

目前，国内的二手车交易渠道主要分为线下传统渠道和线上渠道。线下传统渠道主要是通过独立二手车商、4S店（汽车经销商）以及个人卖家等进行二手车交易，线上渠道主要是通过互联网平台和线上拍卖等方式进行。独立二手车商往往有品牌各异、档次不同的车辆可供消费者挑选，但卖场中车源的质量参差不齐；4S店是具有天然卡位端口优势的二手车经营者；私人间交易通常优势在于交易价格比较低，但购买后的过户、保险等手续需要消费者自行办理，且多数交易不涉及售后服务，消费者的权益难以得到充分的保障。二手车交易平台的优点是车源广泛，消费者可选余地大，而且网站平台打破了时间和地域的限制，二手车信息可以随时更新，加快了二手车的流通速度。

从司法判例来看，车辆信息告知义务的主体一般为直接交易过程中的卖方，而非二手车整个交易过程的参与者。例如，在通过二手车交易平台达成的交易中，立法与司法并不会要求平台方承担二手车的信息告知义务。当发生消费者知情权受到侵害的纠纷时，承担责任的通常仅是二手车的经营者，不包括二手车交易平台。此外，在私人间的交易中往往存在中介、掮客，通过促成二手车的交易赚取佣金与报酬，但这类人通常也不被要求承担信息告知义务。正是因为如此，在整个二手车消费的过程中，任何参与者都可能利用信息逆差侵害消费者的合法利益。

（二）信息告知义务范围不明确

在二手车交易中，经营者隐瞒车辆信息的情况屡见不鲜。消费者在接触二手车的过程中，对车辆状况几乎一无所知，他们只能看到已经被维修或者精修过的车辆外观。但对于车辆本身的状况，质量，是否发生过重大事故、事故的部位、是否拼装、重要零部件是否维修更换、是否为泡水车、火烧车等情况仅通过外观根本无法识别，更有甚者，还有部分二手车已经是保险公司的全损车。大部分消费者都是在车辆使用过程中出现问题后在修理时被告知车辆有问题，从而找卖方寻求救济，但往往会以失败告终。最终只能通过投诉的方式寻求损失补偿。

目前，有规范或可推出二手车经营者的告知义务。例如，《二手车交易规范》第 16 条规定："二手车经销企业向最终用户销售使用年限在 3 年以内或行驶里程在 6 万公里以内的车辆（以先到者为准，营运车除外），应向用户提供不少于 3 个月或 5000 公里（以先到者为准）的质量保证。质量保证范围为发动机系统、转向系统、传动系统、制动系统、悬挂系统等。"隐含了经营者在质量保证范围内的告知义务。此外，根据《消费者权益保护法》[1] 第 18 条第 1 款规定："经营者应当保证其提供的商品或者服务符合保障人身、财产安全的要求。对可能危及人身、财产安全的商品和服务，应当向消费者作出真实的说明和明确的警示，并说明和标明正确使用商品或者接受服务的方法以及防止危害发生的方法。"

但是以上规定通常也只是最低限度的要求，并不满足实际需求。

（三）经营者违法成本过低

1. 惩罚性赔偿功能价值未得到充分实现

惩罚性赔偿责任的确立取决于消费者在市场交易中的弱势地位，具有"填平"责任体系和行政处罚所不具有的激励功能，能有效地激励消费者通过诉讼途径维护自身合法权益，从而达到维护社会公共利益、规范社会秩序的目的。[2]

我国《消费者权益保护法》虽然规定了三倍赔偿，但在司法实践中，"欺诈"难以认定，在二手车交易中，经营者主要通过隐瞒车况，如隐瞒事故车、水泡车、火烧车等方式侵害消费者知情权。当消费者以"欺诈"起诉请求撤销合同且根据《消费者权益保护法》第 55 条要求经营者承担惩罚性赔偿时，消费者对于依照《民法典》中的"欺诈"举证非常困难，结果导致败诉的案件数不胜数。

2. 政府部门对违法经营行为打击力度不强

对于侵犯二手车消费者的投诉问题，消费者一般先采取向政府部门投诉的方式，得到的回应一般是"协商"解决，如果无法协商，建议走司法途径处理，虽然工商、市场监管局、公安、税务部门均负有对二手车市场的监管职责，但收效甚微。[3]

---

[1] 为论述方便，本书中涉及的我国颁布的法律、法规统一省略"中华人民共和国"字样，下不赘述。

[2] 王利明："惩罚性赔偿研究"，载《中国社会科学》2000 年第 4 期。

[3] 王飞宇："我国二手车交易中消费者知情权法律研究保护"，安徽大学 2020 年硕士学位论文。

3. 经营者重大、恶意欺诈缺少刑法规制

我国《刑法》对于恶意欺诈造成重大人身伤害、财产损失并无明文规定。《关于公安机关管辖的刑事案件立案追诉标准的规定（二）》仅规定了对"市场主体"的虚假广告宣传，情节严重的，应予以追诉，但在实践中，并未查询到因二手车虚假宣传而入刑的案例。

三、我国二手车交易中消费者知情权保护机制完善建议

（一）明确信息告知义务的主体范围

（1）4S店、独立汽车维修商、保险公司、二手车个人经营者、拍卖公司、二手车经纪公司、二手车经销公司等作为直接与消费者交易的主体，做到不隐瞒，不欺诈，诚信经营，保护双方合法权益。

（2）明确政府信息提供义务。政府部门在日常监管、车辆查验、转籍过户、交通事故处理等工作中收集、储存大量的信息资源，政府部门应该根据相关法律规定主动承担相应的信息提供义务。公安部门车辆管理所在剥离个人隐私的基础上，建立车辆信息库，车辆在拟达成交易时可根据真实信息进行转籍过户等相关手续。

（3）应规定市场主体的信息义务，二手车市场作为提供二手车交易场所的主体，应该为其所属场地的所有车辆提供真实、可靠车辆信息，对于场内所有车辆应建立全面的车辆信息登记制度，以维护消费者和市场自身的合法权益。

（4）汽车流通协会应加大信息开放渠道，搭建二手车专区信息共享平台。汽车流通协会应发挥承上启下的作用，协助形成全国统一化、标准化、高效化的二手车行业秩序。[1]

（二）明确信息告知义务的内容范畴，明确"欺诈"的认定方式

（1）应细化经营者信息披露义务。仅凭《民法典》和《消费者权益保护法》对消费"欺诈"进行原则性规定，以及《产品质量法》中质量问题对于二手车消费者的保护略显无力。而信息获取和占有的不平等状态始终存在于经营者和消费者之间，为更好保护消费者知情权，应结合《消费者权益保护

---

〔1〕 董世凯、牟宗春、王虹："机动车登记视角下因质量问题退换机动车浅析"，载《汽车与安全》2021年第11期。

法》第55条的立法目的，对"欺诈"的证明予以优化，减轻消费者的举证责任。目前，我国还没有规定二手车交易的特别法，现行的《二手车流通管理办法》《二手车交易规范》的效力位阶过低，适用性不足。鉴于二手车交易的特殊性，也突显我国对于二手车消费者权益的保护，建议明确二手车交易中的"欺诈"行为，增强法律的系统性和协调性。[1]

（2）经营者对信息披露的方式和效果应予以明晰。基于二手车交易车辆价值较大，三倍赔偿金额过高的特殊性，在司法实践中，二手车交易纠纷中获得惩罚性赔偿的案件屈指可数，从而导致隐瞒、欺诈的行为更加肆无忌惮。对于影响消费决策的信息，法律可以规定必须以书面形式进行披露，其他任何形式的承诺均无效，同时，经营者使用的语言必须清晰、明确、无歧义。从而保证在司法实践中能够真正保护消费者正当权益，维护市场秩序。

---

[1] 王宏：《消费者知情权研究》，山东人民出版社2015年版，第311页。

经营者数据的商业秘密保护路径研究

李博文*

（中国政法大学 北京 100088）

摘 要： 由于对企业数据的保护缺乏专门的法律规范，面对当下不断涌现的企业数据纠纷，只能从既有法律体系中寻找制度应对空间。其中，商业秘密保护路径实为最佳，虽然在认定标准与举证责任方面存在不足，但可以通过相关措施加以改进。

关键词： 经营者数据　商业秘密　认定标准　举证责任

一、引言

目前，根据相关的学术研究及执法、司法实践，数据的保护或可通过以下路径实现：其一，根据《民法典》第 127 条之规定，数据作为一种虚拟财产可以寻求物权编、合同编、侵权责任编的救济；其二，合法收集、加工、存储的数据因具备独创性而被视为受《著作权法》保护的客体；其三，在市场竞争的语境下，援引《反不正当竞争法》一般条款、商业秘密条款以及互联网专项条款，维护涉及数据的市场竞争秩序。由于企业数据权属不清，需要对企业数据来源的合法性、数据控制者的优势程度进行判断，导致需要以明确产权归属为基础的民法与知识产权法的保护路径形成了难以克服的障碍。[1] 因此，实践中开始更多地聚焦于寻求反不正当竞争法的保护路径。即

---

* 作者简介：李博文（1980 年-），男，汉族，江苏常州人，中国政法大学同等学力研修班 2022 级学员，研究方向为经济法学。

〔1〕 参见姬蕾蕾：“企业数据保护的司法困境与破局之维：类型化确权之路”，载《法学论坛》2022 年第 3 期。

便如此，反不正当竞争法的三种保护路径之中亦有优先次序之分。本文以为，商业秘密的保护路径乃最佳选择。虽有不足，但可以通过一些积极措施予以改善。

为了符合竞争法领域的用语习惯，本文不再使用"企业数据"，以"经营者数据"代之。

二、商业秘密保护路径可行性之研判

2020 年 9 月 4 日，国家市场监督管理总局起草了《商业秘密保护规定（征求意见稿）》，虽然至今仍未形成生效法源，但其中规定仍具重要价值。首先，根据第 1 条规定，本规定是根据《反不正当竞争法》的有关规定制定的，因此本规定在第三章"侵犯商业秘密行为"中所列举的行为，可以界定为不正当竞争行为，进而适用《反不正当竞争法》第 21 条关于保护商业秘密的规定。其次，本规定在第二章"商业秘密界定"中所列举的商业秘密，多次明确经营者的相关数据属于商业秘密的范畴，包括技术信息数据、经营信息数据。[1]综上，经营者数据在成文法中被明确认定为商业秘密指日可待。但目前在个案中仍需要就经营者数据是不是商业秘密进行说理论证。

根据《反不正当竞争法》第 9 条第 4 款的规定，当经营者数据具备"秘密性""价值性"与"可保密性"三要件时，才能被视为商业秘密并受《反不正当竞争法》保护。[2]所谓秘密性，是指在行为发生时"不为所属领域的相关人员普遍知悉和容易获得的"，主要以是否能够通过正当的手段获得为标准。[3]所谓价值性，是指"具有现实的或者潜在的商业价值"，能为权利人带来竞争优势的。[4]需要强调的是，价值性不等同于实用性，后者要求商业秘密能够在商业上运用，会窄化商业秘密的外延。[5]例如，失败的技术创新所保存下来的数据虽然不能在商业实践中产生实在的价值，但可以在其他尝试中汲取经验教训、避免重蹈覆辙、减少错误成本，同样具备相当的价值。所谓可保密性，是指为防止信息泄露所采取的与其商业价值等具体情况相适应

---

[1] 参见《商业秘密保护规定（征求意见稿）》第 5 条。
[2] 参见刘继峰：《竞争法学》（第 3 版），北京大学出版社 2018 年版，第 336 页。
[3] 参见最高人民法院《关于审理侵犯商业秘密民事案件适用法律若干问题的规定》第 3 条。
[4] 参见最高人民法院《关于审理侵犯商业秘密民事案件适用法律若干问题的规定》第 7 条。
[5] 参见刘继峰：《竞争法学》（第 3 版），北京大学出版社 2018 年版，第 338 页。

的合理保护措施，应当根据商业秘密及其载体的性质、商业秘密的商业价值、保密措施的可识别程度、保密措施与商业秘密的对应程度以及权利人的保密意愿等因素，判断是否采取了相应保密措施。[1]实践表明，司法机关倾向于将经营者数据认定为商业秘密。例如，在被称作大数据不正当竞争第一案的新浪微博诉脉脉不正当竞争纠纷案[2]中，二审法院指出，"新浪微博将用户信息作为其研发产品、提升企业竞争力的基础和核心，实施开放平台战略向第三方应用有条件地提供用户信息，目的是保护用户信息的同时维护新浪微博自身的核心竞争优势"，直接肯定了用户信息数据具有价值性，带来了竞争优势。此外，对"新浪微博有条件地向开发者应用提供用户信息，坚持'用户授权'＋'新浪授权'＋'用户授权'的三重授权原则，目的在于保护用户隐私同时维护企业自身的核心竞争优势"的论述也反映了经营者采取了合理保护措施，符合秘密性和可保密性的要求。因此，在本案中，以用户信息为内容的经营者数据符合商业秘密的构成要件，从而受益于《反不正当竞争法》商业秘密条款的保护。之后，法院综合考虑各方面要素，认为，脉脉的平台经营者淘友技术公司、淘友科技公司的涉案被诉行为构成《反不正当竞争法》意义上的不正当竞争行为。但是法院也强调，微梦公司作为新浪微博的网络运营者没有"积极履行网络运营者的管理义务，防止用户数据泄露或被窃取、篡改，保障网络免受干扰、破坏或者未经授权的访问"，故微梦公司应自行承担部分损失。此观点反映了法院对可保密性构成要件的认定并不严格。

此外，2019年4月23日修正《反不正当竞争法》时新增第32条，就秘密性以及侵犯商业秘密行为的举证责任作出了有利于商业秘密权利人的规定。商业秘密权利人只需要提供初步证据，证明"其已经对所主张的商业秘密采取保密措施，且合理表明商业秘密被侵犯"即可，一定程度上缓解了维权难的问题。[3]并且，发布于2022年3月16日的最高人民法院《关于适用〈中华人民共和国反不正当竞争法〉若干问题的解释》，取代了2007年发布的相关解释，并删除了要求商业秘密权利人"应当对其拥有的商业秘密符合法定条件、对方当事人的信息与其商业秘密相同或者实质相同以及对方当事人采

---

〔1〕 参见最高人民法院《关于审理侵犯商业秘密民事案件适用法律若干问题的规定》第5条。
〔2〕 参见"'脉脉'非法抓取使用微博用户信息不正当竞争纠纷案"，北京知识产权法院[2016]京73民终588号民事判决书。
〔3〕 参见《反不正当竞争法》第32条。

取不正当手段的事实负举证责任"的规定。[1]简言之，当前依据商业秘密条款主张救济极大地减轻了商业秘密权利人的举证负担，从程序方面凸显经营者数据的商业秘密保护路径的可行性。

三、商业秘密保护路径实现困境之辨析

首先，商业秘密认定标准模糊。虽然有案例支持，但纵观近年来的司法实践，诉请商业秘密保护的成功案例并不多，这很大程度上与相关的数据未能被认定为商业秘密有关。[2]本身商业秘密就存在认定困难的背景下，经营者数据被成功认定的难度更加明显。一方面，经营者数据本就不可一概而论，没有统一的司法裁判，存在极大的不确定性，特别是秘密性。诸如研究数据、技术信息等数据，被认定为商业秘密并不困难，但在大数据环境下大部分数据是收集、汇总、处理和分析的个人信息，这些信息仍存在较大争议。另一方面，关于可保密性的要求，何种措施才能视作采取了相适应的保密措施？若采用行业先进标准，受制于经营者经济实力等因素，必然有极大部分的经营者被"误伤"；若采用客观标准，那该如何界定？在没有明确规则依据的情况下，裁判者有较大的裁量权，这也致使经营者数据保护处于不利境地。

其次，侵犯商业秘密的不正当竞争行为举证困难。经营者数据和商业秘密的双重结合使得侵权行为处于极其隐秘的状态，经营者的维权面临着严重的举证困难与阻碍。虽然《反不正当竞争法》修正后减轻了商业秘密持有人的举证负担，但是在数据领域，受制于技术壁垒与技术更新迭代，侵权行为难以被发现，更不必说发现后的维权。"商业秘密侵害行为的隐蔽性和侵害结果的隐蔽性，无疑会加重企业的举证责任。"[3]

四、商业秘密保护路径应对出路之考量

首先，立法或司法实践应当尽可能地明确经营者数据商业秘密的认定标准。考虑到立法程序的复杂性，可以通过司法解释或指导案例的形式，为实

---

〔1〕 参见最高人民法院《关于审理不正当竞争民事案件应用法律若干问题的解释》第14条。

〔2〕 参见北京市高级人民法院知识产权庭课题组："《反不正当竞争法》修改后商业秘密司法审判调研报告"，载《电子知识产权》2019年第11期。

〔3〕 邓社民、侯燕玲："企业数据竞争法保护的现实困境及其出路"，载《科技与法律（中英文）》2021年第5期。

践提供指引。具体而言，其一，明确经营者数据的保密性判断规则。出于实践的需要，可以制定白名单，将常见类型的、被归为商业秘密的经营者数据明确列举，免于个案的判断；对于其他类型的数据，需要明确考虑相关因素，为个案审查提供较为可行的依据。其二，明确经营者数据的可保密性判断标准。本文以为，未来维护市场经济的有序发展，维护中小企业的合法利益，不宜将采取合理的必要保密措施标准定得过高。[1]本文建议只要经营者采取了符合商业秘密价值与企业经济实力相适应的保密措施即可。即便措施力度不足，但只要采取措施，也不得排除认定商业秘密的可能，可以要求商业秘密持有者承担部分损失与责任。

此外，要积极解决商业秘密纠纷的举证难问题。结合当下企业合规的市场背景，可以出台相应的商业秘密合规指南，强化合规经营者。对于原告而言，有效的合规计划可以降低其在案件中的举证责任。除非被告提出合理抗辩致使合规丧失推定效果，否则应当由被告承担不利后果。此外，对于侵权人而言，可以设置豁免激励，有效的合规计划可以让侵权人降低甚至免除侵权责任，避免经营者因技术过失或其他原因导致的客观侵权行为承担责任。

---

[1] 参见许可："数据保护的三重进路——评新浪微博诉脉脉不正当竞争案"，载《上海大学学报（社会科学版）》2017年第6期。

全国统一大市场建设的反垄断保障

马宝林*

（中国政法大学 北京 100088）

摘　要： 维护公平竞争的市场秩序是建设全国统一大市场的根本内容。《反垄断法》作为市场经济的基本法，在本次修正中，吸收了《关于加快建设全国统一大市场的意见》的中心思想并作出了反应，为全国统一大市场建设提供了有力的法治保障。

关键词： 全国统一大市场　反垄断法　有力保障

一、引言

2022年3月25日发布的中共中央、国务院《关于加快建设全国统一大市场的意见》（以下简称《意见》）指出，要"加快建设高效规范、公平竞争、充分开放的全国统一大市场"。[1] 其中一项重要内容就是"维护统一的公平竞争制度"。公平竞争作为市场经济的基本运行逻辑，维护公平竞争能够促进更高水平地配置资源，更大程度地提升效率，更大范围地鼓励创新，以此为加快建设全国统一大市场护航。

反垄断法经常被誉为"经济宪法"，反映出反垄断法具备成为维护市场经

---

　* 作者简介：马宝林（1973年-），男，回族，甘肃兰州人，中国政法大学同等学力研修班2022级学员，研究方向为民商法学。

　〔1〕 参见"中共中央　国务院关于加快建设全国统一大市场的意见"，载 http://www.gov.cn/zhengce/2022-04/10/content_ 5684385. htm，最后访问日期：2022年7月21日。

济有序运行之"根本大法"的特征。[1]宪法规定了基本人权，限制了公权保障私权；同样地，反垄断法明确了公平竞争，限制了滥用经济权力保障经济秩序。简言之，反垄断法可以通过划定自由与管制的界限来维护公平竞争，[2]进而实现全国统一大市场建设的目标。

二、全国统一大市场建设的反垄断立法保障

2022 年 6 月 24 日，第十三届全国人民代表大会常务委员会第三十五次会议审议通过《关于修改〈中华人民共和国反垄断法〉的决定》。此次《反垄断法》的修正有诸多亮点，为加快建设全国统一大市场提供了更加明确的法律依据和更加有力的制度保障。

（一）确立竞争政策基础地位——处理好市场与政府的关系

所谓竞争政策，就是"政府为充分尊重市场规律，发挥市场在资源配置中决定性作用而实施的经济政策和规则，与行政主导的产业政策相对应"。[3]本质上讲，竞争政策属于政府的有形之手，看似属于政府干预，实则是用"有形之手"保护"无形之手"（市场）能够充分发挥作用。强化竞争政策基础地位意味着在制定任何经济政策时，必须将竞争作为基本要素充分考虑，让其他目标与竞争相协调，减少对公平竞争的不利影响。原因在于，在市场竞争的视域下，竞争政策应当是优先级最高的经济政策。[4]因此，强化竞争政策基础地位能够为处理好市场和政府的关系提供有力保障。

近年来，党中央和国务院发布的大部分关涉体制改革的政策性文件都强调"强化竞争政策基础性地位"，可见其重要程度。[5]但是，虽然这些文件具备指导作用，但缺乏稳定性。此次《反垄断法》的修正，在第 4 条中明确规定，"强化竞争政策基础地位"。至此，竞争政策基础地位得到法律层面上

---

〔1〕 参见李国海："经济民主：反垄断法的宪政价值"，载漆多俊主编：《经济法论丛》（总第 20 卷），武汉大学出版社 2011 年版，第 30 页；金善明："反垄断法的'经济宪法'定位之反思"，载《江西社会科学》2015 年第 11 期。

〔2〕 参见张占江："反垄断法的地位及其政策含义"，载《当代法学》2014 年第 5 期。

〔3〕 黄勇："完善反垄断法律制度 强化竞争政策基础地位"，载 http://www.npc.gov.cn/npc/c30834/202104/2c6651232feb47b0824d72c81d9ac578.shtml，最后访问日期：2022 年 7 月 21 日。

〔4〕 参见王先林："强化竞争政策基础地位背景下的《反垄断法》修订"，载《竞争法律与政策评论》2020 年第 1 期。

〔5〕 参见贺俊："竞争政策基础性地位与中国经济活力"，载《人民论坛》2021 年第 24 期。

的确认，权威性与稳定性进一步加强。

（二）明确公平竞争审查制度——破除行政性垄断顽疾

根据国家市场监督管理总局反垄断局的通报，"十三五"时期在全国范围内依法查处行政性垄断案件共计 274 件。[1]根据《中国反垄断执法年度报告（2021）》，在 2021 年共查处 46 件行政性垄断案件，同时纠正废止违反公平竞争审查标准的政策措施 1.1 万件。[2]以上数据表明，行政性垄断的数量仍然众多，权力和资本的不当结合使得行政性垄断对竞争的消极影响更广泛、更持久、更严重，[3]成为统一大市场建设的关键阻碍之一。因此，亟待破除行政性垄断障碍。

2008 年《反垄断法》用专章规定了禁止"滥用行政权力排除、限制竞争"，但该章规定属于事后救济，数十年的运行中存在规制效果不理想、追责机制滞后、审查范围狭窄等问题。[4]此外，事后救济成本高昂、预防性功能不足等缺陷也寻求事前监管机制的出台。因此，在 2016 年，国务院出台《关于在市场体系建设中建立公平竞争审查制度的意见》，提出建立公平竞争审查制度，即政策制定机关在制定涉及市场主体经济活动的具体政策措施时，应当评估对市场竞争的影响，防止排除、限制市场竞争。

虽然国务院有关部门发布了相应的实施细则，但存在"用文件审查法规、规章"的逻辑悖论，导致公平竞争的审查对象和审查效果有限。[5]此次《反垄断法》的修正，在第 5 条中明确了公平竞争审查制度，不仅可以解决制度层级不高导致的法源基础薄弱问题，原则性的规定还有利于制度的开放性解释，为其功能与效果方面的突破留下空间。在事前审查与事后救济的共同规制下，将有力破除行政性垄断顽疾。

---

〔1〕"破除行政性垄断强力推进"，载 https://www.samr.gov.cn/zt/qhfldzf/202103/t20210318_327050.html，最后访问日期：2022 年 7 月 21 日。

〔2〕"中国反垄断执法年度报告（2021）"，载 https://www.samr.gov.cn/xw/zj/202206/P020220608430645470953.pdf，最后访问日期：2022 年 7 月 21 日。

〔3〕刘继峰："'反垄断法首次大修'系列报道之三 引入公平竞争审查，是反垄断立法的重大进步"，载《民主与法制》2022 年第 26 期。

〔4〕参见贾璐："公平竞争审查制度的双重悖论与激励机制"，载《中国价格监管与反垄断》2022 年第 6 期。

〔5〕参见孟雁北："强化竞争政策基础地位视域下中国《反垄断法》修订建言"，载《中国经济报告》2021 年第 3 期。

（三）加大处罚力度——打击市场主体垄断行为

2008 年的《反垄断法》法律责任体系中包含了民事赔偿与行政处罚，反映出反垄断处罚制度的目标在于填补损失、惩罚违法行为。隐藏在其中的根本目标在于通过严厉的处罚形成威慑，劝阻经营者从事违法行为，以及阻止违法者再次违法。[1]根据最优威慑理论，只要违法行为的成本高于收益，那么经营者就会主动放弃违法行为。其中，加大处罚力度与提高监管效能是提高经营者违法成本的两个根本途径。

此次《反垄断法》的修正，大幅度地增加了违法成本。首先，第 67 条规定了垄断行为的刑事责任。作为最严厉的处罚措施，刑罚能够最大限度地实现震慑效果。其次，第 56 条、58 条分别加大了对实施垄断协议、违规进行经营者集中的处罚力度，达成未实施垄断协议的罚款上限由 50 万元调高到 300 万元，违反经营者集中行为的罚款上限由 50 万元调高到 500 万元，或处上一年度销售额 10% 以下的罚款。最后，建立了经营者与个人的双重责任制度。经营者的法定代表人、主要负责人和直接责任人员负有个人责任的，也可处罚款。以上更加健全的处罚体系，显著提高了经营者的违法成本，有力地打击市场主体实施垄断行为。

（四）鼓励创新——增强市场主体信心

长期以来，学界一直就创新是否应当纳入反垄断法的立法目的存在激烈讨论，但是，创新之于竞争的重要性是无可非议的。竞争会鼓励创新，创新亦会促进竞争。[2]没有创新的竞争就是零和博弈，在没有增长的存量之中所进行的竞争反而是损害效率；相反，一旦有了创新，竞争就是动态上升的，从而推动产业的整体发展。

正如《意见》所强调的要"坚持创新驱动发展"，此次《反垄断法》的修正，将"鼓励创新"确定为立法目的之一，使得反垄断法的价值与建设统一大市场的核心总体要求更加吻合。此外，在数字经济高速发展的背景下，创新法益的独立地位被逐渐承认，甚至在某些案例中竞争与创新并驾齐

---

〔1〕 参见王健、方翔："威慑理念与我国反垄断制裁的有效协调"，载《经贸法律评论》2019 年第 2 期。

〔2〕 参见王磊："创新目标在《反垄断法》上的定位与实现——兼评《反垄断法（修正草案）》第 1 条"，载《中国政法大学学报》2022 年第 1 期。

驱。[1]

因此，为了实现鼓励创新目标，反垄断法将对可能阻碍创新的垄断行为施以更加严格的标准。只要满足妨碍创新与排除、限制竞争二者之一，就可能被禁止。相反，对于某些限制竞争的行为，如果被证明有利于技术创新，在没有显著限制竞争效果的前提下，将会被豁免从而不予禁止。[2]张弛有度的态度有利于提振市场活力，构建更高水平的市场经济，从而增强市场主体信心。

三、全国统一大市场建设的反垄断实施保障

为了保障反垄断法能够顺利实施，一方面，此次《反垄断法》的修正新增反垄断法民事公益诉讼制度；另一方面，国家市场监督管理一次性发布六部反垄断法配套文件征求意见稿，为反垄断法的实施提供更加全面的保障。

（一）建立反垄断民事公益诉讼

反垄断民事公益诉讼在立法层面的确定，对于维护中小型经营者与消费者利益而言，无疑具有重大意义。一方面垄断行为比较隐蔽，弱势的受害经营者和消费者举证困难；另一方面，垄断行为所造成的损害涉及的法学与经济学分析，门槛较高。引入检察机关，使得举证有了专业性的保障，提高了对垄断行为的查处力度。

由此，市场监管部门与检察机关的共同介入将会有效打击破坏统一市场的行为，从而加强对涉嫌垄断经营者的威慑。当然，相较于消费与环境民事公益诉讼，反垄断民事公益诉讼的提出主体缺少了相应的社会组织，显然还有进一步加强的空间。

（二）全面制定反垄断配套文件

六部反垄断法配套文件征求意见稿，涉及经营者集中申报标准、经营者集中审查、垄断协议、滥用市场支配地位、知识产权垄断、行政性垄断。这些文件集中反映了新法的修正亮点，为新制度、新程序、新标准制定了实施细则，并完善和补充了近年来执法实践的经验。

可以想象，在配套文件生效后，反垄断的落地将更加精细、精准，一方

---

〔1〕 参见方翔："论数字经济时代反垄断法的创新价值目标"，载《法学》2021 年第 12 期。

〔2〕 参见《反垄断法》第 20 条第 1 款第 1 项。

面为执法提供有力的制度保障；另一方面为经营者反垄断合规提供了指南，让经济生活更加有秩序。

四、结语

"市场经济越是成熟，对反垄断法的需求越是强烈。"《反垄断法》的修正恰逢《意见》的发布，充分吸收了《意见》的核心内容。《反垄断法》将是一部能够为全国统一大市场建设提供充分法治保障的重要法律。

我国带薪年休假问题研究

李润雪*

（中国政法大学 北京 100088）

摘 要： 随着经济的发展，劳动者对自身权利的意识日益加强，带薪年休假是劳动者休息权的表现，较之以往我国的带薪年休假已有了大的突破，但仍存在一些问题亟待解决。本文针对带薪年休假存在的一些问题提出相关的完善建议。

关键词： 带薪年休假 用人单位 劳动者

一、带薪年休假的发展历程

据史料记载，西汉时起就已有初步的休假制度，当时称休假为"休沐"，"沐"为回家休息沐浴的含义，"五日休沐"即为上五天休一天；到了唐朝，从"五日休沐"演变为"旬休"，此外还出现了"节日假期"的概念，在元旦、清明、中秋、冬至等节日都会放假；到了宋代，休假制度更为完善，有"旬假""节假"和"忌日假"，"旬假"即为十日一休，"节假"则与我们现在所理解的节假日的含义大体一致，每年共有三个"黄金周"（七天假），分别是春节、寒食和冬至；而"小长假"（三天假）共有五个，即圣节（皇帝生日）、上元、中元、夏至和腊八；皇帝和皇后的去世之日为国家忌日，也会放假，即为"忌日假"。到了清代，由于西方国家对我国进行的宗教渗透，一

---

* 作者简介：李润雪（1993 年-），女，汉族，福建莆田人，中国政法大学同等学力研修班 2022 级学员，研究方向为经济法学。

些宗教用于在我国得以流传，如现在常提到的"礼拜天"。[1]

在中华人民共和国成立后，首次在《宪法》中对于劳动者的休假制度以根本大法的形式予以规定。而在 1995 年实施的《劳动法》中明确提出对于连续工作满 1 年的劳动者，即可以享受带薪年休假。但对于休假天数与休假方式等并未作细化规定。2008 年起正式实施的《职工带薪年休假条例》（以下简称《条例》），首次规范了带薪年休假的各个方面，并在同年 9 月颁布了《企业职工带薪年休假实施办法》（以下简称《办法》）。时至今日，《条例》与《办法》仍然是我国带薪年休假制度的基本法律依据。

二、我国带薪年休假的问题分析

（一）休假安排方式设置尚需合理

首先，带薪年休假的休假天数设置尚需合理。《条例》第 3 条规定，劳动者工龄在 1 年到 10 年范围内的，共有 5 天年休假；10 年到 20 年范围的为 10 天；20 年以上的为 15 天。可以看到，休假天数是以 10 年为标准制定的限期，每两年增长一天年休假，增长率较低，增长频次较低，缺乏区分度。本文认为，带薪年休假对于工作年限不同的人应该形成不同的激励效应，不同的工作时长、资历给企业、社会带来的价值是完全不同的。以年休假相等为例，拥有 5 天年假的 1 年工龄劳动者和 9 年工龄劳动者，拥有 10 天年假的 10 年工龄劳动者和 19 年工龄劳动者，劳动者权益与福利待遇不能一概而论。此外，早在 1970 年，国际劳工组织在《带薪休假公约》中规定，劳动者工作 6 个月后即可享有休假权，而其连续工作满 1 年后，年休假不少于 3 个星期。[2]据统计，全球范围内，约有 50%以上的国家规定了带薪年休假的休假天数大于 20 天，仅有 10%的国家不超过 10 天，而我国休假天数上限为 15 天，下限为 5 天，低于国际标准。[3]

其次，带薪年休假的休假方式规定尚需清晰。《条例》第 5 条规定，单位安排职工休年假，共需要考虑两个因素：一是单位的具体情况，二是职工的意愿。并且年休假原则上要在一个年度内休完。如此规定会产生以下问题：

---

〔1〕 参见曹灿明："中国休假制度变迁研究"，载《苏州大学学报（哲学社会科学版）》2009 年第 6 期。

〔2〕 参见王全兴：《劳动法》（第 3 版），法律出版社 2008 年版，第 277 页。

〔3〕 参见宁立标："论我国带薪休假权保障立法的完善"，载《法商研究》2016 年第 2 期。

其一，用人单位忽视劳动者的休假意愿，以单位的经营情况为理由，对职工的年休假进行强制安排，甚至将年休假作为一种管理工具要求职工服从安排，损害了劳动者的法定权益；其二，"职工本人意愿""确有必要"等规定较为模糊，具体实施起来有较大难度。[1]如用人单位可为了减少利益损失，安排劳动者的年休假均为分段休完，每个星期休息一天直至休完，此举虽然休完了假，但是也变相侵害了劳动者的权益。

（二）未休假补偿落实尚需到位

在《条例》和《办法》中均有明文规定，用人单位对于未休的年休假应当给予劳动者三倍的日工资，但在现实中，对于该补偿举措并没有得到很好落实。在一些季节性生产企业或经营不善的单位中，会定期在停产期或低谷期安排休假，对此休假方式，用人单位视为已经安排职工进行带薪年休假，此类强制性休假期间一般不用支付工资。另外，部分用人单位在与职工签订劳动合同时，工资报酬的条款常常仅有一条按照当地最低工资标准执行，而其他相关报酬在劳动合同中并无说明，但这与规定中所描述的三倍工资相差甚远。一来此举不符合职工实际的工资收入；二来职工的工资除了基本工资外，往往还包括绩效工资、各项奖金及津贴，即应当按照职工实际日工资收入的三倍支付。

三、完善我国带薪年休假的相关建议

（一）制定合理的带薪年休假方式

首先，设置合理的带薪年休假天数。对此我们可以借鉴日本的休假天数计算方式，根据日本相关法规，劳动者累计工作6个月即可以享受休假权，若实际出勤率达到80%，6个月的工作年限可以享受10天的带薪年休假，1年半的工作年限可以享受11天，2年半为12天，以此类推，上限为20天。[2]与我国不同的是，日本的休假天数计算模式更为细致化，除了对工作年限的规定，还对于出勤率有一定要求。随着我国社会经济的发展，基于对劳动者权益的保护，我国的有关法律可规定将带薪年休假的工作年限区间范围由10年调整

---

〔1〕参见李炳安："我国劳动工时和休息休假制度的价值选择与制度完善"，载《社会科学研究》2017年第5期。
〔2〕参见刘焱白："用人单位年休假民事责任制度设计的偏差与校正"，载《法学》2016年第11期。

至 1 年，也同步加之出勤率要求来平衡用人单位的利益。具体而言，我国的带薪年休假天数改善建议如下：其一，为了更好兼顾刚刚步入职场的员工，刺激其工作热情，工作累计满 1 年，即可以享受 5 天的年休假；其二，在此基础上实际出勤率达到 85%，每年增加 1 天的带薪年休假，由此推算可得，若劳动者的出勤率达标，则累计工作 5 年的劳动者可以拥有 9 天的带薪年休假，10 年为 14 天，20 年为 24 天，以 24 天为我国带薪年休假的休假天数上限。若劳动者出勤率未达标则仍然享受前一年的带薪年休假天数，对于休假天数不予调整，若后续工作满 1 年后且出勤率达到 85% 的标准，则按照上文所述的计算方式调整年休假天数。

其次，明确规定带薪年休假的连休方式。目前我国的带薪年休假原则上 1 年内休完，可以分段休也可以一次性休完，规定上较为模糊，不明确的规定带来了带薪年休假模式的实施难度。针对这种情况，我们可以参考相关国家的举措，俄罗斯规定了劳动者选择分段休年休假的话，至少要保障该劳动者至少有一个阶段休假天数大于或等于 14 天；[1]法国明确要求少于 12 天的休假不得分阶段休，必须一次性休完。[2]针对我国现有情况，我认为可以将连休和分段休两种形式相结合，如明确规定职工每半年至少有一个阶段的休假天数大于或等于总休假天数的 1/2，若职工共有 10 天年休假，则半年内至少可以连休 5 天。同时保留职工因个人特殊事项需要年休假进行调整的分段休的模式。无论是哪种休假方式，用人单位都不得以非工作必要（如进行团建活动）强制要求劳动者返回岗位。为了避免用人单位侵犯劳动者的合法权益，相关法律法规应当明确相应的惩戒措施。

（二）改进未休假补偿方式

关于带薪年休假未休的补偿措施，还需完善相关制度，明确措施。对于劳动合同中工资按照当地最低标准执行的或与劳动者实际工资报酬有出入，导致实际补偿损害了劳动者合法权益的，应当按照有利于劳动者的补偿方式进行。用人单位也不得以此条款中的金额来作为补偿金额。此外，对于企业未进行补偿、劳动者维权成本较大的情况，可以发挥工会组织的作用来帮助维护劳动者利益，如可将年休假待遇写入集体合同中，一方面可以通过工会

---

〔1〕 参见康宇杰："带薪年休假制度实行现状及问题探析"，载《法制与社会》2014 年第 12 期。

〔2〕 参见江南燕："带薪年休假制度域内外研究"，载《法制与经济》2015 年第 1 期。

加大监督力度，另一方面可以降低劳动者维权难度。

四、结论

自《条例》和《办法》的颁布以来，劳动者对带薪年休假的观念逐步转变，可见法律的制定对社会的重要性。未来可以通过更健全的法律来指引人们树立正确的工作生活观念，指引社会更加重视劳动者的权益保护。完善的带薪年休假制度可以稳定劳资关系、刺激经济、和谐社会。由于带薪年休假制度在我国起步较晚，本文分析了带薪年休假存在的一些问题并在此基础上提出了相关完善建议，但该制度的完善还需要社会各界共同努力，从而使劳动者的带薪年休假权益能够得到真正的保障。

浅谈个人信息安全保护问题与建议

——以滴滴公司网络安全行政处罚案为视角

葛传红*

（中国政法大学 北京 100088）

摘　要： 随着互联网的不断发展，人们在享受便捷、高效的生活方式的同时，也面临着个人信息安全受到威胁的挑战，过度收集、不当使用、泄露个人信息等问题层出不穷。为加强网络数据安全、个人信息保护力度，我国陆续出台相关法律法规，尤其是 2021 年 11 月开始实施的《个人信息保护法》，为个人信息保护提供了坚实的法律保障。本文结合《个人信息保护法》，对近期"滴滴公司网络安全行政处罚案"进行分析，探讨个人信息安全保护的解决对策。

关键词： 滴滴公司　个人信息安全　建议对策

一、滴滴公司网络安全行政处罚案分析

（一）基本事实

2022 年 7 月 21 日，国家互联网信息办公室（以下简称"网信办"）对滴滴全球股份有限公司（以下简称"滴滴公司"）依法作出网络安全审查相关行政处罚的决定。经查明，滴滴公司共存在 16 项违法事实，归纳为八个方面。一是违法收集用户手机相册中的截图信息，二是过度收集用户剪切板、应用列表信息，三是过度收集乘客人脸识别信息、年龄段信息、职业信息、亲情关系信息、"家"和"公司"打车地址信息，四是过度收集精准位置信

---

* 作者简介：葛传红（1992 年-），女，汉族，山东日照人，中国政法大学同等学力研修班 2022 级学员，研究方向为经济法学。

息，五是过度收集并储存司机学历信息、身份证号信息，六是在未明确告知乘客情况下分析乘客出行意图信息，七是频繁索取无关的"电话权限"，八是未准确、清晰说明用户设备信息等 19 项个人信息处理目的。[1]

此外，滴滴公司还存在影响国家安全的数据处理活动，但与本文主题无关，故不予讨论。

（二）争议焦点及违法行为分析

1. 过度收集用户个人信息

根据《个人信息保护法》第 6 条规定，企业收集、处理个人信息时，应当具有明确、合理的目的，并应当与处理目的直接相关，采取对个人权益影响最小的方式；此外，收集个人信息，应当限于实现处理目的的最小范围，不得过度收集个人信息。[2]滴滴公司的主营业务"网约车"是通过互联网平台实现乘客与司机之间匹配，从而促成乘车服务交易的实现。在这一过程中，滴滴公司收集并存储的诸如相册截图、剪切板信息、乘客与司机的个人信息等，并非直接用于乘客打车、司机接单等活动，该行为也不能促进打车服务质量提升，超出了其所提供的打车服务最小的必要范围，属于无关信息。滴滴公司过度收集个人信息的行为违反了法律的规定，侵犯了用户的个人信息权益。

2. 收集、存储敏感个人信息

根据《个人信息保护法》第 28 条规定，敏感个人信息是一旦泄露或者非法使用，容易导致自然人的人格尊严受到侵害或者人身、财产安全受到危害的个人信息，包括生物识别、宗教信仰、特定身份、医疗健康、金融账户、行踪轨迹等信息；敏感个人信息只有在具有特定的目的和充分的必要性并采取严格保护措施的情形下，个人信息处理者方可处理。[3]作为坐拥上亿用户的头部互联网交通运输企业，滴滴公司通过互联网大数据、人工智能等方式，大量收集用户的人脸识别信息（生物识别），学历信息、身份证号信息、亲情关系（特定身份），精准位置信息（行踪轨迹）等敏感个人信息，这些数据

---

〔1〕 参见"国家互联网信息办公室有关负责人就对滴滴全球股份有限公司依法作出网络安全审查相关行政处罚的决定答记者问"，载 http://www.cac.gov.cn/2022-07/21/c_ 1660021534364976.htm，最后访问日期：2022 年 8 月 6 日。

〔2〕《个人信息保护法》第 6 条。

〔3〕《个人信息保护法》第 28 条。

让滴滴公司掌握了公民个人的客户画像及行动轨迹，严重侵犯用户隐私，给公民的人格尊严及人身、财产安全造成巨大的潜在风险。

3. 未明示个人信息处理目的、方式和范围

《个人信息保护法》第14条规定，基于个人同意处理个人信息的，该同意应当由个人在充分知情的前提下自愿、明确作出。[1]滴滴公司频繁索取个人信息，未征得用户同意，未尽到告知义务，甚至存在不同意信息收集就不允许用户使用 app 的软件使用协议，侵犯用户对其个人信息处理的知情权和决定权。

（三）处罚决定

2022 年 7 月 21 日，网信办对滴滴公司处以人民币 80.26 亿元的罚款，并对公司主要负责人处罚款。[2]该处罚主要依据《网络安全法》《数据安全法》《个人信息保护法》《行政处罚法》等有关规定，基于滴滴公司违法行为的性质、持续时间、危害及情形作出。对滴滴公司的处罚，显示出国家治理信息安全、数据安全问题的态度和决心，此举必将对互联网企业信息安全合规性以及我国信息安全进程起到重要推动作用。

二、滴滴公司处罚案原因分析及启发

（一）个人信息保护法治保障不健全

近年来，我国陆续颁布《网络安全法》《数据安全法》《个人信息保护法》《关键信息基础设施安全保护条例》《网络安全审查办法》等法律法规，[3]对个人信息保护发挥了重要作用，但在司法实践中，相关的条款分散在不同的法律中，不同法律的衔接还存在一定问题，各项法律法规的覆盖面还存在空白点，重点领域针对性法律法规缺失。

（二）监管难度大、取证时间长

国家网络安全审查部门从 2021 年 7 月起对滴滴公司实施网络安全审查，调查取证长达一年之久，类似于滴滴公司的信息安全问题存在已久，但由于监管难度大、取证时间长、监管不及时等问题，导致个人信息安全问题难以

---

〔1〕《个人信息保护法》第 14 条。

〔2〕参见"国家互联网信息办公室对滴滴全球股份有限公司依法作出网络安全审查相关行政处罚的决定"，载 http://www.cac.gov.cn/2022-07/21/c_ 1660021534306352. htm，最后访问日期：2022 年 9 月 1 日。

〔3〕程啸："论我国个人信息保护法的基本原则"，载《国家检察官学院学报》2021 年第 5 期。

及时有效解决。

（三）企业缺乏安全合规经营意识及体系

企业在追求经济效益时，往往会忽略安全合规经营，滴滴公司作为头部互联网企业，其管理人员缺乏安全合规意识，公司缺少安全合规体系，甚至在监管部门警告、督促后依旧未高度重视、及时整改。

（四）公民参与个人信息保护难度大

公民作为个人信息保护的弱势群体，在遭遇个人信息安全风险时存在维权困难问题，个人证据保存难度大、维权渠道不畅通，导致公民在个人信息保护中参与积极性低、参与效果不足。

三、大数据背景下个人信息保护对策及建议

（一）健全个人信息保护相关法律法规

要执法先立法，建议立法部门结合互联网行业、企业的发展实际，进一步完善个人信息保护的相关法律法规，对相关法律进行整合，解决不同法律间内容衔接难的问题，建立重点领域的针对性法律法规，细化具体执行规则，更全面地保护个人信息安全。

（二）加强监管及执法力度

网信部门作为互联网大数据下个人信息保护的监管及执法部门，需进一步依法加大网络数据安全及个人信息保护等领域执法力度，通过约谈警告、责令改正、停业整顿、通报批评、罚款、处理责任人等相关措施，依法打击危害国家网络数据安全、侵害公民个人信息等违法行为。另外，对重点互联网企业进行不定期抽查，同时，加大典型案例曝光力度，形成震慑和警示作用，并且对典型案例进行持续监管督促。

（三）加强企业安全合规体系建设

首先，企业应全面系统梳理数据相关业务，建立健全数据安全合规体系、制度建设，对个人信息进行分类、分级管理，建立个人信息收集、存储、使用、加工、传输、删除等全过程操作细则。同时，企业要形成自纠自查机制，定期进行内部安全合规检查，安全合规管理要与审计、内控协同，确保合规体系有效运作。另外，要明确管理人员和重点岗位人员的合规责任，强化考核与问责。

其次，企业文化不仅是企业对外宣传的口号，更应该是全体员工所认同

并遵守的价值观，企业应从管理层到基层员工形成诚信、合规的企业氛围，将维护用户的个人信息安全及合法权益作为核心的价值理念，树立安全合规的意识，加强内部人员合规培训，积极承担社会责任。[1]

最后，用户量巨大、业务类型复杂的企业应引入第三方监督机构，对企业产品及服务进行监督，对企业存在的问题进行监测评估并提供改进方案，协助企业进行安全合规改进，确保企业各项合规制度执行到位。[2]

（四）提高公民个人信息保护参与度

公民在提高个人信息保护意识及风险识别能力的同时，应积极参与对个人信息的保护，对于发现的侵害个人信息的行为要积极履行投诉、举报义务，维护个人合法权益，形成全社会参与促进个人信息保护的良好环境。

此外，网信部门应完善个人信息保护的投诉、举报体制机制，开通多种投诉、举报渠道，鼓励公民参与个人信息保护，接到投诉、举报后及时依法作出回应并给出处理意见。

四、结论

大数据时代，信息安全隐患无处不在，新兴行业、企业要想健康、持续发展，必须承担起保护国家及个人信息安全、维护客户利益的社会责任。本文仅浅谈个人信息保护的建议，存在一定局限性。信息安全无小事，相信在以国家网信部门为主的多方协同共治下，我国个人信息安全保护将逐步规范化、有效性，个人信息将得到更有力的法律保护。

---

〔1〕 刘俊萍、谭晶："网约车企业内部控制存在的问题与对策建议——以'滴滴出行'为例"，载《产业与科技论坛》2019 年第 22 期。
〔2〕 程亚敬："大数据背景下个人信息权的保护"，载《大众标准化》2021 年第 24 期。

代理行为与个人行为交叉时表见代理的认定
——以某客公司诉某力公司买卖合同纠纷案为视角

蔡静远*

（中国政法大学 北京 100088）

摘　要： 目前我国表见代理的认定标准主要依据是我国《民法典》第172 条以及最高人民法院《关于适用〈中华人民共和国民法典〉总则编若干问题的解释》第 28 条之规定。上述规定中虽明确了构成表现代理所需的各项要件，但在实务过程中，由于构成要件的证明标准缺失，导致在实务中较大程度取决于裁判者对于案件真实情况的认定及自由裁量。本文认为，应当以保护交易稳定、安全的角度判定表见代理的成立与否。

关键词： 无权代理　表见代理　善意相对人

一、引言

表见代理，是指行为人之代理行为，虽无代理权，而有可使相对人信其有代理权的事由，从而使被代理人对于行为人的无权代理行为负责任的制度。[1] 这一制度是为保障市场交易的安全与稳定而设立。但在实务过程中，由于表见代理之构成要件的证明标准缺失，且构成要件中诸如 "外观表象事实" "善意且无过失" 依赖于裁判者对商业习惯和个案事实等要素的判断以及对利益相关人之间的利益权衡与自由裁量，因此在实践中对于是否认定表见代理存

---

　* 作者简介：蔡静远（1997 年-），男，汉族，浙江温州人，中国政法大学同等学力研修班 2021 级学员，研究方向为金融法学。

　〔1〕 最高人民法院民法典贯彻实施工作领导小组主编：《中华人民共和国民法典总则编理解与适用》（下），人民法院出版社 2020 年版，第 861 页。

在较大的不确定性，对商业活动的预期产生了较大不利影响。其中，本文特别注意到，行为人在实施代理行为后，利用代理的外观表象事实实施个人行为，实务中对该个人行为是否发生归属于被代理人的效力仍缺乏明确的判断标准或司法指引。本文以某客公司诉某力公司买卖合同纠纷案[1]为视角，尝试在现有的表见代理标准下，探索代理行为与个人行为交叉时，个人行为是否对被代理人发生效力。

二、某客公司诉某力公司买卖合同纠纷案情简介

某力公司在 2020 年至 2021 年间曾先后派遣多名员工前往某客公司采购货物，甲员工为在此期间曾前往采购的人员之一。由于两公司的管理皆不规范，在交易期间双方皆通过微信或采购人员口头告知的方式确认下单、供货的相关事宜。收货地点、支付账户时常存在变动，也未签署任何合同或其他书面文件。

2021 年末，某力公司再次派遣甲员工前往某客公司采购，并告知甲员工此次需要购买价值约 10 万元的货物，但仅告知了某客公司派遣了甲员工前去采购货物，未告知本次采购的数量以及甲员工在此次交易中的代理权限。甲员工在此次采购过程中私自增加了采购数量，购买了共计价值约 30 万元的货物，要求某客公司将货物分作两部分并发往不同的地点。随后甲员工通过个人银行账户支付了 20 万元的货款。之后的数月间，甲员工在无某力公司的授权的情况下又分两次前往某客公司以某力公司的名义为个人采购货物，与某客公司对账、签署对账单，并同样以个人账户支付部分货款。后某客公司因长期未收到货款故向某力公司讨要，某力公司知晓后对甲员工的"代理行为"予以否认。

故，本案的主要争议焦点为甲员工的行为是否构成表见代理。

三、表见代理的构成要件及认定标准

对于表见代理的成立，此前存在着二要件说与单一要件说两种学说。其中二要件说认为表见代理有两个特别成立要件：一是被代理人的过失行为使相对人确信代理人有代理权，二是相对人不知也不应知代理人无代理权，即

---

[1] 在完成本文时，该案仍处于审理过程中，故没有生效判决。

相对人无过失。[1]而单一要件说则认为表见代理的成立只要求相对人无过失地信赖行为人享有代理权，或者说相对人有充分的理由相信行为人有代理权，不要求被代理人有过失。[2]但单一要件说在论证方面存在着明显缺陷，即单一要件说完全将"被代理人的过错"排除于论证体系之外，成了对"善意第三人"的无条件保护，忽略了实践中交易双方的平等地位，违背了民法最基本的公平原则，同时与我国民法原则中的无过错责任原则冲突。同时2009年最高人民法院颁布的《关于当前形势下审理民商事合同纠纷案件若干问题的指导意见》（以下简称《指导意见》）第13条规定"不仅应当举证证明代理行为存在诸如合同书、公章、印鉴等有权代理的客观表象形式要素，而且应当证明其善意且无过失地相信行为人具有代理权"，明确提出来有代理权的客观表象这一要求，更倾向于支持二要件说，因此二要件说成了当下的主流观点与通说。此外，二要件说与单一要件说，均提出了要求"相对人无过失"这一前提，但并未对相对人的"善意"作出要求。而《指导意见》也明确将"善意且无过失"列为表见代理能否成立的构成要件，并在第14条对"善意且无过失"的情形作出了部分列举。可见，现有法律对于表见代理的认定也越发趋于慎重，法律上也尝试着通过列举的方式来限制法官的自由裁量权。

但"善意"这一标准过于主观，作为标准而言无法量化，毕竟"善意"作为一个人的内心想法只能通过各种复杂的外部表现形式进行推断，在司法实践中最终会交由法官进行自由裁量。而对于是否"善意"的判断方式在现有的司法实践中通常情况下也最终归结于是否存在"过失"的判断，即相对人是否"明知且应知"行为人缺乏代理权，因为在实践过程中"过失"的存在与否直接决定了相对人的行为是否存在过错，由此来推断相对人是否存在"恶意"。因此，实践中对于相对人的行为是否"善意"一般是通过反向证明的方式进行，即若相对人不存在过失且无明确证据能证明相对人的行为存在"恶意"即可认定相对人的行为是"善意"的。

针对"善意"标准的主观性，也有部分学者认为，"善意"不应当作为认定表见代理成立的标准或要件。其理由主要是即使通过列举的方式也无法

---

[1] 刘浩然："论商事表见代理中的风险归责"，载《甘肃政法学院学报》2018年第5期。
[2] 林诺馨："表见代理中本人可归责性研究"，载《广西政法管理干部学院学报》2020年第1期。

穷尽判断是否"善意"的情形。此外，表见代理制度设立的主要目的在于保护交易的稳定与安全，虽然将"善意"从认定要件中排除后会使表见代理的认定变得宽泛，但宽泛的认定虽然会在案件中使被代理人产生损失，但这样也能更加充分地发挥法律的指引作用，引导商事主体在日常经营中能够更加规范。

本文对于此观点持否定态度，首先，考虑到我国小微企业的现状，若如此规定无疑会增加小微企业日常经营成本，对小微企业的生存造成更多困难。其次，表见代理作为一种保护相对人的兜底性制度，为保护交易安全的最后屏障，应严格划定其适用范围，适当增加法官的自由裁量权也有利于目前国家倡导的多元化纠纷化解机制的实施。

四、案件的法律适用分析

本案中，争议的核心在于某客公司先后两次未核实甲员工代理权限的行为是否存在过失以及行为是否善意。

某客公司认为，甲员工作为某力公司的采购人员已多次受某力公司指派进行采购，且在每次采购时均不需要授权委托书等材料即完成了交易。原被告两公司间的交易习惯已形成，某客公司不存在过失且并无恶意。

而某力公司则认为，在两公司多年的长期交易中，除甲员工外其还有多名采购同样有负责向某客公司进行采购的事宜。同时既然之前多次的交易中的采购数量、收货地点、付款账户等均存在变动，这从侧面说明两公司间交易习惯尚未形成，某客公司未与其确认核实甲员工的代理权限就直接向其交付货物的行为系明显的过失。

本文认为，甲员工的后两次行为系属同一性质，可以一并分析。其问题的关键在于，某客公司在发现付款账户与之前不同时没有选择与某力公司核实情况的行为是否构成过失。本文认为，上述争议焦点若要作出判定最终应回归到交易双方的交易习惯是否形成。本案中，甲员工确系某力公司的采购负责人之一，并已多次代表某力公司进行采购。虽然每次采购时的采购数量、收货地点等时常存在变化，但经过多次交易后部分交易约定事项"时常存在变化"本身也已是交易习惯的一部分，或者说双方已形成了具体交易方式以采购人员告知为准的交易习惯。对此，最高人民法院曾在克拉玛依市丰业节能建材有限公司与永升建设集团有限公司买卖合同纠纷案件中也予以认可。[1]在此案件中，最高人民法院认为，代理人连续地代表公司与相对人进行交易的行为，可以间接证明构成表见代理。因此，某客公司基于已形成的交易习惯选择信赖甲员工并无不当，不存在过失。既不存在过失，在本案中没有明确证据能够证明某客公司存在"恶意"的情况下，应当认定其为善意。

五、结论

综上所述，本文认为在本案中，某客公司在案件中并不存在过失，且无法证明其行为存在恶意，反而是某力公司日常经营管理的不规范造成了案件的发生。因此，甲员工的表见代理行为成立，某力公司应承担相应的责任。

此外，考虑到现行小微企业实际经营状况，多数公司的经营管理方式尚处于较为原始的状态并不规范。现有司法解释及相关文件对于表见代理中"过失"行为的列举或许应适当增加，并适当提高行对人的注意义务的意识和完善对相对人善意的认定标准，以减轻实践中案件审理的压力。

---

[1] 最高人民法院［2014］民申字第 536 号民事裁定书。

浅析"大数据杀熟"行为定性与规制路径

兰佩瑶[*]

（中国政法大学 北京 100088）

摘　要：自 2018 年"大数据杀熟"成为年度网络热词以来，学界对其讨论也是经久不绝。2021 年 11 月 1 日生效的《个人信息保护法》对个人信息的收集、处理等作出具体规定，2022 年 8 月 1 日实施的《反垄断法》也首次对经营者合规利用数字技术提出要求，使"大数据杀熟"的规制实现有法可依。但是针对侵害法益众多、违法成本低、维权难度大、受害人数量巨大等现实问题，又有些不足，本文从"大数据杀熟"行为的定义切入，分析"大数据杀熟行为"的定性，并从行政处罚、公益诉讼、完善立法、优化执法等方面提出规制思路。

关键词：大数据杀熟　行为定性　规制路径

伴随数字经济的发展，大数据应用已成为资本博弈与平台经济发展的必要技术手段，"大数据杀熟"具有比传统"杀熟"行为侵害范围更广、危害性更大、技术性更强、发现难度更大等多重特点，频频出现在公众的视野中，与之相关的讨论层出不穷，立法也逐步将其纳入规制范围。

一、"大数据杀熟"的含义

"大数据杀熟"一词并非法律概念，而是近年来伴随平台经济迅猛发展而出现的社会现象。对"大数据杀熟"概念的界定应以"大数据""杀"和"熟"为基础。

* 作者简介：兰佩瑶（1992 年 -），女，汉族，宁夏银川人，中国政法大学同等学力研修班 2022 级学员，研究方向为经济法学。

"大数据"是指具有经济价值的信息，包括消费者的个人信息，如性别、年龄、家庭背景、学历背景、家庭住址等，甚至还包括消费者的购买工具、搜索历史、购买记录等，以及以此分析得出消费者的行为习惯、消费偏好、支付能力等。[1]"杀"是指经营者充分利用算法技术对其收集到的大数据进行分析归类和计算预测，探知消费者剩余价值区间，进行差异化定价，从而最大限度降低交易成本，提高交易效率以及预期利润。"熟"是指已经被提取过信息并经过分析分组的消费者，多为频繁使用平台经济的"老用户"，具有一定的忠诚度。

基于此，所谓"大数据杀熟"，就是经营者通过收集、加工、处理具有经济价值的消费者信息，分析出消费者的行为习惯、消费偏好、支付能力等信息，据以进行差异化定价的经营活动。

二、"大数据杀熟"的行为定性

（一）价格违法行为

《价格法》第13条规定了经营者"注明商品的品名、产地、规格、等级、计价单位、价格或者服务的项目、收费标准等有关情况"的明码标价义务。实施"大数据杀熟"的经营者利用信息和技术优势，根据消费者的需求偏好、消费习惯等个人信息进行差异化定价，使得消费者只能看到经营者向自己展示的价格，而难以获得向其他消费者展示的价格，其行为实质是没有明确、稳定的价格标准，违反了明码标价的义务，具有不正当性。

此外，根据《价格法》第14条第4项、《明码标价和禁止价格欺诈规定》第2条第3款之规定，经营者不得有"利用虚假的或者使人误解的价格手段，诱骗消费者或者其他经营者与其进行交易"的价格欺诈行为。当经营者对具有相同条件的消费者实行不同的价格，且未提供正当理由，使消费者陷入其购买价格与其他消费者一致的错误认识时，经营者的行为可被界定为价格欺诈的不正当行为。

（二）垄断行为

《反垄断法》第22条第2款规定经营者不得利用数据和算法、技术、资本优势以及平台规则实施滥用市场支配地位的行为。"大数据杀熟"的直接表

---

〔1〕 崔瑞敏："大数据杀熟性质分析与规制建议"，载《法制博览》2021年第25期。

现即是对具有相同条件的消费者给予不同的销售价格，且没有正当理由；若经营者具有市场支配地位，则构成第22条第1款第6项规定的差别待遇行为。因此，可以将其界定为滥用市场支配地位的垄断行为。

然而，实施"大数据杀熟"行为的主体不限于具有市场支配地位的经营者，其他利用数据优势的经营者也可实施"杀熟"。因此，仅规制具有市场支配地位的经营者不足以应对技术滥用对消费者权益造成的侵害。

（三）侵犯消费者权益的违法行为

《消费者权益保护法》第8条规定消费者有权知晓其交易标的的真实情况。但立法对于消费者知情权的要求，不仅是要让消费者在付费前能够看到一个明确的价码，而是要让其能够知晓交易价格所反映的市场供需关系。[1]"大数据杀熟"隐藏了其他消费者可能购买的价格，而仅向消费者展示经加工后的价格信息，实质上侵犯了消费者的知情权。

此外，《消费者权益保护法》第10条规定了消费者的公平交易权，同等情况下消费者购买同一商品的对价应当是相同的。《电子商务法》第18条亦要求电子商务经营者要平等保护消费者的合法权益。"大数据杀熟"即"同物不同价"的行为，侵犯了消费者的公平交易权。

综上，"大数据杀熟"可能构成侵犯消费者知情权与公平交易权的违法行为。

（四）侵犯个人信息权益的违法行为

《个人信息保护法》第6条明确个人信息收集的范围最小化原则，仅限于实现处理目的，不得过度收集个人信息。"大数据杀熟"的实现前提是收集大量个人信息进行分析，但收集的信息并非用于提高商品或服务的质量，而是用于差异化定价，超出了其所提供服务的最小必要范围，属于无关信息，因此可以界定为过度收集个人信息的违法行为。

再者，《个人信息保护法》第13、14条均明确提出，处理（收集）个人信息要求在个人充分知情的前提下自愿且明确地作出同意的意思表示；第17条进一步要求要以显著方式、清晰易懂的语言。但是平台经营者在收集和处理个人信息前，其隐私政策内容往往晦涩难懂，"告知—同意"形同虚设，并

---

〔1〕 胡元聪、冯一帆："大数据杀熟中消费者公平交易权保护探究"，载《陕西师范大学学报（哲学社会科学版）》2022年第1期。

不能实现告知—同意的立法目的。

更重要的是,《个人信息保护法》第 24 条规定,在自动化决策的过程中利用个人信息数据的,必须确保透明度和公平、公正的结果,不得对个人在交易价格等交易条件上实行不合理的差别待遇。据此,"大数据杀熟"行为直接被法律所禁止。

综上,"大数据杀熟"行为是侵犯个人信息权益的违法行为。

三、"大数据杀熟"的法律规制

(一) 行政处罚

《价格法》《个人信息保护法》《消费者权益保护法》《电子商务法》《反垄断法》和《价格违法行为行政处罚规定》等法律法规均对实施"大数据杀熟"过程涉及的违法行为设置相应行政处罚,具体类型包括责令停止违法行为、责令改正、没收违法所得以及罚款。《个人信息保护法》还规定,负有直接责任的个人也将受到相应的处罚。

(二) 公益诉讼

面对损害公共利益、侵害众多消费者合法权益的行为,有权主体可以根据法律的授权提起公益诉讼。《反垄断法》第 60 条规定,设区的市级以上人民检察院可以提起反垄断公益诉讼;《消费者权益保护法》第 47 条规定,中国消费者协会以及在省、自治区、直辖市设立的消费者协会,可以向人民法院提起诉讼;《个人信息保护法》第 70 条规定,人民检察院、法律规定的消费者组织和由国家网信部门确定的组织可以依法向人民法院提起诉讼。

据此,面对"大数据杀熟",符合条件的消费者协会、检察院、网信部门等均可依法提起公益诉讼。

(三) 完善立法

1. 明确技术开发者和平台经营者的义务

"大数据杀熟"的实现过程涉及技术开发者、平台经营者以及平台网络服务提供者多方主体。"算法推荐"技术在操作过程中设置的分类标签、权重、目标等变量,都会影响信息分发的结果。[1]因此,对"大数据杀熟"行为的

---

〔1〕 郭小平、秦艺轩:"解构智能传播的数据神话:算法偏见的成因与风险治理路径",载《现代传播(中国传媒大学学报)》2019 年第 9 期。

规制需对技术开发者、平台经营者以及平台网络服务提供者的责任进行区分，划分不同主体的责任，保证主客观相一致，保护技术发展促进创新的同时也保护经营者和消费者的合法利益，稳定市场经济秩序。

2. 强化处罚、提高违法成本

各部门法对"大数据杀熟"的行政处罚中，罚款较高的是《反垄断法》对达到市场支配地位的经营者的处罚，但对未达到市场支配地位的经营者仅规定了损失赔偿责任。此外，《个人信息保护法》规定的最高处罚为5000万元以下，或者以经营者上一年度营业额的5%为上限确定罚款金额，但个人信息的滥用所产生的非法利益通常更高。因此需加大对"杀熟"行为的处罚力度，提高违法成本，实现震慑效果。

（四）优化执法

"大数据杀熟"行为侵害法益众多，同时涉及反垄断、个人信息保护、消费者权益保护、知识产权、市场监管等领域，使得对其有效规制需要多个监管部门相互配合、权责分明。而监管现状由于法律规范及主管部门的缺乏，协调难度大、监管效率低。例如《反垄断法》规定反垄断执法机构依法对涉嫌垄断行为进行调查，《互联网信息服务算法推荐管理规定》规定国家网信部门负责统筹协调全国算法推荐服务治理和相关监督管理，这导致对"大数据杀熟"行为的主管部门难以确定，因此应当优化执法，指定"大数据杀熟"规制领域的主管部门，推进多部门协同配合。

论招投标活动中串通投标的反垄断规制

曹　荣*

（中国政法大学　北京 100088）

摘　要： 随着市场经济的发展，招投标这种交易方式越来越广泛地运用于政府采购、建筑工程等领域。招投标活动的顺利开展，能够充分体现出公平、公正、公开的市场竞争原则，而串通投标行为破坏公平竞争，其侵害的不仅仅是竞争者的利益，本质上更是一种垄断行为。本文以反垄断为视角，通过对私人串通投标、政府采购中的串通投标的垄断行为认定，分析串通投标的私人诉讼、民事公益诉讼以及公平竞争审查制度三种实施路径，从而提供较为全面的串通投标行为的反垄断分析。

关键词： 串通投标　反垄断　行政垄断　公平竞争审查

20 世纪 80 年代初，我国开始引入招投标机制；随着 1999 年《招投标法》的颁布，招投标作为重要的商品交易方式得以迅猛发展。法律体系的不断完善，较好地规范了招投标活动中招标人、投标人行为，提高了市场经济效益。但投标人之间、投标人与招标人之间的串通投标，侵蚀了招标人的中立性、投标人的独立性，且作为普遍的现象仍严重破坏市场竞争机制。与此同时，在采用公开招标方式的政府采购中，也同样出现滥用行政权力的串通投标行为。串通投标表现形式不同，但本质上均属于《反垄断法》规制的"达成固定或者变更商品价格"或"分割市场"的垄断协议，可以由《反垄断法》规制。本文在对串通投标行为准确定性后，继而明确串通投标的三种反垄断法实施路径，不断拓展串通投标行为的反垄断思路、理念、机制和方式方法。

---

* 作者简介：曹荣（1987 年-），女，汉族，山东济宁人，中国政法大学同等学力研修班 2022 级学员，研究方向为经济法学。

一、串通投标的垄断行为认定

典型垄断行为包含垄断协议，滥用市场支配地位，经营者集中，滥用行政权力排除、限制竞争。而垄断协议通常是指排除、限制竞争的协议、决定或者其他协同行为。协议或者决定可以是书面、口头、算法等形式，其他协同行为是指经营者之间虽未明确订立协议或者决定，但实质上存在协调一致的行为。招投标活动中的串通投标，多属于"固定或者变更商品价格"的一种形式，是一类特殊的价格垄断协议。

（一）私人串通投标行为构成垄断协议

正常的招投标活动中，招标人应保持中立性，投标人应保持独立性，唯有此才能发挥招投标竞争机制作用。串通投标，无论是投标人与投标人之间的合谋还是投标人与招标人不当联络，其目的多为预先确定中标者，固定投标价格，排斥竞争。在实际运行中，串通投标行为构成的垄断协议，往往出现多种情形（共谋、达成某项默契、协调一致）的交织。[1]

私人串通投标行为构成垄断协议，可以根据经营者之间的关系划分为横向垄断协议与纵向垄断协议进行规制。根据《反垄断法》第17、18条的规定，在招投标活动中，具有竞争关系的投标人与投标人之间达成的横向共谋构成横向垄断协议；而招标人与交易相对人——投标人之间达成的共谋构成纵向垄断协议。当然，纵向垄断协议相较于横向垄断协议，由于立法上的列举较为有限，只限于价格维持纵向垄断协议，在实践中存在一定的认定障碍。另外，根据《反垄断法》第19条的规定，若招标人为投标人之间达成共谋提供了实质性帮助，那么也应当视为垄断协议的参与者、实施者，并受到规制。[2]

在横向串通中，因系同一层级的交易竞争者，往往通过分割市场谋取不正当利益的共谋串通，比如"轮流坐庄""配合投标""弥补投标"等，本质上还是排除、限制了自由竞争，对招投标本身的竞争机制进行了破坏。纵向串通，招标人几乎掌握了招投标活动中的全部信息，继而滥用绝对权利，与

---

〔1〕 吴汉洪、王建志："反垄断视角下的串通招投标行为规制"，载《中国物价》2014年第6期。

〔2〕 白如银："投标人与招标代理机构串通的中标无效——对一起串通投标构成不正当竞争案的分析"，载《招标与投标》2016第8期。

特定投标人合谋，通常的表现形式为：协调一致暗示调整报价、透漏招投标信息等，暗示中标预订人信息等。

总而言之，私人串通投标行为，无论属于"具有竞争关系的经营者"之间联合共谋，抑或"经营者与交易相对人"之间的恶意串通，均是一种典型的垄断协议行为，直接导致招投标市场竞争机制的失灵。

（二）政府采购中的串通投标行为构成行政垄断

政府采购本质上是一种交易，是一种带有"行政性质的商事行为"，必然需要公正的程序制度和良性的竞争机制作为保障。公开招标是政府采购的主要采购方式，在政府采购活动中，供应商之间的价格共谋、采购人与供应商之间的恶意串通等反竞争行为，均应受到反垄断规制。在政府采购活动中的串通投标若属于滥用行政权力排除、限制竞争，则会构成行政垄断；但应注意必须有"行政机关和法律、法规授权的具有管理公共事务职能的组织"实际参与或实施了限制、排除竞争的行为（串通），否则，政府行政机关委托的招标人的越权行为只能按照私人串通投标行为认定。[1]

采购人实施的限制竞争行为以及采购人、供应商之间的合谋限制竞争行为，均违背了《反垄断法》以及《政府采购法》的立法本意。采购人的行政垄断，即国家各级各类行政机关滥用行政权力，排除、限制竞争，是破坏市场经济竞争关系的一种非法行为。在政府采购过程中，基于采购人与供应商之间的恶意串通、采购信息不透明、采购人强制中标后的供应商从事一定行为、规避公平招标等因素，有可能出现各种形式的行政垄断现象。而对于行政垄断的行政责任，若滥用行政权力实施的排除、限制竞争的政府采购行为，《反垄断法》赋予"反垄断执法机构可以向有关上级机关提出依法处理的建议"权利，由其上级机关责令改正。[2]

二、串通投标的反垄断法实施路径

招投标活动中的串通投标行为，已在理论上被认定为典型的垄断行为，那就应当在反垄断的视角下规制该行为，并明确相应的法律责任，从而制止垄断行为、保护和促进市场公平竞争。结合司法实践，串通投标纠纷可以被

---

〔1〕 吴宇飞："政府采购反竞争行为规制研究"，载《行政法论丛》2015 年第 1 期。

〔2〕 姜薇："政府采购活动中涉嫌串通的证据规则讨论"，载《中国政府采购》2022 年第 1 期。

界定为反垄断民事纠纷，从而通过提起私人诉讼、民事公益诉讼予以救济；若涉及行政垄断，可以进行公平竞争审查实现反垄断的规制。

（一）私人诉讼

因垄断行为受到损失的自然人、法人或者非法人组织，可以依法提请民事诉讼；而实施串通投标行为的经营者，应当依法承担民事责任。《反垄断法》的相关规定仅是指引性规定，对赔偿的性质、赔偿的范围、赔偿的计算方法并没有规定，故串通投标纠纷的法律适用应延续"招投标法—反垄断法—民法典侵权责任编"。

（二）民事公益诉讼

根据《反垄断法》第60条之规定，经营者实施垄断行为，损害社会公共利益的，设区的市级以上人民检察院可以依法向人民法院提起民事公益诉讼。民事公益诉讼与一般民事诉讼的最大区别在于公益性以及法律效力的对世性。

招投标活动中的串通投标行为损害社会公共利益，可由人民检察院依法启动民事公益诉讼。但应尊重反垄断执法机构执法规律、规则和专业意见，准确研判经营者垄断行为是否侵害社会公共利益、是否有必要提起民事公益诉讼。而在公益诉讼中，检察机关可以充分发挥检察公益诉讼的预防功能，推动源头治理、系统治理，也可以探索以民事公益诉讼检察建议方式督促投标人进行整改，履行社会责任。

（三）公平竞争审查制度

针对政府采购中的串通投标行为构成的行政垄断，可进行公平竞争审查制度。2022年修正的《反垄断法》，新增了"国家建立健全公平竞争审查制度"条款，即行政机关和法律、法规授权的具有管理公共事务职能的组织在制定涉及市场主体经济火种的规定时，应当进行公平竞争审查。[1]

政府采购市场是我国市场经济体系的重要一环，同样需要遵循建设统一开放、竞争有序的市场体系的基本要求。《政府采购法》第3条把公平竞争列为政府采购的原则之一，而《反垄断法》专章针对"滥用行政权力排除、限制竞争"行为进行规制。对于政府采购中的行政垄断行为，政府采购制度和反垄断制度都存在规制权。我国现已将公平竞争审查制度作为竞争政策的重

---

[1] 李胜利："论政府采购领域中行政垄断的反垄断法规制——从五个典型案例出发"，载《中国政府采购》2020年第6期。

要组成部分，政府采购行为是公平竞争审查的一部分。根据该制度，政策制定机关制定招标投标、政府采购等涉及市场经济活动的规章、规范性文件和其他政策措施，都应进行公平竞争审查。同时这也意味着政府采购制度从内部监督逐步增加了竞争主管部门的外部监督。

三、结语

在招投标活动中，无论是私人串通投标行为构成垄断协议，还是政府采购中的串通投标行为构成行政垄断，均损害了招投标其他参与人的合法利益，阻碍投资效益的最优选择，对市场竞争机制造成了严重破坏。在反垄断视角下探讨串通投标行为规制，将串通投标纠纷归属于垄断民事纠纷，适用反垄断私人诉讼或公益诉讼，以及健全政府采购下的公平竞争审查制度以规制行政垄断。

从"网络爬虫"看企业数据保护的治理逻辑变化

王 婷*

（中国政法大学 北京 100088）

摘　要： 我国数字经济快速发展的同时，也面临着互联网企业基数庞大，中小微科创型企业重技术开发、轻数据合规的现实问题。在鼓励业态创新、充分发挥数据深层潜力的同时，国家应当兼顾涉及"网络爬虫"等数字化转型背景下衍生出的数据侵权、网络犯罪等问题的合规性治理引导，也体现了我国司法实践中对于企业数据保护的治理理念的变化。

关键词： 数据要素权属　网络爬虫　数据交互与流通　互联网平台垄断

一、引言

互联网平台企业之间、不同业态之间的竞争越来越多地表现为数据资源的竞争，新的商业模式的产生与争夺往往也离不开对数据资源的抢占。从国家政策的角度出发，数据已与土地、劳动力、资本、技术并列为第五大生产要素。[1]

但是，当前"由于数据要素产权不清晰、权利属性不明确，数据要素交易规则缺乏，我国数据要素流通和数据要素开放共享受到了制约，数据要素监管机制不健全等诸多问题极大地阻碍了数据要素市场的形成，使得我国数据大国的优势难以发挥"。[2]其中，数据权属及其分配规则不清被认为是数字

---

* 作者简介：王婷（1985年–），女，汉族，陕西西安人，中国政法大学同等学力研修班2022级学员，研究方向为经济法学。

〔1〕 参见中共中央、国务院《关于构建更加完善的要素市场化配置体制机制的意见》。

〔2〕 李爱君："数据要素市场培育法律制度构建"，载《法学杂志》2021年第9期。

经济发展的最大制度障碍，厘清数据权属则需要从数据来源、数据权利关系、法律规制等多个方面入手，涉及国家、企业、个人等多个层面。[1]在数据来源环节，一个重要问题就是"网络爬虫"，即利用技术手段自动收集其他终端互联网平台的数据，常见于搜索引擎、舆情监测等业务场景。"网络爬虫"也常因技术实现方式、数据权属等原因而引发争议与纠纷。

二、网络爬虫相关实践案例研究

"网络爬虫"技术最先得到应用的互联网场景是解决互联网海量数据的呈现入口及方式问题，即谷歌、百度等通用型搜索引擎，通过不断优化的爬虫算法帮助用户实现在海量信息中快速、有效地获取所需信息。

一项高可用性的技术往往也是一把双刃剑，爬虫技术在爬取网页数据内容的过程中，会模拟真实用户不间断地向目标站点、网页提交请求以获取更多的页面数据。其中，除了爬虫技术自身对目标网站不间断访问或攻击所造成的网络通道阻塞、网站负荷过大、影响正常用户的请求访问外，爬虫的目标数据边界——广度边界与深度边界很难明确界定，特别是在自动化脚本运行之初，技术人员无法有效对目标数据边界进行预设。由此所涉及的是目标数据类型——公开数据与非公开数据、原始数据与衍生数据、个人数据与企业数据难以伴随爬虫脚本的运行而自动区分，也正因为此，近些年来由网络爬虫技术的使用所引发的数据权属纷争不断。

1. 新浪微博诉脉脉不正当竞争纠纷案

2016 年，北京知识产权法院对新浪微博诉脉脉不正当竞争案[2]作出二审判决，认定脉脉未经新浪微博用户的同意及新浪微博的授权，非法获取、使用用户信息的行为，根据《反不正当竞争法》第 2 条的规定，构成不正当竞争行为。

这是我国首例由数据抓取引发的不正当竞争案。法院审理认为：脉脉未经新浪微博用户的同意及新浪微博的授权，获取、使用脉脉用户手机通讯录中非脉脉用户联系人与新浪微博用户对应关系的行为，违反了诚实信用原则及公认的商业道德，破坏了 Open API 的运行规则，损害了互联网行业合理有

---

〔1〕 何波："数据权属界定面临的问题困境与破解思路"，载《大数据》2021 年第 4 期。

〔2〕 北京知识产权法院 [2016] 京 73 民终 588 号民事判决书。

序公平的市场竞争秩序，一定程度上损害了被上诉人微梦公司的竞争优势及商业资源。[1]

审理过程中所提出的，作为第三方开发者通过 Open API 获得用户信息时必须遵循的"用户授权+平台授权+用户授权"的三重授权原则也作为后续此类案件审核的重要参考。

2. 微梦诉云智联不正当竞争纠纷案

2017 年，因认为云智联公司（涉案 App：超级星饭团）未经新浪微博许可擅自抓取，并在涉案 App 中向其用户推送和展示来源于新浪微博明星微博的 15 类动态数据，且持续并扩大抓取、展示范围，使用户无需登录新浪微博即可全面查看明星微博动态，对新浪微博相关服务构成实质性替代。微梦公司将云智联公司诉至法院。

2020 年，北京市海淀区人民法院审理认定微梦公司主张云智联公司非法抓取，并在涉案 App 中向用户推送、展示涉案数据和新浪微博内容的行为构成不正当竞争，违反了《反不正当竞争法》第 2 条与第 12 条。

但值得关注的是，审理过程中，法院对新浪微博数据的类型进行一定区分和界定，认为：从技术角度看，使用前端和后端概念区分平台数据可能存在范围重叠之情形，或出现分类不严谨之问题，故从规范层面看，将新浪微博数据作公开和非公开数据的区分更能体现法律意义。[2]

与新浪微博诉脉脉不正当竞争纠纷案不同，在肯定数据是网络平台经营者重要的经营资源，平台经营者基于其中非公开部分数据所获得的经营利益受法律保护之外，[3]法院还指出："对于平台中的公开数据，基于网络环境中数据的可集成、可交互之特点，平台经营者应当在一定程度上容忍他人合法收集或利用其平台中已公开的数据，否则将可能阻碍以公益研究或其他有益用途为目的的数据运用，有违互联网互联互通之精神。"[4]

三、司法逻辑与审理理念的转变

微梦诉云智联不正当竞争纠纷案中法院所提出的，"平台经营者应当在一

---

[1] 北京知识产权法院［2016］京 73 民终 588 号民事判决书。
[2] 北京市海淀区人民法院［2017］京 0108 民初 24512 号民事判决书。
[3] 北京市海淀区人民法院［2017］京 0108 民初 24512 号民事判决书。
[4] 北京市海淀区人民法院［2017］京 0108 民初 24512 号民事判决书。

定程度上容忍他人合法收集或利用其平台中已公开的数据"[1]的互联网互联互通精神的意见，与 2022 年美国 hiQ Labs. Inc. v. Linkedin Corp. 案[2]的审理理念有异曲同工之处。

在 hiQ Labs. Inc. v. Linkedin Corp. 案中，法院审理支持了 hiQ 的爬虫爬取行为，在审理过程中，对于访问公开数据的行为和公共数据的属性进行了分析认定。第九巡回法院在裁决中指出，"公共网站的一大基本特征，就是其中公开可见的部分不受访问限制；换言之，这些部分将对任何拥有网络浏览器的访问者开放"。[3]虽然 hiQ 公司对 Linkedin 网站实施了网络爬虫行为，但这种行为并不违反法律，因为 Linkedin 网站上的数据是公开数据，对于公开数据，即使违反对方设置的 robots 协议，也应当是被法律允许的。[4]

由此可以看出，爬虫技术所引发的数据要素权属纷争主要有两方面：一是网络平台的公开可见部分是否受访问限制；二是爬虫行为的技术本身是否合法。

从我国当前的司法实践案例来看，针对访问权限问题，在新浪诉脉脉案、大众点评诉百度案[5]等案件中，法院通常以《反不正当竞争法》第 2 条的规定，认为实施爬虫一方的行为具有"扰乱市场竞争秩序，损害其他经营者或者消费者的合法权益的行为"，从竞争法角度对数据权属一方予以保护。[6]而微梦诉云智联不正当竞争纠纷案，法院则是在审理中对数据权属进行了公开数据与非公开数据的划分界定，并明确指出：基于互联网领域公平、开放、共享和促进信息自由流动的原则，其对某些搜索引擎机器人所采取的阻断行为，应当有正当、合理的理由。[7]

针对爬虫行为的技术本身是否合法的问题，2022 年 3 月，最高人民法院

---

[1] 北京市海淀区人民法院［2017］京 0108 民初 24512 号民事判决书。

[2] hiQ Labs. Inc. v. Linkedin Corp., 31 F. 4th 1180（9th Cir. 2022）.

[3] hiQ Labs. Inc. v. Linkedin Corp., 31 F. 4th 1180（9th Cir. 2022）.

[4] Tina、核子可乐："五年官司终败诉：爬取领英数据'完全合法'，万亿爬虫大军蠢蠢欲动"，载 https://www.infoq.cn/article/FqjNB4Jhf58md8Drxlwx，最后访问日期：2022 年 8 月 12 日。

[5] 上海知识产权法院［2016］沪 73 民终 242 号民事判决书。

[6] 丁晓东："数据到底属于谁？——从网络爬虫看平台数据权属与数据保护"，载《华东政法大学学报》2019 年第 5 期。

[7] Tina、核子可乐："五年官司终败诉：爬取领英数据'完全合法'，万亿爬虫大军蠢蠢欲动"，载 https://www.infoq.cn/article/FqjNB4Jhf58md8Drxlwx，最后访问日期：2022 年 8 月 12 日。

对大连倍通数据平台管理中心与崔某吉侵害技术秘密纠纷上诉案（以下简称"倍通案"）[1]作出终审判决。该判决禁止崔某吉披露、使用或者允许他人使用大连倍通数据平台管理中心的爬虫技术秘密，直至该技术秘密为公众知悉时为止，并要求崔某吉赔偿大连倍通数据平台管理中心经济损失，以及制止侵权行为所支付的合理开支。[2]

在倍通案中，除明确爬虫技术信息可以纳入商业秘密保护客体范畴外，该判决还指出，即使爬虫技术曾被用于违法活动，但并不等于该项技术本身具有违法性。不少学者认为，法院的这一主张从实质上肯定了爬虫技术本身在技术性与适用性上都具有中立特征。[3]

无独有偶，2022年7月21日最高人民检察院所发布的《涉案企业合规典型案例（第三批）》中，上海Z公司、陈某某等人非法获取计算机信息系统数据案也是由于未经许可爬取数据所产生的纠纷案件。该案件中，检察机关经审查对Z公司作出合规考察决定后，从数据合规管理、数据风险识别、评估与处理、数据合规运行与保障等方面提出整改建议，Z公司最终通过合规整改，与E平台达成数据交互合作，通过API数据接口直连，合法合规获取平台数据。通过合规性引导，Z公司将此数据合作模式成功复制、移植，在实现数据合规的同时，也实现了公司的稳步发展。[4]

四、结语

从司法案例实践中，我们可以看出当前我国互联网行业治理正逐步走向"依法治网、依法管网"的治理体系，一方面对爬虫技术本身的中立性予以了肯定，也在一定程度上反映了对数据共享的支持；另一方面，数据合规的治理逻辑也不断加深，并应用于网络空间的治理与维护。

考虑到互联网行业具有明显的规模效应及头部效应，如果固化地从竞争法的角度出发对数据权属进行限定与保护，则会极易导致大型互联网平台公

---

〔1〕 最高人民法院［2021］最高法知民终1687号民事判决书。

〔2〕 最高人民法院［2021］最高法知民终1687号民事判决书。

〔3〕 "华东政法翟巍：最高法的终审判决肯定了爬虫技术的中性特征"，载 https://www.sohu.com/a/539864561_ 120287836，最后访问时间：2022年8月12日。

〔4〕 "最高检发布第三批涉案企业合规典型案例 合规办案规模不断扩大，质效不断提升"，载 https://www.spp.gov.cn/spp/xwfbh/wsfbt/202208/t20220810_ 570413. shtml#1，最后访问时间：2022年8月12日。

司借助其自身的头部流量优势、用户黏性优势、数据藩篱优势形成互联网平台垄断行为；甚至在未来的数据要素交易过程中，大型互联网公司或可依托其所拥有的海量用户数据，在数据产品或数据服务定价时掌握绝对主导权，获取垄断性利润。[1]这不仅在法律上也具有极大的风险，还容易损害市场竞争秩序，阻碍创新发展、造成极大的收入不公平，从根本上损害社会利益。

---

[1] 黄倩倩等："超大规模数据要素市场体系下数据价格生成机制研究"，载《电子政务》2022年第2期。

电子商务平台经营者的"权力"需有限度

杜佳慧*

（中国政法大学 北京 100088）

内容摘要： 电子商务平台经营者既是法律监管下的商业主体，又是建立平台生态圈规则的赋权控制者。随着经济蓬勃发展，电子商务平台经营者的"权力"也不断扩张，由点到面影响着用户社会乃至国家。因此，控制电子商务平台经营者扩张的"权力"，使其在法律的监管下更好地为社会服务，成为本文关注的焦点。

关键词： 电子商务　平台经营者　平台权力　权力限度

时至今日，大众的日常生活已经无法离开京东、淘宝、美团等电子商务平台。这些虚拟空间站利用其信息传递的瞬时高效性，同时吸引规模庞大的平台内经营者和消费者（以下统称为"用户"）。而《电子商务法》第二章第二节规定了许多平台经营者的义务，如查验平台内经营者身份信息（第 27 条）、采取处置措施（第 29 条）、建立信用评价机制（第 39 条）等，看似是法律施加给平台经营者的义务，但对于平台经营者而言，他们将法律"变形"——或通过后台程序设计，或通过修订平台使用规则，或通过设置奖惩措施制度，在满足各利益主体需求的同时，悄无声息地将网络空间建立在私有化商业力量之上，[1]让自己拥有了管理权力。这种平台权力具有不平等性，需要明确限度。

---

* 作者简介：杜佳慧（1998 年-），女，汉族，内蒙古巴彦淖尔人，中国政法大学同等学力研修班 2022 级学员，研究方向为经济法学。

[1] 刘金河："权力流散：平台崛起与社会权力结构变迁"，载《探索与争鸣》2022 年第 2 期。

一、平台经营者"权力"的特性

(一) 支配性

平台经营者是资源的拥有者、优势方，能支配资源。首先，平台经营者掌握着大量的数据资源、生物资源、舆论资源、市场资源。一般而言，平台经营者通过制定规则来确定平台与用户之间具有商事合同关系，并通过一些格式条款、承诺来搜集、处理用户的信息。这种早已拟好的、目的仅在于规避法律风险的所谓"用户同意文件"呈现在商户、用户面前时，用户面对繁冗复杂的平台规则并不会仔细阅读，甚至有些时候，不同意这些条款，用户根本无法进入、使用平台。因此，用户被迫接受此类格式条款的约束。此外，平台可以收集到大量用户信息，比如：人脸识别信息、指纹信息、购物交易信息、个人偏好信息、身体状况信息、出行信息和家庭情况信息。这使得平台经营者在与用户进行交易时具备较强的信息优势。该优势意味着平台经营者对用户拥有不平等支配力。

(二) 公共性

电子商务平台经营者可以在信息产生和传播方面赋权于用户，又可以通过传递信息、虚拟主机服务和信息检索服务对用户的商事行为、舆论自由进行影响，也可以通过设置诸如淘宝"客服小蜜"、闲鱼"小法庭"、拼多多官方"申诉"等机制直接裁决、处理平台内经营者与消费者之间的纠纷并作出处罚，而用户往往受制于条款约定维权难。如此，平台经营者已经具备单方面影响用户权利行使和行为选择的能力，其权力已含"公权力"属性。今天，支付宝等电子商务平台还能通过代为发布并管理政府信息，代缴水电费，代管健康码，代查公积金、个人证件信息等服务，为政府行政管理提供支持，使电子商务平台仿佛能增添一重"第二政府"的身份。从某种意义上讲，正是平台所具备的对政府行政管理的支持和影响能力，也让电子商务平台更具有令人信服的"公权力"属性。

(三) 非中立性

电子商务平台经营者作为商事行为链条中的一员，其目的必然是获取经营利润，这天然决定了其在处理问题时难以中立，而更可能出于维护自身利益的考虑，利用自身技术优势或"公权力"属性优势，模糊"权"与"责"，偏向某些利益方——往往是向平台缴纳租金、推广费用的商户一方，或者拥有极大公众影响力的"大 V"、风潮引领者，而忽视小用户、小商贩的利益；甚至是做出伤害其他利益方的行为——例如近日由郑州市中牟县立案的当当网售卖盗版书案，原告朱女士因自己在当当网购得盗版书而屡屡维权失败，遂质疑当当网一直以自己是售卖正版书的大平台为宣传卖点而实际上不负责任，损害购书者利益，最终以虚假宣传构成欺诈为由，起诉当当网。

二、平台经营者"权力"的限度

（一）平台经营者不应当滥用支配性"权力"

《电子商务法》第 35 条规定："电子商务平台经营者不得利用服务协议、交易规则以及技术等手段，对平台内经营者在平台内的交易、交易价格以及与其他经营者的交易等进行不合理限制或者附加不合理条件，或者向平台内经营者收取不合理费用。"但电子商务平台经营者容易在对利润最大化的追求中，滥用平台用户群体广大的优势和一些技术优势，对平台内相关主体利益造成损害。[1]例如，以携程为代表的诸如订票、外卖、网约车等平台服务在自身商业利益驱使下过度分析用户的交易习惯，有针对性地投消费者所好，不断通过数据刷新，实施大数据"杀熟"行为，进行差异化定价；另外，以淘宝、京东为代表的电商平台对入驻平台的商家实行"二选一"政策，以此来限制商家的自由交易行为，为自己谋求垄断市场地位；还有刚进入市场的竞争平台，如被大众戏称为"并夕夕"的拼多多，为了占据市场，降低经营者准入门槛，忽视平台内经营者的信誉与商品信息的真实性、商品质量的可靠性，使"山寨品"充斥市场，损害了消费者的权益。

（二）公共性应维护社会公共利益

电子商务平台作为继市场、企业之后新的资源组织形态，逐渐成为新经济的主流模式，从而使当代政治正发生从统治到治理的重要转变。[2]市场不再被淹没在社会的范畴里，而是逐渐同国家行为体和非国家行为体"平起平坐"，其具备的对行政管理的支持和影响使其扮演着"第二政府"角色。平台经营者应认识到平台权力是受之于行政机关的"管理委托"，它无法取代真正的市场监管。平台权力的配置和行使，应当保障社会公共利益。在搜集和使

---

〔1〕 "法律规制电商平台'二选一'的挑战"，载《中国市场监管报》2019 年 2 月 19 日。

〔2〕 "法律规制电商平台'二选一'的挑战"，载《中国市场监管报》2019 年 2 月 19 日。

用数据时，遵循禁止侵犯合法权利原则，加强自我规制和数据控制提高服务意识，保障其他社会主体的权利。

（三）非中立性不应当是权责不一

在一定程度上，平台与商家利益休戚相关，平台的趋利性要求平台依从商家的需求，与此同时，消费者基于对平台的信任进行网络交易，这种非中立性使平台经营者既成为市场的组织管理者又成为消费者的维权者，进而使得平台经营者有了在"权"与"责"两方面间游走的可能。事实上，平台经营者应当明晰法律权责界限，承担好自己应尽的责任。

首先，作为双边或多边交易服务的提供商，平台经营者应当为平台内交易主体搭建平等沟通的桥梁，引进商家入驻平台并签署平台服务协议，进而吸引消费者，并形成良性循环，最终促进行业经济的繁荣发展。其次，平台经营者应当审核平台内信息。平台经营者虽不是商品的生产者，但依据我国《网络交易监督管理办法》第 29 条规定，平台应当对平台内经营者及其发布的商品或者服务信息建立检查监控制度，这就施与平台一种"无过错责任"，即平台应承担更加主动的注意与审查义务，否则，一旦发现平台存在违法信息，即推定平台未尽到注意义务而存在主观过错。再次，通过平台自治，平台经营者对平台内交易行为还具有查处与管控责任。最后，平台经营者还应当建立投诉与举报制度，一定程度上便利消费者的维权。

三、平台经营者"权力"限度的完善

（一）引导平台合规经营

《关于促进平台经济规范健康发展的指导意见》明确提出："……持续深化'放管服'改革，围绕更大激发市场活力，聚焦平台经济发展面临的突出问题，加大政策引导、支持和保障力度……落实和完善包容审慎监管要求，推动建立健全适应平台经济发展特点的新型监管机制……"为了鼓励平台经济创新发展，监管应当更加审慎包容，将重心至于平台经营者的合规经营。[1] 自我治理的扩张需要科学、合理的行政监管进行制约。应当明确平台自我治理的限度，划定平台企业可以进行自我治理的范围，细化具体领域的治理要求，使平台自我治理有章可循、有规可依。

---

〔1〕 "国办印发指导意见 促进平台经济规范健康发展"，载《中国注册会计师》2019 年第 9 期。

（二）用户参与成为必要

一方面，可以通过进一步完善由消费者协会、检察机关主导的公益诉讼制度，增强消费者的利益保护，加强监督、检举途径的建设与维护，建立奖励禁止，降低维权成本，让消费者主动参与。

另一方面，面对平台设定的相关规则中大量使用的较为专业化的术语，可以通过设定"专家—用户"沟通程序，要求平台在制定用户个人信息保护政策、服务使用协议、知识产权保护等关键性内容时，组织专门的算法技术专家、法律专家、伦理专家在不同维度、不同层次进行合规审查，从而提高规则的可接受性、正当性与合理性，保证用户的参与度。

论电子商务领域的消费者权益保护

周书羽*

（中国政法大学 北京 100088）

摘　要： 在日益频繁的数据交互给生活带来便利的同时，存在着许多损害网络消费者合法权益的事实。本文将从电子商务的发展背景出发，从消费者知情权、公平交易权、个人信息权益受到侵害三方面论述当下电子商务对消费者权益保护的挑战，并提出关于消费者权益保护的几点思考。

关键词： 电子商务　网络消费者　消费者权益保护

一、引言

电子商务通常是指通过互联网作为媒介，以相关网站或网络交易平台为媒介开设虚拟商店进行商品销售以达到盈利目的的一种网络交易形式。[1]

近年来，电子商务营商环境持续改善，电子商务的发展也实现了规模效益双丰收。电子商务的国际合作成果丰硕，助力构建国内国际双循环新发展格局。电子商务的良好发展逐渐成为维护社会稳定和促进经济发展的重要力量。然而，由于电子商务具有虚拟性、开放性、跨地域性的特点，消费者在交易过程中的弱势地位显得更为突出，经营者常以格式合同、虚假促销、超出范围收集个人信息等方式损害消费者的知情权、公平交易权、个人信息权益等。这些问题在电子商务的快速发展中亟需解决，以促进电子商务的良性健康发展。

＊ 作者简介：周书羽（1997 年－），女，汉族，浙江诸暨人，中国政法大学同等学力研修班 2022 级学员，研究方向为民商法学。

〔1〕 参见屈伸："网络交易环境下消费者权益保护问题研究"，天津大学 2017 年硕士学位论文。

二、电子商务对消费者权益保护的挑战

（一）知情权受到侵害

《消费者权益保护法》第8条规定了消费者在购买、使用商品或者接受服务时，享有知悉该商品或者接受服务的真实情况的权利。电子商务领域下的消费，近乎完全在网络虚拟空间中进行，除了会出现传统面对面交易经常发生的诸如对商品、服务的真实情况存在信息差，还在责任主体、交易对象、权利与义务等方面存在特殊性。

传统交易通常直接涉及双方当事人，分别是生产者、销售者和消费者，利益相关人相对简单、关系清晰；而在电子商务领域中，还增加了电子商务平台经营者和物流经营者，直接提供服务，关联整个消费流程。正是基于此，交易中所增加的电子商务服务、物流服务同样也影响到消费者能否对其购买的服务的真实情况充分了解。而实际情况是，电子商务平台使用协议、电子商务平台使用细则等合同系格式合同，消费者通常不会对其内容有具体、充分的了解；而物流经营者也并非由消费者选择。因此，在这一过程中，消费者的知情权难以得到保障。

此外，网络的虚拟性导致消费者无法充分获得相关商品或服务的信息，而这些信息的真实性也难以辨别和保障。平台内经营者凭借大数据所掌握的信息优势，善加利用网络，制作发布大量的虚假广告，进行大量的虚假网络宣传。其中，由于消费者通过网络了解和挑选商品或服务，无法直观地进行判断，交易量和用户评价就成了消费者考虑是否购买某种商品或接受服务的重要因素。因此出现了大量虚构交易、伪造用户评价（刷单炒信）的行为，以欺骗误导消费者，从而损害消费者的合法权益。[1]并且，以上行为消费者难以察觉。

（二）公平交易权受到侵害

《消费者权益保护法》第10条规定："消费者享有公平交易的权利。消费者在购买商品或者接受服务时，有权获得质量保障、价格合理、计量正确等公平交易条件，有权拒绝经营者的强制交易行为。"传统的交易中，同一款商

---

〔1〕 参见康静怡："《电子商务法》对消费者知情权的保护——围绕《电子商务法》第十七条展开"，载《人民法治》2018年第20期。

品的价格通常是明码标价，任何人购买同一款商品，价格都是相同的，并不存在差异。而在电子商务领域中，平台经营者利用网络优势，运用大数据和算法"杀熟"，对新老用户制定不同价格，开通会员、忠诚度较高、消费能力更强的用户，费用可能比普通用户更高；针对不同地区消费者制定不同价格；多次浏览页面的用户，可能面临价格上涨；利用繁复促销规则，实行价格混置。这些行为侵犯了消费者的公平交易权。《个人信息保护法》第 24 条也明确规定个人信息处理者不得对个人在交易价格等交易条件上实行不合理的差别待遇。但市场环境瞬息万变，不仅消费者很难识破"杀熟"行为，甚至监管部门有时也难以快速分辨正常价格变动与"价格杀熟"的边界。同时，对算法应用技术的审核机制和技术力量，还有待完善，维权取证也相对困难。[1]

此外，在网络环境下，经营者为了方便，大多使用格式合同，且内容通常以减免经营者义务、不当加重消费者义务为主，对于这些条款，消费者不具备谈判的能力，不得已接受；甚至还存在经营者以不接受相应的格式条款就不允许消费者使用平台服务的情形。这些不公平的条款显著阻碍了公平交易的实现，损害了消费者公平交易权。

（三）个人信息权益受到侵害

《消费者权益保护法》第 29 条规定了经营者需经过消费者同意，才能收集、使用消费者个人信息。经营者在收集和使用消费者信息时应当遵循合法、正当、必要的原则，明示收集、使用信息的目的、方式和范围。经营者收集、使用消费者个人信息，应当公开其收集、使用规则，不得违反法律、法规的规定和双方的约定收集、使用信息。电子商务领域的交易，信息往往更容易被收集、传输、利用，因此，出现了大量未经个人允许平台经营者就收集个人信息或超出必要范围收集、处理个人信息的行为。

此外，网络环境的特殊性导致信息不仅可能被平台经营者不当地收集和使用外，还可能被平台内经营者、第三方支付平台以及第三方物流平台收集使用。法律虽然收规定了消费者对个人信息享有绝对性权力，甚至在《民法典》中也明文规定自然人享有隐私权，但在实践中消费者的隐私却被非法收

---

〔1〕 参见"中国消费者权益保护状况年度报告（2021）"，载 https://p.cca.cn/ueditor/files/2022-06-16/7c7ce427-9962-453d-9635-3da0f230c258.pdf，最后访问日期：2022 年 4 月 15 日。

集、处理、分析、利用；甚至非法提供给他人以谋取非法利益。

三、关于完善消费者权益保护的思考

（一）现行法律体系下的救济

首先，关于电子商务领域消费者知情权受到侵害的，可以寻求《消费者权益保护法》与《电子商务法》的救济。其中，《消费者权益保护法》第8条、第20条，《电子商务法》第17条均明确要求电子商务经营者承担商品或服务真实情况的信息披露义务，不得作出虚假或引人误解的宣传。《消费者权益保护法》第56条规定了对侵害消费者知情权的行为，除了承担民事责任外，有关行政部门可以作出相应的行政处罚，包括责令改正、警告、没收违法所得、罚款，情节严重的，责令停业整顿、吊销营业执照。《电子商务法》虽然没有明确规定电子商务经营者的责任，但是，根据其第85条的规定，可以依照《消费者权益保护法》的相关规定进行处罚。

其次，关于公平交易权受到侵害的，可以寻求《消费者权益保护法》《电子商务法》与《反不正当竞争法》的救济。其中，《消费者权益保护法》第10条、《电子商务法》第5条、《反不正当竞争法》第2条均要求经营者在市场竞争中，遵循自愿、平等、公平、诚信的原则；违反法律规定的行为，经营者将依法承担民事、行政甚至是刑事责任。

最后，关于个人信息权益受到侵害的，同样地，可以寻求《个人信息保护法》《消费者权益保护法》《电子商务法》的救济，包括《消费者权益保护法》第14、29、50、56条之规定，《个人信息保护法》第七章之规定，《电子商务法》第23、25、32、87条之规定。

（二）消费者权益保护法律制度之完善对策

首先，完善电子商务环境下消费者权益保护的立法，明确侵害消费者的侵权行为的法律责任。例如，消费者的个人信息权益受到侵害时，平台经营者、平台内经营者、第三方支付平台、物流平台等主体间应当如何分配法律责任、损害赔偿的计算方式以及救济途径。又如，进一步完善举证责任倒置的相关规定，以应对消费者在维权时的举证困难问题，从而倒逼经营者的合规经营，以最大限度地保护弱势方。[1]

---

[1] 参见舒敏："网络环境下消费者权益保护之法律制度完善"，《法制与经济》2018年第3期。

　　其次，规范电子商务经营者的经营行为。工商行政管理部门制定包括市场准入、经营者行为合规指南等规范性文件，对经营者在技术标准、设备容量、人员配备、经营内容等方面进行定期审查，加强事前监督以保障消费者的合法权益。[1]

---

〔1〕　参见姜韦："完善我国网络消费者权益保护的法律思考"，《运城学院学报》2012年第3期。

上市公司分立的监管制度建议

洪 玮*

（中国政法大学 北京 100088）

摘 要： 囿于我国公司分立基础制度不完善、上市公司分立监管依据缺失等原因，上市公司分立至今在境内未能得以广泛推行。随着全面实行股票发行注册制工作的不断推进，为鼓励上市公司多途径进行资产重组，满足专业化经营、实现股东价值最大化等的需要，有必要制定上市公司分立规则，为上市公司分立奠定制度基础。

关键词： 上市公司 公司分立 股票发行 监管

一、我国上市公司分立实践

截至目前，境内资本市场成功分立的案例仅有两例，分别是 2010 年东北高速公路股份有限公司（以下简称"东北高速"）以新设分立的方式分立为黑龙江交通发展股份有限公司（以下简称"龙江交通"）和吉林高速公路股份有限公司（以下简称"吉林高速"）两家上市公司；2017 年上海城投控股股份有限公司（以下简称"城投控股"）以存续分立的方式分立为城投控股和上海环境集团有限公司（以下简称"环境集团"）两家上市公司。另有一家上市公司厦门建发股份有限公司（以下简称"建发股份"）虽然也于 2015 年进行了上市公司分立的尝试，但最后以宣布终止分立上市计划告终。

（一）东北高速分立

东北高速的三家股东间出现了控制权和经营权争夺，因公司治理问题和

---

* 作者简介：洪玮（1982-），女，汉族，北京人，中国政法大学同等学力研修班 2022 级学员，研究方向为经济法学。

内部管理混乱被证券交易所特别处理（ST 东北高）。为了彻底解决东北高速的公司治理问题，保护中小股东利益，提高上市公司质量，证监会于 2009 年将东北高速作为我国上市公司分立的首家试点企业。分立后成立龙江交通和吉林高速。[1]

（二）城投控股分立

2015 年 6 月，城投控股公告以推动在 B 股上市的上海阳晨投资公司（以下简称"阳晨投资"）退市为代价，换取一家新的 A 股公司上市机会，由城投控股先以换股方式吸收合并阳晨投资，再通过存续分立的方式将旗下全资子公司环境集团分立上市，实现城投控股下属的环境业务板块的整体独立上市。[2]

（三）建发股份分立

2015 年 9 月 30 日，建发股份公告拟按照供应链运营和房地产开发两个不同的业务板块对公司的资产、负债及人员进行划分，并以存续分立的方式实施分立。[3]2016 年 6 月 9 日，建发股份决定终止实施，分立行为因"重大无先例事项""方案较复杂，时机不成熟"等理由宣告失败。[4]

二、上市公司分立的意义

上市公司分立是指一家上市公司不经过清算程序，分设为两个或两个以上公司，分立后公司履行相关法律程序后可以申请上市的法律行为。

（一）上市公司视角

上市公司分立通常有利于上市公司自主选择经营模式、提高运营效率。一是有助于促进企业的专业化发展，减少不同业务板块之间的估值差异，提

---

[1] 《东北高速公路股份有限公司分立上市报告书》（ST 东北高），载 http：//www.sse.com.cn/disclosure/listedinfo/announcement/，最后访问日期：2022 年 8 月 10 日。

[2] 《关于上海城投控股股份有限公司换股吸收合并上海阳晨投资股份有限公司及分立上市暨关联交易预案》，载 http：//www.sse.com.cn/assortment/stock/list/info/company/index.shtml？COMPANY_CODE＝600649&tabActive＝1，最后访问日期：2022 年 8 月 10 日。

[3] 《厦门建发股份有限公司分立上市报告书（草案）》，载 http：//www.sse.com.cn/assortment/stock/list/info/company/index.shtml？COMPANY_ CODE＝600153&tabActive＝1，最后访问日期：2022 年 8 月 10 日。

[4] 《厦门建发股份有限公司关于终止筹划重大资产重组事项的议案》，载 http：//www.sse.com.cn/assortment/stock/list/info/company/index.shtml？COMPANY_ CODE＝600153&tabActive＝1，最后访问日期：2022 年 8 月 10 日。

升公司整体估值水平；二是有助于解决部分经营性业务独立融资问题，发挥资本市场对并购的支持作用，获得更好的市场并购机会，实施管理层激励；三是在公司市场价值被严重低估时通过对非主营业务的剥离来提升市场价值，抵御敌意收购。在我国现有的上市公司分立案例中，通过分立还解决了一些历史遗留问题。[1]

对上市公司原股东而言，在上市公司分立后上市的情形下，可以同时持有两个或以上上市公司的股权，不仅在股权退出机制上具有了更多的灵活性，同时也有利于增加投资收益，分散投资风险。存续分立还有助于增强控股股东对专业化业务的管控力，缩减公司管理层级，减少母公司对单一子公司业务的依赖性。

（二）证券监管视角

证券市场监管的最终目的在于提高资本市场的运作效率和秩序，以保证其对经济发展的促进作用。证券市场应当具备的两大基本功能包括正确地反映并评价企业的绩效和优化资源配置。上市公司分立后，不同业务的子公司独立编制和披露财务报表，可以使分立后公司的业务以及财务透明度、清晰度增强，有利于提高信息披露的准确性，有助于证券市场正确反映和评价公司绩效和投资者对不同业务板块的评估，减少信息不对称带来的判断失误。

三、上市公司分立监管制度建议

随着证券市场的监管生态越来越朝着市场化的方向推进，有必要明确上市公司分立的法律依据，制订相应的规范性标准和程序，针对不同的分立模式区分监管路径，改变行政化"一刀切"的限制性模式，以信息披露监管为重点采取更为市场化的监管手段和监管方式，以满足证券市场优化资源配置的本质属性和日益增长的上市公司商业性分立需求。具体如下：

（一）明确上市公司分立的监管依据

（1）建议在法律层面为上市公司分立提供制度保障。建议在《公司法》立法层面对公司分立的含义、具体形式、分立对价给付、分立公司的设立方

---

〔1〕 例如东北高速通过分立解决了主要股东争夺控制权问题，化解了公司治理僵局；城投控股通过吸收合并暨分立的行为解决了与阳晨投资在环保行业存在的潜在同业竞争问题，同时解决了阳晨投资融资难的问题，实现 B 股股票的价值回归。

式等作出明确和具体的规定，解决现有上市公司分立规范立法层级较低、适用性与针对性不强的问题，为上市公司分立内涵的确定提供更强有力的法律支撑。同时，通过《证券法》的完善为上市公司分立营造更好的制度环境。考虑对《证券法》第二章"证券发行"第9条中关于公开发行情形的认定出台相应解释，或将上市公司分立分配股份的行为明确纳入"公开发行"所涉及的"法律、行政法规规定的其他发行行为"中，与"上市公司分立发行新股"与"首次公开发行新股"并列作为公开发行情形。

（2）对上市公司分立的实施标准和要求进行规范。建议在现有《上市公司重大资产重组管理办法》（以下简称《重组管理办法》）第2条及第15条中将上市公司分立行为列入"日常经营活动之外购买、出售资产或者通过其他方式进行的资产交易"行为中，考虑细化"其他资产交易方式"的规定，将上市公司分立纳入规则的适用范围，减少监管盲点。可以参照2019年出台的《上市公司分拆所属子公司境内上市试点若干规定》明确被分立业务所占上市公司业务的比例，对部分不满足上市"重大资产重组"财务量化标准又亟需通过分立进行业务重组或整合的公司纳入可分立上市范围，适当降低被分立业务所占上市公司财务性指标要求。

（二）有条件地简化上市公司分立的监管程序

区分上市公司分立的情形有条件地简化上市公司分立的监管审核程序。从我国现有的上市公司分立程序来看，既要符合首次公开发行上市的条件，又要满足兼并重组办法的审核标准和要求，程序相对较为复杂，不利于公司拓宽融资渠道获取合理估值的实现。建议有条件地简化上市公司分立的监管审核程序。对于上市公司分立后按比例分配股份、不涉及融资的，以及可能存在的上市公司分立后不上市的行为，考虑制订发行注册豁免制度，简化审批程序，降低企业的发行以及并购重组的成本，为多层次资本市场设置更为灵活的制度安排。

（三）区别不同情形施行差异化的监管路径

对于上市公司分立后申请上市的，应当在发行规则与上市规则分立监管之间建立有效的衔接。将上市公司原股东分配股份的行为纳入"公开发行"的特殊类型，在现有"公开发行及上市"的监管逻辑下履行境内发行上市的程序，涉及重大资产重组上市的按照《重组管理办法》提交重组委员会审核。分立后新设公司或承继公司作为独立法人主体申请上市，由证券交易所依据

《股票上市规则》进行审核。

在上市公司分立后承继公司暂时不具备上市要求的情形下，可以允许选择作为新三板的挂牌企业进行监管。根据 2022 年 3 月 4 日发布的《全国中小企业股份转让系统分层管理办法》，分立公司可以根据自身条件进入基础层、创新层或者精选层，在满足一定条件后转板上市。在上市公司分立后不上市的情形下，应当对债权人和中小股东利益予以重点关注。

（四）市场化监管方式和监管手段的运用

在上市公司分立的监管方式上，建议注重市场化监管手段的运用，通过加强上市公司分立的信息披露监管、控股股东行为监管和中介机构的责任监管防控市场风险。

在加强信息披露监管方面，要求充分披露分立的目的、商业合理性、必要性、可行性，以及分立后可能对原上市公司主营业务相关资产、财务状况的影响，不得借分立之名行关联交易、利益输送之实；在加强控股股东的行为监管方面，要重点关注作为分立主体的母公司与分立公司之间独立上市地位的保持，如业务划分是否清晰、是否存在管理层的交叉任职，往来交易规模上是否存在过度依赖等，以避免控股股东或者关联人利用上市公司分立进行股价炒作和不正当利益输送。

在加强对中介机构的责任监管方面，要求包括保荐人在内的为证券发行出具有关文件的证券服务机构和人员认真履行审慎核查义务，并对其所出具文件的真实性、准确性和完整性负责。要强化独立财务顾问在增加上市公司分立透明度方面发挥的作用，同时加大对中介机构的违法违规行为的处罚力度。

经营者反垄断合规指引之构建

杨明晖*

（中国政法大学 北京 100088）

摘　要： 构建反垄断合规指引不仅契合于"预防胜于救济"的理念，而且有效弥补了现行反垄断法以强制性实施为主的不足。2020 年 9 月 11 日发布的《经营者反垄断合规指南》体现了构建以"经营者合规机制架构""合规风险的识别与评估""合规管理保障与控制"为核心的经营者反垄断合规制度的趋势。

关键词： 合规制度　风险识别与评估　合规保障与控制

一、问题的提出

近年来，反垄断案件罚金数额不断创历史新高，通过威慑增加违法成本以期阻止违法行为的作用并不显著。仅依赖惩罚并不足以改变现状，同时又伤及无辜的股东、债权人及企业职工；除违法成本外，守法成本甚至更大程度上影响着企业的理性决策。现有法律制度框架下，违法垄断的法律责任归属于经营者，经营者的决策是否违法取决于经营者的意愿——成本—收益的经济分析：守法成本小于违法处罚。"制度成本是制度运作整个动态过程所付出的代价，它的高低是人们作出法律供给决策的主要依据，是人们选择遵守或者规避法律甚至违反法律行为的'晴雨表'。"[1]

从非技术性分析，还可以考虑的有：仅依赖禁止性规定和行政处罚威慑，

---

　* 作者简介：杨明晖（1986 年-），男，汉族，北京人，中国政法大学同等学力研修班 2022 级学员，研究方向为经济法学。

〔1〕　参见钱弘道：《经济分析法学》，法律出版社 2003 年版，第 260 页。

经营者会与反垄断执法机构互动博弈，通过对成本—收益的权衡，最终达到平衡状态。而这意味着，其一，企业应当增加决策投入，避免行为违反反垄断法的禁止性规定，对于中小企业而言这更是一种负担；其二，执法机构提高查处垄断行为的正确率，避免错误执法产生社会成本。因此，制度设计应当向控制合规成本倾斜。

反垄断执法机构会通过颁布指南、规则、意见、办法等文件以指导企业市场经营、避免企业违法的活动。指导作为事前监管手段，其目的在于防患于未然，有助于降低经营者的合规成本以及监管者的执法成本，其中最佳手段当为"合规指引"，引导企业建立自身的合规制度。无论从市场主体的角度还是执法机构角度，许可企业从事何种经营活动的规则比禁止更加具备操作性，同时，提供"反垄断合规制度可以帮助执法机构获取足够的合规承诺，也可以帮助企业预防反垄断法律风险，具有经济上的合理性"。[1]

二、合规指引策略的经济分析

关于反垄断合规指引相比于传统手段的可执行性，还需考虑该制度本身是否有足够的激励去实施，包括对经营者和监管者。

（一）经营者的成本与收益分析

对企业是否选择建立反垄断合规制度而言，其支付的成本主要为：①制度制定的成本，包括制定过程中人力、物力、财力及所花费的时间、信息等资源的支出。②制度实施的成本，包括宣传、培训职工的费用，受旧的商业惯例影响的额外支出，聘请合规辅助人、实施合规操作的必要费用，进行法律风险控制时支付的其他费用等。③合规的机会成本。反垄断合规制度的实施，并不意味着它是企业最优的行为选择。企业选择合规就必然为其放弃某种行为的选择支付相应对价，在此方案下，如企业放弃可能会但事实上未必会导致垄断行为的交易机会的情况。④其他收益，如社会声誉以及在发生违法事由后有更大的机会获得"宽恕"处理。

建立反垄断合规制度如果是合理的，那么它必然满足合规收益大于合规成本的法则，包括：①可能因违规而遭受的罚款的避免或减少。②经营者商业损失的避免。譬如，一旦商业协议因为违反反垄断法的规定被认定为无效，

---

〔1〕 喻玲："从威慑到合规指引 反垄断法实施的新趋势"，载《中外法学》2013年第6期。

那么企业除了需要支付罚款，还将因为合同无效遭受重大的经济损失。③其他的支出。"有效的反垄断合规制度实际上具有自然辩解的效果。它在极大降低企业卷入反垄断调查或者诉讼概率的同时，也给企业带来了为配合反垄断调查、参与法庭诉讼必要支出的减少。"[1]

有效的反垄断合规制度不仅能够帮助经营者避免经营的潜在不利后果，而且还会带来潜在优势。在反垄断法律责任不断严格、执法效率不断提高的情况下，配合以合规指引以减少企业的合规成本，那么企业将从理性人的角度出发选择合规经营。更何况，虽然建立经营者自主合规审查机制的前期固定成本较高，但对于长期发展的经营者而言，边际守法成本并不高。

（二）监管者的成本与收益分析

在执法机构追求社会利益的假设下，反垄断执法机构也面临成本和社会收益之间的权衡。在有限的执法资源下，执法机构的执法数量与执法正确率应当呈负相关。因此，合规指引首先减少了监管者执法案件的数量，提高了执法效率。从相反的角度分析，要提高执法效率，降低错误执法的可能，就需要减少执法的数量，而合规指引可以尽可能排除没有效率的执法。换言之，当监管者制定合规指引时甚至可以引导企业出台自主合规审查机制，那么，减少数量的同时也将监管的边际成本大幅降低。

三、反垄断合规制度之构建

目前，我国反垄断法主要采取的是禁止性的立法模式，即规定何种行为可能违反反垄断法。同时也存在许可性的规定，譬如我国《反垄断法》第20条规定的反垄断豁免制度。然而，这里的规定过于模糊、适用存在解释问题，为保护经营者的合法利益，必须细化相关反垄断豁免制度的规则。

本文认为，经营者反垄断合规制度的构建应当以"经营者合规机制架构""合规风险的识别与评估""合规管理保障与控制"为核心。

（一）经营者合规机制架构

如前所述，经营者建立常态化的反垄断合规自主审查机制是高效且理性的，降低日常经营活动的合规审查边际成本。这表明了企业"在内部实行有效、系统化的制度以确保合规的意愿，传达了企业的战略目标，提升了管理

---

[1] 喻玲："企业反垄断合规制度的建立路径"，载《社会科学》2015 年第 5 期。

层的可问责性"。[1]

此外，合规制度应当公开，更新后及时告知企业职工，以确保经营者及其职工在生产经营活动中避免直接或间接从事反垄断法相关规定禁止的垄断行为。同时鼓励合规承诺，即"鼓励经营者的高级管理人员作出并履行明确、公开的反垄断合规承诺。鼓励其他员工作出并履行相应的反垄断合规承诺"，[2]以非强制性的手段引导合规经营。监管部门应当鼓励、支持和引导经营者建立反垄断法律合规制度，并提供必要的帮助。

（二）合规风险的识别与评估

其一，法律风险控制的逻辑起点在于企业能够识别法律风险。在有条件的情况下建立反垄断合规管理部门，设置合规管理负责人；同时明确部门职能及相关人员的职责。其二，开展内部培训，包括：一是反垄断法的基本常识，如垄断行为、法律责任与豁免等；二是结合行业特点、企业特点、地方特点进行专门性合规要点培训。应当发挥行业协会和地方监管部门优势——赋予行业协会、省级监管部门参考制定适用于本行业、本地区的合规指引。另外，在反垄断法律制度具有趋同性但尚未完成一致性的背景下，跨境经营者应当检视该国相关法律规定，做到"本地化"的思考，以事先预防冲突产生；而当我们的法律制度与所在国法产生冲突或企业的反垄断合规制度与当地产生冲突之时，"选择规定最严格者来制定或者调整反垄断合规制度也是企业应该遵循的规则"。[3]同理，当不同地域的合规指引存在一定程度上的冲突或解释差异，可寻求上一级即国家市场监督管理总局的合规指引；当涉及不同行业存在的垄断问题时，如经营者的纵向集中问题时，若是该行为触犯反垄断法、妨碍竞争、存在合规制度上的不一致时，应当以保障调整后的合规指引符合各个行业的合规指引为原则。[4]其三，识别法律风险后予以准确评估并根据风险级别采取相应的处理策略。监管者应当设置激励机制以鼓励经营者立即停止实施相关行为，主动向反垄断执法机构报告并与反垄断执法机构合作，以寻求"宽大"处理。

---

〔1〕 喻玲："企业反垄断合规制度的建立路径"，载《社会科学》2015 年第 5 期。

〔2〕《经营者反垄断合规指南》第 6 条地 1 款。

〔3〕 喻玲："企业反垄断合规制度的建立路径"，载《社会科学》2015 年第 5 期。

〔4〕 参见刘继峰：《竞争法学》（第 3 版），北京大学出版社 2018 年版，第 200~201 页。

（三）合规管理保障与控制

《经营者反垄断合规指南》第五章规定了一系列"合规管理保障"的制度，如奖惩、举报、信息化建设。首先，奖惩源于激励，无论是负面的惩罚机制制裁违反者，抑或正面的奖励机制鼓励合规操作，都需要制定一套完善的程序以确保责任人合规而非纸上谈兵。其次，依靠举报进行外部监督，其中除了内部合规投诉外，监管者应当设计制度以确保内部举报机制失灵时可以寻求救济。例如参考《公司法》第149条、第151条设定的股东提起代表诉讼，经营者特定的成员可以向监管部门举报，但同时需要配套健全的保密程序，并作出较为严格的程序启动限制。

建立健全完善的反垄断合规体系进行有效的事前预防将逐渐成为更加经济的防范反垄断风险的手段。[1]完善以合规指引为核心的反垄断行政指导，对中小企业的反垄断指导并支持中小企业发展，也具有重要意义。

---

〔1〕 方翔："竞争合规的理论阐释与中国方案"，载《安徽师范大学学报（人文社会科学版）》2020年第4期。

人脸识别技术的法律规制路径研究

吴梦雪*

（中国政法大学 北京 100088）

摘　要： 近年来，人脸识别技术不断发展，应用到了越来越多的领域中，在为生产生活带来便捷与效率的同时，也带来了风险与挑战。随着《个人信息保护法》的出台，法律对个人信息的保护趋于完善，但实践中依然存在大量问题。需要继续完善法律法规，通过强化知情同意、建立多方监管机制、完善救济体系等措施，进一步加强对个人信息，尤其是个人面部信息的保护。

关键词： 人脸识别技术　个人信息保护法　救济体系

一、引言

随着科学技术的发展，人脸识别技术在日常生活工作中，如刷脸支付、银行转账、考勤打卡、出入门禁、视频换脸等，在公共安全领域，如疫情防控、人口走失、逃犯抓捕等，都有广泛的应用。

人脸识别是根据人的面部特征进行身份识别的一种生物技术，通常会从视频流或图片中采集人脸信息，并进行特征构建和分析。除了识别身份，还能根据人的面部特点，推测出人的性别、年龄、情绪等，在为我们生活带来便捷与效率的同时，也隐藏着巨大的风险。

---

* 作者简介：吴梦雪（1986年–），女，苗族，浙江杭州人，中国政法大学同等学力研修班2022级学员，研究方向为经济法学。

二、人脸识别技术带来的法律挑战

(一) 现有立法不完善

《民法典》第 1034 条第 1 款规定，自然人的个人信息受法律保护；该条第 2 款明确将生物识别信息确定为个人信息。《个人信息保护法》首次区分了"个人信息"和"敏感个人信息"，并将"生物识别"信息列入了"敏感个人信息"。[1] 此外，《个人信息保护法》还对个人信息的处理规则、个人信息处理者的权利和义务、法律责任、个人信息保护职责部门都作出了相应规定，但对于人脸识别信息这种唯一性强、隐蔽性差、敏感性高的敏感个人信息来说，目前的法律法规保护力度仍显不足。

《个人信息保护法》第 28 条规定，要求个人信息处理者具备特定的目的和充分的必要性，并且采取严格保护措施的情形下，才可以处理敏感个人信息。其中，"特定的目的"和"充分的必要性"系原则性表述，内涵比较宽泛，缺乏明确的限定。目前法律并未对这类人脸识别分析的侵权行为模式进行清晰、明确的列举，也没有进行明确定义，导致在实践中存在大量人脸识别分析行为，而信息主体却无从得知、无法维权。[2]

(二) 人脸识别第一案引发的思考

1. 基本案情

2019 年 4 月 27 日，原告郭某在杭州野生动物世界有限公司 (以下简称野生动物世界) 购买双人年卡并留存了个人信息，他按照店堂公示指引录入指纹和拍摄照片，双方达成了以指纹识别方式入园的合意。此后野生动物世界将入园方式调整为人脸识别，并在店堂发出告示，而后两次短信通知包括郭某在内的消费者激活人脸认证，否则无法入园。郭某不同意更改入园方式，与野生动物世界交涉未果，诉至法院。2021 年 4 月 9 日由杭州市中级人民法院作出终审判决，认定野生动物世界单方变更入园方式构成违约，其要求郭某激活人脸识别，超出事前收集目的，应当删除郭某办卡时提交的包括照片在内的面部特征信息。

---

〔1〕 周光权："涉人脸识别犯罪的关键问题"，载《比较法研究》2021 年第 6 期。

〔2〕 梁瑛："人脸识别信息的隐私风险与法律规制"，载《广州市公安管理干部学院学报》2022 年第 2 期。

2. 争议焦点

本案有三个争议焦点：一是关于个人面部信息收集的许可方式；二是关于单方面决定收集、加工等处理个人面部等信息的合法性问题；三是个人面部等信息被侵害后的救济方式问题。[1]

针对以上争议焦点，法院明确指出，个人面部信息的获取和处理应经过当事人的同意，野生动物世界未在事前取得当事人同意，采集照片前并未告知是用于人脸识别入园，因此法院支持了郭某要求野生动物世界删除收集的个人面部信息的诉求。但法院并未支持其请求第三方机构见证删除信息的诉求，认为缺乏法律依据。

此外，由于该案发生于 2019 年，彼时尚未制定《个人信息保护法》，主要是依据《合同法》相关规定确认了侵权事实。但大多数情况下，侵权发生时，双方并不存在缔结合同这个前提。

3. 思考

"人脸识别第一案"反映了在人工智能和大数据飞速发展的今天，法律法规存在滞后性，一定程度上导致了行业缺乏监管和约束、发展良莠不齐的乱象，相关主体对个人面部信息处理的侵权也频频发生。

一方面，人脸识别作为生物识别技术，具有准确性高、使用便捷等客观优势，既能节约自身成本，也能为顾客带来便捷，享受科技进步带来的便利。另一方面，由于其采集和处理过程的不合法、不合理，没有获得信息主体的明确同意，简单粗暴地将消费者同意拍照等同于同意人脸识别信息采集和处理，也体现了信息处理者对面部信息的敏感性、私密性的认知不足。

正是处理不合法、告知不合理、同意不清晰，导致了信息主体和信息处理者之间各种各样矛盾纠纷。

此外，关于本案中"要求在第三方技术机构见证的情况下删除信息"的诉讼请求未被支持，计算机系统在设计时，为了更稳定可靠，不丢失数据，通常会采取很多保护措施，作为不具备专业计算机知识的普通人，不借助专业第三方技术机构，很难分辨信息是否真的被彻底删除。在信息和知识不对等的情况下，信息所有者如何确认侵权方已经停止侵害，消除影响，也是值

---

〔1〕 李朋、王明达："'人脸识别'场景下个人面部信息保护问题初探——由'人脸识别第一案'展开"，载上海市法学会编：《上海法学研究》（2021 第 5 卷），上海人民出版社 2022 年版。

得考虑的问题。

三、人脸识别技术法律规制方案的构建

（一）强化知情同意规则

《个人信息保护法》规定个人信息处理者需要在处理个人信息前，以显著、清晰易懂的语言准确、完整地向个人告知处理目的和方式。从实际经验来看，人脸识别有较强的特异性，与其他个人信息相比，它隐蔽性差、唯一性强，又极难变更。所以，非法处理人脸识别信息对信息主体造成的影响可能伴随终生，造成的后果严重且难以挽回。[1]

目前在实践中，人脸信息的知情同意存在诸多问题。首先，不少信息处理者会采用"使用即同意"的告知模式，即只有同意授权人脸信息，才能使用其提供的服务。这种告知模式不符合公平原则，信息处理者利用自身的优势地位，让信息主体缺乏选择权，被迫接受相关条款。其次，一些协议的格式条款中，还会有"包含但不限于"等描述，给人脸识别信息的任意使用带来了操作空间。

因此，在个人面部信息的采集阶段，必须得到信息所有者明示的同意，在信息主体不同意授权人脸信息时，除非能够证明个人面部信息是不可或缺的必要条件，否则就应该要求信息处理者提供其他可选方式，保证信息主体拥有足够的选择权。在使用个人信息时，也应当按照授权范围和用途进行使用，且这个授权范围和用途应当是明确、可控的，而非模糊、未定义的。

（二）建立多方监管机制

要对人脸识别信息进行规范保护，建立高效、多元、全方位的监管机制必不可少，其中协调各方资源构建以政府监管、行业自律和社会监管为一体的协作监管机制成为保护个人信息的新手段。[2]

首先，个人面部信息的侵权，可能涉及《民法典》《个人信息保护法》《网络安全法》，甚至是《刑法》，对于不同违法情形，可能给会落实给不同的监管部门，因此需要厘清政府各部门之间的权责，确保能有效监管个人信息安全。

---

[1] 高仲劭："人脸识别信息处理行为的法律规制"，载《学习论坛》2022 年第 1 期。
[2] 沈朝阳："论人脸识别信息应用的法律规制进路"，载《西部金融》2022 年第 7 期。

其次，行业自律也可以成为对人脸识别应用灵活、有效的监管方式。行业规则的制定施行往往比法律法规及时，例如中国人民银行发布的《个人金融信息保护技术规范》，就有很强的实操性。

最后，应当建立通畅的社会监督举报渠道，让信息主体能够便捷地保障自身权利。监管部门也应当及时接受诉求并作出处理和反馈。

（三）完善救济体系

人脸信息泄露的后果具有不可逆性，规制重点应放在防止泄露和滥用上，而完善救济途径则可最大限度减少受害者损失，责任的明确也可督促责任主体审慎应用人脸识别。[1]

人脸信息的侵权不像传统侵权，其行为模式隐蔽性强，信息主体无从了解其信息被处理的状态，对侵害情况难以举证。加上信息主体与信息处理者之间往往存在巨大的数字素养鸿沟，信息主体对侵害过程无从了解，因而也无法维权。因此对于人脸信息侵权，应该采取举证责任倒置，由信息处理者举证其对信息处理的合法性、合理性、安全性。

对于责任主体，在人脸信息侵权中，由于授权、传播环节复杂，往往难以确定侵权人和侵权环节，可让信息处理的所有相关主体，部分或全部作为被告担责，再由被告之间互相追偿。

人脸识别技术背后所蕴含的是巨大经济利益，各信息处理者在享受利益的同时，也应该承担更多责任，达到权利与责任的平衡。因此可以考虑更为严苛的惩罚性赔偿责任，强化威慑效果，也让原告从经济补偿中获得救济。

人脸识别技术易取得、易破解的特征，也决定了涉人脸识别的犯罪今后可能继续上升。除了行政监管制度的完善，在刑事方面，也应该加快对涉人脸信息犯罪相关法条的制定，构建完整的人脸信息法律保护体系。

---

〔1〕 参见颜文彩：“人脸识别技术的应用风险及其法律规制”，载《哈尔滨学院学报》2022 年第 6 期。

大数据时代个人信息的法律保护

邵建民*

（中国政法大学 北京 100088）

摘 要：大数据时代个人信息侵权主要表现为个人信息被不当收集、非法利用甚至是非法提供。究其原因，主要是法律保障待完善、政府监督与行业自律不足、技术支持不到位及个人信息保护意识淡薄等。针对大数据时代个人信息侵权表现，可采取完善法律法规、加强行政监管及行业自律、提高个人信息保护意识等保护措施。

关键词：大数据 个人信息 法律保护

何谓个人信息？《民法典》第 1034 条第 2 款规定："个人信息是以电子或者其他方式记录的能够单独或者与其他信息结合识别特定自然人的各种信息，包括自然人的姓名、出生日期、身份证件号码、生物识别信息、住址、电话号码、电子邮箱、健康信息、行踪信息等。"此外，《网络安全法》《个人信息保护法》和最高人民法院相关司法解释也分别对个人信息概念进行了界定。

近年来，随着互联网技术、大数据技术的飞速发展，个人信息收集、加工、使用的手段不断升级，大数据时代下个人信息具有以下特点：一是主体特定，仅限自然人；二是内容广泛，被收集的个人信息不仅包括个人的基本身份情况，还包括其社会背景，甚至是网络购物喜好、网站浏览记录、交通出行习惯等；三是承载着多元的自然人的利益，既包括人格利益，也包括经济利益或财产利益。在海量信息收集、分析的基础上，利用大数据技术向用户有针对性地推送个性化信息内容，迎合用户个人消费偏好，给用户带来便

---

* 作者简介：邵建民（1978 年-），男，蒙古族，内蒙古赤峰人，中国政法大学同等学力研修班2022 级学员，研究方向为经济法学。

捷服务的同时，往往会引发个人信息被不当收集、非法使用甚至非法提供的问题。

一、大数据时代个人信息侵权行为的主要表现

（一）个人信息被不当收集

有的市场主体为了能够清楚了解用户的消费偏好，往往借助大数据技术收集用户大量个人信息，分析用户行为，预测消费意向。一些应用程序在用户注册登录时，除了按照《互联网用户账号信息管理规定》要求用户实名注册外，还强制用户填写与所提供的网络服务无关的个人信息，包括宗教信仰、医疗健康、金融账户等敏感个人信息，甚至在使用应用程序时未经用户同意利用定位、监听、监视等功能收集行动轨迹、生活习惯。这些个人信息的收集引发了侵害用户人格尊严、危害人身和财产安全的风险。

（二）个人信息被非法使用

大数据时代，互联网、云计算技术被广泛应用于社会公众日常学习、生活中，个人用户的通讯录、聊天记录、照片等个人信息暴露于公众视野的概率越来越高，个人信息被非法使用的行为也日益泛滥。如 AI 换脸技术借助人工智能的深度学习功能，对他人的声音或者人脸进行深度伪造，拼接合成虚假的视频内容，使社会公众"眼见为实"的传统观念受到巨大冲击，"被换脸"的当事人往往名誉受损、百口莫辩。又如"大数据杀熟"事件，商家借助自动化决策技术非法使用个人信息，全面分析用户消费习惯，精准开展广告营销，在价格设置上老客户的价格明显高于新客户的价格，从中获取更多利润；再如网络诈骗分子非法利用个人信息撒网诱骗，使受害者付出沉重代价，甚至为此失去健康和生命。[1]

（三）个人信息被非法提供

《个人信息保护法》确立了以"告知—同意"为核心的个人信息处理规则，明确规定处理公民个人信息应当取得个人的同意。出售、窃取、未经同意提供和"以其他非法方式获取"的公民个人信息，属于非法提供行为。[2]

---

[1] 参见孟朝玺、韩国柱："大数据时代我国个人信息法律保护探析"，载《云南警官学院学报》2022年第1期。

[2] 参见童德华、彭勉："侵犯公民个人信息罪的行为构造"，载《湖北警官学院学报》2022年第2期。

二、大数据时代个人信息侵权行为原因分析

第一，法律规制仍待完善。例如个人信息侵权行为发生时，在现有司法实践中，侵害个人信息造成的不利后果常表现为将来可能遭受侵害的风险，与处罚所依据的"确定性"风险标准相抵触，即使法院认定被告实施了侵权行为，原告也较难获得相应经济补偿。又如《刑事诉讼法》关于刑事侦查措施适用条件规定仍限于传统物理空间，大数据时代网络时空环境下刑事侦查措施的具体适用仍为空白地带；再如《个人信息保护法》与《民法典》《网络安全法》等法律法规有关个人信息保护规定的衔接有待细化。

第二，政府监管与行业自律不足。政府部门对于个人信息数据保护的权责模糊、措施不具体，导致监督乏力，甚至存在多头监管、相互推诿、对个人信息侵权行为的处置久拖不决等现象，公力救济难以最大限度发挥"定分止争"的功能作用。与个人信息使用密切相关的市场主体自律性不足，一方面有的商家因利益驱使非法收集个人信息，另一方面有的机构无视法律规定非法贩卖个人信息谋取非法利益，二者交互影响，导致个人信息侵权行为现象屡禁不止。

第三，信息保护技术支持不到位。因个人信息存储处理服务方的技术能力存在局限，或者因网络安全问题，个人信息存在泄露风险。同时，个人信息侵权行为具有隐蔽性、无形性的特点，侵权行为的取证、认定难度大，有时甚至被侵权人都难以察觉。

第四，个人信息保护意识淡薄。大多数用户在注册登录使用应用程序时，对于弹窗显示的个人信息被收集提示，往往怠于详细阅读，采取一键同意全部授权的简便操作，导致手机、计算机等存储设备的个人照片图库、位置信息、关联账号等个人信息拱手相送。

三、大数据时代个人信息保护的对策

（一）完善法律法规，夯实保护基石

《民法典》《个人信息保护法》等对个人信息概念进行了明确界定，有利于个人信息被侵权的自然人及时维护自身权益，但需要进一步明晰《个人信息保护法》中的个人信息与《民法典》中的隐私概念内涵，实现《个人信息

保护法》与《民法典》相关规定的有序衔接落实。[1]为此，有权机关可以出台相关司法解释、配套的实施条例等，在解释允许的范畴内对立法模糊、不确定的内容予以明确，以指导生产经营活动和司法、执法活动。

对于个人信息侵权中的"损害"认定方面，应当涵盖个人信息侵权的风险及可能损失。个人信息暴露带来的风险升高、预防风险的成本支出和风险引发的焦虑皆可成立损害，但这些风险须属于"实质性"风险。[2]至于对何为"实质性"的认定，应具体问题具体分析，综合考虑个人信息类型、信息处理目的等酌情判断。

注重相关法律的衔接与运用。维护网络安全，保护个人信息是践行总体国家安全观的体现，国家出台《个人信息保护法》《网络安全法》和《数据安全法》，其内容各有侧重，分别是规范和保护个人信息处理行为、规范网络运营者及其行为、规范数据处理行为，但在个人信息保护方面的"三法"交叉地带，如何兼顾个人信息的适当运用和有效保护，[3]需予以明确细化规定。另外，面对海量个人信息，也可以采取分层级保护措施。

（二）改进执法监管，加强行业自律

针对政府机构在个人信息保护中多头、分散执法的监管现状，应当加大改革力度，组建统一执法的专责机关，事前提高行政许可标准，事中进行严格监管，事后加强违法处罚力度，切实保护个人信息合法权益。此外，要积极发挥行业自律组织作用，加强行业自律组织建设，健全自律组织惩戒机制，以此弥补法律法规、行政监管的滞后不足。

（三）提高个体自我保护意识，有效维权止损

采取广泛有效的宣传教育措施，营造社会各方重视个人信息保护、参与个人信息保护的良好环境，提升公众个人信息保护意识和维权意识，提醒公众不随意点击不明链接，强化个人信息账户安全防范意识，提高信息共享与信息保护能力，一旦发现个人信息泄露，能够主动、及时采取有效措施，控

---

〔1〕 参见石巍、王雪："个人信息新型保护框架之构建：路径、界限与匿名法律标准"，载《学术交流》2021 年第 8 期。

〔2〕 参见田野："风险作为损害：大数据时代侵权'损害'概念的革新"，载《政治与法律》2021 年第 10 期。

〔3〕 参见石巍、王雪："个人信息新型保护框架之构建：路径、界限与匿名法律标准"，载《学术交流》2021 年第 8 期。

制个人信息侵权危害的扩大，以切实维护自身合法权益。

综上所述，大数据时代的个人信息保护，应在完善法律法规、优化执法监管、加强行业自律、提高个体维权意识等方面入手，采取多元化保护措施，实现合法利用个人信息和有效保护个人信息并行不悖。

避风港原则在 NFT 侵权领域的适用

刘月娥*

（中国政法大学 北京 100088）

摘　要：随着 NFT 数字作品的流行，NFT 侵权案件也开始涌现，相较于传统的网络服务提供者，NFT 交易平台的经营者对用户自行上传的 NFT 数字作品的监管力度有限，通知删除规则无法有效适用。因此，一方面，需要立足《民法典》，明确"应当知道"这一要件的判断标准；另一方面，要顺应时代潮流，在处理 NFT 侵权案件时，采取数字黑洞等技术手段防止侵权作品的流转。

关键词：避风港原则　NFT 数字作品　区块链

2022 年 4 月 20 日，杭州互联网法院依法公开审理原告奇策公司与被告某科技公司侵害作品信息网络传播权纠纷一案（以下简称"NFT 侵权第一案"）并当庭宣判，判决被告立即删除在涉案 NFT 数字作品交易平台上发布的"胖虎打疫苗"NFT 数字作品，同时赔偿奇策公司经济损失及合理费用合计 4000 元。本案在目前热门探讨元宇宙、区块链、NFT 数字作品新兴科技产物的法律适用问题中形成了相应的司法审查标准，对后续 NFT 交易平台经营者的属性以及责任认定停止侵权方面也进行了相应的探索。[1]

一、NFT 数字作品与区块链

区块链，又称分布式账本，本质上是一个存储信息的分布式账簿数据库，

---

* 作者简介：刘月娥，（1985 年-），女，汉族，广东广州人，中国政法大学同等学力高级研修班 2022 级学员，研究方向为知识产权法。

[1] 杭州互联网法院［2022］浙 0192 民初 1008 号民事判决书。

区块链有去中心化、自动高效、安全可信的特点。NFT 的全称为"Non-Fungible Token"，指非同质权益凭证，表现为区块链上标记特定数字内容的一组加盖时间戳的元数据，具有唯一性，稀缺性，不可拆分、不可篡改的性质。NFT 为区块链技术下一个新兴的应用场景，将其应用于数字版权交易活动中能够解决交易主体之间的信任缺乏与安全顾虑，在国内外的数字版权交易活动中，在有效解决确权难题、实现去中心化交易等方面发挥了显著作用。[1]比特币（BTC）、以太币（ETH）等长期交易的虚拟货币多数为同质化代币，与 NFT 非同质代币的独特属性不相同，NFT 通常与特定的具有交换价值的知识产品、权利等客体，可以证明数字作品的所有权，甚至是实物作品的所有权。

NFT 数字作品也属于一个具体的数字商品，数字商品是一种虚拟财产，是以数据代码形式存在于虚拟空间，且具有财产性的现实事物的模拟物。[2]我国对于 NFT 数字作品的虚拟财产和知识产权属性基本上持开放及积极探索态度，但虚拟货币，在我国法律中不被认可。

二、避风港原则的中国发展及适用困境

避风港原则最早来自美国《千禧年数字版权法》（DMCA），也被称为"通知—删除"规则，简单来说，网络服务商在接到被侵权者的投诉通知后，应及时采取删除或断开链接等措施，否则就要承担帮助侵权的责任。我国对于避风港原则的立法最早源于《信息网络传播权保护条例》的第 14、15、20~23 条，该原则最初只适用于信息网络传播权领域，2021 年实施的《民法典》侵权责任篇第 1194~1197 条对避风港原则作出了重大的修改和完善，《民法典》将"通知—删除"规则升级为"通知—必要措施"规则。发展至今，避风港原则已从知识产权保护为中心扩展到网络侵权责任调整之全内容。[3]NFT 数字作品交易在网络平台上进行，可分为两类，一类是自营平台，著作权人或权利人自己发行运营的平台。一些品牌公司、游戏公司在其官方网站或 APP 移动应用上出售 NFT 品牌数字作品或游戏皮肤、角色、头像等 NFT 数

---

〔1〕 杨延超："论数字货币的法律属性"，载《中国社会科学》2020 年第 1 期。

〔2〕 林旭霞："虚拟财产权性质论"，载《中国法学》2009 年第 1 期。

〔3〕 王立梅："网络空间下避风港原则的完善与网络服务提供者责任分类"，载《江西社会科学》2020 年第 5 期。

字作品，这类自营平台属于网络内容提供者，自营平台若上架侵权 NFT 数字作品可以直接以网络内容提供者追究侵权责任，不能适用避风港原则。另一类是第三方交易服务平台，著作权人或授权人在该交易平台铸造发行 NFT，平台将收取一定的燃料费、版权抽成或佣金（服务费），NFT 还具有转售赠与的功能。[1] NFT 数字作品交易平台属于网络服务提供者而非内容提供平台，但又不属于《信息网络传播权保护条例》第 20～23 条规定的一般网络服务提供者，NFT 数字作品交易平台的性质，应结合 NFT 数字作品的特殊性及 NFT 数字作品交易模式、技术特点、平台控制能力和营利模式来综合判断平台的责任边界。目前 NFT 数字作品侵权行为多发生在第三方交易平台内，作为 NFT 数字作品交易平台在适用"通知—删除"规则时是否需额外增加"必要措施"义务值得进一步探讨。

三、避风港原则适用的改进方案

（一）网络服务提供者适用"通知—删除+必要措施"义务

避风港原则设立的初衷是希望通过法律的明文规定免除网络服务提供者的损害赔偿责任，平衡著作权人及网络服务提供者的利益，促进网络技术的良性发展。所以避风港原则适用的前提是有互联网平台具体网络服务提供者的身份。根据"NFT 侵权第一案"中被告方以自己是网络服务提供者，不是直接的侵权方，在接到侵权通知后已将涉案作品打入地址黑洞，已尽到"通知—删除"义务，符合避风港原则无须承担侵权责任。法院认为被告经营的 NFT 数字作品交易平台不单纯承担一般网络服务提供者"通知—删除"的责任，还应当建立一套有效的知识产权审查机制，构建相应的侵权预防机制，形成有效的筛查、识别核实体系，从源头上预防侵权，必要时还要求平台用户提供担保机制，最大限度地防止 NFT 在铸造过程中存在侵权风险。[2] 这相当于给 NFT 数字作品交易平台类型划分了"通知—删除+必要措施"义务，对于 NFT 交易平台在适用避风港原则减轻或免除平台责任方面提出了更高的要求。NFT 交易平台不同于微博、微信这些基础服务商，NFT 交易平台直接从 NFT 作品中获取收益，铸造时收取铸造费，交易时收取佣金。从权利义务

---

[1] 陶乾：“论数字作品非同质代币化交易的法律意涵”，载《东方法学》2022 年第 2 期。

[2] 陶乾：“论数字作品非同质代币化交易的法律意涵”，载《东方法学》2022 年第 2 期。

对等原则角度来看，其理应负有较高的注意审核义务。

（二）合理解释"应当知道"的判断标准

《民法典》第 1197 条规定："网络服务提供者知道或者应当知道网络用户利用其网络服务侵害他人民事权益，未采取必要措施的，与该用户承担连带责任。"本条对于网络服务提供者需承担连带责任的前提是"知道或者应当知道"且适用过错推定原则，举证责任由网络服务提供者承担举证责任，无形中增加了网络服务提供者的责任成本。可以通过服务类型判断是否构成，这个服务类型就是技术中立标准。技术中立标准《信息网络传播权保护条例》第 20~23 条用四个条款确定了四种按避风港原则不承担侵权责任的网络服务行为，也可称为"自动接入""自动存储""自动传输""自动搜索、链接"，性质为"不干预、不处理"。NFT 数字作品交易平台若符合上述技术中立标准，可直接适用避风港原则不承担侵权责任。

（三）NFT 数字作品交易平台适用"打入地址黑洞"作为删除义务

NFT 数字作品交易平台的"删除"义务应根据不同的服务类型作不同的要求，网络服务内容是提供链接、传输、接入、搜索的，其"删除"义务就是消除服务效果，包括屏蔽、删除、断开链接等措施，但区块链技术本身就是以防止删除为目标，侵权作品一旦铸造上链，就很难在区块链内删除，若要求 NFT 数字作品交易平台删除侵权作品或断开链接，成本极高，很难实现。针对"NFT 侵权第一案"法院采取了要求交易平台断开链接并把 NFT 数字作品直接打入地址黑洞以达到停止侵权效果的处理方式（地址黑洞是指私钥丢失或是无法确定其私钥的地址）。这些地址就像黑洞一样，只进不出，打到地址黑洞里就几乎不可能再转出来进入市场流通，常被项目方用来销毁 NFT 或代币。

四、结论

目前国内对于 NFT、NFT 数字作品交易平台等新生技术事物还在法律法规管理空白期，目前行业内正通过司法实践案例对"通知—删除"规则进行积极探索，并形成相应的审查标准。此外，由于 NFT 数字作品交易存在去中心化、匿名性以及交易国际化等特点，NFT 数字作品交易平台如何维护权利人权益、履行网络平台社会责任、如何适用避风港原则等法律问题仍需政府、社会、网络服务平台等通力合作，解决不断出现的新技术新的法律问题。

不同作品中改编权侵权问题研究

刘丁一*

（中国政法大学 北京 100088）

摘　要： 改编权是一种重要的著作权，实践中判断是否存在改编权侵权问题，往往需要从作品的主旨、表达和改动内容多少等多个领域着手。不管是音乐作品还是影视作品，如果两作品之间在内容、主旨和表达上均不相同，原则上不应认为后作品侵犯了前作品的改编权。

关键词： 改编权　著作侵权　实质相似

改编作品是通过改变原有作品的内容及表达进而创作出一个具有独创性的全新作品，先作品与后作品两者之间有着不可磨灭的"基因"，这也使其权利范围与权利行使存在着争议焦点，进而造成了不可避免的侵权纠纷。在司法实践中，改编权通常会因为作品改编方式的不同而进行不同的认定与评判，或者根据改编作品类型不同进行区分判断，本文将结合我国著作权法中常见的两种作品类型分析改编权的相关法律问题。

一、改编权概述

我国《著作权法》第 10 条第 1 款第 14 项规定改编权是改变作品，创作出具有独创性的新作品的权利。《著作权法》对于改编权的侵权认定标准仅通过其概念解释予以明确，即被控侵权作品是否构成对原有作品改编权的侵犯，应当考虑其是否依附在原有作品的基本表达与思想上超脱出原作品，加入了改编作者的独创性表达或表达方式，换句话说，改编作品与原有作品之间是否以原有

---

*　作者简介：刘丁一（1997 年-），女，汉族，天津人，中国政法大学同等学力高级研修班 2022 级学员，研究方向为知识产权法学。

作品为基础，与其有改编来源关系，改编作品是否使用了原有作品的基本表达。

一个智力成果是否具有独创性是判断其是否受到《著作权法》保护的标准，独创性从字面含义展开来讲有两个角度的理解，第一个角度是"独"，即在完成作品的全部过程中须凭借作者自己本人的智慧与脑力，一部作品由其著作权人独立完成，并且整部作品由该著作权人通过自己的意识独立构思得以创作完成，不包含抄袭、剽窃等对他人作品复制的行为。第二个角度是"创"，创造性是指作者通过其所创作作品的表达让读者或旁人领悟到其创作风格与作品特色，需要作者将其创作作品时的心思、布局、取舍尽可能地在其作品中充分展现出来。

二、音乐作品关于改编权侵权的认定

当出现两首歌曲曲风截然不同，而风格迥异的同时又存在惊人的相似之处这种情况时，在《著作权法》上应如何认定呢？北京众得文化传播有限公司与万达影视传媒有限公司、新丽传媒集团有限公司、天津金狐文化传播有限公司、岳某刚侵害作品改编权纠纷案便是关于上述问题的最好诠释，《五环之歌》的标志性旋律和《牡丹之歌》存在相似之处，但该案最终的判决结果均不认为《五环之歌》构成对《牡丹之歌》改编权的侵犯，是否侵权这一问题在法院判定时主要考虑《五环之歌》这部音乐作品的词作品是否构成对《牡丹之歌》这部音乐作品的词作品的改编权侵权，关于该案的焦点问题实质上都是围绕着改编权这项权利展开探讨的。[1]

歌曲《牡丹之歌》于1980年由乔羽作词，唐诃和吕远作曲而诞生，这首歌曲是为了电影《红牡丹》而创作的主题曲。2011年4月9日民族宫"岳某鹏专场"史某东与岳某鹏合作的相声《学歌曲》中使用《牡丹之歌》的一段旋律，并配上新的歌词以侧面反映北京的城市面貌，这段演唱后来被命名为《五环之歌》，后又在2015年被用作电影《煎饼侠》的推广曲。将本案中《五环之歌》和《牡丹之歌》两部音乐作品的词作品进行逐一比较会发现：其一，两部词作品的主旨立意不同。《牡丹之歌》的歌词通过描绘牡丹的花语即美丽绽放与顽强的生命力，歌颂电影中的主角人物性格；而《五环之歌》是以搞笑的方式从侧面调侃北京的城市面貌和交通现状。其二，两部词作品

---

〔1〕 天津市第三中级人民法院［2019］津03知民终6号民事判决书。

文字内容方面的相似之处仅仅是"啊"字。所以，《五环之歌》的词作品是一部全新的，具有独创性的作品，《五环之歌》与《牡丹之歌》词作品的主旨立意及独创性表达等基本内容无改编来源关系，不构成侵犯《牡丹之歌》词作品的改编权。[1]

需要注意的是，本案认定不构成侵权是因为北京众得文化传播有限公司只取得了《牡丹之歌》这部音乐作品中的词作品著作权，而《五环之歌》只是歌词不构成对《牡丹之歌》歌词改编权的侵犯。但是如果北京众得文化传播有限公司取得的是这部音乐作品整体（即词作品与曲作品）的全部权利，法院的判决不一定仍是目前按北京众得文化传播有限公司只取得了《牡丹之歌》这部音乐作品中的词作品著作权这一情况判定的结果。《五环之歌》曲作品与《牡丹之歌》曲作品在乐曲旋律上存在着部分雷同的地方，根据该案件现有的已知信息并未表明《五环之歌》已经取得了曲的授权，换句话说，如果《牡丹之歌》的曲作者或经过曲作者授权的主体主张《五环之歌》侵犯了其改编权，或者词作者、曲作者一起共同主张《五环之歌》侵犯了《牡丹之歌》整体的改编权，岳某鹏和《煎饼侠》的出品公司仍然可能将面临侵权的风险，其法院的判决结果也需进一步重新判定。

三、影视作品中关于改编权侵权的认定

随着时代的发展，现如今影视项目开发模式已经不再是从前那种直接将单一小说改编成影视剧的形式，而是逐渐转变为各种不同类型作品之间的多元转化，在这种种类繁多的改编和制片过程中，弄清楚影视改编权的认定及其边界问题，对规避改编权侵权纠纷与加强著作权的保护意识至关重要。

例如在具有代表性的典型案例张某野与乐视影业（北京）有限公司等著作权权属、侵权纠纷上诉案中，作者天下霸唱已经将小说《鬼吹灯之精绝古城》的改编权、摄制权等转让给上海玄霆娱乐信息科技有限公司，最后改编权辗转至梦想者电影（北京）有限公司。但是笔名为"天下霸唱"的作者认为，梦想者电影（北京）有限公司参与投资制作的电影《九层妖塔》的故事情节、人物设置、故事背景均与原著相差甚远，均远远超出了法律允许的必

---

[1] 姚维红："带词音乐作品的著作权保护——以《五环之歌》侵害音乐作品改编权纠纷系列案为例"，载《电子知识产权》2020年第2期。

要的改动范围，已经严重歪曲、篡改了原著，社会评价极低，侵犯了原告的著作权。[1]本案争议的焦点本质上就是关于影视作品的改编权及侵权问题，该问题将考虑到两方面：一是改编是否违背作者的在先主观意愿，二是改编是否损害了原作者的声誉与社会评价。

首先，从法律概念的理解来看，改编权可以进一步理解为积极行使权利的行为，即作者享有自行改变作品的权利，也可以有授权他人改变其作品的权利。保护作品完整权则可以看作是一种消极的对抗，即作者只对自己所创作的作品给予被动的保护，以此来对抗恶意侵权人对自己作品的歪曲、篡改行为。

其次，从司法实务的应用来看，改编权的主要区别在于缺少了对在先作品权利人人格及尊严的保护重视程度。如果改编作者利用在先作品创作演绎且未经过原作品著作权人的授权，则一定会侵犯在先作品著作权人的改编权，并且如果此种行为在改编的同时又歪曲了在先作品权利人的主观意愿与思想情感、贬损了在先作品权利人的人格尊严及荣誉与社会声望，则可能构成侵犯改编权与侵犯保护作品完整权的竞合。

四、结论

综上可知，无论其作品类型如何，对其改编权侵权的判定往往都可以从作者的主旨立意与思想情感、作品的内容表达、改动篇幅及程度等几方面着手，同时在个案审判中须兼顾到各作品的特殊性。改编权对于改编者和在先作品的著作权人来说始终是一项非常值得保护的重要权利，在先作品中的灵魂核心元素（包括但不限于章节编排、角色设定、剧情发展、人物性格等）是改编行为得以完成的黄金推动力，在实务方面，很多音乐作品及影视作品的改编权授权协议也往往会对这些关键元素的使用和授权加以特别约定和磋商。[2]

在文化交易市场中经常会涉及著作权各项权利的转让授权及其财产性利益，若我国在立法时不考虑给予作品著作权人相应的版权保护，将导致市场上作品数量降低与作品类型单一化，这对实现关于改编权等各项著作权人身

---

〔1〕 陈蕊："论保护作品完整权的边界——以电影作品为例"，中央民族大学 2017 年硕士学位论文。
〔2〕 范江伟："利用文学作品元素的游戏改编侵权问题研究"，载《南方论刊》2021 年第 8 期。

权利与著作权财产权利的保护更是难上加难。而我国《著作权法》之所以保护作品中这些具有独创性的核心元素表达不仅符合立法宗旨，对我国文化产业繁荣发展、形成百家争鸣的局面也起到了不可小觑的促进作用，同时能够更好地规范相关行业市场交易的有序进行，大大减少著作权侵权纠纷案的数量。

大数据时代被遗忘权的价值与实现路径

郭　泳*

（中国政法大学 北京）

摘　要：大数据在给生活带来便利的同时，也使得网络空间中个人信息的删除变得越发困难，被遗忘权因能够消除不愿再公开的个人信息或消除已无必要的负面信息，而形成存在价值。我国《个人信息保护法》第47条也对个人信息的删除制度作出了规定，可将这一制度视作我国本土被遗忘权的变种。是否允许信息主体行使被遗忘权，应结合具体场景，对《个人信息保护法》的相关规定进行解释，平衡好个人信息保护与信息利用、流通以及舆论监督之间的关系。

关键词：被遗忘权　个人信息保护法　删除权　利益平衡

从20世纪90年代末的互联网时代，到目前的以去中心化的互联网资源所有权为核心的Web3.0时代及大数据时代的到来，互联网逐步构建出基于以大数据信息采集、分析为主的评价体系。由此而来，信息主体是否对已经公布于众且被大数据纳入收集评价范围的信息有删除、屏蔽等防止被公众读取和防止被大数据分析作为评价依据的权利，开始引起争议。欧盟法院在2014年的"冈萨雷斯案"第一次支持了信息主体对搜索引擎主张的删除信息链接的被遗忘权，其后在2018年欧盟通过的《一般数据保护条例》（以下简称GDPR）明确设立了被遗忘权条款。我国关于被遗忘权的讨论和立法相对较晚，在我国"被遗忘权第一案"——"任某玉与北京百度网讯科技有限公司人格权纠纷案"中，第一次在我国将被遗忘权推向了司法实践的范畴。

＊作者简介：郭泳（1979年-），男，汉族，山东威海人，中国政法大学同等学力高级研修班2022级学员，研究方向为知识产权法。

一、被遗忘权与删除权

结合国外的理论经验，经过多年国内对于被遗忘权的研究，基本对被遗忘权的概念界定形成了较为统一的共识，即，被遗忘权是指信息主体对已发布在网络上有关自身不当的、过时的、继续保留会导致其社会评价降低的信息，要求信息处理者予以删除的权利。[1]被遗忘权在民法体系中，应该被视为人格权中个人信息权这个权能束中的一个相对独立的权利。

在我国，立法者在《民法典》中通过第 1037 条第 2 款首次对删除权进行了规定。但是，这里的删除权，显然定义非常严格，其可以有权请求删除的信息仅限于"违法违约"发布的信息。而在被遗忘权的定义中，其信息发布或被链接时，大部分都是合法状态，基于这种状态采集发布的信息，显然不适用于《民法典》第 1037 条第 2 款的规定。这个法条的规定，应理解成是对狭义的删除权的适用，与被遗忘权的概念界定仅存在一部分重叠，又不完全被被遗忘权概念吸收。

在 2021 年 11 月 1 日生效的《个人信息保护法》，对《民法典》所规定人格权中的个人信息权又作了很多细化的规定和扩充。在《个人信息保护法》第 47 条中，对删除权的情形作了进一步扩充，除了违法违规违约之外，还包括了其他几种情形，这些情形的特点都是其信息在发布时为合法状态。实际上，《个人信息保护法》第 47 条可以被视为我国目前民法体系下对广义的删除权的定义。[2]

结合《民法典》第 1037 条第 2 款和《个人信息保护法》第 47 条中对删除权的规定，虽然仍未能全面涵盖被遗忘权中的全部定义，但是实践中对此仍存在大量的不确定性，可以将我国定义的删除权体系和广义的被遗忘权看作同一制度在不同立法中程度不同的表现形式，其本质上是一致的，都是保护信息主体的信息自决权利，且在目前立法实践中，是较为恰当的规定。

二、大数据时代被遗忘权的价值

在大数据时代中，个人信息主体的个人信息、相关言论等都会成为大数

---

〔1〕 于若兰："《民法典》体系下被遗忘权价值衡平与规则构建"，载《成都理工大学学报（社会科学版）》2021 年第 6 期。

〔2〕 王利明："论个人信息删除权"，载《东方法学》2021 年第 1 期。

据收集和分析的必要信息数据，而当其中的一些信息已经过时、不当或者继续保留会带来信息主体的社会评价降低的时候，如果不赋予信息主体被遗忘权，可能导致社会对其的评价不能符合其目前应有的评价水平。但容许信息主体对其已然公布在公共空间的信息进行删除、屏蔽，必然会导致一些价值和利益上的冲突，因此在实现被遗忘权的时候，必须通过利益衡量比较的方式，采取比例原则，以免因为过度滥用被遗忘权而破坏其他价值，具体包括：

（一）被遗忘权和言论自由的冲突

尽管被遗忘权的主张，可能会导致某些言论被刻意地杜绝于公众视线中，对宪法赋予的言论自由权利造成干涉。但是很多学者认为，被遗忘权实际上可以更好地实现言论自由的价值，可以鼓励人们畅所欲言，因为为一些可能后期被自己推翻或不认可的言论提供了救济方式，使其在发表言论时无需过虑其言论会被恶意放大而降低社会评价的风险。因此被遗忘权会更有利于保护言论自由。

（二）被遗忘权和公众监督的冲突

被遗忘权被认为会影响新闻媒体等对个人的监督。实际上，数据和信息在舆论上的效力都应该具有时效性，不应将已过时信息的效力与刚产生的信息效力进行同等评价。当然，舆论监督力的大小是具有相对性的，此处必须针对不同的个体进行利益衡量，采取比例原则作出判断。

因此，尽管引入被遗忘权会导致一些问题，但是通过利益衡量比例原则和赋予行政和司法一定的自由裁量权，同时加强对被遗忘权适用情况监督等手段，引入被遗忘权仍然是利大于弊的。

三、被遗忘权的本土实现路径

目前，我国被遗忘权主要是通过《个人信息保护法》第 47 条实现，其对被遗忘权在我国的实现，给出了一定的指引，但也存在一些问题需要进一步厘清：

（一）适用情形及其限制

该条款对于发布时合法的信息适用被遗忘权的法定情形作了列举，主要依据了目的性原则和约定原则。具体体现在，该条款首先考虑到了信息主体在发布信息时和信息处理者在收集信息时必然是具有目的性的，而该目的性会随着时间的推移和目的的实现或无法实现而消失。另外，同时强调信息处理者和信息主体之间的约定优先，以免超出其信息使用约定地被滥用。

另外，该条款对被遗忘权的适用并非穷尽式列举，而是有第 5 项的兜底条款"法律、行政法规规定的其他情形"，即该条款为下一步通过其他的法律行政法规，对被遗忘权的适用情形作进一步扩充预留了空间。

（二）行使方式

与 GDPR 定义的被遗忘权实现路径不同的是，该条款除了规定了信息主体可以行使请求信息处理者对于符合该条款法定情形的信息进行删除外，还规定了个人信息处理者应当在发现该条款规定的法定情形出现时，主动删除个人信息。[1]

该条款对信息处理者，特别是搜索引擎服务商提出了较高的要求，实际赋予了其类似"执法者"的权限，又缺乏对其专业性的监督和救济途径，信息处理者既要增加运营成本去进行审核，同时又要承受过度或拒绝删除而带来的民事侵权责任或者相关行政处罚。因此如何更适当地对信息处理者赋予具体的适用指引，是下一步具体执行的难点和重点。

（三）实现的技术难度

因为信息可能以碎片化或者大量分散化的形式存在于网络公共空间中，是否在技术上能有效地实现对信息的删除和屏蔽，以及需要花费多大的代价去删除和屏蔽，都是现实中非常重要的考量。

互联网时代最大的特点就是分享，任何信息一旦发布到公共网络空间，就可能不受控制地被转发、复制、引用，可能在短时间内产生指数级的传播效应。无论是主动删除还是依信息主体申请删除，其难度之大、成本之高，有可能远远超过不删除此消息带来的利益。在该条款中，规定了"从技术上难以实现的，个人信息处理者应当停止除存储和采取必要的安全保护措施之外的处理"。显然已经考虑到此种情形的取舍，但是如何去界定"难以实现"，后续还需要更多的行政部门和立法部门通过更具体的法律法规及规章进行规制和指引。

综上所述，在被遗忘权的本土实现中，目前《个人信息保护法》第 47 条进行了保护范围和适用情形以及实践路径考量，但在快速发展的互联网大数

---

〔1〕 刘洪华："被遗忘权立法的美国模式及其立法启示——以加州被遗忘权立法为研究背景"，载《时代法学》2022 年第 1 期。

据时代中，依然存在很多未确定的灰色地带，同时在赋予信息处理者对个人信息的前置判断权、处置权等权利和义务的同时，又缺乏对个人信息主体足够的救济途径和公权力对此足够的监督途径，后续仍有很多细节和程序需要进一步确立。

方法专利拆分侵权认定规则分析

陈少雄*

（中国政法大学 北京 100088）

摘 要： 随着网络通信技术的不断进步，该领域出现了不能适用传统方法专利侵权规则判定的新型方法专利拆分侵权案件。本文将归纳 Akamai 公司诉 Limlight 公司案与敦骏公司诉腾达公司案的裁判思路与规则，进一步总结我国对方法专利拆分侵权的认定规则。

关键词： 方法专利拆分侵权 多主体侵权责任承担

一、方法专利拆分侵权概述

方法专利拆分侵权的概念最早在美国被提出，又称为联合侵权或者是多主体侵权。与常规的方法专利侵权方式不同，方法专利拆分侵权是指两个或更多的行为者各自对一种或多种技术的专利进行一种或多种方法的部分步骤，而其中一种行为者并没有完全实现这种技术的专利。根据"全面覆盖"的原理，没有任何一方的行为属于"直接侵权"，而对于共同侵权的认定，多个当事人又无共同的主观故意或过失，但是却存在数个行为人的行为合计包括了全部侵权专利步骤的事实的行为，则构成了方法专利拆分侵权。[1]

方法专利拆分侵权的特点决定了互联网通信领域是它的集中多发领域，特别是在以互联网为基础的云服务访问下的方法专利侵权更为明显。基于互

---

* 作者简介：陈少雄（1995 年-）男，汉族，上海人，中国政法大学 2022 级同等学力在读研究生，研究方向知识产权法。

〔1〕 Akamai Techs, Inc. v. Limelight Networks, Inc. No. 2009-1372, 2010 WL 5151337（Fed. Cir. Dec. 20, 2010）

联网虚拟化的特点，用户可以在不同的时间空间下对一个方法专利实施侵权行为，会突破专利权的地域性局限。区别于传统专利侵权中只有一个主体实施所有的步骤，网络服务访问的方法专利多为数个权利请求在多个主体的共同参与下分开实施。对方法专利权拆分的实施并不必然构成专利权的侵犯，其是否属于专利权的侵犯，以及怎样确定该侵犯的范围，则要视其所适用的标准而定。

二、现有方法专利拆分侵权认定规则

我国传统的方法专利侵权认定规则有如下不同分类：从被侵权的方法专利的内容，也就是技术步骤特征来看，则可以分为相同认定原则和等同认定原则。所谓相同认定原则即被侵权方法专利与侵权专利的各项步骤技术特征等完全吻合。而等同原则是将专利技术方案中的具有限制性因素的特征与被诉侵权产品或者方法中对应的特征相比对；如果从方式、功能和效果上大致一样，完成了几乎同样的工作，并取得了一致的结果，但同样的技术替代对于同一行业的技术人士来说却是明显的，就构成了侵犯。如果允许对发明进行非实质性的改变或替换，使侵权者所抄袭的内容超出权利要求的保护范围，或是坚持侵权字面上的理解，那么其结果将会无法使专利权得到有效的保护，甚至是事实上的不公。

根据侵权人的主体情况，侵权行为可以划分为直接侵权、间接侵权、共同侵权三种。直接侵权是指专利主体的侵权人实施了全部涉及专利技术中的每一个技术步骤。它须遵守全面覆盖的原则，也就是要看侵权人有没有实施方法专利的全部技术步骤。间接侵权是一种不属于直接侵害他人的方法专利权的行为，而是教唆、协助他人并产生直接的侵害。在主观上，犯罪嫌疑人存在着诱使或者怂恿别人侵害专利权的意图，并且在客观上是受到教唆者的间接侵害。间接侵权的判定不强求权利人直接证明直接侵权人的主观过错，而仅考虑间接侵权人的主观状态，且只证明其知道购买者的使用意图即可构成侵权。间接侵权通常以直接侵权为前提。间接侵权又叫引诱侵权或帮助侵权。目前就间接侵权是否须以直接侵权的存在为前提而存在争议。美国联邦最高法院认为，根据判例法，引诱侵权责任只能建立在直接侵权成立的基础上。专利权作为国家授予的垄断权，其保护范围只能是权利要求中所有技术特征所限定的范围，任何一个技术特征都不可能被孤立地授权，只有在方法

专利的权利要求的所有步骤都被实施的情况下才构成侵权。共有侵害是由两个以上的人，因共同的目的或者过失，致使对方受到侵害或者使对方受到伤害。对共同侵权行为负有连带赔偿的义务。

在我国现行的法律实践中，对技术专利的分割有两种不同的判断准则，如美国在 Akamai 公司诉 Limlight 公司案中所采用的"控制或指挥"准则，我国在敦骏公司诉腾达公司案中确立的"实质性固化"标准。[1]在 Akamai 公司诉 Limlight 公司案中，原审被告向其用户指定了操作步骤，用户如果想要使用 Limlight 公司的内容传输服务，就必须定位和搜索相关内容，侵犯了 Akamai 公司的方法专利。Limlight 公司虽然没有直接侵犯 Akamai 公司的方法专利，但是相当于控制了用户的行为，由此确定了"控制或指挥"的标准。在敦骏公司诉腾达公司案中，腾达公司将敦骏公司的专利技术方案通过特定的软件、硬件配置固化到了其制造、销售的被诉侵权产品上，使其终端用户购买该产品后，利用该产品完整再现了被诉方法专利。尽管最终用户在外观上侵害了被告的方法专利权，但在实际中是该装置在正常应用中，将先前在被起诉的被侵权的商品中固化的专利方式重复了一遍。[2]所以，腾达公司是直接侵犯了该技术的专利权。

三、我国方法专利拆分侵权判定规则的完善

（一）完善全面覆盖原则的范围

根据 2013 年北京市高级人民法院对全面覆盖原则作出的阐述，[3]在应用该规则进行方法专利侵权分析时有一个隐含条件：实施专利所有技术特点的应当为单一主体。那么多主体的方法专利拆分侵权就落入了该规则的覆盖范围之外，目前司法实践中盲目遵循全面覆盖原则属于不合理地扩张了专利的有效保护范围，损害了他人的权益。解决这个问题有两种方法：一是类似 Akamai 公司诉 Limlight 公司案中联邦最高法院的审理思路，放弃单一主体原则，只要专利最终被完全实施，就符合全面覆盖原则，认定为直接侵权。二是对扩充代理理论，将消费者转变为公司的代理者。那么在 Akamai 公司诉

---

〔1〕 最高人民法院［2019］知民终 147 号民事判决书。
〔2〕 张晓阳："多主体实施方法专利侵权案件的裁判思路与规则——以敦骏公司诉腾达公司案为例"，载《人民司法》2020 年第 7 期。
〔3〕《专利侵权判定指南》第 30 条。

Limlight 公司案相同的情况下，公司明知消费者会完整执行侵权行为，两者之间就具有代理关系，但最终由公司单独承担侵权责任。但是这两种方法都忽视了侵权行为人主观上的恶意程度与责任承担之间的联系，因此还需要共同侵权理论进行补充。

（二）完善共同侵权理论

我国传统的共同侵权理论需要各个侵权主体之间存在共同的故意或者过错，侵权行为和连带责任可能会造成承担的责任与主观恶意程度以及行为危害性不相匹配。因此本文认为，应当建立多人侵权制度以包容共同侵权行为和分别侵权行为。以是否存在意思联络，是否知晓行为会造成侵权，是否事先商量侵权行为为参考标准来评价连带责任或是按份责任的承担。该制度将连带责任的评价上升到主观层面的标准，更加合理地实现了新型方法专利拆分侵权行为的纳入，同时也能与直接侵权理论兼容。

四、结论

本文研究分析了方法专利拆分侵权的概念与规则，并提出了两种完善方法专利拆分侵权认定规则的理论，通过修补全面覆盖原则和提出多人侵权制度的方式以进一步完善专利法对专利权人的合理保护。在这个发明创造爆炸性增长的时代，新方法、新技术方案将极大方便人们生活，同时也在挑战法律传统的评判标准。因此，专利法也需要与时俱进，吸收各方经验，对专利权给予切实的保护才能真正激励创新。

滥用标准必要专利的法律规制

赵云伟*

（中国政法大学 北京 100088）

摘　要：标准必要专利中既蕴含着社会公共利益，又蕴含着专利权人的个体利益。实践中，专利权人违反公平、合理、无歧视（Fair, Reasonable and Non-discriminatory, FRAND）原则，通过不公平高价许可、排他性交易等滥用标准必要专利的行为侵犯社会公共利益的事件屡见不鲜。因此，必须立足于《专利法》与《反垄断法》，从立法和司法两个方面对滥用标准必要专利行为进行规制。

关键词：标准必要专利　FRAND 原则　专利滥用　反垄断

标准必要专利具有重要的商业价值，其在促进市场创新发展及降低消费者适应成本等方面起到关键性作用，能够大幅度提高各消费者之间产品的互操作性。但同时，标准必要专利属于专利权人私权的范畴，具有排他性和不可替代性，专利权人在进行专利许可的过程中，会利用自身的垄断地位获取高昂的专利许可费用、排除竞争对手，从而扰乱市场秩序。因此，如何正确规范标准必要专利的滥用行为成为学界普遍关注的问题。

一、标准必要专利与标准必要专利滥用

根据《标准化法》的规定，标准化是为了达到生产统一的高质量产品目的而对相应的技术进行一致的规定。标准化的目的是在确定的范围内达到设想的优化秩序。标准的出现和推广是科技发展的必然之路，可有效确保商品

＊ 作者简介：赵云伟（1994 年-），男，汉族，江苏连云港人，中国政法大学同等学力高级研修班 2022 级学员，研究方向为知识产权法学。

和服务的规范化和统一化。[1]

必要专利是指在有效期内的专利技术必须与所想要生产的产品或方法有直接联系，且被许可人在实施相应技术时必须使用该专利，确保该专利无法被回避，不能被其他专利所替代。一方面，基于成本方面的考量，该必要专利必须是使用成本更低，生产价值更高的专利，确保该专利在成本方面具备必要性；另一方面，当出现新的技术将该专利技术替代时，该专利直接被取消必要专利的资格，并退出市场竞争。

标准必要专利（Standard-Essential Parents，SEP）是专利和标准之间相互融合所生成的产物，其具有社会公共属性，与社会公共利益密不可分。当标准化组织在指定某些标准时，部分或者全部标准草案由于技术上或者商业上没有其他可替代方案，不可避免要涉及专利或者专利申请。标准必要专利作为行业标准或者国家强制性标准，对相关企业具有强制性要求。[2]一般认为，标准必要专利是指相关主体进入市场必须使用的专利，其在法律层面的认定标准为专利权人的行为应当合法化，应当在有效期内实施该专利权，且实施的行为具有实际的效用，如此则能够认定为该专利权人的行为属于标准必要专利的行为。从技术层面的认定标准是指专利权人的行为具有普遍适应性，如此则能够认定为该专利权人的行为属于标准必要专利的行为。[3]

标准必要专利一旦被标准制定组织采纳为技术标准，那么所有的标准实施者在实施技术方案时均无法避开该专利。标准必要专利的专利权人具备技术许可和对产品市场足够的支配力，假如标准必要专利的专利权人在洽谈专利许可的过程中利用自己的支配地位故意抬高专利许可费用或是故意为难许可方进入市场，则该专利权人即构成了标准必要专利的滥用行为。该种滥用行为不但扰乱了市场上正常的竞争秩序，且侵害了消费者的合法权益，影响了市场的持续性良性发展。标准必要专利的滥用严重阻碍了企业的进步和损害了公共利益，由于标准必要专利的专利权人具备极大的垄断力量，专利权人不仅可通过自身所具备的独一无二的市场地位获取高额的垄断利润，并且能够抢占市场份额，严重打破市场公平的竞争秩序。专利权人通过肆意收取

〔1〕 宁欣蕊："标准必要专利滥用的法律规制研究"，河北经贸大学2022年硕士学位论文。

〔2〕 王迪："标准必要专利许可引发垄断纠纷的可仲裁性"，载《沈阳工程学院学报（社会科学版）》2022年第1期。

〔3〕 耿家锐："标准必要专利反垄断规制问题研究"，载《企业改革与管理》2021年第11期。

高昂的专利许可费用，致使企业的生存空间正逐步被压缩，只能以抬高产品物价的方式来将风险转移，如此会进一步造成对消费者利益的损害，形成市场的恶性循环。企业之所以认为该专利许可费用是不合理的，是因为该专利本身的价值及其对标准实施者产品的贡献度达不到企业的期望值，属于专利权人的垄断力量和主观故意的欺骗行为。

二、标准必要专利滥用的判断

标准化组织设定了 FRAND 原则作为专利权人许可标准必要专利给被许可人时应当遵循的基本原则。然而，专利权人基于标准必要专利具备专利私权性及标准公共性，为了满足自己更大的利益需求，专利权人会肆无忌惮地过度扩张其专利权，以获取自身对该技术的垄断地位，必要时甚至超出了公平、合理、无歧视的法律界限，严重损及被许可人及消费者的合法利益及社会公共利益，从而造成市场秩序的紊乱。[1]

随着经济全球化的不断发展，我国企业正在不断地走出国门，向外发展以扩大规模，壮大实力。我国自从 2001 年加入世界贸易组织开始，就逐渐深入认识到知识产权保护的重要性，开始认真学习国外对于知识产权的保护措施，我国企业在对外发展的过程中，会经常被牵扯进标准必要专利的诉讼纠纷之中。[2]下面以华为诉美国数字交互集团（以下简称"IDC 公司"）案件及美国联邦贸易委员会（FTC）诉高通不正当竞争案件为例对标准必要专利的滥用进行具体阐述。

（一）华为诉 IDC 公司案件

近年来最引人注目的当属华为公司与 IDC 公司之间所涉及的标准必要专利关于使用费的纠纷案件。华为公司是全球领先的信息与通信技术解决方案供应商，其在国内发展势头迅猛，然而在国外市场却备受以美国为首的多个国家的排挤，并没有太大的优势地位可言。IDC 公司是一家主要通过将专利权（以通信领域为主）许可他人作为盈利创收手段的公司，其并不涉及具体的研发生产。华为公司在和 IDC 公司就多项标准必要专利许可使用费进行谈

---

〔1〕 冉隆宇、吴太轩："滥用标准必要专利行为的反垄断法规制困境及其对策"，载《电子知识产权》2021 年第 10 期。

〔2〕 宁欣蕊："标准必要专利滥用的法律规制研究"，河北经贸大学 2022 年硕士学位论文。

判的过程中，IDC 公司以远高于苹果、三星等企业的专利许可费拟授权给华为公司，严重违反了 FRAND 原则，致使双方未能达成一致。基于此，IDC 公司以华为涉嫌侵犯其享有的多项标准必要专利为由对华为发起诉讼，并勒令华为停止关于涉案产品的任何操作。华为以 IDC 公司违反 FRAND 原则为由也开始对 IDC 公司发起诉讼，请求法院判令 IDC 公司依据 FRAND 原则公平合理收取华为对应标准必要专利的许可费用，并最终获得胜诉。[1]

华为公司胜诉的原因在于 IDC 公司利用自身所享有的标准必要专利的专利权垄断地位，以标准必要专利名义为由排挤中国企业，将华为区别于苹果、三星等企业对待，肆无忌惮地抬高对华为的专利许可费用，歧视并制约其发展，严重扰乱了公平合理的国际市场秩序及违反了 FRAND 原则，最终以败诉收场。

（二）FTC 诉高通不正当竞争案件

高通公司的主要业务是芯片开发及与通信相关的专利许可等。高通在技术层面拥有大量关于通信领域的标准必要专利，使得高通始终能够在市场竞争中占据排挤竞争对手、抬高专利许可费用等垄断地位。2017 年，FTC 着手调查高通关于滥用标准必要专利的垄断情况，并向加利福尼亚北部地区法院提起诉讼，控诉高通利用自身在芯片领域的支配地位恶性打压竞争对手的垄断行为。本案地区法院在初审判决书中详细分析了高通实施的关于几种标准必要专利的滥用行为，确认了高通所实施的高价许可、拒绝许可及独自交易等行为损害了公平竞争，并从根本上限制了高通的垄断行为和商业模式，对后续理解和分析研究标准必要专利关于滥用市场支配地位具有深远意义。[2]

三、滥用标准必要专利的反垄断法规制

上述两案为最典型的滥用市场支配地位的行为，然而，标准必要专利已经和个人利益紧密结合在一起，市场上关于标准必要专利的滥用行为层出不穷，存在普遍性，严重扰乱了市场秩序，影响我国经济的发展。结合我国《反垄断法》以及国外的相关经验，可以预判，对于标准必要专利的滥用行为

---

〔1〕 宁欣蕊："标准必要专利滥用的法律规制研究"，河北经贸大学 2022 年硕士学位论文。

〔2〕 谭羽："标准必要专利权人滥用市场支配地位的行为类型——以'美国 FTC 诉高通垄断案'为视角"，载《中国发明与专利》2020 年第 3 期。

已经不局限于单个行为本身，而应从宏观上着手于对所有滥用标准必要专利的整个商业模式进行考察监督。与此同时，有关部门也应当加大力度削减对专利权人肆意滥用市场支配地位的垄断行为，而非仅仅局限于禁止单个滥用行为。只有通过完善强制许可制度、完善立法、完善诉讼程序、加重处罚等方式才能有效规制标准必要专利滥用行为。

论直播电商的责任承担

吕双双*

（中国政法大学　北京 100088）

摘　要：直播带货已成为主流的网购方式之一，因此规范直播电商市场，推动其可持续发展，有必要根据直播电商的不同形式将其类型化为电子商务平台内经营者、广告代言人、慈善参与者，使其承担相应的责任。

关键词：直播电商　消费者权益保护　电子商务法　归责模式

一、直播电商的发展与乱象

当前直播电商行业进入高速发展阶段。2019 年 12 月开始的一场新冠疫情，从开始出现就一直在快速蔓延，截至目前，虽然国内疫情已经得到了有效的控制，但疫情对于经济的影响是巨大的，疫情之前，电商经济虽然已经开始发展，但那时大部分人群主要的购买方式还是在线下；疫情到来之后，人们无法出门，这直接加速商品线上化的进程，人们日常所需食品、生鲜、蔬菜也都搬到了线上销售。而且，疫情使大众日常的生活方式也发生了很大的改变，大众平时刷短视频的频率越来越高，网红经济模式越来越明显，越来越多人选择做网红进行直播带货。

直播电商因为自身发展的局限，一些问题就凸显出来，比如：直播售假、产品质量低下、虚假宣传、退货手续繁琐、消费者维权困难，部分网红明星的偷税、漏税等行为。当前涉及直播电商的法律纠纷越来越多，主播的类型也各种各样，责任不明、推诿扯皮等问题时有发生，因此需要对责任承担划

---

* 作者简介：吕双双（1989 年-），女，汉族，山东青岛人，中国政法大学同等学力研修班 2022 级学院，民商法专业。

分明确。

二、主播的类型化与责任承担

（一）作为电子商务平台内经营者的主播

根据《电子商务法》第9条第3款规定："本法所称平台内经营者，是指通过电子商务平台销售商品或者提供服务的电子商务经营者。"这一规定给平台内经营者的概念作了准确的定义。《电子商务法》中平台内经营者的概念，无法区分在展销会、商场租赁柜台的经营者，因此应当明确，平台内经营者是电子商务平台内经营者。电子商务平台内经营者可以是自然人、法人或者非法人组织。电子商务平台内经营者的主播，是指电子商务平台内经营者自己或者雇佣人员从事主播工作，借助电子商务平台，销售商品或者提供服务的人。这部分主播并非直播带货的主流，对其性质的认定与应承担的责任争议较少，一般认为其实质依旧是传统的平台内经营者，主要是通过直播的方式更为直观地展示自己的产品。此外，董明珠、俞敏洪等企业负责人为自己企业做宣传带货也属于这一类。这部分主播应该承担的责任便是平台内经营者要承担的责任，即《电子商务法》第二章第一节的相关规定，主要有办理市场主体登记，依法纳税，提供的产品要符合保障人身、财产安全和环境保护的要求，全面、真实、准确、及时地披露商品或者服务信息，保障消费者的知情权和选择权等。[1]

（二）作为广告代言人的主播

绝大多数的主播并不属于上述的平台内经营者，如为我们所熟知的李佳琦、薇娅、张大奕以及罗永浩等。这些主播中虽然有一部分有自己的供应链，会销售自己的一些商品，但大多数时候其都是以一个专业带货者的角色进行直播，其直播间内的商品都来自其他厂家。这种模式是现阶段直播电商的主流，淘宝直播、抖音、快手上的大部分主播都属于这一类，涉及"平台—厂商—主播—消费者"四方主体。此种模式之下，主播的性质及其责任承担存在较大争议。有观点认为主播的身份是销售者，虽然表现形式不同，但其角色类似于商场中的推销员，只是把商家的商品通过直播展示的方式推销给观

---

〔1〕 具体义务参见《电子商务法》第10~26条以及《消费者权益保护法》第三章关于经营者义务的相关规定。

看直播的消费者，具有实时性的特点，展示与购买之间几乎没有时间间隔，因此并不是广告；有观点认为主播的身份是广告代言人，因为其在直播中以自己的名义或者形象对商品、服务作推荐、证明，符合《广告法》第2条对广告代言人的定义；也有观点认为主播与其背后的整个团队是一体的，因此将其视为发布者更为合理。[1]

虽然主播与作为传统广告代言人的明星有一定的差异，但其实质都是意见领袖（KOL），疫情期间明星进行直播也证明两者之间并没有本质差异。[2]所以对于大部分主播而言，应该履行的是《广告法》规定的相关义务，产品出现问题时也应依照《广告法》承担责任。主播带货的商品不能是药品或者保健品，而且所有货物主播都需要事先使用过，不能明知是虚假广告仍在广告中对商品、服务作推荐、证明；关系消费者生命健康的商品或者服务的虚假广告，造成消费者损害的，主播应当与广告主承担连带责任。

但不能忽视的是，存在主播身份融合的情况，即上述的区分并不绝对，如当厂商委托具有一定粉丝数量但是并没有稳定团队的主播带货营销时，主播既是广告代言人又是广告发布者。因此，必须结合个案对主播的身份进行认定，尽管其最终的表现形式可能都是带货，但是由于其与厂商合作方式的不同，其法律身份与承担的责任都会有所区别。

（三）作为慈善参与者的主播

疫情期间，为了带动当地的经济复苏，央视主播、各地政府领导纷纷加入直播带货当中，既有与成熟的网络主播合作的，如"小朱佩琦谢谢你为湖北拼单"活动；也有政府官员单独带货，如荆州市洪湖市委书记张远梅为洪湖莲藕代言；一些贫困县的县长更是将办公室挪到直播间，在田间瓜地现场直播，希望通过这种方式助力当地脱贫。

根据我国《慈善法》第2条的规定，扶贫、济困等公益行为属于慈善活动，因此可以将从事公益性直播的主播认定为慈善活动参与者。根据《慈善法》第106条的规定，因为志愿者的过错造成受益人或者第三人受损的，慈善组织应依法承担赔偿责任。但问题在于央视主持人、各地政府领导以及一

---

〔1〕 任震宇："'直播带货'带出监管新挑战"，载《中国消费者报》2020年4月24日。

〔2〕 尹杰："电子商务直播模式下意见领袖对消费者消费意愿的影响——以淘宝直播为例"，载《电子商务》2020年第5期。

些网红在直播带货时并没有隶属于某一慈善组织，甚至其并没有认识到自己的行为是慈善活动。因此，《慈善法》并没有办法对这种行为作出规制，即使将这种行为视为公益广告，我国《广告法》和《公益广告促进和管理暂行办法》也只对此作出了原则性规定：公益广告活动违反本办法规定，有关法律、法规、规章有规定的，由有关部门依法予以处罚；有关法律、法规、规章没有规定的，由有关部门予以批评、劝诫，责令改正。

由于公益类直播中，消费者与主播之间、主播与商家之间均不存在合同关系，因此在纯公益的直播活动当中，承担责任的主体主要是商家本身而非主播。只有在主播故意对消费者进行实质性欺骗时，才可以认为其与商家之间有侵权的通谋，可认定为共同侵权人，否则在现有法律框架内无法直接追究公益直播带货中主播的责任。

三、对主播类型化的意义

（一）明确了法律关系上的相对人

在制定法律法规和处理各种涉及法律案件时，最重要的一点就是先明确相关的概念，并对当事人身份进行明确。确定了概念就能对法律法规的约定范围进行概括，而明确了身份就能相应地针对每个身份制定相应的权利义务。从这一角度来讲，对主播类型化也是为了更好地划定不同的分类。

（二）对于责任义务进行了明确的划分

明确了主播的类型，就相应地明确了其所对应的权利义务，相应地出现问题时便能够及时明确责任。当前直播电商行业正在飞速发展，作为一个新兴行业，现有的法律法规无法做到全面有效地约束直播电商行业。一个新兴行业如果无法作到有效的监管，就会出现各种问题，给国家、人民造成巨大的损失。通过对主播类型化可以很好地明确主播应该承担的责任义务，能够有效地促进直播电商行业的发展。

四、结语

对主播进行类型化划分已经势在必行，但除了主播需要承担责任，淘宝、快手、抖音等直播平台也应该承担责任。直播平台作为服务提供者，是直播电商行业很重要的一环，任何一个行业要健康地发展，离不开各个环节的共同努力。

论职务发明人的报酬请求权

王梦筱*

（中国政法大学 北京 100088）

摘　要： 职务发明在所有的发明专利中已占绝大部分，因此保障职务发明人的报酬请求权，给予其应得的收益分配是实现社会经济平衡，促进发明的必由之路。我国《专利法》和正在制定的《职务发明条例草案》虽然对此作出了规定，但仍存在企业规避报酬给付义务，报酬计算不合理，签订的报酬分配合同无法反映发明人真实意思表示等问题。因此，应尽快推动《职务发明条例》的出台，建立职务报酬法治体系，完善报酬计算方案，真正落实职务发明报酬请求权。

关键词： 职务发明　请求权　职务发明条例　发明专利

　　上柴公司（伊维公司母公司）于 2001 年 4 月 17 日向国家知识产权局提交两项实用新型专利并获得授权，证书上所列设计人均为原告翁某克。2004 年 4 月 23 日上柴公司将涉及案件的两个专利权转让给伊维公司，并且没有收取任何费用。2003 年 11 月 4 日，伊维公司和案外人签订了技术转让协议，根据该协议获利人民币 1900 万余元。翁某克遂请求人民法院判令两公司向翁某克支付截至 2007 年 4 月两项职务发明创造专利许可使用费的相关报酬，总计 200 万元。伊维公司、上柴公司辩称翁某克拥有的两项职务发明仅仅是有关喷油泵总成中的零部件，这一发明在喷油泵总成中的贡献率只有 3.65%，原告要求支付 200 万元缺少法律依据。

　　本案一审争端的关键点就是：翁某克是否拥有向被告伊维公司、上柴公

---

　　* 作者简介：王梦筱（1992 年-），女，蒙古族，甘肃兰州人，中国政法大学同等学力高级研修班 2021 级学员，研究方向为知识产权法学。

司提交两项涉案专利的职务报酬请求权以及如何确定报酬的计算方式。案件经一审判决伊维公司应从专利许可的使用费中提取人民币 276 461.57 元作为报酬支付给原告翁某克。双方均不服一审判决提起上诉，二审维持原判。[1]

一、职务发明与职务发明人的认定

（一）职务发明的认定

根据我国《专利法》第 6 条，依据雇员是不是执行本单位任务或者主要是利用本单位物质技术条件完成的发明创造，发明创造可以分为职务以及非职务两种类型。《职务发明条例草案》对"职务发明"的内涵进行了扩展，不再局限于专利本身。职务发明指的是在我国境内完成的才智创造成果，这些成绩归属植物新品种权、专利权、集成电路布图设计专有权或者技术秘密保护客体。

《职务发明条例草案》中拓宽了"职务发明"的含义，不单单受限于专利自身。在 1984 年出台了《专利法》之后，我国先后出台并落实了许多法律条例，例如《技术合同法》与《专利法实施细则》等，分析和职务发明认定相关的规范能够知道，现如今我国职务发明创造运用的是"雇主优先"，认可约定效力的模式，参照我国落实的《专利法》，在判定职务发明时，主要参照的是"任务标准"以及"物质技术条件标准"，符合其中一个就能被判定成职务发明。

（二）职务发明人的认定

现阶段职务发明人的认定存在部分争议。例如，用人单位和劳动者在派遣劳务的过程中构成了劳动关系，用工单位和用人单位签署劳务派遣协议之后把劳动者委派到用工单位。如果委派的员工在用工单位的发明创造与职务相关，必须确定权利划归派遣单位还是用工单位。职务发明创造的基础是存在雇佣劳动关系，劳动关系的标准是签署劳动合同。在劳务派遣关系中，职务发明创造是员工在工作过程中所形成的，需要关注劳动合同关系，与此同时，员工需要结合合同的雇佣目的实现发明创造。但是，委派单位并未下达指令要求员工组织发明创造活动，也没有为员工提供物质投入，在这一情

---

[1]《最高人民法院公报》案例：翁某克诉上海浦东伊维燃油喷射有限公司、上海柴油机股份有限公司职务发明设计人报酬纠纷案。

形下，派遣单位并非专利法意义上的"本单位"。

二、职务发明请求权落实中存在的问题

现如今，我国奖酬标准规范体系之下，法律、部门规章、行政法规以及地方性法规等有关职务发明奖酬制度的条例十分详尽，但在职务发明报酬支付过程中仍存在以下问题。

（一）职务发明请求权裁判法律依据问题

目前，我国许多法律文件有存在冲突的情形，尽管可以参照"上位法优于下位法"的法律适用准则，但在职务发明人和单位没有预先明确奖酬的前提下，法官在裁决奖酬数额时享有的自由裁量权较大，可以随意选取与案件现实状况相吻合的规范性文件去运用。我国职务发明奖励报酬制度在行政法规、法律、地区法规、部门规章、地方政府规章中均有提及，关于报酬比例这一关键点，各个规定还有很大的差别，冲破上位法以及分散立法的情形不单单涉及是否科学的情形，也会导致实践过程中职务发明奖酬杂乱，导致法律的适用面临更大的问题。

（二）职务发明请求权前提因素认定问题

在司法实践中，职务发明报酬请求权的前提需要判定发明人与单位之间有没有劳动关系以及发明人的创造是不是可以划归于职务发明范畴，是否存在劳动关系、是否属于职务发明等一系列的法律事实。法院在审理此类案件时，不仅仅单纯依靠此两部法律、法规，还需通过其他部门法对奖酬标准适用前提等法律事实加以认定。只有在一系列法律事实认定之后，才能对是否应给予奖酬作出合理的判断。

根据我国《专利法》第6条、第16条的规定，职务发明奖酬获得的前提是职务发明人与单位已建立劳动关系，对于不存在劳动关系的，不能请求其支付职务发明奖酬。如果职务发明在获得专利权之前已经发生了转移，不会导致劳动关系在认定单位义务主体资格方面的基础性作用。

（三）职务发明请求权奖酬标准问题

在我国，职务发明奖酬标准缺乏科学性与可操作性主要体现在以下两方面。首先，计算基数难以确定。《专利法实施细则》第77条规定了在没有事先约定情形下奖励的最低奖励数额，第78条中规定了专利在实施后的奖酬提取比例。但是，在实践中，对于营业利润与专利许可费基数的确定存在困难，

尤其是营业利润在单位一般只能通过账簿的形式表现出来，涉及企业秘密，职务发明人根本无法查阅和复制，即使能查阅复制也存在核查成本分摊等一系列问题。

其次，奖酬计算困难。如今的专利产品，其本身就是多种专利的叠加，如若发明人的奖酬都以某个产品整体所产生的营业利润或是许可费作为计算基数显然是不可取的，而是只能根据每个专利在设备中所作出贡献状况明确奖酬的金额，但是针对包含数十个甚至数百个专利的专利产品，职务发明人的某个专利在产品中的贡献度的认定，其计算难度就可想而知了。

三、职务发明人报酬请求权的保障措施

（一）完善立法

从立法的角度出发，我国需要运用更为灵活的制度设置，职务发明奖酬规范必须全方位覆盖职务发明，自技术保密环节到专利技术环节的全部过程，监督并保障职务发明各个环节，在职务发明的过程中编制详尽的法律条例。同时，需要构建统一的职务发明奖酬法制体系，进一步协调专利法等现有法律法规的适用。

（二）完善奖酬纠纷诉讼时效的规定

职务发明奖酬纠纷诉讼时效的认定直接影响着发明人权利的实现。在我国对于奖酬纠纷的时效规定并未有明确的法律规定，学界主要存在以下五种观点：一是只可在专利权有效期限内请求支付奖酬；二是应区分奖励和报酬的诉讼时效；三是仅可获得起诉之日起前两年的奖酬；四是诉讼时效应从专利实施的每一年度末日起算；五是结合劳动争议应对报酬诉讼时效。以上阐述的五种观点，在实践过程中都存在被法院运用的事例。不同的法院采用不同的诉讼时效标准，所得出的奖酬数额也不尽相同，因此有必要对此加以完善，力求采用同一标准。[1]

（三）加强行政机关的监督作用

在保证程序正义实现的情况下，实质正义才会如期而至。现阶段，无法证实职务发明人与单位之间约定奖酬时是否完全在平等的基础上所建立，但为了避免此情形再次出现，有必要对其进行规制，加强行政机关的监督作用。

---

〔1〕刘强、陈卉："职务发明奖酬司法实证研究"，载《科技与法律》2017年第3期。

此外，对奖酬的发放予以不定期抽查。对未及时发放奖酬的单位，应给予相应处罚或者将抽查的结果纳入单位知识产权的考评范围。如此，真正建立起行政机关对单位的监督作用。[1]

---

[1] 费艳颖、杨文杰："我国职务发明奖酬立法及其完善"，载《法制博览》2020年第19期。

民法典继承编宽宥制度简析

徐曾倩*

（中国政法大学 北京 100088）

摘　要：《民法典》新增的宽宥制度只能宽恕有第 1125 条有第 3～5 项行为确有悔改的继承人，这使得宽宥制度的范围被限定在了第 3～5 项行为的情形下，且还需符合继承人之有确有悔改之要件，这一规定有待完善。本文在分析了新条文变化以及宽宥制度增加之原因的基础上，认为该条所规定的关于继承权丧失的情形应全面适用宽宥制度但保留确有悔改之要件。

关键词：继承编　宽宥制度　继承权丧失　意思自治

一、继承编宽宥制度增加之原因

（一）尊重继承法私法之地位，消除公权力介入影响

《民法典》继承编新增的宽宥制度属于《民法典》的一部分，带有明显的私法属性。民法调整的是平等民事主体之间的私法关系，而继承法是为保护公民私有财产的继承权而制定的。因此私法属性明显的继承法在立法之初便有着更好地保护公民私有财产的继承权，尊重公民生前自由处分其个人合法财产所有权归属划分问题的意思表示之目的。因此公权力在本法所规定的事项中其介入与影响应当越小越好。但人皆有生老病死，死亡是一个人必然的人生阶段。一个人的一生通过其劳动或多或少都会有财富的积累。在其死亡时，其遗产分配关系着其家庭稳定，而无数家庭之稳定又是社会稳定之根基。一些继承人在继承过程中为了获取更大的利益，不免出现有违伦理道德

＊ 作者简介：徐曾倩（1994 年-），女，汉族，浙江宁波人，中国政法大学同等学力高等研修班 2018 级学员，研究方向为民商法学。

甚至违法越界的行为。故《继承法》与《民法典》继承编为了维护社会继承秩序稳定，通过立法的形式规定了继承权丧失的几种法定情形极富公权力色彩，有违继承法继承权的私法私权属性。

虽然立法者通过立法的形式，剥夺了有法定继承权丧失情形行为的继承人继承权，实现了惩罚有不轨违法行为继承人、维护家庭关系和社会稳定的目的，但却违背了被继承人此前通过分配遗产处分其生前财产的意思表示。所以为了一定程度上消除公权力过度介入继承人对被继承人的继承过程的影响，宽宥制度便有了立足的根基。宽宥制度的存在使得被继承人可在知晓继承人因出现法定情形而丧失继承权之后，表示宽恕或通过遗嘱指定了继承人的继承权或指定划分遗产，即可认为被继承人表示宽宥，相关继承人的继承权也因此得到恢复。故被继承人依旧实现在处分其遗产上的意思自治，保证其对其财产合理处分的权利。

（二）尊重被继承人意思表示

宽宥即原谅、宽恕，一定是一方对另一方行为的原谅与宽恕。有学者深刻指出"宥恕系指已为某行为后，对于某行为之责任付于不问之感情表示"。[1] 所以，宽宥只要一方进行内心确认，确实原谅另一方，即可以达成宽宥。但是在我国新旧法条中，立法者除了被继承人表示宽恕这一生效要件，还添加了继承人须确有悔改之要件。按照宽宥之理来看，只需一方宽恕另一方即可，继承人是否悔改都不影响被继承人宽宥的效力。在实践过程中，司法机关也不能认定被继承人对一个没有悔改的继承人行为宽宥意思表示是无效的，因为宽宥是情感确认，是无法被客观规则限定的。虽然被继承人须确有悔改这一生效要件与宽宥制度背后的学理相悖，但本文认为这恰恰是立法者更是基于维护民法公序良俗这一基本原则之意，带有明显的中国特色。一个犯有损害其他继承人合法权益乃至残害他人生命的恶行而不知悔改的继承人不应仍旧有继承资格。这一点背后凝聚着普罗大众共同的社会道德观念，更是维护中国孝道传统家庭纲常诸如兄友弟恭、敬爱父母的体现（主要指父母与子女间产生继承关系）。毕竟继承人之间尤其是兄弟姐妹的勾心斗角不是被继承人（指年纪较大的长辈）愿意看到的。因此确有悔改与其说作为一个法律明文认定被继承人对继承人宽宥生效的实质要件，不如说是为了维护民

---

[1] 杨立新、和丽军："关于恢复继承权宽宥制度的重新思考"，载《东南学术》2013年第1期。

众情感的形式要件。

（三）为适应中国特有的独生子女群体现状

一个子女要为两个老人养老，一个年轻家庭要给四个甚至八个老人养老，独生子女这一代的社会压力显而易见。因此，面对这种情况，独生子女除了依靠自己收入养活自己的家庭以外，更加需要其父母一代积累的财产来支撑生活。继承编宽宥制度的存在使得继承人即使在发生了违法行为的情况下，其继承权虽因法律之规定而丧失，但也能因被继承人宽宥而恢复。在被继承人死去的时候，继承人仍能获得遗产，以助益其经济生活，甚至用于赡养其他近亲属。因此，宽宥制度也有保证继承人，尤其是在独生子女家庭当中的继承人能获得遗产继承兜底之作用。

（四）尊重中国财产向下流转之传统

在我国，"家文化"是传统文化的核心，是形成我国传统伦理文化的源泉。作为自然经济的中国传统社会，家庭是一个自给自足的生产单位，受农业经济中土地等自然资源的制约，中国传统家庭必须世代居住在相对固定的地方，并且中国传统没有超越家庭团体生活的实践，家庭不可避免地承担了本应是团体承担的事务，因而家庭又成为一个事业单位。我国这种"家文化"深刻地影响着财产的代际传承，使中国传统社会中的财产继承制度表现出鲜明的民族文化特色。[1]

在"家文化"影响之下，我国的家庭财产传承表现出来极为鲜明的财产向下流转的特点与传统，即父母的财产更倾向于由子女继承，而不能被同辈兄弟姐妹或者旁系晚辈继承。

因此，为了保证家庭财产向下流转，财产继承秩序能够稳定，《民法典》继承编在有关继承权丧失的规定中新增了宽宥制度。宽宥制度保证了继承人经被继承人宽宥能行使继承权，继承相应的家庭财产，承担相应家庭义务。

二、全面适用宽宥制度的合理性与必要性

在《民法典》继承编中，立法者对被继承人可以宽宥继承人的情形进行了限定，被继承人只能宽恕第1125条第3~5项行为确有悔改的继承人，而有

---

〔1〕 焦垣生、张维："中国传统家文化下的财产继承"，载《西安交通大学学报（社会科学版）》2008年第6期。

第1、2项行为的继承人即使确有悔改且被继承人表示了宽宥，其继承权仍旧丧失。这使得继承权丧失因为第1125条产生了绝对丧失和相对丧失两种情形。有第1、2项行为的继承人其继承权为绝对丧失，有第3~5项行为的确有悔改的继承人经宽宥恢复继承权为相对丧失。但本文认为继承权不应当存在绝对丧失，这有悖继承法私法属性，体现了公权力对被继承人意思表示绝对控制，侵犯被继承人的财产权与意思自治。

诚然，《民法典》继承编第1125条所规定的继承权丧失是极为恶劣的情形。继承人杀害被继承人或其他继承人，以获取遗产为目的而剥夺他人生命权的行为，侵害法益最甚。有这样行为的继承人自然需要得到法律的严惩，但这两种情形已经进入刑法所规制的范围。因此对于有第1、2项行为的继承人首先会因其犯有故意杀人罪，依据罪刑法定原则与罪刑相适应原则，受到刑事处罚。而私法属性大于公法属性的继承不应当带有过强的惩罚属性，尤其是在刑法已经依法对于继承人施加应有惩罚的前提下。如果在继承中继承权绝对丧失，强制剥夺继承人的继承权，且无法因被继承人宽宥而恢复，又有矫枉过正之嫌，加重了对相关继承人的惩罚。

三、结语

《民法典》继承编的宽宥制度保证了被继承人在处置遗产时的意思自治，保证了继承人能完全行使继承权。宽宥制度能在遗产处分方面兼顾我国传统"家文化"的财产流转观念与现代私人财产意思自治二者的需要，宽宥制度以法条的形式被确立了下来，这是一种立法的进步。但是本文认为民法典继承编宽宥制度仍有修改的空间，全面适用宽宥制度仍有其必要。

法律并不是死板而僵化的，应当是与时俱进的存在。随着经济社会生活的不断发展与变化，本文相信《民法典》继承编还会不断发展与完善。

人工智能治理的双重进路：
法律嵌入化与伦理规则化

刘　璇*

（中国政法大学 北京 100088）

摘　要： 人工智能作为一种产品是算法和数据有机统一，而非算法合规与数据合规的简单相加。人工智能治理一方面需要将法律规则转化为代码，将人的法律转化为机器的法律，另一方面需要将道德原则规则化，将道德原则通过规则形式表现出来，并体现在程序设计中，使人工智能的行为活动既满足法律法规的要求，也满足人类伦理道德的标准。

关键词： 人工智能　法律嵌入化　伦理规则化

随着电子信息技术的发展，移动支付、自动驾驶、智能家居和大数据跟踪与识别技术高速发展，网络安全和个人隐私泄露等问题日益显著。例如，发生于 2022 年 6 月份的河南村镇银行储户被赋"红码"事件，该事件由多名前往郑州沟通村镇银行"取款难"的储户被赋"红码"而引起社会和媒体的广泛关注。究其本质，该事件是个人数据泄露和人为干预大数据计算结果的恶性事件。在没有对人工智能有效治理的情况下，若将人工智能视为人为可随意操控的工具，不仅仅会损害了人民群众自身利益，更会使人民群众失去对人工智能原有的期待和信任。人工智能治理不能仅依靠法律嵌入化，还需要法律嵌入化与伦理规则化的双重进路。

---

* 作者简介：刘璇（1996 年-），男，汉族，甘肃陇南人，中国政法大学同等学力研修班 2022 级学员，知识产权法专业。

一、国内有关信息和数据规范立法的发展

2016 年 11 月 7 日，由中华人民共和国第十二届全国人民代表大会常务委员会第二十四次会议正式通过《网络安全法》，且于 2017 年 6 月 1 日正式实施。该法是我国第一部全面规范网络空间安全管理方面问题的基础性法律，是依法治网、化解网络风险的法律重器。

该法对政府各部门的职责权限以及网络运营者的主体责任都作出了明确的规定，还对我们每一个人都提出了明确的要求。对于公民、法人和其他组织要求其遵守宪法法律、遵守公共秩序，以及尊重社会公德；对于网络运营者要求其遵守法律法规、尊重社会公德，以及遵守商业道德；对于网络产品和服务提供者要求其防范网络违法犯罪活动、维护数据的完整性、保密性和实用性。

二、国外有关信息和数据规范立法的发展

2021 年 4 月 21 日，欧盟发布《人工智能法》提案，虽然该提案在成为正式法律之前可能需要一个较长的周期，但该法案是欧盟首次针对确保人工智能安全和尊重人的基本权利进行的立法活动。该提案的发布不仅体现出人们对人工智能发展的认可，也体现出在人工智能发展过程中可能会出现的法律问题及人们对这些问题的思考。

一方面，欧盟在该法案的制定过程中充分结合自身发展环境，包括欧洲所属的技术环境、社会经济环境、政治环境等，积极展开对人工智能领域治理的探索；另一方面，充分结合人工智能的各项特征，包括自主性、无法预测性、模糊性和复杂性等，以分析"特征—问题—目标—举措"的基本逻辑完善提案。[1]

但该法案作为首部人工智能安全法案也引发了较多争议，主要包括：引入市场规制路径，责任机制存在缺陷、超前制定监管措施，引发妨碍产业发展的担忧、过于倚重企业自治，规制的有效性受到质疑以及对人工智能进行明确定义和分类，但界定和分类的合理性受到质疑。但不可否认该法案也为其他国家和地区治理人工智能提供了方向与启示。

---

[1] 曾雄、梁正、张辉："欧盟人工智能的规制路径及其对我国的启示——以《人工智能法案》为分析对象"，载《电子政务》2022 年第 9 期。

三、人工智能治理的方向

2021 年工业和信息化部印发《"十四五"信息化和工业化深度融合发展规划》，提出到 2025 年，信息化和工业化在更广范围、更深程度、更高水平上实现融合发展，体现出我国逐渐进入信息化社会深海区。人工智能作为信息化发展的聚焦点，我们对其研究的起点不再单纯是人工智能工具论，而是将人工智能视为一种以算法和大数据为基础的产品。人工智能产品的特殊性在于不但需要法律治理，还需要伦理治理。

（一）人工智能法律治理——法律嵌入化

在法律嵌入化方面，人工智能治理在设定具体法律规则之前，最重要的便是形成统一完备的立法指导思想。针对人工智能技术的立法指导理念，主要包含以下四个方面：其一，要明确人工智能技术的安全性问题；其二，人工智能技术算法需尽可能透明且可解释；其三，在人工智能技术的发展中需强调公平原则；其四，对人工智能技术的限制应当扎根本国国情，符合国家的价值观。[1]

例如，在通过大数据计算和识别个体风险等级，以及授予其移动终端显示结果的过程中，需要在技术安全性方面，保证个人数据保护安全可靠，每一环节都要符合《个人信息保护法》和《数据安全法》；在算法透明性方面，算法要能够得到公众的认可与理解；在运行公平性方面做到，人人平等消除特殊化待遇；在符合本地方伦理理念方面做到，扎根本国国情、符合国家的价值观。

（二）人工智能伦理治理——伦理规则化

在伦理规则化方面，人工智能治理探索方向主要包括民事责任规则或者法律法案，已有学者提出人工智能民事责任可以从以下四个方面着手：其一，借鉴《侵权责任法》中关于危险责任的规定，让智能机器人的制造商或者使用者承担严格责任；其二，差别化责任规则；其三，强制保险制度和赔偿基金；其四，可以像欧盟那样，考虑赋予某些智能机器人法律人格。[2]

---

〔1〕 刘晓妹："人工智能技术的法律规制探析"，载《人民论坛》2020 年第 2 期。

〔2〕 司晓、曹建峰："论人工智能的民事责任：以自动驾驶汽车和智能机器人为切入点"，载《法律科学（西北政法大学学报）》2017 年第 5 期。

未来当人工智能不再是完全被控制的工具，而具有自主行动的能力时，过错侵权责任将难以适用于人工智能，责任划分需要进一步确定是人工智能设备所有人的操作失误，还是人工智能设备制造商的程序设定缺陷。如果最终负有责任的主体得到确认，其所应承担的责任应与其给予机器人的指令级别以及机器人的自主性程度相称。因此，机器人的自主性或者学习能力越强，其他主体的责任就越低；机器人的"教育"持续的时间越长，"教育者"所应负担的责任就越大。

（三）法律嵌入化与伦理规则化相结合

相对于人类的活动和思考范围，人工智能具有更快的计算速度和更广泛的条件选择。对于公民而言，法律是对自身行为最基础的要求规范，因为在法律之前伦理道德已深入人心，因此法律对于普通公民而言"法无明文规定即可为"。

而对于人工智能，一方面，人工智能缺乏道德伦理自我判断和规范能力，只能按照既定的规则执行指令；另一方面，人工智能具有强大的计算速度和数据信息获取能力，能够快速计算得出几乎全部的执行方案。若法律对人工智能的要求与普通公民一致，人工智能在没有伦理道德的约束下，依托于人工智能在强大的计算速度和数据获取能力，可能会导致其部分行为虽然违背伦理道德，但绕开所有相关法律法规的约束。对于人工智能而言，可能只是在众多的执行方案中选择出一个不违背法律法规且最有利于问题解决的方案，但对于公民而言该执行方案可能会损害最基本的伦理道德。因此，对于人工智能治理而言，不能采取"法无明文规定即可为"的行为准则，而应采取"法无明文规定不可为"的行为规范。

因此，对于人工智能治理，一方面，需要以风险防控与救济为中心，实现的方式是将法律规则转化为代码，将人的法律转化为机器的法律。判断的标准不再是有没有做某事，而是产品能不能实现某目标。人工智能所执行或采取的任何方案都应当满足法律法规的要求，不能执行或采取任何违法方案。

另一方面，需要将道德原则规则化，把道德原则通过规则形式表现出来，并在程序设计中加进去。作为人工智能与普通公民行为方式的主要区别之一，是否具有伦理道德基础，既是人工智能发展的目标，也是人工智能发展到一定阶段后应当遵从的基础规范。只有将道德规则作为人工智能的基础规范，才能使人工智能真正满足技术发展和法律法规的要求。

四、结论

随着人工智能的快速发展，人工智能不应该只认定为人类生产活动中的一项工具，而应该赋予更高的期望和价值。对于人工智能的治理也需要法律嵌入化和伦理规则化的双重进路。人工智能治理不仅需要将法律规则转化为代码，将人的法律转化为机器的法律，而且需要将道德原则规则化，将道德原则通过规则形式表现出来，并体现在程序设计中，使人工智能的行为活动既满足法律法规的要求，也满足人类伦理道德的标准。

商标反向混淆的判断标准

葛武斌*

（中国政法大学 北京 100088）

摘　要： 商标反向混淆是指由于已具有一定知名度的在后被使用的商标，使得相关公众可能会误认为在先商标权人的商品或服务来源于在后商标的使用者。实质上属于不正当竞争行为，不符合广大中小企业的利益。虽然商标反向混淆的理论和概念已经被运用在包括最高人民法院和高级人民法院在内的司法判例当中，但是目前我国仍缺少明确的法律规制和统一的判断标准。本文结合现有理论研究成果及司法实践案例，浅析商标混淆判断的标准，以期尽快出台权威统一的法律适用。

关键词： 商标侵权　反向混淆　判断标准

一、商标反向混淆的概念

商标反向混淆与商标正向混淆相对，正向混淆是指在后商标的使用使得普通消费者误认为该商标使用人的商品或服务来源于在先具有一定知名度的先商标权人；反向混淆是指由于已具有一定知名度的在后被使用的商标，使得相关公众可能会误认为在先商标权人的商品或服务来源于在后商标的使用者，或两者之间存在某种特定的联系。

与正向混淆引起的"搭便车""傍名牌"现象不同，在商标反向混淆情形下，由于在后商标的知名度和影响力远高于在先商标，在先商标及其所依附的产品会被误认为来源于在后商标使用者，或与在后商标使用者存在关联。

---

* 作者简介：葛武斌（1988 年-），男，汉族，河南新乡人，中国政法大学同等学力研修班 2022 级学员，研究方向为知识产权法学。

从而导致在先商标权人的品牌价值被淡化、市场被蚕食。遏制商标反向混淆行为，对保护中小企业的利益、维护其公平参与市场竞争的机会有益。

我国现行的法律法规，如《商标法》，还未对商标反向混淆的认定和保护作出明文规定，亦未出台相应的司法解释。目前国内仅有个别法院在极少的案件当中运用商标反向混淆理论进行裁判，缺乏统一的裁量标准，依靠的是法官的司法裁量权。

二、商标反向混淆判断标准的学术研究

商标反向混淆理论及相关案例开始于美国，我国也已出现不少涉及商标反向混淆的案例。国内外关于反向混淆的案例及理论均已被国内学者关注，并进行了相应的研究。

杜颖教授在《商标反向混淆构成要件理论及其适用》一文中提出商标反向混淆的构成要件主要是两个：商标在后使用者的市场地位强于在先使用者；消费者对双方商品的来源产生混淆（具体从商标的强度、商标及商品的相似度、市场重合可能性、消费者误认、双方产品质量与价格的悬殊程度、消费者的成熟度等因素分析）。[1]而商标在后使用者是否有恶意不是构成要件。

黄武双教授在《反向混淆理论与规则视角下的"非诚勿扰"案》一文中提出商标反向混淆的判断标准源于正向混淆（即在先商标权人仍需证明有在先受保护的商标存在，并证明存在一般购买者混淆两种商品来源的可能），同时需考虑特殊因素（在先商标权人与在后商标使用者是否存在市场竞争关系，在先商标的权利人是否有意弥补双方在市场占有率、知名度等方面的差距，在后商标使用者是否存在主观恶意）。[2]

三、商标反向混淆判断标准的司法探索

《商标法》在认定侵权商标权时，引入了"混淆"，但并未对正向混淆、反向混淆的区分和认定标准进行明确。司法实践中，各级法院针对商标反向混淆类案件进行了积极的探索，以下选取三个代表性案例进行分析。

（一）2020年"MK"商标案

最高人民法院在判决裁定书中提到了"反向混淆"，并指出在判断反向混

---

〔1〕 杜颖："商标反向混淆构成要件理论及其适用"，载《法学》2008年第10期。

〔2〕 黄武双："反向混淆理论与规则视角下的'非诚勿扰'案"，载《知识产权》2016年第1期。

淆时，既要考虑被诉侵权标识的实际使用情况，还应结合注册商标的显著性和知名度予以评判。建发厂所使用的商品多用于出口，在中国境内的销量数量及影响十分有限，故无法证明涉案商标获得了较强的显著性及知名度。迈可寇斯公司主观上无借用涉案商标商誉的意图，且双方的消费群体区别度较大。另外，建发厂有仿迈可寇斯公司商标、攀附迈可寇斯公司商誉的故意。因此不支持原告建发厂关于反向混淆的主张。[1]

（二）2020 年炎黄盈动公司与亚马逊公司的"AWS"案

北京市高级人民法院在判决书中指出了商标反向混淆的情形（混淆误认也包括将商标权人的商品或服务误认为被诉侵权人的商品或服务，或者误认为商标权人与被诉侵权人有某种联系的情形），并认为虽然由于亚马逊公司的相关商标及服务具有较高的知名度，相关公众并不会将亚马逊公司提供的服务与炎黄盈动公司联系在一起，但是正是由于亚马逊公司长期、大量地使用包含"AWS"的商业标志，因此相关公众容易误认为炎黄盈动公司是他人相应服务品牌的代理商或者是出于攀附他人商誉目的而使用"AWS"商标。亚马逊公司使用"AWS"商标的行为容易导致混淆误认。[2]

（三）2020 年"MIKA 米家"商标侵权案

浙江省高级人民法院在判决书中指出《商标法》意义上的混淆包括正向混淆与反向混淆，并阐述了二者的定义。具体到本案中，法院认为小米公司申请注册"米家"商标被驳回时已经知道或应当知道联安公司的涉案商标，并且对于两者构成近似，存在混淆可能性应有所认知，但其仍加大对"米家"商标的宣传使用力度，主观上放任混淆结果的发生。联安公司注册涉案商标在先，不存在刻意接近小米公司，主动寻求混淆的故意，联安公司在经营过程中通过真实、善意、正当地使用注册商标，积累企业商誉的行为应得到肯定。认定小米公司使用"米家"标识容易导致消费者混淆误认，最终判决小米公司侵害了联安公司的商标权。[3]

以上三个案例均不同程度地运用了反向混淆理论进行商标侵权的认定，表明商标反向混淆的概念已被司法领域接受，对后续的案件审理有一定借鉴

---

〔1〕 参见最高人民法院〔2019〕最高法民申 6283 号民事裁定书。
〔2〕 参见北京市高级人民法院〔2018〕京民初 127 号民事判决书。
〔3〕 参见浙江省高级人民法院〔2020〕浙民终 264 号民事判决书。

意义。但因为缺乏明确的法律规定，各级各地方法院在具体裁判时，认定商标反向混淆的标准不一，存在较大差异。标准的不统一，不利于市场主体预防商标侵权风险、不利于商标权人的维权，一定程度上妨碍了市场秩序。

四、商标反向混淆判断的标准

在判断商标反向混淆时，作者认为应该考虑以下几点：

（一）在先商标是否合理使用且具有相对稳固的市场

作为主张权利的一方，在先商标使用者首先应合法取得商标权并保持商标权的稳定，应审查其是否有抢注行为。进一步审查在先商标是否有实际使用，并获得一定的知名度。反向混淆的初衷是保护知名度和实力处于弱势的一方，维护其潜在的市场开发可能性。一旦认定商标反向混淆，已经投入巨大财力、有较大市场占有率和拥有较高知名度的在后商标使用者往往被判定停止使用商标，并进行数目不小的赔偿。这样的结果一定程度上也是对消费者利益的损害，不符合社会整体利益。因此对于在先商标及在先商标使用者应有一定的要求。对于虽已取得注册商标权，但并未实际使用，或囤积商标的权利人应予以限制。

（二）在先商标使用者的主观意图

根据诚实守信原则，在先商标使用者以反向混淆为由提起商标侵权诉讼，其自身不得有恶意制造反向混淆，或者主动"傍名牌"的行为。如"MK"商标案中，法院查明在先商标权人建发厂有仿在后商标、攀附在后商标使用人商誉的故意。如对上述行为不进行限制，则将严重影响正常的市场秩序，侵害他人的合法权益。

（三）在先商标与在后商标的相似度

在先商标与在后商标的相似度与正向混淆的判断标准大致相同，要考虑商标的显著性、近似程度、商品和服务的类似程度以及相关公众的注意程度等因素。首先，在先商标必须具有显著性，具备区分商品来源的功能。其次，从商标文字的字形、读音、含义或者图形的构图及颜色，或者其各要素组合后的整体结构上综合判断相似度。在"MK"商标案中，双方的商标虽然均由M和K两个英文字母构成，但整体设计差异大，不构成近似。最后，从市场角度审查双方产品的消费群体、产品质量和价格差异，如差异巨大，则不应认定会造成普通消费者的混淆误认。

（四）在后商标使用者的主观意图

在"MIKA 米家"商标侵权案中小米公司在申请涉案商标时已知晓在先商标存在，仍继续大规模使用涉案商标，被认为放任混淆行为的发生，理应承担不利后果。即使在后商标使用者先前已进行过商标的法律检索，只要在后商标被认定与在先商标近似，均应认定为具备主观恶意。此为认定反向混淆的主观要件，亦是确定赔偿金额的因素之一。

未成年人个人信息的法律保护

冯　静*

（中国政法大学　北京 100088）

摘　要： 随着时代的发展，越来越多的未成年人在网上进行娱乐、学习，这也为未成年人个人信息的保护带来了新的挑战。《个人信息保护法》将未成年人个人信息规定为一种敏感信息，但未成年人专门的个人信息处理规则尚未建立，法律保护也有待完善。应当立足于《个人信息保护法》，完善未成年个人信息处理的同意机制，并通过公益诉讼实现社会合力，实现对未成年人个人信息的全面保护。

关键词： 个人信息　未成年人　知情同意　司法保护

一、未成年人个人信息的利用现状

近年来，我国未成年人互联网普及率持续上升，尤其从 2020 年以来受新冠疫情的影响，很多学校为了保证"停课不停学"，将教学工作陆续转移至线上，这进一步推动了未成年人互联网普及率激增。根据国家图书馆研究院发布的《2020 年全国未成年人互联网使用情况研究报告》，2020 年我国未成年网民规模达到 1.83 亿，未成年人的互联网普及率为 94.9%。[1] 互联网为孩子们提供了学习、娱乐的渠道，但这些线上活动很多需要使用者的个人信息，甚至需要采集人脸信息等。这就使得未成年人的个人信息保护问题逐渐凸显。

---

* 作者简介：冯静（1978 年-），女，汉族，北京人，中国政法大学同等学力研修班 2021 级学员，研究方向为民商法学。

〔1〕 国家图书馆研究院："《2020 年全国未成年人互联网使用情况研究报告》发布"，载《国家图书馆学刊》2021 年第 4 期。

未成年人个人信息一旦遭到泄露和非法利用，会引发严重的后果，或者面临营销电话骚扰、垃圾短信和广告邮件的轰炸，或者被不法分子利用，形成对未成年人及其父母的财产安全和人身安全的威胁。2020 年的肖某、邓某侵害未成年个人信息民事公益诉讼案就是肖某和邓某通过搭建、运营、贩卖个人信息的网络平台，组织他人共同买卖个人信息，该平台网站数据库内储存有大量居民身份证号码，且多数为未成年人身份信息。未成年人的年龄小、阅历浅、自我保护意识大部分比较薄弱，随着网络的普及，更容易在网络中受到不法分子的侵害，同时有关未成年人个人信息保护的法律规制还有待完善，使得对未成年人个人信息的保护面临更大的挑战。

二、现有法律规制与不足

（一）现有法律的规定

近几年，我国对未成年人个人信息保护的关注力度明显增强，出台了一系列法律法规。2019 年，我国《儿童个人信息网络保护规定》颁布，明确任何组织和个人不得制作、发布、传播侵害儿童个人信息安全的信息。儿童监护人应当正确履行监护职责，保护儿童个人信息安全。网络运营者收集、使用、转移、披露儿童个人信息的，应当以显著、清晰的方式告知儿童监护人，并征得儿童监护人的同意。该规定标志着我国儿童个人信息网络保护进入新阶段，对我国儿童个人信息的保护工作具有重要意义。2021 年，《个人信息保护法》颁布，其中第 31 条规定，个人信息处理者处理不满 14 周岁未成年人个人信息的，应当取得未成年人的父母或者其他监护人的同意。同年，修订后的《未成年人保护法》也开始实施，其中第 72 条规定，信息处理者通过网络处理未成年人个人信息的，应当遵循合法、正当和必要的原则。《个人信息保护法》与《未成年人保护法》同步实施，为未成年人的信息保护，筑起多重防护。

（二）现有规制的不足

尽管目前我国针对个人信息加大了保护力度，尤其针对未成年人的保护，相继出台了几部法规，但各部法规中关于未成年人的个人信息规定得比较笼统，不够细化，部分条款执行力度不够。

首先，监护人的知情同意机制很难落实。目前儿童在很多网络平台上学习、娱乐都需要家长签署知情同意书，以表示其收集儿童的信息与家长已经达成协议。但实际中，这些在线协议篇幅非常大，内容复杂，给家长的阅读和理解带来很大困难，并且这些协议内容都是格式版本，即便家长认真阅读了，提出修改的建议也很可能不能达成，因此监护人替代儿童行使知情同意权，保护未成年的个人信息方面就很难落实。

其次，对网络平台的监管效果不佳。《未成年人保护法》对网络服务提供者提出了保护未成年人的要求，很多视频、直播、游戏等网络平台开始搭建或者升级青少年防沉迷系统，上线了"青少年模式"，但在实际使用中，这些管控模式存在很大漏洞。[1] 比如可以用卸载重装的办法跳过家长设置的解锁密码，且在青少年模式时并没有限制金融操作，如直播打赏、Q币充值等行为等。从这些不良结果可以看出目前的法律法规还不能对网络平台实施很好的监管，"青少年模式"目前还不具备法律制度配合，缺乏统一的具有强制约束力的标准，缺乏对平台"青少年模式"更具体的评估和追责制度等。

最后，一旦出现儿童个人信息被侵权，相关的侵权标准、法律后果，以及举证、维权等都有待完善。虽然监护人可以代理孩子以侵犯隐私权、个人信息保护纠纷为由提起民事诉讼，要求侵权方停止侵害、删除信息、消除影响、赔礼道歉以及要求财产损害或精神损害赔偿等，但在现实中，维权进行得非常困难，标准不完善、程序复杂、成本高昂等使得很多监护人在维权的过程中非常被动。同时对不法分子的惩戒力度不足也导致违法成本比较低，这些因素都成了未成年人的个人信息被持续滥用的重要原因。

三、未成年人个人信息使用同意机制的调整

监护人同意机制，是从收集未成年人个人信息开始的。从已有法律法规来看，针对未成年人虽然都规定了需要经监护人同意，但对于同意的方式和内容却没有作出进一步的具体规定，多数在执行过程中还是流于形式，相关规定无法得到有效的执行。为了让同意规则确实能够对未成年人的个人信息进行保护，需要在个人信息全生命周期的执行过程中增加更加详尽的同意条件，比如事前告知获取、充分告知内容、明确同意结果等。

目前网络平台同意协议仍然采用的是以格式合同推送的模式，并没有对未成年人的识别和监护人的验证方式作出规定。平台在协议签署过程中推定

---

〔1〕 雷霆、王兴超："网络平台青少年模式缘何形同虚设"，载《人民论坛》2020年第28期。

监护人在现场，同意知情书是监护人签署的，事后产生的不良后果也自然归责于用户。为了确保监护人能够有效参与，在线推送协议的方式应以邮件或者电话的辅助方式与监护人同步进行确认，或者把未成年人的注册账户与其监护人的账户进行安全绑定，让监护人可以真正获得提前告知。

此外，法规要求网络平台运营者应以显著、清晰的方式告知监护人有关未成年个人信息的收集及使用情况，以获得监护人的明确同意。[1]但在现实中很多家长是很少能看完或者理解那些冗长且隐晦的条款的，这使得监护人的同意机制达不到立法效果。这就需要对充分告知内容进行标准化的制定，让监护人可以清楚了解平台收集何种个人信息，何种使用方式和目的，一旦发生问题监护人可以采取何种措施对未成年人进行保护，这样才可以达到充分告知，明确同意的结果。

四、未成年人个人信息的公益诉讼保护

为了应对网络信息时代出现的未成年人个人信息泄露的权益保护问题，我国在 2020 年修订的《未成年人保护法》第 106 条规定，未成年人合法权益受到侵犯，相关组织和个人未代为提起诉讼的，人民检察院可以督促、支持其提起诉讼；涉及公共利益的，人民检察院有权提起公益诉讼。2021 年我国《个人信息保护法》第 70 条也明确了检察机关可以对个人信息保护提起公益诉讼。这些法条的颁布对未成年人个人信息检查公益诉讼保护有了一定的法律依据。但在实际实施未成年人个人信息保护的公益诉讼过程中，依然存在很多难点，案件数量少、线索少、取证难，惩罚性赔偿标准不好确定等问题，导致处罚该重不重，使得违法成本偏低，难以给违法分子形成震慑。[2]

鉴于公益诉讼过程中的难点问题，检察机关作为法律监督机关和公共利益的维护者，针对未成年人个人信息受侵害的案例应以公益诉讼为抓手，综合发挥刑事、民事、行政、公益的职能，不能"单打独斗"，要联合各部门，对未成年人的个人信息案例建章立制，实施统一集中办理，充分发挥政府职能部门和社会各行业的积极作用，为未成年人提供全方位的保护。此外，在信

---

〔1〕《儿童个人信息网络保护规定》第 9 条规定："网络运营者收集、使用、转移、披露儿童个人信息的，应当以显著、清晰的方式告知儿童监护人，并应当征得儿童监护人的同意。"

〔2〕 杨新娥："未成年人公益诉讼检察实践探析与完善建议"，载《中国检察官》2020 年第 16 期。

息技术方面，要结合目前大数据和人工智能的先进技术，建立信息化监管平台、预警机制以及监管制度，为保护未成年人个人信息提供保障。

五、结语

未成年人的个人信息保护在这个网络技术突飞猛进的年代显得越来越重要，个人信息具有重要的价值，可以成为数字时代的"石油"，尤其是未成年人的个人信息保护更是全社会的共同责任。《个人信息保护法》为未成年人的个人信息司法保护提供了法律依据，但仍存在对这个特殊人群保护的不足之处，应在制度设计和实施过程中进一步完善，实现未成年人个人信息保护的全局性和有效性。

药品专利期限补偿机制在中国的适用

焦国慧*

（中国政法大学 北京 100088）

摘　要：药品专利期限补偿制度是由于药品在临床试验和行政审批过程中，其专利保护期被占用，药品专利权人向有关机关申请专利期延长的制度。2021 年 6 月 1 日，我国实施修正后的《专利法》，建立了药品专利期限补偿制度。药品专利期限补偿制度是我国促进医药行业发展的积极立法尝试，有助于提高我国企业和产品在国际市场的竞争力，但也需要明晰适用情形，探索对仿制药的保护制度，明确公众异议制度的操作性规则。

关键词：药品专利　专利期延长　技术审评

一、药品专利期限补偿制度概述

药品专利期限补偿，即药品专利期延长，由于药品在临床试验和行政审批过程中，其专利保护期被占用，药品专利权人可以向有关机关申请补偿。药品专利的市场独占期更为短暂，与普通专利相比具有特殊性，需要更为谨慎地衡量药品研发企业的利益和社会公众的利益。[1]

1984 年 9 月，美国国会通过《药品价格竞争和专利期补偿法案》（《Hatch-Waxman 法案》），提出了药品专利期限补偿制度，其也被写进《美国专利法》，后被日本、欧盟、加拿大等国家引入当地制度。在美国，药品专利申请

---

* 作者简介：焦国慧（1985 年–），女，汉族，天津人，中国政法大学同等学力研修班 2021 级学员，研究方向为知识产权法。

〔1〕 张曼、杜维娜：《专利法》修改：药品专利期限补偿条款的解读与分析"，载《时代法学》2021 年第 6 期。

保护期延长，需要满足的条件包括：专利在有效期内，专利药为首次获批上市且未获得保护期延长，保护期延长只能申请一次。[1]美国对于额外补偿的专利保护期限规定为不超过 5 年，药品上市后的专利有效期不超过 14 年。[2]美国之后，日本、欧盟、加拿大等国家和地区均建立了专利期补偿制度，通过不同的制度设计，在鼓励创新性研发方面取得了不同的效果。

专利期补偿制度带来的市场垄断时间和市场需求的增加，促进了企业对于产品研发的投入，提高了创新的积极性，伴随着预期收益的增加。随着我国对于"创新药"的认知理念逐渐进入"全球新"的时代，对于创新药物的知识产权保护要求也高于一般药品，对审评审批效率的提升更有了新的要求，不同国家制度的优势，就体现在企业对于创新药上市的地点选择上。国外的创新药物尽早地进入中国市场，有利于满足我国众多患者的治疗需求；我国的创新药物能够尽早地上市使用，乃至在全球市场占有一席之地，也有利于提升我国的国际地位。[3]

二、药品专利期限补偿制度的中国法规定

2017 年，我国提出开展药品专利期限补偿制度试点建议。2020 年，中美签订《中华人民共和国政府和美利坚合众国政府经济贸易协议》，对由于上市审批程序带来的专利有效期的不合理缩减，约定进行补偿，并通过《专利法》进一步完善了相关制度。[4]

2020 年 10 月，全国人大常委会正式通过了修正后的《专利法》，2021 年 6 月 1 日，我国实施《专利法》，建立了药品专利期限补偿制度，其中第 42 条规定了药品专利期限补偿制度，补偿期限不超过 5 年，新药批准上市后总有效专利权期限不超过 14 年，获得补偿的条件限制为专利申请日到批准上市之日超过 6 年。保护期上限和获得补偿的条件限制的规定，考虑到了该制度可能给仿制药产业和药品可及性带来的不良影响，努力平衡医药行业各方利益，

〔1〕 马秋娟等："各国药品专利期限补偿制度的比较研究"，载《中国新药杂志》2018 年第 24 期。

〔2〕 刘立春、漆苏："药品专利权期限补偿研究——兼议《中华人民共和国专利法修正案（草案）》第 42 条第 2 款"，载《科技管理研究》2019 年第 23 期。

〔3〕 杨悦、邢花、冯霄婵："关于建立我国药品专利补偿制度的研究和探讨"，载《中国食品药品监管》2018 年第 3 期。

〔4〕 邱福恩："中美经贸协议下的药品专利期限补偿制度研究"，载《科技与法律》2020 年第 4 期。

保护公众利益。2020 年 11 月,《专利法实施细则修改建议（征求意见稿）》由国家知识产权局发布，将在适用对象、保护期限、保护范围、限制条件、申请流程、监督机制等方面进一步完善相关制度，其中第 85 条对药品专利期限补偿制度进行细化规定。

我国《专利法》第 42 条以及《专利法实施细则修改建议（征求意见稿）》第 85 条规定的这一制度，与国外相比存在相通之处，也反映了我国国情特点。我国法律规定的专利保护期自申请之日起计算，考虑到竞争对手的研发状况，企业通常会在临床前研究阶段完成药品专利的申请。由于药品的监管法规要求，药品的安全有效性需要经过临床试验的验证，并通过相关部门审评才能上市，往往导致市场独占期短于普通专利，转化为企业经济收益的时间相应延迟，可能会影响企业对于创新研发的积极性，该制度也在一定程度上解决了此问题。药品专利的保护期延长，让原研药企业合法地获得了更长的市场垄断期，提高收益，给研发带来动力；但我们也需要认识到，这对仿制药的生产形成了一定阻力，如果原研药定价高昂，就可能影响公众对于药物治疗的可及性。

三、药品专利期限补偿制度的进一步完善

专利期补偿制度设计需要考虑的基本要素包括，产品范围和专利范围，授予专利延长期的条件，补偿期的界定计算模式，申请和审批程序的设定，相关主管部门的职责分工、异议程序的设置。在法律适用性和立法解释方面，《专利法》第 42 条对于发明专利和新药专利的保护期补偿规则和适用性的规定，有所差异，其关系还需要进一步理清；对于"授权过程中的不合理延迟"和"上市审评审批占用的时间"如何界定，以及判断药品专利是否可以获得补偿，可能在实际操作中引起争议；药品专利期限补偿制度的建立和完善，应当充分考虑到我国的国情变化。目前我国创新药物的研发能力还不足，而仿制药仍有巨大的市场，如何平衡国外新药进入我国市场对于我国新药研发和仿制药市场的冲击，以及如何保证公众在合理价格体系下对于药物的可及性，都是未来立法应当充分考虑的因素。[1]具体建议如下：

---

〔1〕 何华："我国药品专利期限补偿制度的构建——以"健康中国"战略实施为背景的分析"，载《法商研究》2019 年第 6 期。

首先，应进一步明确《专利法》第42条中第2款和第3款对于一般发明专利、新药相关发明专利在申请时间、适用情形的规定；在纳入补偿的产品范围和专利方面，建议充分考虑化学药品，细化新药活性成分的具体规定，对于制剂和工艺专利的补偿制度，可在实践中逐步拓展；对于改良型新药申请药品专利期限补偿，考虑到其临床优势，建议进一步开展试点和探索。[1]

其次，要积极探索对仿制药的保护制度，例如国外的豁免侵权（Bolar 例外）制度，为了平衡仿制药的上市时间，审评机构在原研药的专利延长期内，就受理仿制药的申请，缩短其等待上市的时间，保障公众对于药物的可及性。同时，基于专利挑战制度，建立药品期限补偿的监督程序，激励仿制药商积极行使监督权利，促进仿制药品的上市。

再次，要明确公众异议制度的操作性规则。该规定有助于督促专利人以及相关部门积极、严谨地开展工作。为此，需要完善补偿期异议规则，包括提出的条件和补偿决定无效的法律后果，通过正式书面异议申请、公开听证、非正式会议沟通等程序进行。[2]完善防止滥用专利制度进行不正当的市场竞争，药品选择制度防止非法垄断，在促进行业和市场良性竞争方面，更好地平衡各利益相关方。

最后，要加强对医药领域突破式创新的激励机制。包括建立针对罕见病治疗的"孤儿药"的激励机制，对于高端、含有"掐脖子"技术的医疗器械和生物药，也建立类似的价格竞争和创新激励制度（美国的"专利舞蹈"制度），提高相关科技成果的转化率、发明专利实施率。

四、小结

药品专利期限补偿制度是我国促进医药行业发展的积极立法尝试，旨在促进创新药物研发和上市，满足人民群众的用药需求，该制度未来也应与专利链接、数据保护、强制许可等制度接壤和匹配，平衡原研药物和仿制药物市场，提高我国企业和产品在国际市场的竞争力，这也彰显了我国推进知识产权强国的制度目的和价值取向。

---

〔1〕 叶文庆："我国药品专利期限补偿制度及其评析"，载《知识产权》2021年第6期。

〔2〕 王渊、马晓彤："我国药品专利期补偿制度的构建与完善研究"，载《医学与法学》2021年第6期。

以虚假诉讼形式实施"套路贷"的刑法规制

侯林林*

（中国政法大学 北京 100088）

摘　要：目前"套路贷"违法行为层出不穷，本文认为只有对"套路贷"的犯罪行为加大刑法规制，才能对其进行有效遏制，具体从以下几个方向加大对"套路贷"违法行为的惩罚力度：其一，对"套路贷"犯罪组织应积极认定犯罪集团首要分子，对首要分子按照集团所犯全部罪行进行处罚，以加大惩戒力度，提高对此类行为的恫吓力；其二，"套路贷"合同应积极进行无效认定，且应认定合同中所借出财产为无偿捐献，增加"套路贷"犯罪成本；其三，套路贷"虚假诉讼罪应加重处罚，以有效地维护司法机关的社会公信力。

关键词：贷款诈骗　财产犯罪　虚假诉讼　套路贷

"套路贷"，是以非法占有为目的，假借民间借贷之名，诱使或迫使被害人签订"借贷"或变相"借贷""抵押""担保"等相关协议，通过虚增借贷金额、恶意制造违约、肆意认定违约、毁匿还款证据等方式形成虚假债权债务，并借助诉讼、仲裁、公证或者采用暴力、威胁以及其他手段非法占有被害人财物的相关违法犯罪活动的概括性称谓。"套路贷"虚假诉讼具有典型的"套路贷"特征，一般表现为行为人持虚高借条向法院提起民事诉讼，要求受害人承担虚高债务，从而实现非法占有的目的。近年来，"套路贷"犯罪引发的新型虚假诉讼不仅侵害了受害人的合法权益，而且严重妨害了司法秩序。如何在适应时代发展的前提下遏制"套路贷"非法行为，使公民个人财产得

---

* 作者简介：侯林林（1986 年-），女，汉族，山东人，中国政法大学同等学力研修班 2022 级学员，研究方向为知识产权法学。

到有效的保护就成了业界非常关注的问题。[1]下文结合具体案例对以虚假诉讼形式实施"套路贷"的刑法规制问题展开讨论。

一、以虚假诉讼实施"套路贷"的典型表现

《王某、张某等诈骗罪、虚假诉讼罪刑事二审刑事判决书》记载了被告人的多起诈骗事实和虚假诉讼事实，原审法院认定：被告人王某、张某、郑某军等人以非法占有为目的，采取虚构事实、隐瞒真相的手段骗取公民合法财物，并以捏造的事实提起民事诉讼，妨害司法程序，构成诈骗罪和虚假诉讼罪，被告人王某、张某、郑某军在犯罪过程中分工合作，共同实施诈骗行为，为共同犯罪，不宜划分主从。[2]

上述案件的诈骗事实通常被称为"套路贷"，为了有效打击通过实施"套路贷"非法占有借款人财物的违法犯罪活动，2019年2月28日，最高人民法院、最高人民检察院、公安部、司法部联合下发了《关于办理"套路贷"刑事案件若干问题的意见》（以下简称《"套路贷"意见》）。该意见对司法实践有着重要的指导意义。但是"套路贷"具有职业化、预谋性、隐蔽性等特点，"套路贷"往往披着"民间借贷"的外衣，且"套路"千变万化，范围难以准确界定，其刑事立案及打击标准法律适用并不明确。目前当"套路贷"行为特征从整体上表现为以非法占有为目的，通过虚构事实、隐瞒真相骗取被害人财物时，一般以诈骗罪定罪处罚。但是往往犯罪行为人会通过各种手段隐瞒非法占有的事实，导致证据很难获取，而且被害人往往是深陷严重财务危机的弱者，深陷"套路"其中而不自知或者疲于维权，这导致"套路贷"的违法犯罪行为不能得到有效的刑法规制，从而现今社会"套路贷"案件层出不穷。[3]本文借鉴"高空抛物罪"从2021年正式入刑以来，高空抛物致人伤亡案件大幅减少的有效立法经验，结合《"套路贷"意见》，认为应加重对"套路贷"行为的刑法规制，以确保"套路贷"案件得到公正裁决，有力维护民众生命财产权益。

---

〔1〕 金懿："'套路贷'犯罪案件的刑法定性"，载《犯罪研究》2019年第2期。

〔2〕 吉林省松原市中级人民法院［2021］吉07刑终223号刑事判决书。

〔3〕 梅传强、张嘉艺："'套路贷'犯罪罪数认定问题探析"，载《浙江工商大学学报》2020年第2期。

二、对"套路贷"犯罪组织应准确认定犯罪集团首要分子

《"套路贷"意见》明确指出，对于"套路贷"犯罪分子，应当根据其所触犯的具体罪名，依法加大财产刑适用力度。另外还指出，三人以上为实施"套路贷"而组成的较为固定的犯罪组织，应当认定为犯罪集团。对首要分子应按照集团所犯全部罪行处罚。上述案件事实中，虽然被告人王某、张某、郑某军在犯罪过程中分工合作，共同实施诈骗行为，但审判结果却没有划分主从，且从量刑来看也基本一致。本文认为即使是分工合作共同实施，仍可依据犯意有无、所犯案件的多寡、所获既得利益的多少等各种因素，认定在犯罪中起主要作用的主犯，以及起次要或辅助作用的从犯。而且因被告人王某、张某、郑某军已经构成三人以上为实施"套路贷"而组成的较为固定的犯罪组织，且所犯案件多起，属于累犯，所以不仅应全部加重处罚，还应对其中的首要分子按照集团所犯全部罪行进行处罚，以加大惩戒力度，提高对此类行为的恫吓力。

三、"套路贷"合同应进行无效认定

《"套路贷"意见》明确指出，犯罪嫌疑人、被告人实施"套路贷"违法所得的一切财物，应当予以追缴或者责令退赔；对被害人的合法财产，应当及时返还。有证据证明是犯罪嫌疑人、被告人为实施"套路贷"而交付给害人的本金，赔偿被害人损失后如有剩余，应依法予以没收。本文认为上述意见给出的财产惩罚力度意见仍过于温和，正所谓"无利不起早"，只有堵住"套路贷"行为获得非法利益的可能性，才能有效地对"套路贷"行为进行遏制。

根据《民法典》第148条、第150条的规定，一方以欺诈、胁迫手段，使对方在违背真实意思的情况下实施的民事法律行为，受欺诈、胁迫方有权请求人民法院或者仲裁机构予以撤销。本文认为一旦犯罪人实施"套路贷"，当其行为特征从整体上表现为以非法占有为目的，通过虚构事实、隐瞒真相骗取被害人财物时，法院即可基于受害人请求及具体案件事实，对"套路贷"的借款合同以欺诈、胁迫手段订立合同，对市场经济和社会公共秩序构成严重干扰，撤销该合同。除此之外，本文认为犯罪嫌疑人、被告人一旦实施"套路贷"，不仅应撤销合同，还应进一步依法处以罚金，从而增加犯罪嫌疑

人、被告人的资金借出风险，等同于大大增加了"套路贷"的犯罪成本，从而有效地对"套路贷"行为进行遏制。

另外，本文认为还应对犯罪嫌疑人、被告人违法犯罪所得加倍予以惩罚，也就是说除了对被害人的合法财产应当及时返还，还应按照犯罪嫌疑人、被告人既得利益的数额予以加倍惩罚，进一步通过增加罚金来提高"套路贷"的犯罪成本，有效遏制"套路贷"行为。

四、"套路贷"虚假诉讼罪应加重处罚

"套路贷"犯罪引发的新型虚假诉讼不仅侵害了受害人的合法权益，而且严重妨害了司法秩序。根据司法办案实践，本文认为"套路贷"虚假诉讼的检察监督主要有以下难点：一是案件线索发现难；二是民事调查核实权的权力配套不足；三是"套路贷"虚假诉讼刑民交叉问题难以厘清；四是基层检察院复合型人才不足制约"套路贷"虚假诉讼监督的开展。由此可见，"套路贷"引发的虚假诉讼严重干扰司法秩序，加大了司法惩戒难度。"套路贷"各种"套路"在设计之初就在钻法律空子，企图借助提起虚假诉讼来保障借款合同的有效执行，犯罪人最初的犯意就十分恶劣，将司法机关当作自己行使违法犯罪的工具，破坏了司法秩序与司法公信力。为此，本文坚持认为"套路贷"犯罪引发的新型虚假诉讼不应再参照普通虚假诉讼进行量刑，而是至少属于普通虚假诉讼的加重情形，进行加重处罚。例如，对于上述案件中的三个被告人，均应按照虚假诉讼规定量刑中的情节严重处3年以上7年以下有期徒刑，并处罚金进行处罚。

游戏直播画面的法律属性与著作权保护

李晓东*

（中国政法大学 北京 100088）

摘　要： 游戏画面和游戏直播画面的作品属性及保护一直存在争议，在 2020 年《著作权法》出台后，游戏画面应当构成视听作品，游戏直播画面可以分别构成视听作品和录像制品，对游戏直播画面依其可以构成的《著作权法》意义上的作品进行保护，在《著作权法》保护范围之外，还可以通过《反不正当竞争法》进行保护。

关键词： 游戏画面　游戏直播画面　视听作品

电子游戏具有极强的娱乐性，在社会公众尤其是青年一代中极为流行。在 2021 年，中国游戏市场实际销售收入 2965.13 亿元，国内游戏用户规模 6.66 亿人。[1] 电子游戏经过多年的迭代发展，创造了巨大的经济效益，随着信息技术及网络技术的发展，现已产生了游戏直播这一新产业，在传统"玩游戏"的娱乐模式之外，以"看游戏"为代表的直播娱乐模式也已有了巨大发展。2020 年中国整体游戏直播市场规模达到 343 亿元，中国游戏直播用户规模达到 3.55 亿人。[2] 近年来，围绕游戏直播产生了大量的著作权上的争议。游戏直播画面是否能受到《著作权法》的保护以及是否应当受到游戏制作者的著作权的限制？在回答这个问题之前，应首先明确游戏画面与游戏直播画面是否具有《著作权法》意义上的作品，然后再谈权利保护与合理使用的

---

　* 作者简介：李晓东（1993 年-），男，汉族，安徽阜阳人，中国政法大学 2022 级同等学力在读研究生，研究方向为知识产权法学。

　〔1〕　参见 2021 年 12 月 16 日中国游戏产业年会上发布的《2021 年中国游戏产业报告》。

　〔2〕　参见 2021 年 8 月 13 日艾瑞咨询发布的《2021 年中国游戏直播行业研究报告》。

问题。

一、游戏画面的作品属性

电子游戏以计算机程序作为载体，包括预先设计的音效、场景、人物建模、道具以及预先设计的调用及运行规则，因此，电子游戏可以构成《著作权法》规定的计算机软件这一作品，此观点被普遍认可；同样被普遍认可的是，电子游戏运行画面中的音乐、美术等组成部分，依《著作权法》的规定可以分别构成音乐作品、美术作品等。游戏画面一般是指游戏运行后，通过玩家的操作，调用电子游戏制作者预先设计与设置好的元素和规则，按提前预设的程序运行并呈现到可视界面上。对组成游戏画面的各项要素可单独保护，其作为一个整体也可以受到《著作权法》保护，这一点已得到司法认可。在上海壮游诉广州硕星的著作权纠纷案（简称"奇迹案"）中，法院认定奇迹案中的游戏画面是应受《著作权法》保护的作品，同时认定涉案游戏画面可以作为类电影作品获得《著作权法》的保护。[1]此项纠纷出现在《著作权法》第三次修正之前，当前，我国《著作权法》在 2020 年 11 月 11 日经第三次修正后，其第 3 条新规定了视听作品，取代了修正前的电影作品和以类似摄制电影的方法创作的作品，现行的《著作权法》实施条例并未进行第三次修订，没有视听作品的相关规定，而根据《著作权法（修订草案送审稿）》第 5 条第 2 款，视听作品是指由一系列有伴音或者无伴音的连续画面组成，并且能够借助技术设备被感知的作品，包括电影、电视剧以及类似制作电影的方法创作的作品。运行中的游戏画面符合上述定义。而在国外，游戏画面可以作为视听作品得到保护，已有先例，例如发生在美国的 Stern Elecs v. Kaufmank 案。[2]因此，本文认为，游戏画面构成《著作权法》规定的视听作品，应当作为视听作品得到保护。

二、游戏直播画面的作品属性

游戏直播画面为通过网络技术将玩家的操作形成的游戏画面向公众传播而形成的画面。因此，游戏画面是游戏直播画面的基石，并以游戏画面作为

---

〔1〕 参见上海知识产权法院 ［2016］沪 73 民终 190 号民事判决书。

〔2〕 Stern Electronics, Inc. v. Kaufman, 669 F. 2d 852, 865 (2d Cir. 1982).

主要内容或实质内容或关键组分部分，直播形式多种多样，不同的直播画面会有不同的修饰元素或组成部分。具体而言，依修饰元素或组成部分的重要程度，游戏直播画面可以归纳为以下两种类型：第一种为对游戏画面的简单直播，包括纯粹的游戏画面，或在原本的游戏画面之外，添加一些修饰元素或呈现个人图像或对游戏进行简单解说或与观众进行简单互动交流，增加的内容在游戏直播的画面中仅起到次要作用，并依托于游戏画面而存在；第二种为对专业的游戏竞技画面的直播，此种直播由电子游戏的制作者或获得授权的竞技比赛的组织者举办，并在游戏竞技比赛的前期、中期以及后期负责策划、筹备、场地安排、比赛运营等工作，在比赛直播的画面中，游戏直播画面为其中一部分，此外还包括专业主播的解说、比赛现场的互动、比赛间隙的战队介绍、比赛选手的情况介绍，以及精彩比赛场面的回放等内容。

在上海耀宇诉广州斗鱼案（以下简称"斗鱼案"）中，法院认定涉案游戏赛事画面本身不属于《著作权法》规定的作品，[1]本文持不同观点，直播画面能不能构成何种作品，需要仔细分析比对，本文认为，对于第一种类型的直播，其投入资源少，蕴含的智力成果少，达不到《著作权法》上独创性的规定，无法单独构成《著作权法》规定的视听作品，而其作为对视听作品的机械录制，可以构成录像制品，得到《著作权法》的保护；对于第二种类型的直播，需要大量的投入，调动大量的人力与物力，在系统的组织下，由不同部门依分工共同协作，将游戏直播画面、专业主播的解说、宣传视频、现场互动、战队介绍、选手介绍、现场灯光、现场布局等依一定的设计形成的连续画面，呈现出具有视听娱乐效果的直播画面，除游戏直播画面之外的各项元素，是不可忽略的组成部分，蕴含了大量的智力成果，此直播画面具有独创性及可复制性，可以单独构成《著作权法》规定的视听作品。

三、游戏直播画面的著作权保护

本文认为游戏直播画面可分别构成视听作品和录音录像制品，构成视听作品的游戏直播画面享有全部的著作权，构成录音录像制品的游戏直播画面享有录音录像者权。在确定游戏直播画面具有的作品属性后，便可以对其权利进行保护。我国《著作权法》规定了合理使用而不侵犯著作权的一些情形。

---

〔1〕　参见上海知识产权法院［2015］沪知民终字第641号民事判决书。

在《著作权法》进行第三次修正以前，我国《著作权法》仅规定了 12 种合理使用的情形，不能满足实际的司法实践，在第三次修正之后，在《著作权法》第 24 条中新规定了合理使用的情形，包括 12 种具体合理使用行为和其他由法律规定的合理使用行为。在合理使用的标准上，目前主要有以下七种观点：第一种以《美国版权法》第 107 条规定的"四要素标准"为认定依据；第二种以美国司法实践中的"转换性使用"理论为认定标准；第三种以《伯尔尼公约》和《与贸易有关的知识产权协议》（TRIPS 协议）中的"三步检测法"为认定标准；第四种以功利主义政策考量为认定标准；第五种以公共利益衡量为认定标准；第六种以禁止权利滥用理论为认定标准；[1]第七种以我国《著作权法》的规定为认定标准。在现行著作权法下，前六种理论便可用来论证是否符合法律及行政法规中的规定且构成合理使用的情形。在广州网易诉广州华多案中，一审法院广州知识产权法院认为，游戏直播行为不属于著作权法规定的情形，不成立合理使用。[2]本文认为游戏直播画面是对游戏画面的机械录制，并将游戏画面通过网络在直播平台上向不特定公众公开，并以期获得经济利益，因此，直播行为属于商业性使用，不能构成合理使用。

目前，电子游戏的直播画面能否构成《著作权法》意义上的作品仍存在争议，对主播是否具有游戏直播画面的著作权这一问题还存在分歧，但不可否认的是，大部分人认可对电子游戏直播所涉及的相关权益应当进行保护。本文认为，在确定了游戏直播画面可以构成《著作权法》意义上的作品后，可以依据《著作权法》进行保护。但是基于市场竞争的复杂性和多样性，《著作权法》难以提供全面的保护。在斗鱼案中，法院在认定赛事画面无法构成作品后，认定广州斗鱼的行为构成不正当竞争，依据《反不正当竞争法》维护了上海耀宇的权利。具有独创性和可复制性是作品的认定标准，若不符标准便无法受到《著作权法》保护，而《反不正当竞争法》的规制范围宽于《著作权法》的规制范围，在《著作权法》不能提供明确的保护范围外，采用《反不正当竞争法》规制具有必要性和现实意义。在《著作权法》和《反不正当竞争法》的规制下，可以促进我国电子游戏直播产业的良性和有序发展。

---

〔1〕 焦和平："网络游戏在线直播的著作权合理使用研究"，载《法律科学（西北政法大学学报）》2019 年第 5 期。

〔2〕 参见广州知识产权法院［2015］粤知法著民初字第 16 号民事判决书。

著作权登记制度的确立与完善

周子靖*

（中国政法大学 北京 100088）

摘 要：《著作权法》第三次修改增加了著作权登记制度，体现了著作权登记制度存在的重要现实意义。著作权登记制度有利于保护著作权人的作品权利，但目前还存在重复登记、审查效力较低等问题。本文将从细化著作权登记管理，建立健全全国统一的著作权登记信息管理的平台系统两方面，探索加强对作品权利的保护力度、提高著作权登记的管理和审查力度、增强著作权登记制度的公信力的完善方案。

关键词：著作权法修改 著作权保护 著作权登记

随着网络时代的到来，数字化水平不断提高，获取信息的渠道更加畅通，作品的传播和利用具有更丰富的展示形式、更方便的传播途径，以及更多途径的获取方式。为了更好地发展各类作品，著作权人需要有法律依据、用法律的手段来捍卫自己的合法权利，需要有强有力的法律保驾护航，修正《著作权法》，有助于著作权人解决保护著作权过程中所面临的问题，按照法律规定的内容进行维权。

一、著作权登记制度的确立历程

著作权为著作权有关当事人对其创作的文字作品、口述作品、艺术作品、摄影作品、民间文学艺术作品等依法享有的某些特殊的权利，取得方式包括自动产生和自愿登记，著作权登记为著作权有关当事人依照法律规定，将其

---

* 作者简介：周子靖（1995 年–），女，汉族，广东人，中国政法大学同等学力研修班 2020 级学员，研究方向为民商法学。

作品及其权利向登记机关申请，登于登记簿的行为。

2020 年 11 月 11 日召开的第十三届全国人民代表大会常务委员会第二十三次会议，通过了《关于修改〈中华人民共和国著作权法〉的决定（草案）》，这是《著作权法》颁布以来的第三次修改，自 2021 年 6 月 1 日起施行。2021 年 6 月 1 日开始实施的《著作权法》是对著作权制度的重大完善，在完善著作权的相关概念及制度等方面具有重要意义。修正后的《著作权法》，进一步对作品的定义和类型进行完善，对作品类型进行开放性规定，对全面履行国际的条约义务等方面进行修改。

同时，修正后的《著作权法》在第 12 条对著作权登记制度内容进行了增加，对作者等著作权人进行了明确规定，规定了著作权人可以到国家著作权主管部门所认定的登记机构，进行著作权的登记。著作权登记制度还对著作权集体管理制度进行增加并且完善，对著作权登记制度、职务表演制度进行内容规定，对视听作品的著作权归属制度进行明确，加强了对著作权人的保护力度，著作权登记制度的存在具有重要现实意义，切实地为解决著作权人的维权问题提供了法律依据。

修正《著作权法》，对于贯彻和落实国家对加强知识产权保护部署有重要作用，有利于加强《著作权法》与其他法律的衔接。修正后的《著作权法》，能更有效地保护著作权人的著作权以及与著作权有关的其他权益，能在法律支撑和保护中创作、传播作品，有助于我国的精神文明建设、物质文明建设，有利于促进我国科学事业的繁荣与发展。

二、我国著作权登记制度的现状及存在的不足

完善著作权登记制度不仅能更好地保护著作权人的作品成果和作品权利，同时能更有效地实现著作权的资产化，以防止未经授权把作品、表演或录音录像制品等内容进行复制、删除或改变等行为的发生。《著作权法》将技术措施纳入保护的范围，同时明确规定了著作权人为保护著作权及著作权相关权利的定义。《著作权法》规定未经著作权人的许可，任何的组织或个人都不能自身或为他人提供技术服务故意避开或破坏技术措施，能更好保障著作权人自身的著作权及著作权相关权利。在网络时代，还需要防范权利管理信息被去除或改变。由于去除或改变后的权利管理信息难以管理，修正后的《著作权法》增加了相关的规定，未经著作权人的许可，不得作出故意删除或改变

作品权利、板式设计或录音录像制品等行为，禁止删除或改变权利管理信息，以维护著作权人的人身权、财产权。[1]

修正后的《著作权法》将著作权登记制度写入其中，明确了著作权登记制度的相关定义。著作权登记制度指的是作者等著作权人，到国家的著作权主管部门认定的登记机构进行作品权利登记的相关制度，登记制度从仅在作品权利类办法中的自愿登记原则，变成了写在《著作权法》中的重要内容。著作权登记可以分为自愿登记和强制登记，强制登记为凡法律要求当事人必须办理登记才能取得权利进行的登记；自愿登记指的是凡法律没有要求办理登记即可取得权利，当事人可以自愿要求办理的登记。我国的作品自愿登记制度，特点是不论是否进行作品的自愿登记，作者或其他著作权人依法取得的著作权是不受影响的。我国原则上采取的著作权登记公示，即使不登记也能获得著作权，其中例外的是软件作品。明确《著作权法》的相关定义有利于维护作者、其他著作权人或作品使用者的合法权益。[2]

为了改善著作权登记制度，存在著作权登记的登记机关缺乏统一性的问题，就要避免某一申请人在不同地方进行重复登记或者同一作品被不同申请人在不同登记机构进行登记的情况发生。根据《著作权法》第 12 条，著作权人可以向国家的著作权主管部门所承认的相关机关对著作权办理登记，如果出现某一申请人在不同地方进行重复登记或者同一作品被不同申请人进行多次登记，会影响作品权利权属问题，同时还浪费了审查资源，增加了审查成本。

三、完善我国著作权登记制度的对策

完善我国著作权登记制度，要进一步明确著作权的权利主体。根据著作权权利主体的划分标准，要做好对著作权权利主体不同分类的线条管理，进行分析规整，有助于更好地明确著作权登记制度中的登记、转让、变更和许可登记等方面的情况。著作权权利主体一般为作者，但也有特殊情况，如职务作品、合作作品、委托作品、汇编作品、法人作品或非法人作品等。对于职务作品，多数情况下著作权由作者享有，但法人或者非法人组织有权在其

---

[1] 石宏：《著作权法》第三次修改的重要内容及价值考量"，载《知识产权》2021 年第 2 期。

[2] 苏平、张晨燃："我国著作权登记制度探析——兼评新修著作权法第十二条"，载《电子知识产权》2022 年第 5 期。

业务范围内优先使用，特殊情况下，作者是享有署名权的，而著作权的其他权利是由法人或者非法人组织享有的。对于合作作品，即两人以上合作创作的作品，该作品著作权由合作作者共同享有。对于委托作品，为由委托人和受托人通过合同约定。对于汇编作品，即汇编若干数据或者其他材料的作品，内容的选择或者编排有独创性，该作品著作权由汇编人享有，但行使著作权时，不得侵犯原作品的著作权。根据著作权权利主体不同的特性，对著作权作品进行细化分类，再进行分类管理有助于加强对著作权登记的管理。

完善我国著作权登记制度，要统一作品的登记机构、审查程序及应用平台，完善著作权登记公示的机制。统一作品登记机构及审查程序，需要建立健全全国通用的著作权登记信息管理的平台系统，把权利的转让、变更和许可登记等信息纳入管理系统，有利于管理著作权登记及著作权转让登记公示等信息，汇聚登记信息和资源，让审查人员有审查的丰富便利的资源渠道，能更好地解决重复著作权登记、转让等问题。为此，需要对登记机关进行统一和规范。另外，还需要进一步对著作权登记进行有效监督，完善著作权登记制度在登记方面的不足，使著作权登记的审查更加严谨，提高著作权登记制度的效力，增强著作权登记制度的公信力。

完善著作权登记制度，要进一步加强立法，不断对著作权相关制度进行完善，持续提高著作权登记审查的效果和力度。为解决作品权利归属问题纠纷，需要进一步明确著作权登记制度中的登记程序、形式、效力。审查流程中未能对作品的原始资料等重要信息作出很好的掌握，因此需要加强对作品的原始资料的核实力度，提高著作权登记的权威性。此外，需要进一步管理著作权登记制度中的初始登记、转让、变更和许可登记等内容。为了让作品权利的归属状态更加清晰，需要对初始登记、转让等制度进行整合，让著作权人了解作品的来龙去脉及变更情况，避免发生权利重复转让等问题。这样可以更好地明确作品的具体情况，提高登记的法律效力，强化法律制度的确权作用和保障作用。

专利开放许可制度的研究

陈铁兵*

（中国政法大学 北京 100088）

摘　要： 专利开放许可制度最早规定于英国的专利法中，我国《专利法》在 2020 年第四次修正时引入该制度，希望能够减少交易成本、提高交易效率，促进专利技术的实施与运用。但该制度依然存在专利开放许可的客体仅限于有效的专利而难以充分发挥其对专利技术转化和技术创新的推动作用、专利开放许可必须以明确许可使用费支付方式和标准为前提条件而不利于保证该制度的落地实施等问题，因而需要对我国现行专利开放许可制度进行完善以更好地发挥其在专利技术转化中的作用。

关键词： 专利开放许可　客体　条件　溯及力

一、专利开放许可制度的引入

专利开放许可也称专利当然许可，是指专利权人自愿向专利行政部门申请开放许可其专利，由专利行政部门公告后，任何单位或者个人可以依照开放许可声明的条件获得专利实施许可。专利开放许可制度建立的主要目的是解决专利技术供需双方信息不对称的问题，其可以降低交易成本，促进专利技术的实施与运用。该制度最早规定于的英国的专利法中，后经英国、德国等国家的发展不断完善，在这些国家的专利技术转化中发挥了积极的作用。

截至 2020 年底，我国发明专利有效量为 305.8 万件，实用新型专利有效

---

* 作者简介：陈铁兵（1989 年-），男，汉族，上海人，中国政法大学同等学力高级研修班 2022 级学员，研究方向为知识产权法学。

量为 694.8 万件，外观设计专利有效量为 218.7 万件，[1] 并且专利申请量已经连续多年全球遥遥领先。然而，我国的专利实施率却非常低，2017 年至 2021 年的专利实施率仅为 50.3%~61.1%，远远低于发达国家的专利转化率 80%~90%，其中，我国专利产业化率仅为 34.6%~44.6%，专利许可率仅为 5.3%~6.8%，专利转让率仅为 3.1%~5.4%。[2]

为了解决我国当下面临的专利数量多但专利转化率不高的困境，参考国际先进经验，[3] 我国积极推动专利开放许可制度的制定和实施。2020 年 10 月 17 日，第十三届全国人民代表大会常务委员会第二十二次会议表决通过了《关于修改〈中华人民共和国专利法〉的决定》，至此，"专利开放许可制度"在我国第四次修正的《专利法》中被正式确定下来。与此同时，配合该制度实施和落地的《专利法实施细则》和《专利审查指南》也在修改完善中。

我国专利开放许可制度以专利权人自愿为基础，以开放许可声明为依托，并将开放许可声明定性为要约，有利于提高专利许可的成功率，节省沟通成本。专利权人可以自主选择提出和撤回开放许可声明，充分保证了专利权人的意思自治。同时，2020 年《专利法》还要求国务院专利行政部门和地方人民政府管理专利工作的部门在专利公共服务和专利实施和运用方面积极作为，有力地保障了我国专利开放许可制度的落地实施。

二、专利开放许可制度存在的问题

引入专利开放许可制度进一步丰富了我国的专利许可制度，其作为一种重要的许可方式必将为我国的专利技术转化作出重要贡献。然而，我国现行专利开放许可制度还存在诸多问题。

（一）专利开放许可的客体仅限于有效专利

在德国的专利法中，有权作出专利开放许可声明的主体包括两类：第一类是已经明确获得专利局授权的专利权人；第二类是已经向专利局提交专利

---

[1] 参见"知识产权公开统计数据查询指引"，载 https://www.cnipa.gov.cn/art/2021/12/23/art_88_172404.html，2022 年 07 月 24 日访问。

[2] 参见"2021 年中国专利调查报告"，载 https://www.cnipa.gov.cn/art/2022/7/13/art_88_176539.html，最后访问日期：2022 年 7 月 24 日。

[3] 陈扬跃、马正平："专利法第四次修改的主要内容与价值取向"，载《知识产权》2020 年第 12 期。

申请文件但尚未通过形式或实质性审查，因而尚未获得授权的专利申请人，[1] 如德国专利开放许可的客体包括有效的专利和专利申请。而我国现行专利开放许可制度却将专利开放许可的客体仅限定为已经授权公告且处于有效状态的专利，其可能是考虑当下我国专利申请量大但专利质量参差不齐，担心如果将开放许可的客体放宽至有效的专利申请，会影响被许可人的利益，打击公众对专利开放许可制度的信心。然而，众所周知，专利授权的审查周期较长，尤其是发明专利，其审查周期一般为 3 年至 5 年，如果不将有效的专利申请纳入开放许可的范围，则不利于促进先进的专利技术及时与市场主体对接，也不利于加快技术创新的步伐，尤其对于技术更新换代比较快的行业非常不利，难以充分发挥该制度对专利转化和技术创新的推动作用。

（二）专利开放许可必须以明确许可使用费支付方式和标准为前提条件

英国和德国的专利法均未要求开放许可声明必须以明确许可使用费作为前提条件，而我国现行专利开放许可制度却要求专利权人在提出开放许可声明时必须明确许可使用费，其目的是节省专利技术供需双方沟通协商的时间，降低交易成本。然而，专利许可使用费的计算十分复杂，我国正处于初期摸索阶段，大部分专利权人需要借助第三方专业机构的支持，且很多行业市场瞬息万变，专利的价值也在不断变化，专利权人很难在提出开放许可声明时对专利未来的价值作出准确、合理的预测，因而，这一要求极大地增加了专利权人的负担。此外，在提出开放许可声明阶段，专利权人享有绝对的定价权，考虑到未来的不确定性，为降低因评估失误而需要承担的风险，专利权人会倾向于将许可使用费定得很高，长此以往，容易使专利开放许可制度变成空中楼阁，难以落地实施。

（三）撤回开放许可声明的不具溯及力仅对在先给予的开放许可有效

我国现行专利开放许可制度规定开放许可的撤回不影响在先给予的开放许可的效力，充分保证了被许可人的利益，然而，在该制度运行时，存在潜在的被许可人已经为开放许可做好了实施的准备，只是还没有来得及书面通知专利权人并且依照开放许可条件支付许可使用费，或者，已经书面通知专利权人但还没来得及依照开放许可条件支付许可使用费，因而未能获得专利实施许可。如果撤回开放许可声明的不具溯及力无法延及该情形，则会严重

---

[1] 李寿明："论专利当然许可制度的引入和构建"，华南理工大学 2018 年硕士学位论文。

影响潜在的被许可人基于开放许可声明的合理预期，损害专利开放许可制度的公信力。

三、专利开放许可制度的完善建议

我国现行专利开放许可制度需要进一步完善以更好地发挥其在专利技术转化中的作用。

（一）专利开放许可的客体应该包括已经公布的有效的发明专利申请

发明专利申请经初步审查符合要求的自申请日起满18个月即行公布，也可以被请求早日公布，如果将已经公布的有效的发明专利申请纳入专利开放许可的客体，将有利于专利技术的快速转化，加快技术创新的步伐。在我国，《专利法》对于发明专利申请公布后、授权前这段时间建立了临时保护制度，因此，将已经公布的有效的发明专利申请纳入专利开放许可的范围存在权利基础。虽然发明专利申请存在不符合授权条件的风险，但这种风险可以通过要求专利权人在开放许可声明中进行特别声明进行防范。因此，应该将已经公布的有效的发明专利申请纳入专利开放许可的范围，如此才能充分发挥专利开放许可制度在专利转化和技术创新方面的推动作用。

（二）专利开放许可不应该以明确许可使用费支付方式和标准作为必要条件

将开放许可声明定性为要约有利于促成专利许可，但开放许可声明的性质究竟是要约还是要约邀请与是否需要约定许可使用费无关，[1]因此，在确保开放许可声明要约属性的情况下，应该充分尊重专利权人的意思自治，给予专利权人选择明确或者不明确许可使用费的权利。如果专利权人选择明确许可使用费，则还应该尊重专利许可价格波动的市场规律，赋予专利权人根据情势更改许可使用费的权利。在确定专利许可使用费时，行政机关应当扮演补充的角色，如此才能保证专利开放许可制度的有效运行。

（三）撤回开放许可声明的不具溯及力应该延及已实施行为

专利开放许可制度应该充分考虑潜在相关方的利益，对于已经为专利开放许可做好了实施准备但未实际获得专利实施许可的潜在的被许可人，只要有足够的证据表明其在撤回开放许可声明生效之前已经为实施做好了充分的

---

[1] 刘琳、詹映："论专利法第四次修订背景下的专利开放许可制度"，载《创新科技》2020年第8期。

准备，开放许可的撤回则不应该影响该潜在的被许可人获得专利开放实施许可的权利。关于准备的充分程度则可针对潜在的被许可人是否在撤回开放许可之前以书面方式通知专利权人区别对待，如此才能保证专利开放许可制度的公信力。

专利侵权惩罚性赔偿制度的适用

汝锦锋*

（中国政法大学 北京 100088）

摘　要：在专利侵权纠纷案件中引入惩罚性赔偿，恰当地发挥其威慑性和惩罚性，如运用得当，对于保护技术创新将具有重要意义；如运用不当，威慑过度，则会过度打击创新和妨碍公平竞争，降低市场活力，得不偿失。因此，需要研究惩罚性赔偿司法适用原则和政策，保障惩罚性赔偿在社会经济发展中产生积极的作用。

关键词：专利侵权　惩罚性赔偿　赔偿数额

近年来，国家出台了一系列政策法规来强化知识产权保护，促进知识产权高质量发展，但是专利保护领域仍然存在举证困难、维权成本高、维权周期长、赔偿数额低的问题，抑制了创新主体创新的积极性。

一、专利侵权惩罚性赔偿的国内外规定

惩罚性赔偿起源于英国，发展于美国，早期多适用于诽谤、蓄意伤害、非法拘禁、故意侵权等案件中，代表着社会对侵权人恶意行为的谴责。后来被扩展到市场公平竞争、知识产权、消费者利益、食品监管、环境保护等相关法律领域。如今，惩罚性赔偿的影响范围已经超出英美法系，逐渐被大陆法系国家接受。[1]

---

* 作者简介：汝锦锋（1986 年-），男，汉族，陕西西安人，中国政法大学同等学力研修班 2022 级学员，研究方向为知识产权法。

〔1〕 张静竹："民法典时代专利侵权惩罚性赔偿的理论与适用"，载《广西政法管理干部学院学报》2022 第 1 期。

我国在《民法典》《专利法》《商标法》《著作权法》《反不正当竞争法》和《种子法》六部法律中对知识产权侵权的惩罚性赔偿的相关规定分别进行了描述。

2021 年生效的《民法典》原则性地规定了知识产权惩罚性赔偿的适用条件，规定故意侵害他人知识产权，情节严重的，被侵权人有权请求相应的惩罚性赔偿。2021 年 6 月生效的《专利法》将法定赔偿额的上限从 100 万元提高至 500 万元，将法定赔偿额的下限从 1 万元提高至 3 万元，并增加了惩罚性赔偿制度，在没有引入惩罚性赔偿制度前，权利人的实际损失难以计算，因权利人未能提供有效的赔偿证据或证据链不完整，导致法官认定损失的难度增加，从而使法官在裁定赔偿金额时过于谨慎，通常会判一个较低的赔偿额，侵权者在缴纳赔偿金后，仍然有可观的收益，所以判赔后仍然持续从事侵权行为或针对其他对象实施侵权行为，以牟取暴利，不能对恶意侵权者起到震慑作用，通过惩罚性赔偿来大幅提高违法成本，可有效遏制恶意侵权。

二、专利侵权惩罚性赔偿适用的条件

最高人民法院在 2021 年 3 月 2 日发布的《关于审理侵害知识产权民事案件适用惩罚性赔偿的解释》（以下简称《解释》），具体规定了惩罚性赔偿案件的适用范围，惩罚性赔偿请求内容和时间、故意和情节严重的认定，惩罚性赔偿计算基数和倍数的确定等。[1]

《解释》第 1 条第 1 款明确规定："原告主张被告故意侵害其依法享有的知识产权且情节严重，请求判令被告承担惩罚性赔偿责任的，人民法院应当依法审查处理。"即惩罚性赔偿需要同时考虑"故意"和"情节严重"，其中，"故意"是主观状态，"情节严重"是客观表现。[2]

1. 主观"故意"的司法考量

对于主观"故意"的认定标准，《解释》第 3 条明确规定了需要综合考量的因素包括：知识产权客体类型、权利状态、相关产品知名度、被告与原告或者利害关系人之间的关系等，并列举了五种具体可以认定为故意的情形：①被告经通知、警告后，仍继续实施侵权行为的；②被告或其法定代表人、

---

〔1〕 张春波："服务创新驱动发展知识产权司法保护再迈新台阶"，载《中国审批》2021 第 5 期。
〔2〕 任玉杰："论商标侵权惩罚性赔偿中恶意要件的认定"，山西大学 2021 年硕士学位论文。

管理人是原告或者利害关系人的法定代表人、管理人、实际控制人的；③被告与原告或者利害关系人之间存在劳动、劳务、合作、许可、经销、代理、代表等关系，且接触过被侵害的知识产权的；④被告与原告或者利害关系人之间有业务往来或者为达成合同等进行过磋商，且接触过被侵害的知识产权的；⑤被告实施盗版、假冒注册商标行为的。

对照以上五种考量的因素。首先当知识产权客体类型为注册商标时，可以直接被认定为故意。当知识产权客体类型为专利或其他知识产权时，首先需要核实相关权利是否有效，核实对方的行为是否构成侵权，然后重点参考前四项的内容判断是否构成"故意"。归纳前四项的内容可以看出，可以被认定为"故意"的情形共同的特点是存在"事前知悉"，即事前知悉原告存在相关产品的知识产权，仍然实施侵权。但对"故意"这一概念来说，上述前四项情形并非适用所有情况，在个案中仍需法官根据个案事实和证据以及社会经济状况、自身认知等因素对主观"故意"加以综合判定。因此，法官在个案裁决过程中，如果侵权行为不属于以上前四项列举的情况，可以参考"事前知悉"的原则，认定或推定侵权人的行为属于《解释》第3条列举的"其他可以认定为故意的情形"。比如：收到律师函、警告函等正式警告后仍不停止侵权；法院已经作出行为保全裁定，仍然实施侵权行为等。

2. "情节严重"的司法考量

对于情节严重的认定标准，《解释》第4条明确规定了要综合考量的因素包括侵权手段、次数，侵权行为的持续时间、地域范围、规模、后果，侵权人在诉讼中的行为等。《解释》另外列举了6种可以认定为"情节严重"的情形：①因侵权被行政处罚或者法院裁判承担责任后，再次实施相同或者类似侵权行为；②以侵害知识产权为业；③伪造、毁坏或者隐匿侵权证据；④拒不履行保全裁定；⑤侵权获利或者权利人受损巨大；⑥侵权行为可能危害国家安全、公共利益或者人身健康。

通过对该条列举的六种"情节严重"情形进行分析可知，第一、二种"情节严重"情形，能够证明侵权人实施侵权行为时"事前知悉"，具有侵权的"故意"，并且属于反复侵权，绝非因"过失"而侵害知识产权；第三、四种"情节严重"的情形，侵权人均构成举证妨碍，应承担不利的法律后果，在实施举证妨碍行为时，能够证明或推定侵权人自实施该行为时必然具有侵权"故意"；至于第五、六种"情节严重"的情形，则无法从中直接推定侵权人实施的侵权行为是否具有"故意",因侵权人在无过错或过失侵权的情况下,亦可能导致非法获利或者对权利人的利益造成重大损失。

由此可知,知识产权惩罚性赔偿适用的"故意"和"情节严重"这两个主客观构成要件之间,存在着密切的关联,侵权人具有侵权"故意"的主观心理状态,常常可以从其实施的侵权行为已构成"情节严重"情形中进行推定;但侵权行为属于"情节严重"的情形,并不意味着侵权人必然属于"故意"侵权。

三、专利侵权惩罚性赔偿数额的计算方法

《专利法》第71条明确规定了三种方法确定惩罚性赔偿额计算的基数:根据原告实际损失;根据被告侵权所获得的利益;许可使用费的倍数。《专利法》第71条同时指出对故意侵犯专利权,情节严重的,可以在按照上述方法确定数额的1倍以上5倍以下确定赔偿数额。那么据此可以得出惩罚性赔偿计算公式为:惩罚赔偿额=基数×倍数。

值得注意的是,前述三种基数的计算方式存在顺序,只有前一种方法难以确定,才能适用后续计算方法。而《解释》第6条明确规定了法院确定惩罚性赔偿的倍数时考量的因素,即应当综合考虑被告主观过错程度、侵权行为的情节严重程度等因素。倍数主要与侵权的情节严重程度对应。[1]然而,《解释》并未细化规定惩罚性赔偿倍数的计算方法,法院需要运用自由裁量权根据个案具体情况综合判定。因此,在实践中常常存在需要总结判例来确定惩罚性赔偿的倍数。

---

〔1〕 王丽:"论知识产权惩罚性赔偿金额的量定",载《时代人物》2021年第20期。

专利侵权警告机制的中国适用

孟 宇*

（中国政法大学 北京 100088）

摘 要： 专利侵权警告机制相较于通过诉讼手段解决纠纷而言具有其特有的价值，为民事主体维护自身权益提供了更为便捷高效的维权途径和处理手段。但是，权利主体在实际运用过程中存在滥用警告函等现象。当前，我国法律对于专利侵权警告机制并未作出具体详细的规定，导致"类案不同判"的现象频发。本文通过梳理我国和域外的相关规定，对专利侵权警告机制的完善提出建议。

关键词： 专利侵权 事先警告机制 反垄断

2003 年，本田技研工业株式会社（以下简称"本田株式会社"）先后八次向石家庄双环汽车股份有限公司（以下简称"双环公司"）发出警告函，要求立即停止生产、销售涉案汽车。同年，双环公司向法院起诉请求确认未侵害涉案专利权。[1] 案件上诉至最高人民法院，法院认为，判断侵权警告是正当的维权行为，还是打压竞争对手的不正当竞争行为，应根据具体情况认定，以警告内容的充分性、确定侵权的明确性为重点，最终，最高人民法院确认双环公司不侵权，本田株式会社发送警告函的行为不正当，应赔偿双环公司人民币 1600 万元。

---

* 作者简介：孟宇（1989 年–），男，汉族，黑龙江双鸭山人，中国政法大学同等学力高级研修班 2022 级学员，研究方向为知识产权。

〔1〕 谢光旗："专利侵权警告函：正当维权与滥用权利的合理界分"，载《重庆大学学报（社会科学版）》2022 年第 1 期。

一、专利侵权警告机制的发展脉络

专利侵权警告机制对于保护权利主体的合法权益具有重要意义，美国、英国等国家都有不同程度的规定。在美国，法律不仅规定了权利主体可以通过发出专利警告函的方式维护自身的权益，还进一步对警告函的内容也作出了一定的限制，即专利权人享受权利的同时也受到一定的约束，警告函内容的不适当会对权利主体自身造成不利后果。如果函件的内容具有威胁性，那么被警告人可以据此向法院起诉要求宣告专利无效或确认不侵权之诉；如果发函人本身就不具有正当的权益，其主观具有恶意，即发函主体并不享有有效的专利权，那么被警告人就可以依据专利权无效或者侵权行为不成立而要求发函人赔偿损失。[1]英国的专利法也对警告函的内容作出了相应的限制。即如果专利权人向零售商、消费者发送的侵权警告内容具有威胁性，那么被警告人可以向法院起诉主张发函人的侵权行为对其造成的损失，也可以请求法院签发禁令，禁止权利人进一步威胁，同时主张相应的损害赔偿。但英国的专利法还作出了另外规定，法律赋予专利权人向主要侵权对象发送有威胁内容的侵权警告。在这种情况下发函人不存在对被警告人造成损害的事实，即无需承担任何责任。

我国在 2009 年颁布的最高人民法院《关于审理侵犯专利权纠纷案件应用法律若干问题的解释》（以下简称《侵犯专利权解释》）中首次明确了将发送专利侵权警告作为提起确认不侵权之诉的前置条件，从而使专利侵权警告这个概念逐步引起人们的关注。该解释还对发函人收到书面催告而不及时撤回侵权警告也不向法院起诉的行为作出了明确的规定，即法院可以判决侵权嫌疑人不侵犯他人的专利权。《侵犯专利权解释》虽然对于专利侵权警告作出了一定的规定，但其内容主要规定的确认不侵权之诉实质也只是对行为人是否有侵权专利权这个状态作出了确定，并不能够在根本上解决侵权的问题。

另外，《反不正当竞争法》对于侵权警告也作出了规定，其中涉及侵权警告的条文主要是第 9 条和第 12 条。条文主要针对滥用侵权警告函的行为进行了定性，规定该种行为属于散布不真实信息的虚假宣传或者商业诋毁。《反不正当竞争法》的该项规定在一定程度上抑制了国内滥用侵权警告函的行为，

---

[1] 聂鑫："论专利侵权警告函的法律规制"，载《电子知识产权》2022 年第 5 期。

对于市场的公平稳定发展起到显著的促进作用。除了《反不正当竞争法》，《反垄断法》第55条也对专利侵权警告函的发出作出了规定，认可了该行为的正当性，并对滥用的行为进行了较为宽泛的限制。

二、专利侵权警告机制的价值

专利侵权警告机制相较于通过诉讼手段解决纠纷而言具有其特有的价值，为民事主体维护自身权益提供了更为便捷高效的维权途径和处理手段。

（一）自行阻却侵权

专利侵权警告机制为纠纷主体提供了积极维护个人权益的有力手段，是创造性的制度。专利侵权警告机制的设立，让权利主体在发现自身权益可能造成损害的时候就有权积极主动向涉嫌侵权者发出警告，并且这种警告确能产生实质的作用，能够让一些侵权人基于权利主体的警告停止侵害或者达成许可协议。[1]因此，专利侵权警告机制能够引导权利主体自行阻却侵权行为和侵权结果的发生，这对于权利人本人以及整个司法运行体系来说都解决了很多困扰。对于权利主体而言，专利侵权对于其自身权益的损害不是一时的，而是连续的，越早阻却侵权行为和结果的发生，越能有效保护其自身权益并减小损失的范围。通过诉讼途径解决纠纷通常会给权利主体带来较大的成本负担，诉讼的费用以及因诉讼时间造成的持续损失都不利于对权利主体的有效保护。同时，专利侵权纠纷的复杂性本身就加大了诉讼工作的难度，于权利主体和司法机关而言都是负担，对于司法机关而言，权利主体通过自主的行为解决纠纷，避免寻求诉讼途径，能够有效减少司法机关的办案压力，节约司法资源。

专利侵权警告机制为法治社会治理提供了崭新的思路，通过机制的建成和运行能够提供给社会的民事主体自身更多的维权途径，从而提高民事主体的法律意识和法律能力，将司法机关的压力减少，形成"权利"的转型，更有利于法治社会的建设和长期的稳定发展。

（二）确定行为的违法性

我国在立法中对于专利侵权行为规定了免责的事由。在法院审理专利侵权案件的过程中，大量的行为人都声称自己并不知晓产品的来源不合法，以

---

〔1〕 邓玲："知识产权侵权警告的功能及规则构建"，载《人民司法》2019年第31期。

此作为抗辩免责的理由。而面对行为人的这种主张，权利主体想要提供证据证明行为人对于产品来源的不合法是知晓的就较为困难，不利于权利主体维护自己的合法权利，而侵权警告函的发出在一定程度上就能弥补这里举证的缺失，从而确定行为人后续行为的违法性。

根据法律和司法解释的相关规定，权利主体向侵权行为人发出的侵权警告不仅可以作为一种对侵权行为的警告，也能作为一种证据的固定，在纠纷进行司法审判阶段的时候，法院审理时可以通过权利主体向被告发出过侵权警告，被告未对该侵权警告予以理睬并继续实施侵权行为的事实，认定被告在主观上具有故意，在确定因侵权行为造成的赔偿数额时作为重要参考因素。如果被警告对象并不是直接侵权人，而仅仅是为侵权行为提供帮助的间接侵权人，可能会因为对侵权警告置之不理而丧失善意人身份而承担共同赔偿责任。

三、我国专利侵权警告机制的完善

当前，由于我国立法对于专利侵权警告机制的规定较为宽泛，在警告的对象、方式等问题上均未进行明确的规定，导致滥用侵权警告函的行为时有发生。法院在审理相似案件的时候，法院与法院之间的观点并不能形成统一，造成"类案不同判"的现象，对司法公信力造成负面影响。

（一）限制侵权警告对象的范围

法律应当明确限制专利权人过度发出侵权警告函，即在函件的对象上作出限制。专利权人不得向不特定侵权人发出侵权警告函。专利权人应当向特定行为人发出函件，对于潜在、可能的交易对象，不得发出侵权警告函。并且，还侵权警告函的发出需要作出顺序的限制，也就是对直接出售商品的侵权行为人的交易对象或者可能的交易对象发出侵权警告函之前，必须在此之前或者同时向出售方发出侵权警告函。

（二）限制警告的方式

在司法实践中，有一些权利人发出侵权警告函的方式是采用全国性或者具有较大影响的报刊、电视、广告等渠道，在事实上扩大了侵权警告的对象，在一定程度上导致了权利的滥用。因此，应当对侵权警告的方式作出限制。即将警告方式限制在信函或者一定地域内的媒体上进行函件的告知，从而降低权利主体或者实质没有专利权的主体利用侵权警告函的方式违法打击竞争对象的不良竞争行为的发生概率。专利权人在发现自身权益受到或者可能受到损害的时候可以首先采用信函的方式向侵权人发出侵权警告，如果穷尽手段无法将函件发至侵权人，则可以通过在一定地域内的媒体发出侵权警告的声明。

（三）警告内容充分、真实

侵权警告函的内容需要针对侵权的事实作出具体的说明，但不能对事实进行夸大，或者借此发布侮辱性的声明。[1]在此方面可以参考英美国家的规定，对于侵权警告函的内容作出限制。对于内容不符合要求的发函人，被警告人有权向法院起诉以维护自身合法权益。

---

[1] 程德理："专利侵权警告函滥用规制研究"，载《知识产权》2021年第5期。

不可抗力与情势变更辨析研究

巴祥松*

（中国政法大学 北京 100088）

摘　要： 中外立法对于不可抗力的认识比较稳定，但是对于情势变更则并非如此，中外立法都经历了一个由排斥到逐渐接受的过程。这两个概念极易混淆，二者都强调相关事由应该属于不能预见且不能归责于当事人的情况。其根本区别在于发生事由的范围不同。基于这一根本差异，两者衍生出一系列差异。

关键词： 不可抗力　情势变更　合同

不可抗力和情势变更是一对比较相近的概念，厘清二者的差异，不仅于学理上较为迫切，在实践中也极为必要，因为某一事件被界定为不可抗力或是情势变更，对于当事人会产生截然不同的法律后果。本文拟就二者的区别进行研究。

一、中外立法对于两个概念态度的演变

中外立法对于不可抗力的认识比较稳定，但是对于情势变更，随着时代的发展和社会的变迁，中外立法都经历了一个由排斥到逐渐接受的过程。

1986 年《民法通则》、1999 年《合同法》、2017 年《民法总则》、2020年《民法典》均规定了不可抗力制度，而且从文字表述上看，我国历次立法对其表述基本一致。

相比之下，情势变更制度在立法上则经历了一个曲折的发展历程。在

---

* 作者简介：巴祥松（1978 年-），男，汉族，湖北武汉人，中国政法大学同等学力研修班 2022级学员，研究方向为民商法学。

《合同法》起草过程中，曾就是否采纳情势变更制度展开了激烈的争论，最终未能写入《合同法》。但是随着社会的发展，在履行合同时，若情势已然变更，却仍然苛求合同当事人严格履行合同，形式正义固然能够实现，然而忽视了实质正义，[1] 将会造成新的不公平，有违于诚实信用原则，因此对于采纳情势变更制度的呼声一直存在。

情势变更制度在我国规范性文件中首次正式出现始于 2009 年最高人民法院出台的《关于适用〈中华人民共和国合同法〉若干问题的解释（二）》第 26 条的规定；但是，随后最高人民法院又下发通知，要求各级法院正确理解、慎重适用情势变更原则，确需适用的，应报请高级人民法院或最高人民法院审核。这实际上又从审判实践的角度严格限定了情势变更制度的适用。

《民法典》在界定情势变更时，在基本框架沿用《关于适用〈中华人民共和国合同法〉若干问题的解释（二）》表述的基础上，也进行了一些重要的修改，一是将"客观情况"修改为"合同的基础条件"，强调了造成情势变更的事由足以动摇合同基础，从性质上限定了客观情况的范围，排除了泛泛的客观情况变化；二是删除了其中的"非不可抗力造成的"，亦即不再将不可抗力事件排除在造成情势变更的事由之外；三是删除了其中的"或者不能实现合同目的"，从而从所造成的不利后果的角度更清晰地划分了不可抗力与情势变更的界限；四是明确了当事人的磋商义务，这是一种附随义务。

其实，不仅是在我国立法过程中如此，在西方法律发展史中对于是否采纳情势变更制度也曾经产生过激烈的争论。罗马法、《法国民法典》《德国民法典》都认为合同一旦订立，当事人均必须严格遵守，除非发生不可抗力，从而排除了情势变更制度。但是后续随着社会发展的客观需要，大部分大陆法系国家通过立法或判例确认了情势变更制度。英美法系国家则是通过判例确认"合同落空原则"，其内容同时涵盖了不可抗力制度和情势变更制度。[2]

二、两个概念的联系

不可抗力与情势变更这两个概念之间存在比较密切的联系。二者都强调

---

〔1〕 王利明：《合同法研究》（第2卷）（第3版），中国人民大学出版社 2015 年版，第 386 页。

〔2〕 刘经靖、高艳："不可抗力与情势变更的关系原理及司法适用"，载《山东法官培训学院学报》2021 年第 6 期。

了相关事由应该属于不能预见且不能归责于当事人的情况。若能预见，或应能预见，即使均属于不能避免且不能克服的重大事件，则均不得适用。以情势变更为例，若当事人在订立合同时对相关事件的发生已有明确预期，并已将此预期通过双方当事人的权利义务分配、价款、数量、交付时间等合同条款予以体现，当相关情形发生时，并不会造成当事人之间的不公平，因此不能适用情势变更，而应继续严格履行合同。在不能归责于当事人方面，相关事由的发生不能是基于当事人作为或不作为而产生的，亦即应排除当事人的故意或过失。

三、两个概念的差异

不可抗力和情势变更是一对极易混淆的概念。总体而言，二者在发生事由的范围上存在一定差异。不可抗力属于法定，何种情形属于不可抗力乃由法律所规定，当然实务中也有意定的情况，即当事人在合同中采取列举法明确何种情形属于不可抗力事件。引发不可抗力条款发生效力的事件既包括地震、台风等自然现象，也涵盖战争、罢工等社会现象。对于不可抗力的认定比较简单，普通人根据直觉即可判断和识别，且较少产生认知上的分歧。情势变更的事由则既非法定，也非意定，需要由法官裁量；从事件类型上看一般属于社会现象。司法实践中，不可抗力和情势变更两种事由存在交叉和重合的现象，发生不可抗力事件后，若尚未达到合同履行不能的程度，而只是造成继续履行合同对于当事人一方明显不公平的，则应归为情势变更；除此之外，也有非不可抗力事件造成情势变更的情形。不仅如此，不可抗力事件也有可能不会引起情势变更，例如某地发生地震，地震具有不可抗力特征，但对某个合同的正常履行影响不大，既不会造成合同的履行不能，也不会造成合同的继续履行对于当事人一方明显不公平，此时就不属于情势变更。

情势变更不仅在事由范围和认定标准方面与不可抗力的界限比较模糊，其与正常的商业风险之间的界限也需厘清。正因如此，情势变更甄别起来难度较大。为避免当事人滥用情势变更造成合同无法继续履行，影响交易的稳定，妨害诚实信用原则，同时避免法官的自由裁量权过大，各国立法从适用范围、效力等方面对于势变更采取了有别于不可抗力的规定。

基于上述根本差异，两者衍生出下述差异：

（1）不可抗力条款可以适用的范围较广，不仅可以作为违约责任的免责事由，也可以作为侵权责任的免责事由，还能作为诉讼时效中止及解除合同的事由。相比之下，情势变更则只能作为违约责任的抗辩事由，不适用于侵权责任，也不能作为诉讼时效中止的事由。为方便计，本文后述内容仅从合同角度比较二者差异。

（2）适用的程序不同。不可抗力发生后，受不利影响的当事人只要履行了单方面通知对方当事人等附随义务，即可达到有权延期履行、部分履行或解除合同的效果，此时该当事人不仅没有与对方协商并达成一致的义务，无需征得对方当事人同意，也不一定需要司法机构介入和认定，其享有的权利具有形成权的属性。但在情势变更情况下，受不利影响的当事人则需先与对方协商，履行磋商义务；协商不成的，还需司法机关介入，请求司法机构变更或者解除合同，由法院和仲裁机构根据具体情况判断。此时该当事人所获得的实际上是请求法院或者仲裁机构变更或者解除合同的请求权，当事人不得单方面变更或者解除合同。[1]

（3）相关事由对于合同履行的影响不同。不可抗力事件发生后，造成合同履行不能。而在情势变更制度中，相关事由发生后，并不足以达到不能履行民事义务的程度，合同能够继续履行，但合同履行基础动摇，[2]主要是合同当事人之间的利益分配发生变化，合同履行成本较高，继续履行合同对于当事人一方明显不公平。

（4）法律效果不同。如果发生不可抗力，则受不可抗力影响的一方当事人有权单方面解除合同，而且这种效力当然发生；在事后追究责任时，其可以根据不可抗力的影响，部分或者全部免除责任。但是如果发生情势变更，不一定能达到合同解除的效果，至于实际结果如何需要经由法院或者仲裁机构裁量，即使被认定属于情势变更，还有合同变更和合同解除两种可能性；如果当事人的请求被驳回，相关事由不被认定为情势变更，则该当事人仍应按原合同履行合同义务。情势变更的基本出发点还是鼓励合同继续履行，只是可以根据情势的变化对合同进行适当变更；法院和仲裁机构在进行裁量时，也应优先考虑合同变更，而非合同解除。即使经过司法机关裁定变更或解除合同，也并不当然免除该当事人的赔偿或补偿责任。

---

〔1〕 王利明：《合同法研究》（第2卷）（第3版），中国人民大学出版社2015年版，第387页。

〔2〕 法律出版社法规中心编：《中华人民共和国民法典注释本》，法律出版社2020年版，第259页。

抵押权的预告登记研究

——以银行信贷业务开展过程中的风险防范为视角

白 艳[*]

（中国政法大学 北京 100088）

摘 要：预告登记制度是不动产登记中的一项重要制度。商业银行在开展信贷业务的过程中，面对在建工程抵押时，为保障抵押权实现，应充分利用预告登记制度，保障信贷资金的安全。商业银行应关注预告登记转为正式登记办理的时间节点，抵押物被查封或抵押人破产等特殊情形下预告登记的法律效力，健全信贷管理制度，确保信贷资金安全。

关键词：商业银行 抵押预告登记 风险防范

《物权法》首次对预告登记制度在立法上进行了明确的规定，而在进行信贷业务时，办理抵押预告登记的情况，怎样保障银行的合法权益不受侵害，是银行等各类金融机构风险防范的关键问题。

一、抵押预告登记制度的发源及发展

预告登记制度源自普鲁士法，《德国民法典》在此基础上进行了延续，《瑞士民法典》规定预告登记制度的主要目的在于保障引发不动产物权变动的债权请求权（此类债权请求权主要体现为买卖合同项下所有权移转请求权、设立用益物权或担保物权之请求权），也包括对人权，如先买权、购买权等形成权。预告登记制度也随着各国的司法实践逐步得到完善。

我国《物权法》自 2007 年 10 月 1 日开始施行，距今已十余年，该法第

---

* 作者简介：白艳（1983 年-），女，汉族，新疆乌鲁木齐人，中国政法大学同等学力研修班 2022 级学员，研究方向为经济法学。

14 条和第 16 条规定了不动产物权的设立、变动、归属与内容发生效力的前提是在不动产登记簿上进行记载，第 20 条规定了预告登记制度。《民法典》颁布后，基本保留《物权法》对预告登记制度的规定。最高人民法院《关于适用〈中华人民共和国民法典〉有关担保制度的解释》对预告登记与本登记进行了充分衔接，在建筑物具备办理所有权首次登记条件、预告登记有效且预告登记的财产与办理首次登记的财产一致等情况下，推定预告登记权利人获得等同于抵押登记的效力。[1]

二、抵押权预告登记在司法实践中存在的问题

根据《民法典》第 221 条的规定，预告登记对保障实现债权请求权具有重要意义，主要目的是保障在未来的某个时间点可以实现物权，而在现实情况下，只有限制不动产权利人在预告登记后就抵押物而发生的处分行为，才能使债权得到保障。也有很多学者认为，预告登记的法律效力的认定，具有一定的复杂性，属于在物权法和债权法交叉领域的问题。[2]对于银行来说，之所以办理预告登记，是为了保障将来实现物权。但在贷款发放前，需要借款人提供与其借款相对应的担保条件。由于借款人能够提供的担保条件有限，根据业务办理规则的要求，在办理了预告登记后，如果没有经过预告登记权利人同意，将不动产进行了处置，则该行为不具备物权效力。这就要求银行在办理信贷业务时，依法严格做好预告登记手续，同时在债权消灭或能够进行不动产登记之日起 90 日之内申请登记，也就是确保预告登记不要失效。[3]那么在贷后管理及贷款清收时，基于抵押权预告登记的操作合法有效，预告登记的法律效力就能够得到认定，银行的抵押权自然能够得到保障，信贷资金自然也不会有因抵押权的丧失而损失的风险。

银行在开展信贷业务时，有时会遇到抵押物无法办理常规的抵押登记的情况，这时多采用预告登记的方法，但是时常会出现预告登记后，权利人没有在符合本登记条件时，在法定的期限内尽快完成不动产物权的变动，从而

---

〔1〕 李玉林："《民法典》预告登记制度的司法适用——以效力问题为中心"，载《法律适用》2021 年第 8 期。

〔2〕 国鹏、韩振文、倪玲玲："后民法典时代购房人受偿顺位规则研究——从烂尾楼拍卖处置谈起"，载《法律适用》2021 年第 8 期。

〔3〕 钟鹏："怎样有效进行预抵押不良房产清收"，载《现代商业银行》2022 年第 5 期。

导致预告登记的法律效力灭失，银行面临贷款抵押物无法实现保证责任的风险。

最高人民法院于 2020 年 12 月 31 日出台《关于适用〈中华人民共和国民法典〉有关担保制度的解释》，其第 52 条第 1 款规定："当事人办理抵押预告登记后，预告登记权利人请求就抵押财产优先受偿，经审查存在尚未办理建筑物所有权首次登记、预告登记的财产与办理建筑物所有权首次登记时的财产不一致、抵押预告登记已经失效等情形，导致不具备办理抵押登记条件的，人民法院不予支持；经审查已经办理建筑物所有权首次登记，且不存在预告登记失效等情形的，人民法院应予支持，并应当认定抵押权自预告登记之日起设立。"

为防范银行信贷业务开展过程中的风险，保障抵押权的实现，银行在开展需要办理抵押权预告登记的信贷业务时，需要注意以下几种情况：

（1）如果遇到抵押物被预查封的情形，虽然办理了预告登记，但其法律效力无法实现。例如当出现预告登记的期房被预查封时，商业银行不具有优先受偿权，所以针对同一标的物，如果其他债权人主张权利，抵押权预告登记将无法实现其应有的债权效力。

（2）严格控制时间节点，及时办理房屋抵押登记以防抵押权预告登记的失效。根据《民法典》关于预告登记的规定，在具备办理正式登记条件后的法定期限内，如未及时办理正式登记，将导致抵押权预告登记失效。[1]因此，银行在贷款发放后，需要对房地产开发项目的建设进度及时跟进，在贷后管理时重点要与开发商确定项目竣工验收备案办理的时间。为防止预告登记失效，在贷前可通过签订按揭总协议的方式予以预先约定，协议签订后，经办人要记得督促房地产开发企业及时掌握初始登记的办理情况，并在协议中明确约定因此而产生的违约责任，以达到预警的目的。

（3）如果抵押人破产，但当事人在破产前办理了抵押预告登记，经审查抵押财产属于破产财产，预告登记权利人主张就抵押财产优先受偿的，人民法院在受理破产申请时，应当在抵押财产的价值范围内予以支持，但是在受理破产申请前的 1 年内，债务人在没有财产担保的债务上，设立抵押预告登记的情况除外。[2]

---

〔1〕 程啸："论抵押权的预告登记"，载《中外法学》2017 年第 2 期。
〔2〕 石晨谊："在建筑物抵押权登记的特殊性探析"，载《中国国土资源经济》2021 年第 11 期。

（4）担保措施方面，要求开发商在预告登记尚未转为本登记前，提供阶段性担保。目的是在因预告登记不具备保全效力的情况下，可以由开发商提供保证担保。这样也会督促开发商尽快配合完成将预告登记转为本登记的程序，从而确保贷款项下的抵押保证能够正常发挥其应有的法律效力。

（5）对于预告登记的确定权利顺位的效力，如果预告登记的时间在先，那么就可以认定事实发生的先后顺序，从而为司法机关判定预告登记在确定权利实现顺序方面的效力提供一定的佐证依据。在实际处置的过程中，抵押物为在建工程的，在设立了预告登记之后，抵押人又对其进行二次抵押的，可以依据顺位原则，对其效力进行认定。

三、结论

随着社会经济不断发展，房地产行业中采取的交易方式多种多样，交易过程中随之而来的经济风险也会逐渐增加。为了有效保护市场的交易秩序，通过法律手段对交易行为进行规制、防范交易风险是必不可少的手段，预告登记制度就是其中一种防范风险的手段。

抵押权预告登记所登记的是尚未发生，但未来会发生抵押权变动的请求权。实际债权人只有在办理完房屋抵押登记手续后，才能实质取得该抵押物上的他项权利。我国现有的预告登记制度仍有待完善，在立法或司法实践中更倾向于保护商业银行利益的传统观念。银行在信贷业务办理的过程中，如果遇到抵押物无法办理房产权证及他项权证的情况，就面临在这一笔贷款项下的抵押权得不到保障的问题。这一类问题近年来呈多发趋势，有一些银行建议借款人补充担保条件，例如要求借款人提供其他抵押物或担保人，建议开发商提供阶段性连带责任担保等，同时风险管控部门及审查人也要更多地对开发商的担保履约能力和房地产开发项目本身进行了解和分析，以确保银行信贷资金投放的安全性。

基于银行的健康发展，向好经营的目标，为提升金融机构资产质量，有效控制银行不良贷款的数额和比例，银行也应当转变传统的思想观念，不断健全信贷管理制度，在信贷业务操作的过程中，履职尽责，尽可能地完善担保手续，严格执行制度规定依法办理业务，避免因操作风险引发的不利后果。

见义勇为行为的界定及法律保护

包文恺*

（中国政法大学 北京 100088）

摘 要：见义勇为是中华民族的传统美德，本文基于目前社会上见义勇为行为对行为人带来的风险及不利后果产生的悲剧，提出对见义勇为行为在立法层面需要有统一且明确的规定，以此来保护见义勇为行为人的合法权益，或进一步获得与行为相适应的奖励。强化相应的立法有益于弘扬中华民族传统美德，为公民的互帮互助提供法律层面的支持，增强日常生活的安全感，更好地构建和谐社会。

关键词：见义勇为 无因管理 法律性质 立法保护

见义勇为本是中华民族的传统美德，但在法律层面未能给予见义勇为者应有的保护以及鼓励，以致可能出现见义勇为者"英雄流血又流泪"的情形，使得民众因担忧见义勇为所带来的不利后果，而怯于对他人伸出援手。本文基于《民法典》第 183 条、第 184 条的规定，浅谈如何从法律层面给见义勇为者免除顾虑及不利后果。从社会现实出发，讨论相关制度如何更好地保护见义勇为的行为，以期更好地构建和谐社会，并推动社会进步发展。

一、见义勇为的概念及其特征

见义勇为的概念目前在法律层面并无明确统一的规定，对此的规定主要存在于地方的行政管理规章制度之中。因此，对见义勇为的评价很少采用法律方法，多数还是用道德方法评价。本身见义勇为的概念源自道德观念，法

---

* 作者简介：包文恺（1995 年-），男，汉族，浙江嘉兴人，中国政法大学同等学力研修班 2022 级学员，研究方向为民商法学。

律的规定也应当基于道德的界定，从道德角度来看，见义勇为是指见到正义的事情就勇敢去作为；从法律角度来看，见义勇为则是指公民除了履行特定义务之外，为了保护国家、社会公共利益或者他人人身、财产安全，不顾个人安危和违法犯罪行为作斗争或参与抢险救灾的行为。[1]

从法律的角度来看，见义勇为的特征有如下几点：

（1）见义勇为的行为人不具有特定的作为义务，非义务性是构成见义勇为的前提条件，此种作为义务包含了法定义务及约定义务，只有当行为人既无法定作为义务也不存在约定作为义务的情况下，方才构成见义勇为。

（2）此行为是为了保护非本人的合法权益，即国家、社会的公共利益或他人、团体的合法权益。正义性是见义勇为的本质体现，保护非本人的合法权益应作为见义勇为的本质条件。另，即便客观上未达成目的，只要该行为能够符合前述的本质条件，仍应成立见义勇为。但是，为了保护非法利益的行为，无论如何都不构成见义勇为。

（3）该行为会使行为人本人直接面临遭受重大损害的可能性，这是见义勇为本质中"勇"的体现。因此，即便客观上行为人并未遭受实际上的损害，该行为仍可成立见义勇为。

（4）行为人同违法犯罪的行为作斗争，或者参与了抢险救灾。其中，同违法犯罪作斗争的行为包含了直接对抗（如正当防卫、协助追捕等）和非直接对抗（如指认违法犯罪行为）。另，抢险救灾一般情况下指不顾个人安危救助他人，或排除险情的行为。实务中还存在救死扶伤的行为，即不顾个人安危，在他人负伤或者遇难时抢救他人的行为。[2]

二、见义勇为的性质

为了讨论用来规范并保护见义勇为行为的合适制度，我们需要探究该行为的性质。目前在学术层面上有一些理论，例如正当防卫说、紧急避险说、无因管理说等。

（一）无因管理说

部分学者认为，见义勇为和无因管理在民法的构成要件上极为相似。且

〔1〕 汪力："对见义勇为的立法思考"，载《西南师范大学学报（人文社会科学版）》2002年第6期。

〔2〕 苏如飞："见义勇为的法律审视"，载《广西政法管理干部学院学报》2006年第3期。

一些外国的法律规定，见义勇为和无因管理这两种行为是等同的，但这两种行为并不能完全画上等号。其一，无因管理仅涉及管理人与被管理人双方，而见义勇为则可能涉及行为人、受益人以及加害人（责任人）三方或三方以上。[1]其二，法律规定，无因管理的被管理人须承担管理人为此支出的合理费用。而见义勇为中，法律并未强制规定受益人承担责任，且就法理来说，更加倾向于首先由加害人（责任人）来承担责任。

（二）正当防卫、紧急避险说

另有学者认为，见义勇为与正当防卫或紧急避险可认为实际上是相同的行为。但以上两者仅有部分重合，并不完全一致。见义勇为的行为排除了为了维护自身人身、财产利益而实施的行为，更倾向于一种利他性，或许这两者带来的后果会相同，但两者的概念不能混同。另，正当防卫与紧急避险仅规定了行为是否超出限度以及行为人所需要承担的法律责任，并未规定加害人（责任人）和受益人的责任比例划分及行为人的救济补偿途径。

所以本文认为，见义勇为与民法中规定的无因管理有很大的相似之处。无论从法理上，抑或见义勇为行为本身来看，可称之为一种特殊的无因管理。见义勇为行为可以参照无因管理来加以规定。但因其区别于无因管理的部分，即可能存在对行为人人身安全具有的高度危险性，我们需要对见义勇为进行专门立法，特别保护。

三、对见义勇为人员的保障与奖励

（一）受益人承担赔偿责任

目前国内现行法律中有两条法律条文可作为见义勇为行为人的请求权基础。其一，我国《民法典》第121条规定了无因管理的责任主体为受益人。其二，《民法典》第183条规定的责任主体为侵权人，当侵权人缺失或者无力承担责任时，由受益人给予适当补偿。

《民法典》第121条规定的内容为无因管理之债，前文也曾提及，见义勇为与无因管理在民法的构成要件上极为相似。因此，可以参照分析两者的关系为交叉关系，即有时是单纯的见义勇为或无因管理，有时则两者兼备。另，

---

〔1〕肖新喜："我国《民法总则》中见义勇为条款与无因管理条款适用关系的教义学分析"，载《政治与法律》2020年第6期。

无因管理之债通常是指为管理事务而直接支出的费用及在管理事务中所遭受到的损失。《〈中华人民共和国民法总则〉条文理解与适用》一书认为《民法典》第121条所规定的"由此支出的必要费用"包含了直接支出费用以及活动中的实际损失。

在见义勇为中，行为人遭受实际损失的情况几乎是一种常态，那么我们可否参照侵权之债的规定来计算行为人获得赔偿的数额呢？本文认为，无因管理之债与侵权责任之债有所不同，其原因在于这两者本身的立法宗旨就不同。侵权责任之债除填补受害人的损失之外，尚有震慑侵害行为、预防损失的功能。而无因管理之债本身是提倡社会公民互帮互助的行为，因此不能使受益人为此付出过高的成本，否则会使受益人产生"得不偿失"之感。

基于以上分析，《民法典》第121条可作为部分见义勇为行为人向受益人请求承担赔偿责任的法律依据，但受益人无过错的情况下，该赔偿责任不应高于受益人因此受益的数额，也不能完全覆盖见义勇为者可能遭受的损失。

（二）加害人、责任人承担赔偿责任

《民法典》第183条可以作为见义勇为行为人向加害人（责任人）主张请求承担赔偿责任或向受益人主张补偿责任，这是毫无争议的。但该条作为救济请求权基础也有着局限性，第183条规定的"因保护他人民事权益使自己受到损害"，其中的民事权益指的是私法规定的权益，不包含公法规定的权益。例如为协助抓捕罪犯而受到损害，见义勇为行为人将无法依据该条获得补偿救济。

另，如见义勇为行为人主张依据《民法典》第183条前半条，请求加害人（责任人）承担侵权责任，理论上可获得《民法典》第1179条及第1183条规定的物质、精神损害赔偿，该赔偿范围大于依《民法典》第121条规定的无因管理之债的赔偿范围。但是，如果见义勇为行为人主张受益人承担补偿责任，且侵权行为与损害后果有部分因果关系，则见义勇为行为人可请求受益人适当补偿因果关系之外的损失。同样，侵权人缺失或无法承担责任的情况下，见义勇为行为人也可向受益人主张获得适当的补偿。在确定补偿范围时，应综合考虑行为人、受益人双方经济情况、受益范围，及受益人的过错程度。

综上，《民法典》第183条也可作为部分见义勇为行为人请求加害人（责任人）、受益人承担责任的法律依据。

（三）行政机关、社会基金会予以奖励

在加害人（责任人）和受益人均无法补足见义勇为行为人遭受的损失时，行政机关应当加强政府保障措施，给予行为人物质上的补偿。更可以进一步对事迹特别突出者授予"好市民"荣誉，同等条件下享有入学、就业、入伍等方面的优先待遇。

此外，也可以设立专门的"见义勇为基金会"，对见义勇为人员进行损失补足。其资金可来源于国家财政拨款以及社会各界爱心人士的捐助。例如青岛设立了见义勇为专项抚恤金，主要用于对见义勇为者的慰问抚恤，对伤残、牺牲者家属的补贴资助，以及对伤残人员的康复治疗经济补助。

四、结论

现阶段，见义勇为人员还得不到应有的全面法律保障，该情形引发了公民的热议及广泛思考。因此有必要通过完善相关法律法规，保护其权益，以激发社会上公众的见义勇为热情。只有如此，才能更好地弘扬中华民族的传统美德，更好地构建互帮互助的和谐社会。

破产管理人待履行合同解除权限制研究

曹伶娟*

（中国政法大学 北京 100088）

摘　要： 我国《企业破产法》第18条赋予了破产管理人对待履行合同的解除权，但并未对其解除权作出合理限制。破产管理人待履行合同解除权的行使应受到债务人财产价值的最大化原则、利益衡平原则、维护公共利益原则的限制。对破产管理人可行使解除权的待履行合同的范围应予明确，如在预告登记后的商品房买卖合同、所有权保留的双务合同等特殊合同中应对破产管理人待履行合同解除权作出合理限制。

关键词： 待履行合同解除权　破产管理人　基本原则

一、问题的提出

随着我国经济的高速发展及企业设立登记制度的变更，各种类型的企业数量激增，但市场经营条件瞬息万变，破产程序作为各类企业合理退出市场的机制，其重要性不言而喻。但商事交易系连续、复杂的系列安排，并不会伴随着破产申请而全部归零，故破产管理人成为破产程序中协调未完成商事交易与债权人利益保护的重要角色。于未竟的商事交易而言，各国多赋予破产管理人以待履行合同的解除权，我国立法亦有此安排，但我国立法及相关司法解释并未对破产管理人的该项解除权作出合理限制。美国的判例适用纯粹的商业利益衡量标准，即只要能够给财团带来利益就可以行使合同解除或

---

　　* 作者简介：曹伶娟（1973年-），女，汉族，山东济南人，中国政法大学同等学力研修班2022级学员，研究方向为民商法学。

履行的选择权。[1] 这也是绝大多数国家破产法参照的标准。待履行合同继续履行与否的选择权由破产管理人单方进行判断，合同相对方处于被动接受的地位，若不对该解除权作出合理限制，合同相对方的权利就难以保障。

二、破产管理待履行合同解除权的原则限制

（一）债务人财产价值的最大化原则

破产程序是为了保护债权人的利益，旨在解决债务人丧失清偿能力时对全体债权人的公平清偿问题。破产法赋予破产管理人待履行合同解除权的本意是实现债务人财产最大化。[2] 从破产管理人职责角度分析，实现待履行合同解除权的立法目标，亦是其职责所在。[3] 债务人财产价值的最大化是实现破产程序目标的基础，也是判断破产管理人对待履行合同作出解除或继续履行合同的选择是否合理的重要依据。[4]

（二）利益衡平原则

利益衡平原则追求待履行合同双方的利益平衡，是破产立法中管理人行使待履行合同解除权的原则性规定。破产管理人在行使待履行合同解除权时应当充分考虑合同相对方的利益，通过利益衡量，对合同相对方造成重大损失而仅能换取债务人财产价值的轻微变化时，应当限制破产管理人的待履行合同解除权。

（三）维护公共利益原则

破产管理人应尽可能平衡公共政策目标和破产程序目标，审慎考虑涉及社会公共利益的待履行合同解除问题。如劳动合同、人寿保险合同、公共交通合同、网络服务合同及供水、电、暖、燃气合同，该类合同涉及公共服务，关涉公共利益，应当严格限制管理人待履行合同的解除权。

三、破产管理人行使解除权的待履行合同范围界定及行使规则

我国破产相关法律中缺少对破产管理人待履行合同解除权行使范围的明

---

〔1〕 ［美］大卫·G. 爱泼斯坦、史蒂夫·H. 尼克勒斯、詹姆斯·J. 怀特：《美国破产法》，韩长印等译，中国政法大学出版社 2004 年版，第 246 页。

〔2〕 李永军："论破产管理人合同解除权的限制"，载《中国政法大学学报》2012 年第 6 期。

〔3〕 韩长印："破产宣告对未履行合同的效力初探"，载《法商研究》1997 年第 3 期。

〔4〕 丁燕、尹栋："论破产管理人待履行合同解除权的限制"，载《法律适用》2022 年第 3 期。

确规定，可能导致破产管理人为逃避债务人的债务或为增加破产财产而滥用解除权。因此有必要明确可行使解除权的"待履行合同"的范围及解除权行使的限制规则。

（1）单务合同不属于待履行合同的范围。从我国《企业破产法》第18条的规定来看，只有在债务人和对方当事人都负有义务的双务合同的情况下，破产管理人才有待履行合同解除权。

（2）双务合同中管理人行使合同解除权时应当考虑利益衡平原则维护交易相对方的利益。虽然我国《企业破产法》对此并没有作出限制，但并不代表破产管理人就可以无限制地解除所有的双务合同。破产管理人若没有限制地解除所有的双务合同将会严重损害债务人破产前的交易相对方的利益。如2020年8月8日山东A企业通过法院的阿里拍卖平台以3200万元的价格竞拍获得被执行人山东B企业价值1800余万元的涉案土地，并于2020年8月10日将土地款全部转入执行法院账户内，完成了土地拍卖款的缴纳义务，并签署了拍卖成交确认书。在等待法院出具拍卖成交裁定期间，B企业在另一法院申请破产，2020年8月13日另一法院向执行法院送达了破产审查通知书。执行法院在同年的9月份向A企业和B企业双方送达了拍卖成交裁定并协助土地过户。2020年11月份B企业进入破产程序。经B企业破产管理人提交债权人会议表决决定解除此拍卖成交合同。按照破产管理人的要求，A企业将竞得土地返还给B企业，破产管理人向执行法院提出了撤销拍卖裁定的异议，向A企业提出了停止侵害赔偿损失的诉讼。

从上述案件中可以看出，解除拍卖成交合同对所有的债权人有利。即随着土地资源的紧缺和国家的调控，土地价格飞速上涨，案涉土地的市场价值已不止3200万元，债权人可以分得更多的财产。但对于A企业来说显然是不利的，不但成交合同被解除，成交裁定被撤销，无法获得案涉土地，而且已缴纳的土地款有可能成为破产债权，按比例受偿，按照通常实践中破产程序里的最高赔偿比例10%来计算，A企业的损失惨重。此时行使待履行合同解除权无疑有违诚信原则，有悖司法拍卖程序附加于合同之上的公信力。

按照我国《企业破产法》的规定，是否解除待履行合同是企业破产管理人的权利，无需债权人会议表决通过。且因债权人作为破产程序的受益者，牵扯巨大的利益关系，债权人会议并非出于中立的地位，无论是什么样的合同，只要有利于增加债务人财产，债权人会议表决的结果都会是"解除"。破产清算程序最根本的问题是保护多数债权人按比例平等受偿的利益。从另一角度思考，本案在执行程序中已经将被执行人财产拍卖，将拍卖所得款项作为破产财产同样可以保护破产债权人的利益，且同时也避免了重复拍卖产生的拍卖费用而给债权人造成的损失。[1]无论将涉案土地作为破产财产还是将拍卖款作为破产财产，都不影响破产法目标的实现。在拍卖程序合法的前提下，维持拍卖结果对破产债权的合法权益并无明显损害。而肆意解除合同，不仅置合同相对方的利益于不顾，而且有违诚信原则。抑制破产管理人不负责任地行使待履行合同解除权，我国破产法需对破产管理人待履行合同解除权从利益衡平的角度进行限制。

（3）双务合同中经预告登记后的商品房买卖合同应限制破产管理人的待履行合同解除权。《民法典》第221条规定了不动产物权的预告登记制度，它是一种担保手段。预告登记制度赋予买受人的物权期待权。虽然预告登记是债权请求权，但法律规定了该债权登记具有一定的物权效力。如果破产管理人肆意将合同予以解除，将会导致买受人的利益得不到保护，严重扰乱了社会市场秩序的稳定，从而失去预告登记制度设立的意义和价值。

（4）所有权保留的双务合同中应当对破产管理人待履行合同解除权加以限制。所有权保留主要是为了担保相对方履行给付义务。在买卖合同中当事人可以约定先将标的物交付给买受人占有，但所有权并不转移。在破产程序中如何判断买卖合同中所有权保留的性质是属于物权行为还是债权行为就成了破产管理人待履行合同解除权的限制。如果是债权行为，破产管理人就有权解除。如果是一种担保物权形式，破产管理人则没有合同解除权。[2]

四、结论

破产管理人是否在任何情况下，为了使破产财产达到最大化从不考虑合同相对方的利益而随意行使待履行合同解除权，是一个具有争议的问题。待履行合同解除权的行使应当在整个破产程序中始终遵循三大基本原则：财产价值最大化原则、利益衡平原则、维护公共利益原则。破产管理人不能为了

〔1〕　参见最高人民法院（2019）最高执法监51号。

〔2〕　李永军："论破产管理人合同解除权的限制"，载《中国政法大学学报》2012年第6期。

破产财产的增值而无视利益衡平原则的存在，给合同相对方造成巨大的损失，甚至是对公共利益造成损失来换取破产财产的增值或持平。故应当对破产管理人可行使解除权的待履行合同的范围及解除权行使的规则在之后的立法修订中予以明确。

预约合同认定研究

车建华*

（中国政法大学 北京 100088）

摘　要：预约出现的直接目的在于成立本约，但又区别于本约，属于独立的合同种类。具备特有的合同要素与特征，有其重要的作用与意义，本文尝试在现有立法背景下，从预约合同的含义、目的以及效力等方面浅论预约合同的认定规则。

关键词：预约 本约 认定

一、预约的定义与目的

（一）预约的定义

预约也叫作预备合同或者合同预约，其是指"在订立契约前订立的契约"。[1] 所谓预约，是指当事人之间约定将来订立一定合同的合同；将来应当订立的合同，称为本约。由此可见，预约即预约合同，两者并无二致。

（二）预约的目的与作用

预约合同的目的是订立本约合同。预约区别于本约，是为了订立本约而订立在本约前的一种独立合同，预约制度是社会经济活动的产物，系交易主体在尚未签订本约时，出于固定阶段性成果、保留交易机会的需要诞生的一种新的合同形式。交易主体可以通过在预约合同中约定相关权利义务和违约责任以约束合同主体继续订立本约。订立本约不成时，守约方可根据预约合同中的约定向缔约过程中的过错方主张赔偿，以保障守约方所付出的信赖利

---

* 作者简介：车建华（1995 年–），女，汉族，广东广州人，中国政法大学同等学力研修班 2022 级学员，研究方向为民商法学。

[1] 薛波主编：《元照英美法词典》，北京大学出版社 2013 年版，第 1077 页。

益等缔约成本。由此可见，预约的设计与使用对贯彻民法的诚实信用原则有重要意义。

二、预约制度的发展与现状

预约合同源于实践。但关于预约合同制度，我国立法尚处于滞后状态，当前立法形式仍停留在列举式立法，且相关规定较为模糊。

预约合同制度最早出现在商品房交易领域。以地方性法规为例，《广东省商品房预售管理条例》第 23 条规定收取定金应当订立书面协议，该书面协议的作用是约定定金具体数额以及处理办法。[1]但定金本就有担保、履约和违约的作用，且该条款仅规定收取定金应当订立书面协议。最高人民法院《关于审理商品房买卖合同纠纷案件适用法律若干问题的解释》（以下简称《商品房买卖合同司法解释》）第 4 条，[2]即著名的"定金罚则"，侧重于明确担保定金的作用，该规定虽未直接体现"预约合同"的名称，也未就预约合同是否具有担保作用、预约合同与商品房买卖合同的关系直接进行规定，但该条所列举的"认购""订购""预订"，均为商品房交易中常见的预约形式。[3]我国现有司法体系对"预约合同"概念直接提出是在《民法典》第 495 条以及 2012年《关于审理买卖合同纠纷案件适用法律问题的解释》第 2 条。但也只是列

---

〔1〕《广东省商品房预售管理条例》第 23 条规定："预购人与预售人签订书面的商品房预购销合同前，经双方协商同意，预售人可以向预购人收取一定数额的商品房预购定金；预售人收取定金前，应当向预购人提供商品房预购销合同草案。收取商品房预购定金时，预售人与预购人应当订立书面协议，约定所收定金的具体数额和退还与不退还的具体办法。预售人与预购人签订书面的商品房预购销合同后，预售人向预购人收取的商品房预购定金应当转作预购人支付的商品房预售款。"《民法典》第 586 条第 1 款规定："当事人可以约定一方向对方给付定金作为债权的担保。定金合同自实际交付定金时成立。"

〔2〕最高人民法院《关于审理商品房买卖合同纠纷案件适用法律若干问题的解释》第 4 条规定："出卖人通过认购、订购、预订等方式向买受人收受定金作为订立商品房买卖合同担保的，如果因当事人一方原因未能订立商品房买卖合同，应当按照法律关于定金的规定处理；因不可归责于当事人双方的事由，导致商品房买卖合同未能订立的，出卖人应当将定金返还买受人。"

〔3〕《民法典》第 495 条规定："当事人约定在将来一定期限内订立合同的认购书、订购书、预订书等，构成预约合同。当事人一方不履行预约合同约定的订立合同义务的，对方可以请求其承担预约合同的违约责任。" 2012 年最高人民法院《关于审理买卖合同纠纷案件适用法律问题的解释》第 2条规定，当事人在签订例如认购书、预订书、备忘录等法律所承认的类型之预约合同时，如果双方当事人约定在未来之一定期限内签订买卖协议，但是当事人一方不履行相关合同义务的，人民法院面对守约方诉求违约方承担预约合同违约责任抑或诉请解除所涉预约合同并且主张相应的损害赔偿的，应当表示支持态度。

举了几种常见的预约合同，并未对预约合同特征进行整体概述，致使实务中对预约合同进行认定仍较为困难。

三、预约的特征

要认定预约合同，应当先识别其特征。从现有立法来看，预约合同的常见表现形式为"认购书""订购书""预订书""备忘录"等。但在实际情况中，认定一份预约合同要复杂得多。交易主体往往因为并不具备相关法律知识或水平有限，或者是出于其他考虑，所签订的合同名称与形式主要遵从意思自治；又或者确实以前述名称签订合同，但合同中所包含的真实意思表示已经超出了预约合同的范畴。所以依靠立法中所罗列的预约合同名称，无法穷尽实践中可能出现的情形。既然无法根据名称直接识别和认定预约合同，本文认为，关于预约合同的特征，应将其与本约、意向书和补充协议进行对比，方能得出直观的结论。

（一）与意向书的区别与联系

在《民法典》颁行前，《民法典合同编（草案）（二次审议稿）》第287条第1款中列举了预约合同的几种形式，其中就包括意向书。在此期间学界声音并不统一：有观点认为预约属于意向书的一种；也有观点认为意向书是预约的一种；还有学者主张意向书和预约在性质上存在显著区别，属于不同的法律概念。[1]后续《民法典》将草案中的"意向书"删去，对此可以理解为意向书并不属于预约合同，预约合同也不属于意向书，但实务中面对一份合同究竟属于意向书还是预约合同而展开的讨论仍时常发生。

有观点认为，意向书中没有价格条款，不属于预约合同，故可以用价格条款区分预约合同与意向书。[2]本文对此有不同观点：价格条款固然是预约合同的必要条款，但并非预约合同的特征条款，故无法据此区分预约合同与意向书。也有观点认为，预约合同可以不包含将来所订立合同的标的。但本文认为，预约合同的重要作用就是将交易标的特定化，这也是其与意向书的主要区别。意向书作为仅表示交易意向的文件，约束效力较弱，并不要求包

---

〔1〕 石佳友、刘欢、曾佳："《民法典》合同编司法解释规则的优化与完善——'《民法典合同编司法解释（草案）》学术研讨会'综述"，载《法律适用》2021年第12期。

〔2〕 石佳友、刘欢、曾佳："《民法典》合同编司法解释规则的优化与完善——'《民法典合同编司法解释（草案）》学术研讨会'综述"，载《法律适用》2021年第12期。

含合同主体达成签约合意的意思表示。具体表现为：基于意向书的意思表示所支付的"意向金"在交易不成时收取方也应当无条件返还，而并不要求交易主体必须经历诚信磋商环节，交易主体也无需因此承担交易不成的责任，所以，意向书既无法锁定交易机会，也无法担保后续交易的进行。相比于意向书，预约合同除了使交易标的特定化，其所包含的"约定进行下一步签约"意思表示也更为明确，合同主体受到的约束更强。具体体现在：预约合同一般明确约定签订本约及签约时间以及签约不成的责任等，以约束交易主体诚信履约。

（二）与本约的区别与联系

预约的概念系相对于本约而言，在实务中预约与本约往往难以区分。有观点认为，预约合同必须包含基本条款。那什么是基本条款？学界有观点认为是当事人、标的物、数量、订立本约的意思。[1]也有观点认为是当事人、标的以及订立本约的意思。[2]本文认为，预约合同作为订立本约的前置性合同，应当是包含交易基本信息的框架性协议，同时应当使交易标的特定化，至少应当包含当事人姓名、名称、标的和数量等重要条款。目前并无法律法规政策对预约合同的要素作出规定。以典型的预约合同——商品房买卖合同的预约合同为例，常见的商品房预约合同一般包括当事人姓名、标的房屋面积、位置、价格以及签订本约的时间等基础信息。对比之下，《商品房销售管理办法》第16条所规定的商品房买卖合同应该包含的主要内容则详尽得多。结合《商品房买卖合同司法解释》第5条的规定，如预约合同已经具备《商品房销售管理办法》第16条所规定的商品房买卖合同的主要内容，并且出卖人已经按照约定收受购房款的，该协议应当认定为商品房买卖合同。据此，可以认为：合同是否具备《商品房销售管理办法》第16条所规定的内容，是区分预约合同和本约的重要标准，换言之，合同条款的完备程度是区分预约与本约的重要标准之一。通过此种区分办法，部分实务中的预约合同与本约区分难题得以解决，像［2019］陕04民初111号民事判决书和［2016］最高法民申200号民事判决书就将《商品房买卖合同司法解释》第5条和《商品

---

〔1〕 史明浩、程俊："论预约的法律效力及强制履行"，载《苏州大学学报（哲学社会科学版）》2013年第5期。

〔2〕 王利明："预约合同若干问题研究——我国司法解释相关规定述评"，载《法商研究》2014年第1期。

房销售管理办法》第16条作为主要的裁判依据，像这样的判决比比皆是。将符合条件的预约认定为本约，有助于贯彻诚实信用原则，同时也符合民法保护交易的内核。

（三）与补充协议的区别

补充协议签订于本约成立后，系就本约未尽事项另行签订的协议，一般作为本约的部分共同构成本约，与本约其他部分具有同等效力。而预约签订在本约之前，签订目的是成立本约。故预约与补充协议的合同签订阶段、合同目的与合同效力均异，两者特征明显，不难区分。

综上，关于预约合同的认定，囿于立法不足，无法仅凭法律法规所罗列的名称直接认定，实践中除了可以根据《商品房买卖合同司法解释》第5条的规定，适用《商品房销售管理办法》第16条，针对合同完备程度进行反向排除，还可以结合合同签订目的、合同签订时所处交易阶段来判断交易主体真实的意思表示。

四、结语

预约制度在保留交易机会、固定阶段性的法律关系与权利义务方面具有重要意义，但关于预约制度现有法律制度规定寥寥，在预约如何认定上司法观点不一而足，立法方面技术较为落后，目前还未能满足时代发展的需求，尚有较大的发挥空间。随着《民法典》的颁行以及相关司法解释的出台与完善，预约制度的理解、适用与完善仍亟待司法解释的配套出台。

新闻侵权与名誉权保护问题研究

耿晓星*

（中国政法大学 北京 100088）

摘 要： 新闻侵权和名誉权受到侵害给公民的合法权益带来极大损害，近年来有关新闻侵权的民事诉讼逐渐增多，如何有效避免新闻侵权和名誉权受到侵害，不仅是被侵权人急需解决的问题。现今互联网高速发展，人们通过网络平台、社交平台获取和传播信息，而信息不对称、认知水平等原因使负面新闻的传播更为快速，面对新闻侵权和名誉权受到侵害，如何保护自身权益是本文探索的问题。

关键字： 新闻侵权 名誉权保护 保全证据公证

一、新闻侵权以及名誉权受到侵害的认定

如何定义新闻侵权，不论新闻学者抑或民法学者都有不同的理解。我国民法学者王利明教授认为："所谓新闻侵权是指新闻单位或个人利用各种新闻传播工具以捏造事实或过失报道的形式向公众传播有损公民、法人和其他社会组织的不当内容或法律禁止的内容从而破坏了他们的社会声誉，降低其社会评价的违法行为。"[1] 而新闻学者魏永征教授则评价："新闻侵权行为，是以新闻手段侵害他人合法权益的行为。新闻是一种言论行为，它不可能直接伤害人的身体，不可能直接剥夺毁损他人的财产，它可能造成的，主要是一

---

* 作者简介：耿晓星（1986年-），女，汉族，安徽人，中国政法大学同等学力研修班 2022 级学员，研究方向为民商法学。

〔1〕 王利明、杨立新主编：《人格权与新闻侵权》，中国方正出版社 2010 年版，第 447 页。

种精神损害。"[1]

站在法理角度，新闻侵权本质上就是侵害公民权益。新闻传播的过程加载了使用各种媒介各种方式公开发传递自己的意见、主张、观点、情感等内容，是公民表达和言论自由，实际上更是人格权受到侵害的一种行为方式。站在新闻媒体的角度，新闻侵权本质是新闻自由。正当的新闻报道具有社会正当性，是履行媒体新闻报道和新闻批评职责的正当行为。因为新闻本身具有的传播性质，媒体干预公共事务及社会生活，从而促进社会和谐发展。

我国《民法典》对诽谤、侮辱、新闻报道失实、媒体未尽审查义务、无证据而错告或者诬告、批评失当、侵害死者名誉这些行为进行了明确的规定以保护名誉权。新闻媒体有真实报道的职责，应准确真实地报道事实，如不注意核实报道内容的真实性，则侵害了他人名誉权，或者是对特定的人造成了具有贬损他人名誉的内容。名誉权损害并非实质损害，而是对受害人社会客观评价的损害，使受害人精神痛苦、间接造成财产利益受损。

二、新闻侵权和名誉权受到侵害的要件

我国《民法典》第 1025 条规定："行为人为公共利益实施新闻报道、舆论监督等行为，影响他人名誉的，不承担民事责任，但是有下列情形之一的除外：（一）捏造、歪曲事实；（二）对他人提供的严重失实内容未尽到合理核实义务；（三）使用侮辱性言辞贬损他人名誉。"

在新闻侵权和名誉权受到侵害的情境内，侵权行为主体就是发布了新闻报道、不良信息使公民、法人或其他社会组织受到侵害的行为人。其因果关系是行为人在发布新闻的过程中，因其是新闻传播的提供者，对于发布的相关信息是否侵权有较为清楚的社会认知。对内容来源、发布内容可能引起的明显争议、内容的时限性、与公序良俗的关联、受害人名誉贬损的可能都要尽到合理的注意义务，更专业的新闻媒体应当对自己编发的报道合理核实和举证。损害对象为受到新闻侵权以及名誉权受到侵害的公民、法人或其他社会组织，损害结果为使其被理解为遭受到了捏造、歪曲事实，以及发布的严重失实的内容、侮辱性言辞贬损影响了其社会综合评价。[2]

---

〔1〕 魏永征：《被告席上的记者》，上海人民出版社 1994 年版，第 1 页。

〔2〕 杨立新：《人格权法》，法律出版社 2020 年版，第 222 页。

三、新闻侵权和名誉权受到侵害的保护措施

新媒体发展到现在，不仅发布信息的成本更低，而且更方便、快捷，互联网监管体系虽随着社会发展逐渐进步，但更多人侵权则基于缺乏法律意识。网络上批量收受个人信息档案、"黑公关"、操控利用"水军"舆论影响法院审判等行为甚嚣尘上。被侵权人不分年龄，不因经济条件、社会地位的差异以及受教育程度高低而被区分，但是面对侵权则会产生不同的结果。

（一）明确造成新闻侵权、侵害名誉权行为的主体其义务和责任

在侵权责任中有故意的确定，有意义和观念的分歧。意思主义强调故意须有行为人对损害后果的"希望"或"意欲"。观念主义强调行为人认识到或预见到行为的后果，也有折中主义认为，故意是行为人应当认识到或预见到行为的结果，同时又希望或听任其发生。[1]

网络社交平台、新闻媒体、新闻从业人员、个人等对新闻信息的产生具有合理、必要的审查、核实义务，适用恰当的逻辑判断。在诸多新闻侵权案件的判例中，裁判基于该发布新闻行为人的性质来合理地认定义务，如是否有支持不良舆论传播的操作、网络社交平台对用户的言论审查是否采取了告知侵权等措施以及是否在合理的限度内履行监控管理义务。言论表达自由不是法外之地，在发布新闻信息的过程中需要社会共识，从有责性来看新闻侵权和侵害名誉权主体的注意义务，还需要考虑是否有能力认识到行为产生的后果，有没有产生注意义务的能力。如果超出实施侵害行为人的审查能力，更需要判断实施侵害行为的主体是否相较大众来说具有更高的专业素质。

新闻信息可以采用自由个性表达的方式，但必须以不侵犯其他人的合法权利为限。综合考量新闻发布的背景、内容，行为人主观意愿、给受害人造成损害的程度等，合理认定行为人正当行使言论自由和侵犯他人名誉权之间的界限。[2]网络环境基于现实环境产生，但只有与本人有固定对应关系并被他人知晓才会产生个人在社会现实生活中的评价降低。在自媒体发展的新形势下对是否侵权的尺度与其他新闻载体的判定更要比较考量，不能一概而论。网络信息传播速度快、传播范围广、操作成本低，不能为了博取关注、热度、

---

〔1〕 杨立新：《侵权责任法》，法律出版社 2010 年版，第 87 页。
〔2〕 南京市建邺区人民法院〔2017〕苏 0105 民初 668 号民事判决书。

点击量做出与事实不符的发布内容，所以网络信息发布更应严格审慎，并且一样要遵守国家法律的有关规定。

造成新闻侵权、侵害名誉权的行为主体承担的责任基于受侵害的权利主要为名誉权，法院判决承担的侵权责任类型包括赔礼道歉、赔偿经济损失、支付精神抚慰陪产维权费用等。实践中以侵权行为的影响范围和消除影响的范围来确定赔礼道歉的范围，以及停止侵害、恢复名誉、消除影响等责任承担方式。[1]

（二）法律实践中对新闻侵权和名誉权受到侵害的证据认定

诉讼时间成本高、时长跨度大、解决方式单一、证据证明力大小与维权能否继续有强相关。随着新闻侵权的增多，也涌现出许多新闻侵权社会调解组织。为了更好地保护被侵权人的合法权益，不仅要在新闻传播源头就信息的产生释明责任，在信息流通的各个关键节点也需有对应的监管措施和注意义务。

法律实践中保全证据公证是一项新兴的保护名誉知识产权的活动，不仅降低了诉讼成本，也可以在已经产生损害结果的行为中根据当事人的需求采取对应的措施固定证据。公证保全证据活动大多源于当事人的私力救济、涉及秘密取证、陷阱取证、单方"破锁"等多种超常规的私力救济方式。[2]因为在审判中对法官来说最困难的莫过于对事实的认定，谁也不能将时间倒流回到案件发展的最初，更何况网络信息的更迭称得上"时新日异"。诉讼依赖的证据与法院调查的结果会产生发现的真实性和程序公正性的参差，而公证证据保全是对证据进行客观完整的保全，为法官提供可靠的事实。法官并不参与公证证据的形成过程，就有效地预防产生更多先入为主的观念。保全证据公证要求公证员对取证的过程及取证的结果进行准确、客观、详尽的记录，公证书要求准确反映证据载体与客观事实的真实一致性。从保全证据公证证据性质的层面看，新闻侵权与名誉权受到侵害在受到侵害以及产生损害结果时均可适用。被侵权人在遭受或认识到侵权行为的发生时，为了停止侵害或证明侵害产生的损害结果，采取公证保全证据能更高效地在诉讼中获得被认可的证据信息。

---

〔1〕 蔡唱：《网络服务提供责侵权责任规则实施研究》，光明日报出版社 2020 年版，第 95 页。

〔2〕 薛凡主编：《司法视野中的公证保全证据》，厦门大学出版社 2014 年版，第 10 页。

四、结论

从认定新闻侵权和名誉权受到侵害的边界，我国已经采取了相应的法律法规限定了新闻信息发布的主体、内容、结果应当要注意的内容。通过公证保全证据活动，在诉讼中更客观地保存侵权信息留待认定。保持言论表达自由与人格权不受侵犯的平衡是立足点，提高发布新闻信息的社会责任感，扩大完善多元化的法律环境是支撑点，外在切实履行舆论监督的职责，内在完善规范新闻信息发布方式。在保护人格权益不受侵犯的道路上，不仅通过法律条文限定外部监管，更需要对自我约束和树立起社会普遍认知。

论少数股东取得控制权对公司治理的影响

何 麒*

（中国政法大学 北京 100088）

摘 要： 股权结构是公司治理的基础，决定了股东结构、股权集中程度、股东行使权利的路径和效果，进而影响到公司的治理。根据我国《公司法》的规定，持股比例不足半数的股东通常被认为没有足够的控制权力，故而对公司的经营管理没有太大的话语权。而在商业实践中，企业的创始人或者投资者常常会因为资本不足、准入条件限制等客观条件难以通过直接掌控多数股权取得公司控制权，在此情况下，创始人或者投资者也在多年商业实践的发展中摸索出了各种途径来实现以少数股东的身份取得公司控制权的目的，或利或弊地影响着公司的治理和经营。

关键词： 少数股东 控制权 公司治理

我国现行《公司法》允许有限责任公司章程对股东的表决权意思自治，但股份公司发行的股份必须"同股同权"，因此取得股份公司控制权最直接的方式自然是控制公司的多数股权，且依照法律只有持股超过 2/3 才能获得公司的绝对控制权。然而，企业的创始人或者投资者常常会因为资本不足、准入条件限制等客观条件难以通过直接掌控多数股权取得公司控制权。在此情况下，创始人或者投资者也在多年商业实践中摸索出了各种途径来实现以少数股东的身份取得公司控制权的目的，包括但不限于：签署一致行动人协议（如鄂武商）、设计 A、B 双层股权结构（如美团）、控制董事会席位（如搜狐）、搭建合伙人制度（如阿里巴巴）、接受大股东表决权委托（如京东）

* 作者简介：何麒（1986 年-），男，汉族，山西太原人，中国政法大学同等学力研修班 2022 级学员，研究方向为民商法学。

等。本文就此话题下论述少数股东取得公司控制权对公司治理的利弊影响。

一、少数股东取得控制权之"利"

（一）有效抵御外部恶意收购

在《公司法》的基础股权框架规定下，市场投资者习惯于采取通过增持股份的方式以巩固公司大股东的地位，从而提高对公司的话语权，在此资本模式的发展下，并购行为不断增多，恶意收购之事也常有发生。2015 年 7 月至 12 月宝能先后增持万科股份至 23.52%，成为万科第一大股东，激起这场"宝万之争"的两大因素即万科股权的分散及其创始人的持股比例过低，从而引发了敌意收购。[1]"野蛮人"入侵、恶意并购事件屡次发生引起了国内资本市场的动荡，更会严重影响企业的正常运营，使得上市公司越来越难以独善其身。鉴于此种可能，"不平等投票权"的制度设计应运而生，其可以避免企业在融资过程中出现创始人的股权被稀释而出现控制权争夺之乱象，保护少数股东对公司的控制权不被外部投资者侵吞。例如在 A、B 双层股权结构下，即使恶意收购者大量收购 A 类股，仍不能超越 B 类股的多倍表决权，也就无法实现其通过突击收购股份从而控制公司的企图。

（二）保护创始人的控制权

高科技时代下经营模式也在持续变革，但当前许多过资产千亿美元的大型上市公司创始人的初始股权甚少。创始人对公司的关注点与中小股东往往存在偏差，中小股东更倾向于公司盈利及时变现以实现自己的投资收益，创始人则更关乎公司的长远稳定发展，[2]比起以投机为目的的投资股东群体，深度参与了公司经营的创始人团队对公司业务的熟悉程度、把握能力都更好更强。在很多情况下，创始人或特定有管理价值的股东对公司享有控制权，才能最大限度地参与到公司的经营决策和日常管理中，发现业务发展中的痛点难点，迅速回应，以维持企业生存，贯彻企业长期发展战略。[3]因此，通

---

〔1〕 王桂英、乌日罕："上市公司股权结构设计的理性思考——以宝万之争为例"，载《会计之友》2018 年第 24 期。

〔2〕 郑志刚、邹宇、崔丽："合伙人制度与创业团队控制权安排模式选择——基于阿里巴巴的案例研究"，载《中国工业经济》2016 年第 10 期。

〔3〕 李海英、李双海、毕晓方："双重股权结构下的中小投资者利益保护——基于 Facebook 收购 WhatsApp 的案例研究"，载《中国工业经济》2017 年第 1 期。

过制度设计让特定少数股东取得控制权，可以有效化解股权融资与维持控制权之间的矛盾。[1]

（三）纠正公司治理偏差

少数股东在资本上存在着天然的劣势，比之多数股东，少数股东在公司经营决策上会受到更多的掣肘和约束，也正因如此，少数股东会更体会到团结和谨慎的重要性。以"一致行动人"为例：由部分公司股东或者投资者共同签署一致行动人协议，从而扩大共同的表决权数量，形成一定的控制力，在这里可以讨论两种情况：

第一，公司无实际控制人，出于股权集中提高决策效率的需要签订一致行动协议。以养元饮品为例，在公司私有化成立之初，公司最大的股东姚某章持股比例为23.36%，另一大股东雅某顺的持股比例为34.87%，均未能拥有对养元饮品的实际控制权，股权的分散必然导致决策的分歧，任何一位股东都无法单独对公司重大经营决策产生决定性的影响，极大地影响了企业的上市效率。在此情况下，姚某章与雅某顺签订了一致行动协议，姚某章得以成为养元饮品的实际控制人。

第二，公司的少数股股东抱团抗衡原有的实际控制人以争夺公司治理权。如果公司由不智慧的董事会或者个别大股东所垄断，少数股股东就必须要采取必要的手段来拯救公司，以维护自身的合法利益。[2]一般而言，一致行动人协议是在公司股东会之外再由小股东们签订的"小股东会"契约，少数股股东可以通过"报团取暖"的方式获得与多数股股东抗衡的控制力，此类一致行动人有更切实的现实紧迫感，是纠正公司大股东代理偏差的一种有效措施。

二、少数股东取得控制权之"弊"

（一）外部中小股东的利益无法得到切实保障

公司内部的少数股东取得经营决策权、享有特殊的信息优势，经营风险却多由外部股东承担，外部股东之利益难以得到切实保障。例如阿里巴巴在其IPO的招股说明书中提及，由马云代表阿里巴巴对外进行投资，虽然集团

---

[1] 马一："股权稀释过程中公司控制权保持：法律途径与边界 以双层股权结构和马云'中国合伙人制'为研究对象"，载《中外法学》2014年第3期。

[2] 卓明爱："公司治理因素下的控制权争夺"，载《区域治理》2019年第3期。

明确会监控马云的个人收入状况，但不可否认马云的个人利益与公司利益之间的界限划分不清，一旦其想要在相关交易中牟取私利，集团的其他股东对此既无控制权又无监管权。[1]根据我国当前司法现状，股东诉讼等司法救济体系还未发展成熟，信息披露、中小股东权利保障机制仍有待完善，对于未能掌握实际控制权的中小股东而言，他们既无法参与到经营决策，又要承担相应的投资风险。

（二）诱发道德风险，放大代理成本

经济学上有一种"理性人"假设，即在遵守法律和道德的基础上，每一个从事经济活动的人都是利己的。当少数股东同时兼任经营者与控制者双重身份时，其承担的风险与收益并不对等，在这样的情况下，公司控制人很可能利用其运营公司过程中产生的信息不对称进行关联交易、信息披露造假、操纵股价等行为，严重侵害公司以及其他股东的权益，由此引发道德风险，触发隐蔽的关联交易，诱发相关方之间的利益冲突。少数股东的公司控制权违背了法律主张的资本平等原则，构成对外部投资者利益的侵占，并且该结构通过股权限制，使得外部投资者对公司内部管理层的制约和监督能力降低，加剧了代理成本。同样以阿里巴巴集团为例，马云在阿里巴巴集团和华数传媒集团中都持有一定量的股权，但阿里巴巴并不持有华数传媒的股份，如果马云或其合伙人优先考虑华数传媒的利益，阿里巴巴的股东则会处于被动的风险之中。

（三）导致监督机制的运行不畅

从监督角度来说，少数股东掌权这样的公司架构虽有效地避免了外部企业并购的威胁，但与此同时也使得外部市场的监督机制失效，打破了市场竞争中的优胜劣汰机制。阿里巴巴集团的合伙人团队对于董事会成员任命拥有绝对权利，无论是软银与雅虎抑或普通中小股东起到的作用都微乎其微，且不具有罢免权，这就使得在公司内部的监督机制中股东大会和独立董事皆难以发挥其应有的监督作用，马云或其合伙人可以轻易成为公司的"独裁者"，这极易引发权利的滥用和关联交易等行为，危害企业和投资者的利益。目前尚未有明确的规章对采取少数股东掌权的公司进行约束，公司的其他利益方

---

〔1〕 张继德、刘卓："我国在美上市互联网企业创始人控制权保护研究——以阿里巴巴实行'合伙人制度'为例"，载《北京工商大学学报（社会科学版）》2018年第5期。

只能被动地接受这样的设计，没有特定的监督渠道对相关控制人进行反驳、质疑，公司的信息透明度不高，当面对巨大的诱惑，理性的公司实控人也可能存在随意滥用权利的可能性，如果在顶层设计中不存在有效的监管措施以防止以权谋私的行为，这样的模式有可能成为少数人谋求个人利益的捷径之一。

三、结语

当下我国的新兴产业发展和资本市场都日趋成熟，增资扩股已成企业发展的必然趋势。单一股权制度作为公司的强制性规定，僵化的股权结构在很大程度上压缩了公司的意思自治，公司创始人被投资人"扫地出门"的新闻屡见不鲜，拥有更多股权资本的大股东则取代了创始人从而掌握公司的实际控制权，但"带资进组"的大股东是否能正确把握公司的发展方向、保持公司的稳定运营却是一个未知数。

将股权中的所有权和决策权进行分离的制度设计挑战着传统公司法中"同股同权"的传统投票原则，且实践中必须警惕并防范该制度设计可能带来的道德逆向选择，对此也可以采取对超级投票权进行限制、完善信息披露制度、健全集体诉讼机制等手段加以规制。[1]

---

〔1〕 张伟华、王斌、宋春霞："股东资源、实际控制与公司控制权争夺——基于雷士照明的案例研究"，载《中国软科学》2016 年第 10 期。

论破产管理人待履行合同解除权的行使

——以房企破产中商品房买卖合同为例

胡 蓉*

（中国政法大学 北京 100088）

摘 要： 房地产企业破产中，管理人待履行合同解除权之争主要集中在商品房买卖合同，而商品房作为房地产企业最主要资产，直接关系到全体债权人的最终债权分配。由此，待履行商品房买卖合同的解除与否，实质成为债务人财产保值增值与保障生存利益之间的博弈与平衡。从破产制度目的出发，房企破产中管理人待履行合同解除权的行使，应当坚持债务人财产最大化和商品房消费者生存权保障平衡的处理原则。

关键词： 房地产企业破产 待履行合同 管理人解除权

自《企业破产法》实施起，学界即有诸多观点提出对管理人解除权应予以限制，如：对某些特殊类型合同应当在适用层面直接限制管理人选择继续履行或解除待履行合同的权利；[1]应当将破产中未履行完毕的合同区分为可自由选择与不可自由选择两种，并从立法角度完善具体规范。[2]近年来，随着房地产市场泡沫渐消，大量房企破产引发的社会矛盾日益受到关注。本文尝试从房企破产中待履行商品房买卖合同入手，探讨在现行法律框架下，管理人待履行合同解除权的行使规则。

---

* 作者简介：胡蓉（1993 年-），女，汉族，云南昆明人，中国政法大学同等学力研修班 2022 级学员，研究方向为民商法学。

〔1〕刘颖："论破产法中合同规则体系的完善——以管理人的选择权应受限制的合同为对象"，载《中国法律评论》2021 年第 6 期。

〔2〕许德风："论破产中尚未履行完毕的合同"，载《法学家》2009 年第 6 期。

一、管理人行使解除权的前提

管理人解除权作为《企业破产法》第 18 条规定赋予管理人的一项特殊的解除权，直接目的在于破解企业进入破产程序后未履行完毕合同处于不确定状态的进退困境，[1]以便于顺利推进后续清算或重整程序，而其最终目标在于保障全体债权人公平受偿，故行使解除权应遵循被称为破产法生命力源泉的债务人财产保值增值原则。[2]

（一）债务人财产的界定

按照《企业破产法》第 30 条及最高人民法院《关于适用〈中华人民共和国企业破产法〉若干问题的规定（二）》第 2 条规定，对债务人财产范围的界定相对宽泛，尤其对不动产而言，因我国采不动产物权变动登记生效原则，故对于已交付或实际占有但未办理不动产转移登记的商品房而言，有观点认为应当适用最高人民法院《关于审理企业破产案件若干问题的规定》第 71 条规定不认定为债务人财产，[3]但在本文检索及经办的案件中，法院更倾向于适用根据新法优于旧法、上位法优于下位法原则，认定上述财产属债务人财产。[4]本文同意后者：第一种观点看似保护了交易安全和实质公平，但悖论在于：其一，赋予破产状态下的未登记物权绝对优先性，实际背离了现行法律基于保障交易安全确定的不动产物权变动规则；其二，债务人进入破产程序正是因为"资不抵债"，若偏颇地给予购房人债权予全额保护，将造成对其他债权人交易安全更大的破坏。

（二）破产债权清偿原则

根据《企业破产法》第 113 条规定，在清偿为全体债权人共同利益支付的费用（破产费用、共益债务）及法定优先债权（职工债权、税款债权）后，所有债权均应平等受偿。可见，破产债权的清偿原则重在体现公平，其逻辑基础在于，破产程序中，债务人与各债权人间相对性的封闭结构不复存

---

〔1〕 王刚："房地产企业破产中待履行商品房买卖合同的解除权研究"，载《河北法学》2019 年第 2 期。

〔2〕 齐明："论破产法中债务人财产保值增值原则"，载《清华法学》2018 年第 3 期。

〔3〕 王欣新、张思明："房地产开发企业破产中的房屋产权界定与合同履行"，载《人民司法》2016 年第 7 期。

〔4〕 生效裁判案号：[2017] 最高法民申 3088 号、[2020] 最高法民申 6469 号、[2020] 最高法民申 484 号、[2020] 云民终 1537 号、[2020] 云民终 1095 号、[2021] 云民终 2172 号。

在，无法再对守约方给予完全保护，只能将类似债权人利益同等减损才能实现利益平衡。[1] 为此，《企业破产法》第 16 条确立了禁止个别清偿的原则。

由此，在明确未转移登记的商品房属于债务人财产及禁止个别清偿前提基础上，管理人是否有权解除待履行商品房买卖合同，实质在于确定购房人债权是否具有优先性。

二、房企破产中商品房买卖合同的分类检视

实践中赋予购房人"超级优先权"[2] 理论基础在于保护弱者生存权，[3] 法律依据为《合同法》第 286 条（已失效，《民法典》第 807 条延续此规定）及最高人民法院《关于建设工程价款优先受偿权问题的批复》（已失效）第 2 条，后最高人民法院《关于人民法院办理执行异议和复议案件若干问题的规定》（以下简称《执行异议复议规定》）第 29 条及《全国法院民商事审判工作会议纪要》（以下简称《九民纪要》）第 125 条细化了具体适用规则，即购房人需满足：①已签订书面商品房买卖合同；②商品房用于居住且唯一；③已付购房款超过 50%，方可认定为商品房消费者，赋予其特殊优先权。

（一）购房人属于商品房消费者

对此类商品房买卖合同，应当以继续履行为原则，限制管理人解除合同。其一，商品房消费者对标的商品房享有的债权优先于担保物权、建设工程价款优先权，因此，继续履行合同并不会构成个别清偿、不损害其他债权人利益。其二，保障商品房消费者生存权不仅符合中国社会"居者有其屋"的价值导向，在房企破产债权人中，商品房消费者通常在人数上占据绝对优势，合理保障其生存权亦有助于化解社会矛盾、顺利推进破产程序。

（二）购房人不属于商品房消费者

对此类商品房买卖合同，应当充分保障管理人解除权。有观点认为，已支付全部购房款并实际占有的购房人，即便并非用于居住，亦可依据《执行

---

〔1〕 王欣新、余艳萍："论破产程序中待履行合同的处理方式及法律效果"，载《法学杂志》2010 年第 6 期。

〔2〕 相关称谓参见陆晓燕："保障生存利益与维护交易安全的平衡——房地产开发企业破产中购房人权利之顺位研究"，载《法律适用》2016 年第 3 期。现有文献亦有"购房消费者权利""消费型购房合同"等表述，本文采《九民纪要》之表述，将相应购房人主体称为"商品房消费者"。

〔3〕 阙梓冰："购房人优先权的价值理念与解释路径"，载《法律适用》2020 年第 11 期。

异议复议规定》第 28 条规定享有物权期待权。[1]本文认为此观点仅不能当然适用于破产案件，前文已论，一旦进入破产程序，即无法再仅基于单纯保护交易安全对单个守约方予以特殊保护，否则将出现所有债权人均有权请求全额清偿（而债务人已资不抵债）的悖论。此类购房人对属于债务人财产的商品房并不享有优先于其他债权人的权利，若合同继续履行，实质上是对购房人债权在破产程序之外给予全额个别清偿。

（三）以房抵债、让与担保及预告登记

对于存在以房抵债、让与担保情形和已办理预告登记的商品房买卖合同，理论和实践中亦有争议，本文认为纳入上述两种分类即可。首先，存在以房抵债、让与担保情形的，因双方签订商品房买卖合同的目的是抵偿债务或担保债务，不符合"商品房用于居住"的基本条件，自然应解除商品房买卖合同。其次，对已办理预告登记的商品房买卖合同，有学者认为应赋予其破产保护效力，[2]但本文认为，预告登记本质仍为债权请求权，[3]若认可其优先效力，将产生非物权登记的预告登记效力优先于真正物权登记（抵押权）的效果，故即便已办理预告登记，破产中仍应按照上列商品房消费者标准分别处理。

三、对管理人解除权行使的建议

因管理人并非商品房买卖当事人，未参与整个交易过程，对债权债务的甄别有局限性、滞后性，而破产后普通债权必然折损，加之房企破产通常存在债权人数量多、债权种类复杂、债权金额较大、债权债务纠纷时间长的特点，仅按照一般分类机械地决定合同解除或继续履行，极易造成购房人与其他债权人不满，甚至引发更大的社会矛盾，因此，在确立一般处理原则的基础上，管理人行使解除权，至少应注意以下要点：

（1）对商品房消费者应当进行严格界定。首先，确定购房人是否符合商

---

〔1〕 江必新、刘贵祥主编：《最高人民法院关于人民法院办理执行异议和复议案件若干问题规定理解与适用》，人民法院出版社 2015 年版，第 422 页。

〔2〕 庄加园："预告登记的破产保护效力"，载《南京大学学报（哲学·人文科学·社会科学）》2014 年第 6 期。

〔3〕 最高人民法院民法典贯彻实施工作领导小组主编：《中华人民共和国民法典物权编理解与适用》（上），人民法院出版社 2020 年版，第 114 页。

品房消费者的三个基本条件，应当以破产案件受理为时间节点，防止出现购房人与债务人恶意串通的风险，[1]对符合管理人撤销权行使条件或属于《企业破产法》第 33 条无效行为的，不应纳入继续履行范围。其次，对合同签订、购房人付款情况应进行实质性审查：对于无合理事由未办理合同网签备案、合同形式存在瑕疵的，或者不能提供银行等第三方支付平台转账凭证的，或者购房人与债务人存在其他债权债务关系可能涉及以房抵债的，应着重甄别，避免扩大商品房消费者范围。

（2）对合同继续履行或解除的标准应当确保统一。实践中，因各地方、各项目实际情况的复杂性，对商品房消费者的界定可能需在《九民纪要》基础上有所调整，如付款比例要求、"唯一住房"的空间、主体范围等，但必须确保整个破产案件中统一标准。

（3）对合同解除或继续履行情况及后续处理，应当及时公示。商品房消费者优先权容易引起质疑的原因即在于缺少公示，因此，管理人应特别注意及时将认定标准、因合同解除产生的债权审查认定、继续履行合同后购房款清收等相关情况，及时妥善向全体债权人进行公示。

四、结语

破产制度的目的，在于债务人已经不能清偿全部债务时，尽可能保障最终全体债权人公平受偿，房地产企业破产管理人在行使《企业破产法》赋予的解除权时，应以实现债务人财产保值增值为目标，不断探索和完善处理路径，尽可能实现债务人财产最大化和商品房消费者生存权保障的利益平衡。

---

〔1〕 相关称谓参见陆晓燕："保障生存利益与维护交易安全的平衡——房地产开发企业破产中购房人权利之顺位研究"，载《法律适用》2016 年第 3 期。现有文献亦有"购房消费者权利""消费型购房合同"等表述，本文采《九民纪要》之表述，将相应购房人主体称为"商品房消费者"。

《民法典》视域下的夫妻共同债务认定标准研究

胡义丰*

（中国政法大学 北京 100088）

摘　要： 随着我国经济水平不断提升，夫妻在婚姻存续期间因日常生活、生产经营需要，无可避免地与第三人产生债权债务关系，并呈现出由生活性债权债务关系向经营性债权债务关系转化的趋势。而《民法典》在原法律规定的基础上为适应该趋势，将其平衡夫妻双方和债权人利益的精神法典化，在夫妻共同债务认定规则的变迁历史中具有里程碑的意义。因此无论是夫妻双方还是债权人，都应当予以高度关注。

关键词： 民法典 夫妻共同债务　认定标准

一、夫妻共同债务认定的发展

2003 年，最高人民法院针对当时反映比较激烈的"假离婚、真逃债"现象，专门制定并出台了《关于适用〈中华人民共和国婚姻法〉若干问题的解释（二）》。该解释明确规定，夫妻双方在婚内，如任意一方通过个人名义与他人产生债务的，应当认定该债务属于夫妻共同债务，同时列举了两种不在此列的情形。

在 2017 年，最高人民法院再一次对上述解释进行了补充规定，针对第 24 条补充了两项内容，主要规定了与第三人进行串通、虚假编造的债务以及由于赌博、吸毒等违法犯罪行为所承担的债务，均不以夫妻共同债务予以认定。

最高人民法院于 2018 年颁布了《关于审理涉及夫妻债务纠纷案件适用法

---

* 作者简介：胡义丰（1995 年-），男，汉族，四川乐山人，中国政法大学同等学力研修班 2022 级学员，研究方向为民商法学。

律有关问题的解释》，该解释条文仅有四条，却对有关夫妻共同债务的认定标准以及举证责任划分方面进行了重大改变，删除了过去将婚内债务普遍认定为夫妻共同债务的规定，这有助于保护没有借债的配偶一方所拥有的合法权益。

在2020年召开的第十三届全国人民代表大会第三次会议中，审议通过并颁布了《民法典》，该法于2021年1月1日正式开始生效。《民法典》婚姻家庭编新增两个条文，即第1060条与第1064条，将之前《婚姻法》及司法解释未规定明确的内容进行明确，同时对最高人民法院在2018年出台的审理判决夫妻债务纠纷案件所适用的相关法律解释中被广泛接受的条文进行了整合，构建了我国《民法典》全面系统的有关夫妻共同债务认定的适用原则及标准，能更好地兼顾债权人利益与未举债配偶一方利益的平衡，兼顾了《民法典》的社会效果与法律效果。[1]

二、《民法典》中夫妻共同债务认定标准

我国《民法典》在第1064条作出了具体详细的规定：夫妻共同债务主要指的是由夫妻二人共同签名确认，或者由其中任何一方在事后作出追认等行为所形成的共同意思表示从而承担的债务，以及婚姻存续期间任何一方通过个人名义为了家庭日常开支而担负的债务等。

在婚内夫妻二人任意一方利用自己的名义而承担的超出家庭日常必需开支的债务，不被法律认定为夫妻共同债务，但下列情形除外：债权人可以举证证明此债务被借债方用来从事夫妻共同拥有的生产经营活动，或者用于共同生活，或者该债务是夫妻二人共同形成的意思表示。

综上所述，根据法律规定能够被认定为属于夫妻共同债务的主要有以下三种情形：第一种是夫妻双方共同签名的债务或是其中一方进行了事后追认的债务；第二种为在婚内夫妻二人任意一方用自己的名义而承担的未超出家庭日常必需开支的债务；第三种为婚姻存续期间夫妻二人任意一方用自己的名义而承担的超出家庭日常必需开支的债务，但是债权人能够提供充足证据证明此债务被借债方用来从事夫妻共同拥有的生产经营活动，或者用于共同

---

〔1〕 刘杰勇：“《民法典》中共同生产经营型夫妻共债的认定——兼论第1064条第2款与第56条第1款的关系”，载《大连海事大学学报（社会科学版）》2021年第2期。

生活，或者该债务是夫妻二人共同形成的意思表示。

（一）共签共认之债的认定

共签共认之债指上文中列出的《民法典》第 1064 条规定，也就是指夫妻二人共同签名确认，或者由其中一方在事后作出追认等行为所形成的共同意思表示从而承担的债务。该条文的重点在于夫妻双方是否都对举债有共同意思表示。共同意思表示的方式有多种，除了上述夫妻共签共认、一方事后追认等作出了明确意思表示的同意共同举债的情况以外，实践中还常常出现未举债一方默示同意举债的情形。根据相关规定和相关司法判例，有证据证明未举债一方明确知晓所承担的债务并且没有提出反对意见的，法院可以推定夫妻双方具有共同举债的意愿。

（二）家事代理之债的认定

家事代理之债指在《民法典》第 1064 条中所规定的：将婚内夫妻二人任意一方用自己的名义而承担的未超出家庭日常必需开支的债务认定为夫妻共同债务。而在婚姻存续期间，夫妻任意一方用自己的名义而承担的超出家庭日常所需的债务，则不属于夫妻共同债务的法定范围。条文中所指的"家庭日常生活需要"主要是夫妻二人以及与他们共同生活在一起的没有成年的子女所需要花费的日常费用，如吃穿住行、子女教育费用、医疗卫生以及娱乐文化等相关消费支出。这些开支是普通家庭得以正常生活必不可少的费用，而不是指为奢侈享受支付的款项。

（三）债举人举证之债的认定

债权人举证之债指在《民法典》第 1064 条中所规定的：在婚姻存续期间，夫妻任意一方用自己的名义而承担的超出家庭日常所需的债务，则不属于夫妻共同债务的法定范围。但不包括下列情形：债权人能够提供充足证据证明此债务被借债方用来从事夫妻共同拥有的生产经营活动，或者用于共同生活，或者该债务是夫妻二人共同形成的意思表示。[1] 这表示一旦债务超出了一般家庭日常开支的正常范围，债权人必须提供证据证明该债务是基于夫妻双方共同的意思表示（即共签共认之债），或者证明该债务是由于维持夫妻

---

[1] 曹亚君："夫妻债务中'用于夫妻共同生活、共同生产经营'标准之审视——以最高人民法院法释〔2018〕2 号第 3 条为评析视角"，载巢志雄主编：《中山大学青年法律评论》（第 5 卷），法律出版社 2020 年版。

共同生活或者开展共同生产经营活动而产生的。

（四）夫妻共同债务的举证责任

关于夫妻共同债务的认定，存在另一个关键问题即涉及举证责任的分配方式。承担举证责任的一方，有收集、提供证据以证明自己主张的义务，并将承担不能证明其主张的风险。夫妻共同债务案件中，举证责任分配方式受债务类型影响，具体而言：在共签共认之债类型中，债权人需要提供充足证据证明夫妻共同举债的意思表示，也就是需要提交由负债夫妻双方共同签字确认的借债合同或者欠条，及夫妻任意一方所进行的关于事后追认的意思表示或电话、短信、微信、邮件等有关证据。[1]家事代理之债类型中，原则上应当推定为夫妻共同债务，债权人只需提供该债务是由于家庭日常生活开支所需而形成的基本证据，假如具备债权债务关系、债务金额符合当地普通居民的家庭日常消费标准或水平、债权人尽到了审慎注意义务等，无需提供证据表明此债务的实际用途是否为家庭日常生活。一旦配偶提出抗辩强调该债务不应被认定为夫妻共同债务，应当由其提供证据证明该债务并没有被用于家庭日常生活开支。债权人举证之债的情形中，一般情况下不属于夫妻共同债务，如果债权人向法院提出诉求，主张其属于夫妻共同债务，此时债权人应当提供证据证明该债务是由于夫妻双方进行共同生产经营或者用于共同生活而产生的，或者是出于夫妻双方相同的意思表示而导致的债务。

三、《民法典》中夫妻共同债务认定标准的价值与意义

夫妻共同债务，是我国民事基本法律制度的内容之一，其牵涉平衡夫妻双方的财产权利以及债权人的债权之间的利益关系，在我国《民法典》中明确规定的关于夫妻共同债务的内容，具有十分重要的现实价值，进一步健全该项制度，反映了国家立法对于人民群众关切的重视，有利于在案件审理中统一法律适用，降低了司法实践中关于夫妻共同债务认定情形的难度，防止出现混乱和失衡。《民法典》中有关夫妻共同债务的规定及认定标准等内容，是以法律行为作为依据而进行的法理基础选择，极大地推动了我国法律理论体系的架构，补充和完善了我国在夫妻共同债务法律理论系统的不足。首先，合理划分和明确了夫妻共同债务制度的举证责任。其次，进一步细化和规定

---

〔1〕 刘杰勇："论经营型夫妻共同债务的认定与清偿"，载《西南政法大学学报》2022 年第 1 期。

了债务人关于日常家事代理权的行使标准。再次，建立并完善了有关夫妻共同债务的债务偿还规则。最后，补充完善了夫妻共同债务的理论体系，使司法实践获得了更有力的法律依据。

四、结论

综上所述，本文认为关于夫妻共同债务的认定方面，应当确定核心标准并对相关制度进行完善，统一法律适用从而实现实质上的公平正义。《民法典》相关规定为认定夫妻共同债务提供了明确的法律依据，有利于案件统一判决，避免发生同案不同判等有失公平的情形。《民法典》的颁布真切体现了群众的呼声与利益，反映了我国法律以人为本的法治理念，也标志着中国特色社会主义法律体系得到了进一步完善。

反向刺破公司面纱制度研究

黄　飚*

（中国政法大学 北京 100088）

摘　要： 司法解释、《全国法院民商事审判工作会议纪要》（以下简称《九民纪要》）、民间借贷、涉一人公司的特殊案例中均有对反向刺破公司面纱制度的实践适用，但在立法中并不明确。公司在股东滥用公司法人人格及股东有限责任损害股东债权人时应否承担连带责任、承担连带责任后各方利益又如何平衡。反向刺破公司面纱应借由"公司股东滥用股东权利和公司法人独立地位逃避自身债务，严重损害其债权人利益的，公司应当承担连带责任"的立法表述予以固定。司法适用中，公司债权人优于股东债权人就公司财产进行受偿，股东债权人的人身性债权亦具有优先的执行顺位。

关键词： 反向刺破公司面纱　公司法人格否认　股东债权人

一、什么是反向刺破公司面纱

股东有限责任及公司法人人格独立是现代公司法的两大制度基石。但实务中却存在股东违反诚实信用和禁止权利滥用原则，通过滥用股东有限责任及公司法人人格独立地位，逃避债务，严重损害债权人的利益。现行《公司法》第 20 条确立了公司法人人格否认制度，股东对公司债务承担连带责任，保护了公司债权人的合法利益。现实中亦存在股东为逃避股东个人债务向公司转移财产，严重损害股东债权人利益的情况，可否将股东与公司视为一体，以公司资产清偿股东个人债务？若公司为股东个人债务担责，则其他公司利

---

* 作者简介：黄飚（1976 年-），男，汉族，广东平远人，中国政法大学同等学力研修班 2022 级学员，研究方向为民商法学。

益相关方如善意股东和公司债权人的利益应如何平衡？以上疑问涉及公司面纱的刺破，但在责任流向上又与传统的正向刺破公司面纱相反，因此我们通常将其称为"反向刺破公司面纱"。

二、反向刺破公司面纱在中国的实践研究

2003 年颁布的最高人民法院《关于审理与企业改制相关的民事纠纷案件若干问题的规定》第 7 条规定"债随物走"带有反向刺破公司面纱的特征，该规定带有明显的国企改制时特定的时代特色，后来没有上升到立法层面。

在《九民纪要》征求意见稿中曾有股东滥用公司法人独立地位，为逃避自身债务转移至公司，严重损害该股东债权人利益的，公司可以根据正向刺破公司面纱条款的《公司法》的规定，由公司连带承担该股东债务的类似表述。但正式发布时删除了该条规定。不过，其正式稿的第 11 条规定增加了关联公司的刺破，即在人格混同，严重侵害公司债权人的利益情况下，受同一股东实际控制的多个子公司或关联公司之间互相承担责任的情形。2021 年的《公司法》修订征求意见稿，吸收了该横向否认的规定，自此刺破公司面纱从 2005 年《公司法》立法确定正向刺破后，有望将横向刺破规则从司法解释进入《公司法》。

民间借贷司法解释规定，借款人为了公司生产经营以个人名义通过民间借贷借款的，如果借款人为企业法定代表人或负责人的，出借人可以请求公司承担连带责任。在北大法宝检索历年相关案例发现，从 2014 年到 2022 年一共检出 14 944 篇判决书。该司法解释对比刺破公司面纱而言适用规则简单明了，不足的是只限于民间借贷的法定代表人及企业负责人借款用于公司经营的情形，但不适用于股东借贷后利用与公司的非公允交易掩盖转移财产的情形，因此该司法解释具有一定的局限性。

一人有限责任公司治理结构的特殊性决定了其独立法人地位极易被股东滥用而与其唯一股东发生人格混同，至于一人公司可否承担其财产独立于股东的举证证明责任，并在举证不能的情形下为股东债务承担连带责任，公司法没有明文否定。否认股东全资子公司之法人人格，判令该子公司为股东债务承担连带责任，同样有助于规制股东滥用公司法人独立地位和股东有限责任以逃避债务的行为。在最高人民法院〔2013〕民二终字第 120 号案例中，股东在签订转让股权协议后，款项进入公司，但实际并未过户股权，侵犯了

股东债权人利益，法院判决该公司为其 100% 股份的股东承担连带责任，从而保护股东债权人的利益。在最高人民法院［2021］民终 1301 号案例中，根据刺破公司面纱原理和一人公司的治理缺陷，股东与其一人公司只要存在人格混同，均应对彼此债务承担连带责任。最高人民法院［2020］民申 2158 号民事裁定等多件案例也持此结论。因此对一人公司的治理主要是保护债权人，所以只要发生混同，公司与股东即可视为同一人，本文认为互相负连带责任是应有之义，但是要考虑股东债权人、公司债权人的履行顺位。

三、反向刺破公司面纱的公司法立法研究

实务中股东转移个人财产到公司，导致股东债权人追偿困难的，如前所述我国《公司法》没有明确规定反向刺破公司面纱制度，股东债权人只能利用民间借贷的特殊规定、一人有限责任公司的人格混同等直接要求公司承担连带责任，或者用《民法典》中债的保全或者执行股东股权等有限的救济手段。[1]随着市场经济的发展，商事主体日益繁多，新的商业模式日益复杂，交易行为跨境跨国，资产转移更加隐蔽。股东债权人在信息不对称的情况下与股东交易，承担了更大的风险。不能允许股东在明显违反诚实信用原则、禁止权利滥用原则的情况下利用公司法人人格独立地位及股东有限责任逃避债务。在非前所述特定法律或司法解释适用的情况下，极易产生法律漏洞，影响市场公平交易的经济秩序。为统一裁判规则，需要审慎地推进反向刺破公司面纱制度的建立，从而实现矫正正义。各种刺破面纱理论表面形式不同，但实质意义相同，目的均在于确保法律关系的实质优先于形式，防止对于公司法人独立人格和股东有限责任的滥用。[2]

对于传统刺破公司面纱制度，要求责任股东对公司债务承担连带责任从而增加公司清偿债务能力；但反向刺破公司面纱制度要求公司对股东债务连带，减损了公司的清偿能力，损害了公司债权人、善意股东的利益。由于《公司法》20 条第 2 款已经规定股东之间内部追责，因此反向刺破公司面纱法条要平衡公司债权人的利益保护，可以在 2021 年的《公司法》修订草案第

---

［1］　杜麒麟："反向刺破公司面纱的制度构建与适用"，载《法学评论》2016 年第 6 期。

［2］　陈林、贾宏斌："反向刺破公司面纱——公司法人格否认规则的扩张适用"，载《人民司法》2010 年第 14 期。

21 条的基础上增加一款如下：

公司股东为逃避自身债务，滥用股东权利和公司法人独立地位转移财产到公司，导致严重损害其债权人利益的，公司应当对该股东债务承担连带责任。公司担责后，公司债权人有权要求公司提供相应的担保或提前清偿债务；公司存在破产情形的，参照《企业破产法》的规定处理，股东债权人的债务性质属于人身权损害的，可以参照公司职工债权的顺位执行。公司因承担股东个人债务导致公司债权人遭受损失，公司债权人有权向责任股东追偿。[1]

其中第一句，是反向刺破公司面纱制度的基本构成要件。第二句，按照利益平衡的原则，根据债权的性质明确相应的执行顺位。第三句，兜底条款，为避免公司债权人未及时履行相关权益导致利益受损，责任股东对公司债权人承担连带责任。下面讨论如何适用该法条：

（1）主体要件。应坚持个案适用原则，确定股东与公司人格混同，在认定时参照《九民纪要》的有关的规定，这里不再详述。至于实际控制人，隐名股东是否可以适用，本文认为，在商事交易中，债权人具有审查交易对方基本信息的义务，由于实际两者与公司并无直接法定股权关系，不适合扩大到非股东。另外，权利人限于滥权股东的债权人，以保护该法条适用的谦抑性。

（2）行为要件。由于转移财产行为方式的多样性，[2]应采取客观行为要件，在司法实践中，可通过司法解释对相关认定作类型化处理。直接转移财产型：如股东在获得债权人资产后直接转移财产到公司，导致股东自身资产不足以清偿股东债权人的，此时公司获得了原属于公司债权人的财产，客观上该行为直接产生了公司与股东财产混同的效应，公司与股东对债权人共同承担责任是应有之义。交易型：如果采取的是以非公允的自我交易或关联交易掩盖转移财产的行为，一般按照生活经验常识予以判断，必要时采取审计、评估的方式进行判断。

（3）主观要件。公司与滥权股东人格混同的情况下，股东与公司法人积极实施或者放任逃避债务的行为发生，从而侵害股东债权人的利益，对于主

---

[1] 岳万兵："反向否认公司人格：价值、功用与制度构建"，载《国家检察官学院学报》2021年第 6 期。

[2] 林承铎、胡兵："外部人反向刺破公司面纱的构成要件研究"，载《武汉理工大学学报（社会科学版）》2016 年第 5 期。

观故意可依股东转移财产的客观行为进行推定认定。

（4）结果要件。无损害，无救济。股东债权人在股东转移财产到公司导致股东债权人损害事实发生时，并且股东资产（不包括股东对公司的股权）不足以清偿股东债权人时，权利人才得以主张该权利。

（5）因果关系。行为与结果之间应有因果关系，股东债权人的利益损失是由于股东转移财产到公司的行为造成的，如果股东债权人的损失是由其他原因造成的，则不适用该规则。

（6）利益衡平。按次级债权理论，因为股东债权人从属于公司股东所以其履行顺位应后于公司债权人，[1]进而公司债权人有权对公司主张不安抗辩提出担保或要求提前清偿。[2]如果公司有破产情形的，则按照破产法相关规定处理；如股东的债权人若为人身损害的求偿，为了平衡社会公平正义，应按公司职工债权顺位执行。

由此，我们确立了反向刺破公司面纱的制度，为股东债权人在公司法框架下提供了救济手段，维护了市场交易安全，保护了社会公共利益。

---

〔1〕 李曙光："公司法的模式、理念与修改"，载《环球法律评论》2004 年第 4 期。

〔2〕 陈克："股东债权劣后清偿规则的法理反思与法律继造"，载《法理——法哲学、法学方法论与人工智能》2019 年第 1 期。

论有限责任公司股权登记的效力

黄思滢*

（中国政法大学 北京 100088）

摘 要：公司登记是指公司依法向登记机关提交关于设立、变更或者终止其主体资格的相关材料，经过法定程序，由登记主管机关审查核准后进行公示的法律行为。股权的工商变更登记属于公司登记的重要内容之一。

关键词：有限责任公司 股权变动 股权变更登记 股权转让

我国现行法关于商事登记效力的规定不多，相关类型的规定零散分布于《民法典》以及相关商事单行法和法规中，以至于当前股权变更登记的法律效力仍不明确。本文拟从股权变更登记的概况中浅析其法律效力。

一、股权变更登记的含义

2021 年《公司法（修订草案）》第 27 条明确规定公司登记事项发生变更时依法应当进行变更登记，不经变更登记的登记事项无法对抗善意第三人。该第三人通常是指在合法交易中，不知道法律关系双方的真实情况，已经办理了登记的权利人。《市场主体登记管理条例》第 24 条还规定了发生登记事项变更时应当向登记机关申请变更登记的时间。

因此，股权变更登记是指公司将股权变动的状况提交相应材料给公司登记机关，由登记机关经审查后对外公示的法律行为。股权的对外转让在程序上依照时间顺序可分为两个阶段，第一阶段可称为股权对外转让的前置程序，涉及在公司内部征求其他股东的同意和其他股东的优先购买权行使问题，第

---

* 作者简介：黄思滢（1993 年-），女，汉族，广东广州人，中国政法大学同等学力研修班 2022 级学员，研究方向为民商法学。

二阶段可称为狭义的股权对外转让，涉及股权转让合同签订和股权变动问题。[1]由此可以得知，不论是在公司内部之间的股权转让抑或对外转让股权均需要办理工商变更登记，否则，对不办理工商变更登记行为所引起的法律后果需自行承担。

二、股权变更登记的法律效力

（一）公示公信力

经公司登记机关进行对外公示的登记事项具有公示公信力。根据《民法典》第 65 条的规定，[2]该条款直接表明了商事登记事项的公示公信力，相对人完全可以凭借该条款行使请求权。公信效力是指善意相对人得以登记事实对抗登记义务人，将登记事实拟制为客观真实存乎于当事人之间，并据此使相关法律事实产生相应法律后果的效力。目的在于保护善意相对人对登记外观的信赖。[3]

外观主义和行政公定力共同构成商事登记公示效力的理论基础。[4]外观主义旨在保护善意第三人的信赖利益，信赖除了基于商事交易主体本身对交易的信赖之外，还基于商事登记是行政行为这一性质。

公司登记既是设权性也是公示性的商事登记，因股权转让而进行的股权变更登记属于商事公示登记。公司进行股权变更登记时需按照法律规定提交相关的材料，公司登记机关需要对其进行审查，审查批准后才可以对外公示。公司登记机关作为国家机关，其所作的行为本身就具有客观性、公正性和权威性。既然公司登记是由行政机关为登记事项进行背书的行为，则善意第三人无任何理由去否定该背书的真实性。因此，当公司登记机关将公司股权变动这一事实及新股东姓名或名称等公之于众，自然就具备了公示公信力。

与此同时，善意相对人可以依据公司登记机关的登记信息了解公司的股东及股权变动情况，也清楚知悉了违反该规定需要自担风险。因此，进行股

---

[1] 李建伟："有限责任公司股权变动模式研究——以公司受通知与认可的程序构建为中心"，载《暨南学报（哲学社会科学版）》2012 年第 12 期。

[2] 《民法典》第 65 条："法人的实际情况与登记的事项不一致的，不得对抗善意相对人。"

[3] 邹学庚："《民法典》第 65 条商事登记公示效力研究"，载《国家检察官学院学报》2021 年第 1 期。

[4] 赵旭东、邹学庚："商事登记效力体系的反思与重构"，载《法学论坛》2021 年第 4 期。

权转让的工商变更登记行为就是对股权转让效力的确认和加固行为。

（二）对抗力

股权登记的对抗力，当第三人对其股权主张权利时，经过股权登记的所有权人享有可排斥该第三人主张权利这一行为。以《民法典》第65条的规定为例，法人可以依照其登记事项对抗相对人，此种对抗力也即"积极对抗力"。积极对抗力是一经登记的事项，对第三人主张该权力时享有免责力。

目前，我国股权变更登记的对抗力除了积极对抗力外，还有消极对抗力。当所有权人未依法将应当进行登记的商事变更事项进行登记，则不具有对抗善意第三人的效力，这也是商事外观主义的体现。

公司是股东变更登记之义务主体，要积极履行办理股权变更登记的义务。同时，股东有权依据股权转让合同要求公司履行登记行为，否则，公司应当承担违约的法律后果。股东也负有配合登记之义务，比如提交股权转让协议，若股东不配合办理股权变更登记，则不利后果应当由股东个人承担。公司与股东之间的相互配合，均是为了更好地发挥股权变更登记的对抗力，维护社会经济秩序的稳定。

前文所述的公信效力与对抗效力是一对相对应的权利，前者旨在保护善意相对人对登记事实的信赖，后者旨在保护登记义务人对登记事实的信赖，二者共同平衡善意相对人与登记义务人之间利益风险的分配。[1]

三、股权发生变动的时间

在司法实践中，对股权转让合同生效后股权变动时间究竟界定为股权转让合同生效之时，公司将买方载入股东名册之时，抑或公司登记机关办理股东名册变更登记之时，[2]存在不同观点。

据法律规定，有限责任公司的股东之间内部转让股权是不受限制的，这点在司法实践上已无争议。存在争议的是股东对外转让股权时股权发生变动的时间，虽然《公司法》第71条最大限度地平衡了有限责任公司的人合性和股东股权转让自由，但其仍未就有限责任公司股权转让的生效时间作出规定，

---

〔1〕 冯翔：《商事登记效力研究》，法律出版社2014年版，第183页。

〔2〕 李建伟："有限责任公司股权变动模式研究——以公司受通知与认可的程序构建为中心"，载《暨南学报（哲学社会科学版）》2012年第12期。

关于股权变动的具体时间仍存在较大的争议。

为了弥补这一漏洞，明确股权发生变动的时间点，根据《全国法院民商事审判工作会议纪要》（以下简称《九民纪要》）第 8 条[1]的规定，《九民纪要》确认以股东名册发生变更时则股权发生变动，这一规定明确了股权转让纠纷中关于股权转让生效时间的认定标准，有较强的裁判指引作用。

因此，股权转让的本质仍是一种民事法律关系，股权受让者的股权并不是由公司登记机关所创设，而是各方当事人之间合意的成果，股权转让不以工商变更登记为生效要件，在未违反相关法律规定的前提下，股权转让协议一经各方合意签订即可生效，但这并不等于股权转让生效，合同生效不会自动发生股权转让，还需要合同的实际履行，实际为股权的交付行为。

工商登记虽然对外公示了记载的关于公司股东及相应股权份额信息，但股权的工商变更登记仅为行政管理行为，是否办理工商变更登记并不影响股东权利的行使。股权工商变更登记是工商行政机关通过对企业或者其他组织已发生股权变更的法律事实或法律关系加以审查、记载和确认的行政行为，办理股东变更登记，仅对当事人之间已经发生的股权转让事实或者民事法律关系加以确认，未经变更登记并不影响民事法律关系的效力。

股东名册的变更作为股权变动的公示方式，认为其效力属于设权登记同时决定了股权转让合同生效不会使受让人自动取得股权。受让人取得股权是转让合同与股东名册变更两者共同作用的结果，股东名册的变更是受让人取得股权的标志。股权变更登记具有对抗善意相对人的效力，而工商变更登记不是股权转让双方的责任，而是公司的责任。但是否变更登记，不影响转让合同的效力，也不影响受让人实际取得股权。实践中很多公司并不置备股东名册，公司内部的其他文件只要能够证明公司认可受让人成为新股东，都可以产生相应效力，如公司章程、会议纪要等。

四、结论

虽然《九民纪要》作出了明确规定，但关于股权转让的生效时间，学界

---

[1] 《全国法院民商事审判工作会议纪要》第 8 条对有限责任公司的股权变动作出明确规定，"当事人之间转让有限责任公司股权，受让人以其姓名或者名称已记载于股东名册为由主张其已经取得股权的，人民法院依法予以支持，但法律、行政法规规定应当办理批准手续生效的股权转让除外。未向公司登记机关办理股权变更登记的，不得对抗善意相对人"。

仍存在不同的观点。在当前法律都无明文规定的情况下,《九民纪要》就作出了关于股权变动时间的具体规定,此举是否与现行的法律相冲突?《九民纪要》仅作为确认股权生效时点法律规定的开端,关于股权转让的生效时间的立法规定,不管是理论界还是实务界都有待进一步的探讨和研究。

同时,股权转让的合同主体、目标公司均有义务在作出股东会议决议、修改公司章程等完成公司内部变更程序后及时办理工商登记变更,方可维护社会经济市场秩序。股权转让合法规范、公司治理不断完善和健全才能不断提升公司活力和效率,切实防范因股权转让引发的各种纷争致使公司陷入僵局。

论个人信息保护背景下人脸识别技术的运用

——以人脸识别技术在商业运用中消费者个人信息保护为例

金国强*

（中国政法大学 北京 100088）

摘　要： 大数据时代背景下，人脸识别技术提高了我们生活和工作的效率；刷脸支付、刷脸进出等人脸识别技术被广泛应用于商业活动中。人脸识别技术是一把双刃剑，在为人们生产和生活带来便利的同时，也让人们面临着挑战：消费者个人信息泄露、肖像权滥用、个人身份被冒用等。因此，我们在享受人脸识别技术在商业领域运用中带来的红利时，也要认真审视其背后存在的风险与挑战。在商业运用背景下，要充分意识到消费者隐私权和个人信息保护的问题，促进人脸识别技术和人类生活和发展的良性互动。

关键词： 人脸识别技术　个人信息保护　消费者隐私权保护

一、问题缘起：中国"人脸识别第一案"引发的思考

人脸识别技术是指人工智能背景下具有特殊性与复杂性的生物识别技术。中国"人脸识别第一案"使消费者意识到个人信息保护和隐私权维护，也为有关法律部门和政府及消费者个人进行反思和学习，不断改善人脸识别技术在商业运用的环境敲响了警钟。人脸识别技术的特点之一是可识别性，无需与设备进行紧密接触，能在比较遥远的位置或范围被识别与发现。而"人脸识别第一案"引发消费者对个人隐私权、信息保护等问题的担忧，也成为本

文的论述展开的起点。[1]

2019 年，杭州野生动物世界原本的进场方式为指纹按压进场，随后该园将消费者入场方式更新为"刷脸"入园。某大学副教授郭某为年卡持有者，他认为个人隐私权受到了侵犯。郭某向富阳区人民法院提起诉讼，他认为园区改良后的年卡系所使用的人脸识别技术，将有关消费者面部特征信息非法收集，若个人信息遭到泄露、非法提供等情况，会危及消费者的人身、财产和消费者个人信息安全。同时，本案的争议焦点是搜集人脸识别信息的具体情况以及对消费者个人信息"知情"范围的界定。"人脸识别第一案"引发了公众对人脸识别技术在商业领域运用中消费者信息安全和隐私权的思考和讨论。

"人脸识别第一案"备受瞩目，不只在于其涉及如何平衡个人信息保护与个人信息商业化运用之间的关系，更在于法律应当如何正当而合理地分配科技所带来益处和挑战。

人脸识别技术为人们提供了便捷的服务，但服务的获取以个人面部隐私信息的让渡为代价。本文浅谈了人脸识别技术在商业运用背景下的活动，并给予完善和提升消费者隐私权和个人信息保护的相关建议。

一方面，在人脸识别技术商业活动的应用中，商家获取消费者人脸信息及相关数据，有助于商家采取精准营销战略。另一方面，经营者利用人脸识别技术，降低企业运营成本，提升企业管理效率，促进产品和服务的多元化发展，有效助力了商业组织的合规实践。该案所处理的问题和难点极具时代特点，即在人工智能、科技、网络、大数据与数字技术不断发展的背景下，在新兴领域或事务所牵涉的各方主体在法律上应当如何正当而合理地分配科技所带来的效益与风险。[2]新的技术不断发展，也会催生相关产业的发展。人脸识别技术为在智能化时代中，个人信息安全的法律法规的完善和制定指明方向。

二、人脸识别技术的特点及商业运用场景

（1）人脸识别技术的特点。人脸识别技术是指运用人体生物识别特征对个人身份予以鉴定。将生物统计学、生物传感器、统计机等多种学科知识

---

[1] 参见浙江省杭州市富阳区人民法院［2019］浙 0111 民初 6971 号民事判决书。

[2] 劳东燕："'人脸识别第一案'判决的法理分析"，载《环球法律评论》2022 年第 1 期。

相融合，通过吸收借鉴这些科技含量较高的技术与方法，在不同的应用场景中（比如，身份验证领域、支付宝刷脸支付领域、深度伪造领域以及个性化广告领域等）进行集中采集，精确比对已经存储的自然人先天的人脸识别特征信息，与数据库中原先已保存的人脸识别信息核实以验证身份，抑或在数据库中搜索比对是否存在指定人像的操作流程。

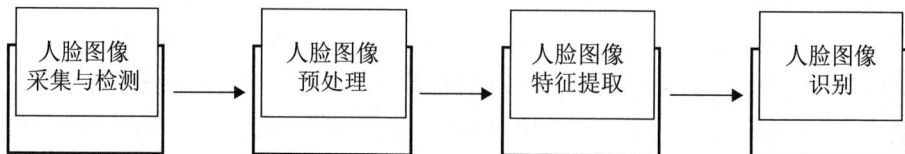

```
┌─────────────┐     ┌─────────────┐     ┌─────────────┐     ┌─────────────┐
│  人脸图像   │     │  人脸图像   │     │  人脸图像   │     │  人脸图像   │
│ 采集与检测  │ ──> │   预处理    │ ──> │  特征提取   │ ──> │    识别     │
└─────────────┘     └─────────────┘     └─────────────┘     └─────────────┘
```

（2）人脸识别技术商业运用场景。人脸识别技术广泛应用于上述活动中，这是科学技术不断发展带给我们的便利，有利于商业活动便捷、高效、低成本地开展。人脸识别技术运用于身份验证领域：在公众出行乘坐高铁、飞机等交通领域，可通过刷脸通过闸机方式乘坐交通工具；人脸识别技术运用于刷脸支付领域：在日常购物和支付中，消费者可以不通过手机扫码支付，选择刷脸方式，方便快捷；人脸识别技术运用于个性化广告领域：商家可根据消费者日常产品搜索，定位消费者购买倾向和喜好等。

通过以上列出的几项常见的人脸识别技术的商业运用具体场景，显然，人脸识别技术的商业运用，一定程度上威胁到了消费者的个人信息安全，易造成个人信息的"裸奔"、个人信息搜集过度和同意原则失灵等。

三、人脸识别技术在商业运用中消费者个人信息保护策略

人脸识别技术与社会生活密切相关，我们在享受其福祉和便捷的同时，要考虑我们作为消费者自身隐私权和个人信息安全，营造良好的社会环境。

从立法层面来说，在当前人脸识别技术运用于商业背景下，要不断完善相关的法律法规，提升法律法规对消费者或者公众个人信息和隐私、肖像权的保护并约束相关行业对消费者个人信息采集的界限。我国应衔接《民法典》关于隐私权和个人信息保护的相关规定，对《消费者权益保护法》作出修改和调整。[1]明晰人脸识别技术的使用边界，并设置应用监管框架，使消费者

---

〔1〕 季卫东："数据、隐私以及人工智能时代的宪法创新"，载《南大法学》2020年第1期。

的个人信息得到有效保护，促进人脸识别技术在商业运用中的可持续发展。从执法层面来说，坚持法治思想的指导，落实好"负面名单"的具体内容；严格执法，与相关企业和部门保持联系并提供恰当的指导。

从技术治理层面来说，首先对人脸识别技术上进行规制，要充分考虑消费者的个人信息保护。"人脸识别第一案"启示我们要充分尊重消费者隐私权和个人信息保护；相关部门和企业对信息采集技术的升级换代，要在合法、合规的原则指导下，将个人信息保护嵌入人脸识别技术。采取技术手段，使消费者个人信息保护处于该技术运行的核心地位。

从消费者角度来说，消费者在享受其便利的同时，有时会忽视在网络平台中对个人信息的自我保护。在数字社会中，人工智能和消费者个人信息及隐私问题之间的矛盾难以避免。应对这种问题，有关部门可以通过开展相关教育活动，宣传相关法律常识，增强消费者的相关法律知识和维权意识的方式，进一步加强消费者对隐私权和个人信息保护权利意识建设，营造良好的商业运用环境，促进人脸识别技术的更新和升级。

四、结语

人工智能的快速发展，是人类生活进步的助推器，在法律层面来讲，也推动了相关法律法规和政策的完善。"人脸识别第一案"所折射出的消费者个人信息保护和隐私权问题，需要我们不断关注，并及时出台相关政策。人脸识别技术在商业活动中的广泛运用提高了商业运作的效率，节约了商家成本，给人们的生活带来了便利，但其背后存在的挑战亟需我们的关注，从而使消费者的隐私权和个人信息在商业活动中，得以规避风险，并且获得必要的保护。

居住权视角下的"以房养老"研究

李骁晨*

（中国政法大学 北京 100088）

摘 要："以房养老"，是针对我国老龄人口中出现的"房子富人、现金穷人"群体，优化解决养老问题的积极尝试，本质是老年人释放自有房屋的经济价值，以获取流动养老金来提高老年生活的质量。《民法典》居住权制度的确立，为"以房养老"模式注入了新的生命力。在"以房养老"需求日渐旺盛的社会背景下，有必要对融合居住权的"以房养老"模式的现实可行性进行研究，以彰显居住权制度保护弱势群体居住利益的立法目的、促进"住有所居"的时代需求的实现。

关键词："以房养老" 居住权 权利冲突

一、问题的提出

近年来，我国人口老龄化程度日渐加剧，养老问题日渐受到社会的高度关注。受到我国传统的"居者有其屋"的观念影响，尽管我国大部分大中城市商品房价格长期居高不下，我国老年人群体仍倾向于倾其毕生积蓄为自己或子女购买房产，使得部分老年人面临有住宅但养老金收入低、生活质量不高的困境，形成了典型的"房子富人、现金穷人"群体，这使得围绕住房优化解决养老问题开展探索具备了广阔的土壤和现实的必要性。

目前，我国的老龄化人口大部分出生在 20 世纪 50、60 年代，当时的计划经济体制和特殊的历史背景，使这部分人群中的大部分并没有在年轻时养

---

  * 作者简介：李骁晨（1990 年-），男，汉族，山东枣庄人，中国政法大学同等学力研修班 2022 级学员，研究方向为民商法学。

成良好的金融观念，在老年阶段的投资行为经常在"极端保守"和"极端冒进"之间摇摆，在意识和观念上抵御金融风险的能力处于较低水平，同时，我国在商业养老领域的立法尚待完善，帮助老年人抵御金融风险的制度屏障尚待牢固。在这样的环境下，政府部门虽然正在以出台文件等方式积极尝试推行"以房养老"模式，但正规渠道的"以房养老"金融产品的推广效果并不明显，反而以"以房养老"之名行骗取钱财之实的违法犯罪行为屡见不鲜，严重侵害了老年人的合法权益，也使得这种模式的推广应用受到了很大的制约。

随着《民法典》的出台，居住权作为一种用益物权，其性质、功能、效力等方面的基本框架被法律所明确，我们也可以透过居住权制度管窥"《民法典》的时代作为和保障人民居住需求的人文关怀"。[1]可以看到，居住权制度的确立为"以房养老"模式的发展提供了新的机遇和制度保障。

二、将居住权制度融入"以房养老"模式的意义

"以房养老"模式起源于荷兰，其本质是老年人释放自有房屋的经济价值，以获取流动的养老金来提高老年生活的质量。当前我国市场上流行的"以房养老"模式主要有以下两种表现形式：

第一，"反向抵押"型，即老年人将其所有的房屋抵押给金融机构，以换取金融机构定期向老年人给付养老金（贷款），金融机构在老年人身故后将抵押的房屋拍卖以偿付贷款。[2]之所以称之为"反向"，是因为这种抵押与一般抵押的资金流向相反，一般抵押的资金流向一般表现为"一次放贷，多次还款"，而反向抵押资金流向则表现为"多次放贷，一次还款"。

第二，"售后返租"型，其本质可视为房屋的买卖合同与租赁合同的集合，即老年人将房产出售给金融机构，金融机构以房产转让的对价向老年人分期支付养老金（或以房产转让对价为老年人缴付商业养老保险），同时订立租赁合同将房产返租给老年人，在实际执行上，租金由部分养老金抵扣。这种模式也可视为一种"反向"的融资租赁。

---

〔1〕 陈小君："《民法典》物权编用益物权制度立法得失之我见"，载《当代法学》2021年第2期。

〔2〕 袁昊："论'以房养老'中的老年人保护——以反向抵押为切入"，载《河南财经政法大学学报》2021年第6期。

上述两类"以房养老"模式在实践过程中均存在一定的缺陷。在"反向抵押"模式下，部分违法犯罪分子采取欺骗等手段，故意混淆一般抵押和"反向抵押"，将老年人暴露在巨大的金融风险中，很容易使老年人陷入"房财两失"的不利局面，蒙受巨大的损失。而在"售后返租"模式下，老年人的居住权益以租赁合同的形式保障，而租赁合同本身的债权属性以及《民法典》第705条关于最长租赁期限的规定，均使得在此模式下老年人的居住权益不够稳定，无法得到充足的保障。

《民法典》物权编用益物权分编以专章对居住权制度作了规定，其中第366条明确居住权的内容是"居住权人有权按照合同约定，对他人的住宅享有占有、使用的用益物权，以满足生活居住的需要"。从中可以看到，《民法典》居住权制度的设置，为"以房养老"模式中为房屋所有权和房屋的居住利益的解绑提供了保障。一方面，对于有"以房养老"需求的老人，可以通过设立居住权获得更加稳定的居住利益；另一方面，将与居住权解绑后的房屋所有权转移至养老资金提供方（金融机构），则可以更好地保障其发挥房屋的经济价值，实现其主要利益，以至于实现双方利益的均衡和最大化。综上，在"售后返租"模式下，如果将租赁合同的部分替换为居住权设立合同，则完全可以实现对以往的"反向抵押"和"售后返租"模式的替代更新。

三、融入居住权的"以房养老"模式下居住权与其他权利的关系

（一）居住权与房屋租赁权的关系

在实践中，极有可能出现房屋设立居住权后，居住权人或所有权人又将房屋出租的情形。处理这类居住权与其他权利的冲突问题，可以以《民法典》第467条之规定为基础。由于居住权合同并没有为民法或其他法律所明文规定，而居住权与租赁权在功能上最为接近，因此，居住权合同在适用《民法典》合同编通则的同时，可以参照适用《民法典》合同编第十四章关于租赁合同的规定。[1]

对于居住权人或所有权人是否有权将已设立居住权的房屋进行出租，本文认为，根据《民法典》第369条之规定，对于已经设立居住权的住宅，以不得出租为原则，以当事人另有约定为例外，所有权人或居住权人对已设立

---

[1] 单平基："《民法典》草案之居住权规范的检讨和完善"，载《当代法学》2019年第1期。

居住权的房屋的出租权应当以合同约定为前提，以保证居住权的稳定性。

对于居住权人将房屋出租的行为，有观点认为，《民法典》第369条第2句后半句并未对当事人约定的形式作出明确规定，即当事人可以采取口头或书面形式对房屋是否能够出租进行约定。而根据《民法典》第140条之规定，所有权人对居住权人是否有权出租房屋，可以以明示或者默示的方式作出意思表示。同时，根据上文所述的处理原则，如果适用租赁合同的有关规定处理居住权合同问题，则可以适用《民法典》第718条之规定，当居住权人将设立居住权的房屋出租，所有权人知道或应当知道居住权人的出租行为，但是在6个月内并未提出异议，此时，可以视为所有权人在房屋能否由居住权人出租的问题上，以默示的方式作出了肯定的意思表示，即视为所有权人同意居住权人将房屋出租。

对于所有权人将房屋出租的行为，可简要作分门别类地讨论。在一般情况下，由于居住权属于用益物权，根据"物权优先于债权"的原则，可以按照合同设立的先后顺序解决冲突。在一些特殊情况下，例如"候鸟老人"式的居住权设立，即老年人将自己所有的气候温暖地区的房屋出售给金融机构，为了获得更多的经济上的回馈，自己仅在房屋上设立一年中部分月份的居住权。在这种情形下，本文认为，没有设立居住权的月份，应当视为所有权人获得了房屋的相对完整的使用与收益的权利，但对房屋的租赁期间不能及于设定了居住权的月份，否则仍然应当按照"物权优先于债权"的原则处理。

若当事一方在未经另一方同意的情况下将已设立居住权的房屋进行出租，租赁合同的效力应当如何认定？根据我国债权与物权区分的原则，在合同生效要件齐备的情况下，一般不会将租赁合同认定为绝对无效。此时可将擅自出租的行为视为一种无权处分，无权处分并不影响合同的效力。此时，承租人若实际使用了房屋则构成无权占有，而出租人所得租金应视为不当得利。

对于先出租房屋，后设立居住权的，根据《民法典》第725条"买卖不破租赁"和《民法典》第405条"抵押不破租赁"的规定，可以举重以明轻地推知，后设立的居住权作为用益物权，同样不会影响先订立的租赁合同的效力，原有的租赁关系应当继续存续。

值得进一步讨论的是，针对老年人这一特殊群体，有学者认为，应当对商业养老情境下的老年居住权人的租赁权作例外处理，老年居住权人的房屋在保证其充足的生活空间外，仍有空余的部分应当允许其出租，支持老年人通过居住权获得经济收益。[1]这种观点在一定意义上与居住权的立法初衷相符合，但在立法技术上比较难以应对房地产市场与商业养老市场的复杂环境。若要对老年人的居住权作特殊化的保护，需要对商业"以房养老"模式下的设立居住权的房屋的出租作出明确的界定，目前，这种行为并无相应的法律规定，这种提议只能按照《民法典》第 369 条之规定，依靠合同约定来达成。

可以承认的是，居住权对于老年人而言不仅有居住权益的价值，也有投资收益的价值，基于不同的设立初衷，在规则的适用上也应当作差异化的对待。同时我们也要看到，养老保障属于社会民生，而养老投资属于商业手段，就目前的情况看，适宜先对现有的规则进行统一的解释，以保障民生为出发点明确规则的基本架构，再逐步发展其衍生功能。

（二）居住权与其他物权的关系

在"以房养老"模式下，房屋所有权人（金融机构）为实现其经济利益，自然会对房屋的所有权进行处分或设立其他物权。因居住权属于用益物权，与所有权一样，均具有对世性，故应当按照设立的时间先后来确定优先性。由此可推知，若居住权设立在先，无论是处分导致所有权的变更，还是后设立的抵押权被行使导致物权的变更，均不能对抗居住权；但如果抵押权设立在先，居住权设立在后，房屋因抵押而被处分，则居住权消灭。

居住权存在的情况下，房屋所有权人对房屋的处分并不会影响居住权的存续，但同时，所有权人在处分设立居住权的房屋时，居住权人是否能够享受承租人的优先购买权，成了一个值得讨论的问题。有学者认为，承租人的优先购买权具有保护弱者、提高交易效率的正当性理由，[2]居住权应当参照适用租赁关系中承租人的优先购买权。[3]本文认为，在"物权法定"原则下，优先购买权属于法定权利，由法律明确规定为承租人所享有，居住权人不能当然地通过参照的方式享有此项权利。如果认为需要赋予居住权人类似于承租人的优先购买权的权利，应当通过立法过程，在规则的续造中予以体现。

---

〔1〕 王利明："论民法典物权编中居住权的若干问题"，载《学术月刊》2019 年第 7 期。

〔2〕 戴孟勇："论《民法典合同编（草案）》中法定优先购买权的取舍"，载《东方法学》2018 年第 4 期。

〔3〕 陈耀东、贺立群："论居住权制度在我国的建立"，载《南开学报（哲学社会科学版）》2005 年第 2 期。

四、结语

《民法典》居住权制度的确立，使得"以房养老"式的商业养老模式的可行性得到了提升，融合商业养老险、"售后返租"和居住权制度，有助于养老方（居住权人）和金融机构（所有权人）双方主要利益的实现。但目前，融合居住权制度的"以房养老"模式在运行层面，还有大量规则需要进一步完善，建议在后续的司法解释与规则续造中，进一步厘清居住权与租赁权、居住权与其他物权等权利之间的关系，最大限度地化解纠纷，使居住权制度与"以房养老"模式不断得到完善。

《民法典》中居住权的性质及法律构造研究

李昱娇*

（中国政法大学 北京 100088）

摘　要：党的十九大提出要求加快建立多主体供给、多渠道保障住房制度，《民法典》在此契机下增加了有关居住权的规定。居住权作为一种新型的用益物权，《民法典》对居住权原则上无偿设立，居住权人有权按照合同约定或者遗嘱，经登记占有、使用他人的住宅，以满足其稳定的生活居住需要。虽然目前《民法典》中仅有六条相关法律规定，但是居住权制度系我国民法体系中的重大突破。居住权的设立充分发挥了房屋的功效、充分尊重了所有人的意志和利益，更有利于发挥家庭职能，体现自然之间的互帮互助。居住权制度的出现，具有必然性，对社会的稳定具有重要意义。

关键词：居住权　居住权性质　居住权设立

一、居住权的渊源

居住权起源于罗马法，具有"人役权"特性。[1] 人役权是特定人利用他人所有物的权利，利用他人的所有物的特定人为需役人，以自己所有物供他人利用的人为供役人。其后，大陆法系主要国家的民法典均对此规定进行了吸收或改进，如《法国民法典》《德国民法典》等。

事实上，在我国《民法典》公布之前，司法实践中已存在大量与居住权

---

*　作者简介：李昱娇（1991 年-），女，汉族，广东江门人，中国政法大学同等学力研修班 2022 级学员，研究方向为民商法学。

〔1〕 温世扬、廖焕国："人役权制度与中国物权法"，载《时代法学》2004 年第 5 期。

相关的纠纷，其产生的原因包括传统习惯、亲属关系、遗嘱、公有住房制度、对房屋的贡献等。虽然居住权不是法律上规定的一种物权，但法官在审理案件过程中通常会基于公序良俗、诚实信用、平等自愿原则等因素，尊重并在一定程度上保障当事人的居住权益。[1]

我国在 2002 年《物权法（征求意见稿）》中即对居住权进行了规定，也尝试引入居住权的相关规定，但最终并未保留。全国人民代表大会宪法和法律委员会对此问题进行了专门解释，认为居住权的适用面很窄，基于家庭关系的居住问题适用婚姻法有关抚养、赡养等规定，基于租赁关系的居住问题适用合同法等有关法律的规定，这些情形都不适用草案关于居住权的规定，因此最后出台的《物权法》将居住权的相关规定予以删除。但在《民法典》中，居住权以专章规定的形式得以入典。全国人大常委会所作的《关于〈中华人民共和国民法典（草案）〉的说明》对居住权的立法目的进行了说明，即建立多主体供给、多渠道保障的住房制度。换言之，居住权的设立拓展了住宅不动产用益物权的权能范围。

二、居住权的性质

（一）居住权作为新型用益物权，属于物权，是一种他物权

《民法典》第 366 条明确规定，居住权属于物权，是民法典新增的一种用益物权权利，是对他人的住宅享有的占有、使用的用益物权。这也决定了居住权和通过租赁方式取得的居住权利不同，后者属于债权权利。居住权作为我国新型用益物权，兼具人身性与物权性，具备灵活的物权处分形式。

居住权作为用益物权的一种，应当满足"合同约定""房屋使用"及"生活居住"三个特征。首先，"合同约定"要求居住权的产生必须依据当事人意思自治，当事人可以对居住权的条件、内容、期限等相关具体内容达成约定，甚至可以约定居住权生效期间产生的收益及孳息的归属。其次，"房屋使用"要求居住权的权利客体为建筑物，而不能是土地、海域等其他类别。最后，"生活居住"彰显了居住权设立的社会属性。通说认为，应当不限于居住的目

---

〔1〕 周刚志："公物概念及其在我国的适用——兼析《物权法草案（征求意见稿）》相关条款"，载《现代法学》2006 年第 4 期。

的，可以包含储存物品、供对需要履行扶养义务的其他人居住。同时，居住权登记后具有排他性。

（二）居住权和租赁权的区分

居住权与租赁权存在易混之处，但本质上居住权属于物权，而租赁权属于债权，两项权利截然不同。

首先，从权利性质而言，居住权是物权中的用益物权，而租赁权则属于债权。居住权人对住宅可以进行专属的、排他的利用；而租赁权则具有相对性。通俗来讲，居住权的权益比租赁权的权益范围要大。

其次，从生效条件而言，居住权采取登记发生主义登记，只有经过登记才能设立居住权。而租赁权本质上是一种债权，除非租赁合同中明确约定为登记生效，否则是否登记不影响其效力。

再次，从取得条件而言，居住权的设定原则上是一种无偿且带有帮扶的性质，而租赁权则是一种双务、有偿的行为，出租方与租赁方都享有权利并承担义务。

最后，从权利期限而言，《民法典》并未对居住权的设定期限进行规定，而租赁权的期限则最长不超过 20 年。

三、居住权的法律构造

（一）关于居住权设立的方式

《民法典》第 367 条明确规定，居住权可以通过合同的方式设立，也就是房屋的所有权人可以通过书面合同的方式与他人协商设定居住权。另，《民法典》第 371 条也明确约定，居住权还可以通过遗嘱方式设立，包括了遗嘱继承和遗赠。

（二）关于居住权的对价

《民法典》第 368 条明确规定，居住权以无偿设立为原则，具备帮扶属性。当然，如果当事人另有约定的也可按照其约定。换言之，当事人也可以通过有偿约定的方式设立居住权。

（三）关于居住权的生效的条件

《民法典》第 368 条明确规定，设立居住权应当向登记机构办理居住权登记，居住权自登记时设立。居住权作为一种用益物权，根据物权法定原则，应当自登记时方才设立，设立后具有排他效力。考虑到不动产登记部门对居住权适用政策及工作规则的转化程度不同。对于如何登记、登记时提交哪些材料、登记的主体等均未形成统一规则，但在司法实践中已经出现了大量约定居住权的合同，此时不应当因未登记而否定居住权的设立。在解释上，应当将居住权的设立视为要式法律行为，但该要式应当是法律行为生效的要件，而非成立要件。综上，居住权作为我国新型的用益物权，正发挥着越加重要的作用。对居住权正确适用，需要正确理解居住权的功能定位及本质属性，同时要厘清与其他权利的界限，真正实现居住权作为用益物权的法律功能及社会属性。[1]

（四）关于居住权的人役权属性

《民法典》第369、370条明确规定，居住权只属于居住权人，不得转让，不得继承，因居住权期限届满或者居住权人死亡而消灭。

四、结论

2016年中央经济工作会议提出，要坚持"房子是用来住的，不是用来炒的"的定位，要求回归住房居住属性。习近平总书记也进一步指出，要准确把握住房的居住属性。居住权的设立正是充分发挥房屋功效、发挥家庭职能、尊重当事人意志和利益的表现。通过居住权规定的实施，才能真正实现"房子是用来住的"。居住权制度的实施，体现的是社会群体之间的互帮互助，对社会的稳定产生了重要意义。

第一，在保障老年人住房和经济方面。有房老人可与他人签订"以房养老"协议，提出生前出售或者抵押房屋，但保留房产的居住权直到寿终，以解决老年没有经济来源的问题。

第二，在婚姻财产方面。如男女双方因婚前房产加名无法达成一致，可订立婚前财产协议约定对方享有居住权，从而保证无房一方的安全感。若双方离婚，那么经济困难的一方，也可以通过设置居住权，安稳度过离婚后的某段时间；或获得孩子抚养权的一方，也可以通过约定居住权，从而给孩子熟悉稳定的成长环境。

第三，在遗产继承方面。住宅的所有权人若想让子女继承住宅，又想报答长年照顾自己的保姆、友人等，那么设立居住权就是可以兼顾的好

---

〔1〕汪洋："民法典意定居住权与居住权合同解释论"，载《比较法研究》2020年第6期。

办法。

总体上看，居住权是为了解决社会稳定的问题，带有扶助、友善、帮助的性质，居住权不仅能保护弱势群体的住房问题，也可以灵活地满足所有权人和居住权人的其他住房需求。

股权让与担保效力探析

罗 京*

（中国政法大学 北京 100088）

摘　要： 近年来随着我国经济高速发展，股权让与担保作为一种新型的融资担保模式在实践中屡见不鲜，其以转让股权的方式来担保债权的实现。但我国法律体系对此类非典型担保物权并未进行规制，理论界对采取"所有权构造论"还是"担保权构造论"争议不断，司法实践中甚至也出现了同案不同判的情况。股权让与担保所产生的法律问题具有复杂性、多元性，我国应当建立并完善新型担保方式的相关法律体系，使其有相应的理论支撑。

关键词： 股权让与担保　法律效力　效力认定

一、问题的提出

近年来随着我国市场经济体系日趋完善，商事行为的自发性、主动性使得各种新型担保方式应运而生。股权让与担保是指债务人为了担保其对债权人的债务，与债权人约定将其议定的股权转移给债权人所有，当债务人无法履行到期债务或者发生当事人约定的情形时，债权人可就该笔股权所得的价款优先受偿。股权让与担保根植于实践发展的需要，与典型的担保方式相比具有灵活便捷、程序简要、节约交易成本等优势，近年已经广泛被应用于民间借贷、证券交易、贸易往来等领域，拓宽了中小微企业融资的渠道，为我国市场经济的发展作出了重要贡献。

股权让与担保虽然在实践中屡见不鲜，但由于法律的滞后性、稳定性等

---

* 作者简介：罗京（1997 年-），女，汉族，浙江义乌人，中国政法大学同等学力研修班 2022 级学员，研究方向为民商法学。

原因，其是否应该被法律所规制在法学界一直争论不休。股权让与担保因存在法律手段超越经济目的的特征，造成了经济运行实质与法律结构的背离，[1]它始终被认为是一种非典型非常规的担保方式。在实务裁判中对股权让与担保效力认定的相关问题莫衷一是，不同法院对股权让与担保行为的效力认定标准不统一，理论与实践脱离严重。相关案件诉讼争议焦点主要集中在效力问题上。研究股权让与担保效力问题，对理解股权让与担保法律关系、丰富和完善我国担保法律制度、促进我国经济发展发挥了重要作用。

二、股权让与担保概述

（一）股权让与担保的概念界定

股权让与担保是指债务人为了担保其对债权人的债务，与债权人约定将其议定的股权转移给债权人所有，当债务人无法履行到期债务或者发生当事人约定的情形时，债权人可就该笔股权所得的价款优先受偿。债务人出于某种融资需求，与债权人签订借款合同，借款合同与股权让与担保合同构成主从法律关系。为了担保该笔债权的实现，双方当事人之间约定进行股权转让并办理工商登记，若债务人到期清偿其对债权人的债务，则债务人对该标的股权还享有回购权。

（二）我国关于股权让与担保法律构造的学说

1. 所有权构造说

所有权构造说在理论上分为相对的所有权构造说和绝对的所有权构造说。相对的所有权构造说最明显的特征表现为，对于外部第三人来说，让与担保权人是该笔股权的所有人，而对于让与担保人与担保权人来说，所有权并没有转移。绝对的所有权构造更重视让与担保人与担保权人的内部关系，强调对担保权人行使担保物权的制约。相对的所有权构造说在学术界得到学者梅瑞奇的支持，他坚持认为对于股权让与担保这一法律行为，要保护善意第三人的利益，平衡好内部关系与外部关系。梁慧星教授更偏向于绝对的所有权构造说，他认为让与担保人将股权转让给债权人仅仅是为了担保债权的实现，担保权人并没有获得转让股权的完整处分权，仅能在双方约定的担保债权范围内主张权利。

---

〔1〕 蔡立冬："股权让与担保纠纷裁判逻辑的实证研究"，载《中国法学》2018 第 6 期。

2. 担保物权构造说

该学说的支持者主要是王利明教授。由于担保物权中对于担保物权的成立设定了公示方法，要仿照担保物权来构造股权让与担保制度，也就必须设定相应的公示方法，这就在实践中造成让与担保的成立范围被大大缩减。他认为让与担保是通过转移抵押物所有权来达到担保债权的目的，当让与担保人到期不能清偿债务，则债权人对标的股权享有优先受偿权。转让标的股权所有权的目的不是真正意义上的转让所有权完整的"占有、使用、收益、处分"功能，而是更注重担保债权，以帮助让与担保权人实现债务清偿。债权人实际上不需要直接占有担保物，因此，债权人在这种情况下享有的权利可以说是基于间接拥有的所有权。

3. 中间说

顾长浩学者认为，标的股权所有权转让在股权让与担保中不仅具有形式上的含义，还具有实质性的意义，担保人可以在必须执行价值清算的前提下，直接获得担保标的。所以他的观点倾向于中间派学说。

三、股权让与担保效力

（一）股权让与担保合同的效力

目前在司法实践中，认定股权让与担保合同有效的法院判例占大部分。股权让与担保合同不因违反物权法定原则而无效，且不违反法律、行政法规的强制性规定，此外还需遵守公序良俗。股权让与担保作为一种非典型非常规担保，是双方当事人基于合同自由原则所签订的，通过转让股权的方式以担保债权实现的行为，并不属于法律所禁止的无效法律行为。

股权让与担保行为是否属于通谋虚伪意思表示？所谓通谋虚伪意思表示，是指表意人与相对人谋划为虚伪表示而其真意为发生另外的法律效果的表示行为。本文认为，让与担保人与债权人约定将股权转让给债权人的行为不属于通谋虚伪意思表示。法律禁止通谋虚伪意思表示是为了维护交易秩序，保护交易安全。但此约定并不会损害交易秩序及交易安全，因此是真实有效的，不影响合同的效力。

股权让与担保合同中的部分条款，如约定"当债务人无法履行到期债务，则债权人获得债务人股权的所有权"，该约定违反了禁止流质条款，属于无效部分，但根据行为区分原则，合同部分无效并不影响合同整体的效力。

（二）股权让与担保的对内效力

在股权让与担保的协议中，应当恪守合同自由原则，司法实践中应当根据当事人之间对权利义务界限的约定进行裁判，担保权人行使权力的范围不能超出所担保的债权范围。若协议中没有对让与担保人行使权利作出特别规定，让与担保权人不能干涉及侵犯担保人自主参与经济活动的权利。在实践中，让与担保权人通常不被认定为实际股东，其仅具备名义股东的身份。

新类型担保的公示方法，应当按照法律规定的担保物移转的规则予以公示，第三人在已经知情股权让与担保已经公示的前提下，担保人不能清偿到期债务，债权人可就已经办理公示登记的股权进行拍卖、变卖或折价，所得价款优先受偿。

（三）股权让与担保的对外效力

在办理了股东变更登记手续，加入股东名册后，让与担保权人成了公司名义上的股东，但不具有实际股东资格，不可依据《公司法》的规定对标的公司行使股东权利。如在北京博源公司案中，北京市石景山区人民法院认为："对外关系上西藏信托公司虽取得了北京博源公司的股权，在外观上享有相应股东地位；但在内部关系上，西藏信托公司仅是取得相关债权中的担保权人资格。"〔1〕

但由于让与担保权人的股东身份具有权利外观，第三人很难知晓内部约定，股权让与担保能否对外部第三人产生对抗效力，这就要考虑第三人是否为善意，让与担保权人作为名义股东处分股权亦适用善意取得制度。法院一般会判定善意第三人取得该笔股权，反之，股权转让给第三人的行为无效。另担保权人处分股权必须以债权到期不能得到清偿为前提，在清偿期限尚未届满的情况下，担保权人转让股权系无权处分，损害了担保人的利益，因此也是无效的。

最高人民法院《关于适用〈中华人民共和国公司法〉若干问题的规定（三）》第26条规定，公司债权人主张名义股东对公司债务在未出资范围内承担补充责任的，名义股东不得以其系名义股东予以对抗。也就是说，即使担保债权人仅为名义股东，公司债权人仍有权请求未履行出资义务或者出资瑕疵的股东承担补充赔偿责任，此处的股东应当作扩大解释，即应当包括名义股东。但名义股东承担责任后可向让与担保人追偿。

---

〔1〕 参见北京市石景山区人民法院［2019］京 0107 民初 13506 号民事判决书。

认缴资本制度下股东抽逃出资的界定

秦静洁*

（中国政法大学 北京 100088）

摘　要： 资本维持原则是公司制度中最重要的原则之一，禁止股东抽逃出资是公司资本维持原则最直接的应用范例。但遗憾的是，我国《公司法》及其司法解释并未对抽逃出资作出明确的定义，而《关于适用〈中华人民共和国公司法〉若干问题的规定（三）》（以下简称《公司法司法解释三》）对于抽逃出资列举和兜底的表现形式并不能完全涵盖所有实践中所存在的抽逃出资类型。为此导致司法实践中，对于如何界定抽逃出资问题存在诸多争议。

关键词： 资本维持原则　抽逃出资　违法分配

公司资本认缴制之下，抽逃出资似乎已经成为历史，但从近年来公司法司法解释以及司法实务来看，抽逃出资的行为不仅没有消失，反而呈高发态势，甚至出现了许多"神似形不似"的抽逃行为，因此，对于抽逃出资的定义和界定就变得至关重要。实际经营过程中，公司会基于自身发展需要而进行增资扩股，或需要由股东分步完成实缴出资义务，以获得资金用以维系公司日常经营活动或进行业务拓展。那么在增资扩股过程中，采取明股实债方式向公司注入资金后要求公司还款是否构成抽逃出资？股东向公司借款何种情况下会被认定为抽逃出资？这些都是在司法实践中比较常见而需要去明晰的问题。

一、关于抽逃出资的本质

股东不得抽逃出资，是我国《公司法》在 1994 年施行以来就确立的规

---

* 作者简介：秦静洁（1990 年–），壮族，广西南宁人，中国政法大学同等学力研修班 2022 级学员，研究方向为民商法学。

则，该规则始终沿用至今。[1] 但通过翻阅《公司法》、公司法司法解释、《公司登记管理条例》等法律法规，均未针对股东抽逃出资的概念作出明确的认定和释明，而仅仅只是对抽逃出资的行为类型进行了列举和对法律后果进行了规定。

因此何为抽逃出资，目前在学术界存在着各种不同的观点。而对于抽逃出资的界定，目前司法实践所赖以适用的法律依据为《公司法司法解释三》第12条通过列举法和兜底条款的方式，明确规定了抽逃出资的行为。但该司法解释也仅总结了实践中抽逃出资的几种主要形态，不仅未界定抽逃出资的本质和概念，而且还因对抽逃出资的认定延伸到公司成立后的交易及分配等环节进而引发了是抽逃出资还是变相分配的新困惑。[2]

在此背景下，本文认为想要弄清楚抽逃出资的本质，首先需要界定抽逃出资当中的"资"具体指向的是什么。是否基于抽逃出资本身字面含义的直白，已经毋庸置疑地仅仅限于抽逃注册资本金（股本）？而资本公积金的退还是否属于抽逃出资？股东出资后变相分配利润，是否构成抽逃出资？而对于公司的"资产"或者"资本"，体现在会计列表中表现为"所有者权益+负债"。而所有者权益类型，包括了：注册资本（股本）、资本公积金、盈余公积金、未分配净利润。如果在公司刚成立之时，尚无资本公积金、盈余公积金、未分配利润时，那么很好判断，这一阶段的抽逃出资，仅指向于公司从股本中在股东未支付对价或所支付对价并不合理的情况下或无正当理由和依据下的支付。此时，公司若向股东无偿交付财产或支付利益，不管是借助于何种方式，例如分配利润或者借款、买卖等交易，都构成抽逃出资或资本返还。[3] 但随着公司开展实际经营活动，公司资产在初始股本基础上，基于股权溢价获得了资本公积金，基于经营收益而产生了净利润等。这种情况下，如果股东从公司获取收益，超出了法律规定的资金来源同时侵蚀了公司股本且损害债权人利益的分配行则亦将构成抽逃出资。

据此，抽逃出资本质上是在公司已成立且股东完成出资后，股东采取隐蔽的手段或形式将所缴出资（货币出资或非货币出资）撤回，但仍继续享有

---

〔1〕 参见 1993 年《公司法》第 34、93、209 条以及 2018 年《公司法》第 35、91、200 条。
〔2〕 刘燕："重构'禁止抽逃出资'规则的公司法理基础"，载《中国法学》2015 年第 4 期。
〔3〕 刘燕："重构'禁止抽逃出资'规则的公司法理基础"，载《中国法学》2015 年第 4 期。

股东资格、身份，同时持有原出资数额等同的股权比例的一种违法行为。

二、认定抽逃出资的构成要件

在对抽逃出资构成要件进行界定之前，需要明确抽逃出资行为本身是属于违约行为，还是侵权行为，抑或存在违约行为与侵权行为两者的竞合？对于这一问题，根据《公司法》第35条，以及《公司法司法解释三》第12、13条的规定，从公司层面而言，股东出资是基于《公司法》及公司章程及股东协议、股东会决议等契约和内部文件，而必须履行的合同义务。从公司其他股东和外部债权人的角度而言，股东如出现抽逃出资，将侵害其自身合法权益，导致其权益受损，可以通过要求返还和承担损害赔偿责任的方式要求其承担侵权责任。为此，抽逃出资行为属于违约行为和侵权行为的竞合。

而在实践中，抽逃出资行为具有复杂度高、模糊性强和隐蔽性大的特点，对其构成要件如从侵权行为的角度去分析，则可归纳其构成要件如下：

第一，行为人的主观上存在故意。即明确知晓或主动追求抽逃出资结果的产生，以及明确知晓自身行为会给公司资本带来减损或债权人权益的损害，但是积极追求，或放任这一结果的发生。

第二，行为发生时间点，在公司已合法成立且股东完成了注册资本注入之后。为此，从时间节点上与公司成立前所可能构成的虚假出资行为进行了区分。因此，那些在公司设立时或股东出资环节先转入资金旋即撤回的行为，就属于股东虚假出资而非抽逃出资。[1]

第三，行为主体是公司股东，公司自身不能作为抽逃出资的行为主体。而在实践中，公司董事基于实际参与公司运营，而常常会在股东抽逃出资中起到协助作用。相应董事或高级管理人的协助行为，在其他股东主张返还出资或损害赔偿责任之下，也会有所涉及。

第四，行为人在客观上实施了侵蚀公司股本、转移公司资产的行为。且该违法行为，并未向公司支付合理的价款。而实践中，比较难以区分的近似行为，在于股东以明股实债方式获得股权后，又以返还借款的方式将资金退还，是否构成抽逃出资的认定问题。

---

[1] 参见郭红岩、陈伟伟："审计实务中应如何理解'虚假出资、抽逃出资'行为的刑法定性"，载《中国审计报》2012年10月24日。

第五，行为导致了公司财产减损的后果。此处存在的问题是，公司财产是仅限于公司股本还是包括了资本公积、盈余分配的减少。而最高人民法院将抽逃出资界定为严重侵蚀公司资本的行为，并借鉴《刑法》规定股东抽逃出资罪的构成要件方法，分别阐述了抽逃出资的主体、主观方面、客体、客观方面。[1]为此，抽逃出资行为结果认定的必要条件为公司股本被侵蚀。即对股东的支付导致公司股本而非净利润或公积金的减少。只要公司是从股本中向其返还出资额且不满足减资或回购的法定条件，即使抽逃出资股东不再保留股东身份，仍构成抽逃出资。[2]

三、股东抽逃出资行为与借款关系的区别及认定

如出借人与公司签订借款协议，约定公司需定期向其支付固定收益，同时要求将公司股权登记在该出借人名下，其他股东提供担保或股东直接与公司签订借款合同，向公司支付款项，备注为借款。但根据协议约定的差异，在实践中出借人向公司注入资金的名目，通常会以借款、注册资本金或者资本公积金的形式汇入。那么此情况下，是属于借款还是股权出资款的问题。目前所能查阅到的案例中，比较常见的裁判依据在于，法院会综合考量付款人所支付款项当时的真实意思表示，以及支付款项之后所实际获得的权利，所承担的义务类型，以及是否基于付款行为而取得股东资格和身份，是否参与公司经营管理等因素全方位进行判定。如果股东向公司以借款名义汇入资金，其真实目的在于取得目标公司的股权，且实际享有并参与了公司的经营管理权利，则认定为股权投资，投资人是目标公司的股东，在一定条件下如该股东通过借款协议要求公司定期返还款项，则可能构成抽逃出资。反之，如款项支付方，付款时的目的和意思表示并非取得公司股权，而仅是为了获取固定的回报和收益，且不享有参与公司经营管理权利，则应认定为债权投资即借款，投资人是目标公司或有回购义务的股东的债权人，实践中，也会有案例认为是以股权作为担保的借款，构成股权让与担保关系。不论在哪种情形中，投资人取得的固定回报都来自其先前的投入，故其退出公司亦非无

---

[1] 参见最高人民法院民事审判第二庭编著：《最高人民法院关于公司法解释（三）、清算纪要理解与适用》（注释版），人民法院出版社2016年版，第210~211页。

[2] 刘燕："重构'禁止抽逃出资'规则的公司法理基础"，载《中国法学》2015年第4期。

偿退出，一般不存在抽逃出资问题。

四、结论

股东作为出资人，期待能收回投资回报的诉求，与公司作为独立法人需要遵守资本维持原则之间天然存在冲突，如何处理二者之间的关系贯穿公司组织形式发展过程。而从公司资本维持制度的角度出发，禁止股东抽逃出资是必然需要去坚持的原则。而对于抽逃出资行为的界定，最核心的在于对抽逃对象之"出资"范围和内容的明确，以及行为方式上的构成要件和是否导致损害结果发生的判定。

浅论民商事审判中法官自由裁量权的限制

——以证券虚假陈述案件为视角

任宇航*

（中国政法大学 北京 100088）

摘　要： 民商事审判中法官拥有一定自由裁量权是毋庸争议的事实，而证券市场虚假陈述案件通常认定复杂且社会影响较大，对法官自由裁量权的规制尤为必要。从证券市场虚假陈述案件发展情况来看，我国在立法层面致力于对法官自由裁量权进行合理限制，在重大性认定、过错认定、损失认定等方面试图明晰标准，司法实践中个案也对于相关标准进行论理解释，具有一定指导意义。

关键词： 虚假陈述　自由裁量权　重大性认定　过错认定　损失认定

一、证券市场虚假陈述案件呼唤法官自由裁量权的限制

受限于法律的相对性、滞后性及自然语言在表意方面的固有缺陷，法条在理解、适用中存在一定空间，加之客观事实不可重复，从而民商事审判中，在诉讼程序、事实认定、法律适用等方面法官的自由裁量权不可避免。[1]但如果法官自由裁量权过大、尺度不一，将有损法律的预测作用和权威性。因此对法官自由裁量权的限制不可或缺。一般而言，自由裁量权不可超过法律所规范的范围，例如最高人民法院的司法解释无疑将形成规制；同时，在法

---

* 作者简介：任宇航（1975 年-），男，汉族，河南新乡人，中国政法大学同等学力研修班 2022 级学员，研究方向为民商法学。

[1] 王成："《民法典》与法官自由裁量的规范"，载《清华法学》2020 年第 3 期；苏力："解释的难题：对几种法律文本解释方法的追问"，载《中国社会科学》1997 年第 4 期。

律范围内法官应当遵循基本公认的法律原则和解释规则，履行详尽说理的义务。[1]

　　证券市场虚假陈述是指信息披露义务人在证券交易场所发行、交易证券过程中对重大事件作出违背事实真相的虚假记载、误导性陈述，或者在披露信息时发生重大遗漏、不正当披露信息的行为，相关责任人可能面临行政处罚、承担刑事及民事责任。该类案件通常具有市场影响力较大、涉及投资者人数较多等特点，易引发社会关切，在认定中受各种因素影响较大。且审理资本市场案件，尤应司法规范与尊重市场并重，体现法律上对经济的保障和服务功能。[2]

　　本文将仅从虚假陈述引起的民事侵权赔偿案件视角出发，讨论重大性认定、过错认定和损失认定方面法官自由裁量权的限制，可以看到总体立法层面对于判断标准越发明晰，尤其最高人民法院2022年出台的《关于审理证券市场虚假陈述侵权民事赔偿案件的若干规定》（以下简称《规定》）进一步对审判标准进行了细化和解释。

二、重大性认定

　　证券虚假陈述具有重大性是被告承担民事责任的构成要件之一。重大性的主流判断标准为，对理性投资者而言，该等信息对于其进行投资决策具有重要影响。立法层面，近年来最高人民法院一直试图明晰何谓重大性。2019年，最高人民法院印发的《全国法院民商事审判工作会议纪要》（以下简称《九民纪要》）规定，已经被监管部门行政处罚的，应认为具有重大性违法行为。《规定》对于重大性的认定明确为证券法和监管部门规定的事项及导致相关证券的交易价格或者交易量产生明显的变化，对于明晰重大性判断标准又迈进一步。但这与《九民纪要》的遭到行政处罚即被认定为具有重大性存在冲突的可能。[3]

　　司法实践中级人民法院在进行相关判断时，有时会结合客观化、结果化

---

[1] 李后龙："民事法官自由裁量权的认知及其规范"，载《人民司法》2012年第5期。

[2] 吴庆宝："审理资本市场案件自由裁量与法律适用标准的统一"，载《法律适用》2012年第5期。

[3] 彭冰："证券虚假陈述民事赔偿中的因果关系——司法解释的新发展评析"，载《法律适用》2022年第5期。

的标准，以事后角度进行检验，将交易价格和交易量的影响作为考虑因素，并进行说理。比如吴某姣、黄石东贝电器股份有限公司证券虚假陈述责任纠纷案中，法院认为，虽然黄石东贝电器股份有限公司对于关联交易未按要求进行披露，但对比分析该涉案股票从实施日以及揭露日前后10日的价格及成交量，发现其股价以及成交量走势无明显异常，故而认为该虚假陈述行为未产生重大影响，判定为不具有重大性。[1]立信会计师事务所、金亚科技股份有限公司证券虚假陈述责任纠纷案中，法院则考虑到该公司股价在停牌前的三个交易日均跌停，下跌幅度高达27%，而同期深圳创业板指数仅下跌6%，得出该虚假陈述对投资者购买或抛售该公司股票的意愿产生影响，同时也对该公司股票的交易价格产生了明显影响。[2]为合理认定重大性，理性投资人标准和价格敏感性标准均是法官在行使自由裁量权时应斟酌把握的尺度。

三、不同主体过错认定

《证券法》要求虚假陈述赔偿案件中发行人的董监高、独立董事、履行承销保荐职责的机构、证券服务机构承担的是过错推定责任。相关主体能够证明自己没有过错的，可以免于承担赔偿责任，即所谓的"合理勤勉抗辩"。《规定》对于不同主体的过错认定和免责抗辩进一步细化，分别进行规定，对于司法实践中的判定具有一定指导意义。

（一）发行人董监高及独立董事

对于发行人董监高的免责指向，《证券法》规定的在书面确认意见中发表意见并陈述理由，要求在审议、审核信息披露文件时不投赞成票，甚至完全对专家意见的信赖并不构成免责事由，免责标准相对较高。对于独立董事，担责标准更是争议颇多。区别于内部人员，独立董事通常处于外部监督的角色，一方面，独立董事不应成为公司的"花瓶"角色，另一方面，也应避免

---

〔1〕 参见"常某芬与黄石东贝电器股份有限公司、黄石东贝机电集团有限责任公司证券虚假陈述责任纠纷一审民事判决书"，载 https://wenshu.court.gov.cn/website/wenshu/181107ANFZ0BXSK4/index.html? docId=7370de6793ce41529729ac66e76159f0，最后访问日期：2022年7月14日。

〔2〕 参见"立信会计师事务所、金亚科技股份有限公司证券虚假陈述责任纠纷二审民事判决书"，载 https://wenshu.court.gov.cn/website/wenshu/181107ANFZ0BXSK4/index.html? docId=d8191c13397d4bd59839ad03015cde31，最后访问日期：2022年7月14日。

对独立董事的重拳处罚（如康美药业案）引发的独立董事的"离职潮"。[1]对独立董事的要求应更多立足于其职责，其勤勉尽责标准应低于内部董事。在司法审判中，大多法院也遵循着这一原则，如彭某诉中安科股份有限公司等证券虚假陈述责任纠纷案，法院即对独立董事和内部董事进行了责任区分，在独立董事信赖专业中介服务机构进行审计和评估的前提下未判定独立董事承担责任。[2]

（二）中介机构

对于中介机构，抗辩理由为，其进行了审慎调查、复核，有合理理由排除职业怀疑并形成合理信赖。根据《规定》思路，"勤勉尽责"标准的核心依据为行政监管规范。[3]证监会、最高人民法院和证券交易所的有关规范多次强调，证券服务机构及其从业人员应当对本专业相关的业务事项履行特别注意义务，对其他业务事项履行一般注意义务，也就是在专业领域，其行为应当符合作为特殊职业团体人员在相同或相似条件下所应采取的行为标准，该标准无疑应高于不具备专业知识的普通理性人的注意水平。[4]可见对中介机构的规范较为严格。康美药业案中，就"唤醒看门人"，因会计师事务所审计未能发现严重财务造假，被判决承担100%连带赔偿责任。[5]尽管对中介机构责任承担的论理逐步深入，政策导向督促中介机构规则尽责，但相关表述仍较为模糊，法官自由裁量权较大，司法实践认定情况如何还有待进一步观察。

四、损失认定

（一）揭露日

上市公司虚假陈述给投资者带来的损失界定关乎投资者切身利益，"三日

---

〔1〕 李曙光："康美药业案综论"，载《法律适用》2022年第2期。

〔2〕 参见"证券虚假陈述责任纠纷中董事责任的认定——彭某诉中安科股份有限公司等证券虚假陈述责任纠纷案"，载 http://www.shjrfy.gov.cn/jrfy/gweb/xx_view.jsp? pa = aaWQ9Nj M2OAPdcssPdcssz，最后访问日期：2022 年 7 月 14 日。

〔3〕 李有星、钱颢瑜、孟盛："证券虚假陈述侵权赔偿案件审理制度研究——新司法解释的理解与适用高端论坛综述"，载《法律适用》2022年第3期。

〔4〕 邢会强："证券市场虚假陈述中的勤勉尽责标准与抗辩"，载《清华法学》2021年第5期。

〔5〕 参见"（保护少数投资者）康美药业证券虚假陈述集体诉讼案判决"，载 http://www.gz-court.gov.cn/other/yshj/sfdt/dxal/2022/01/17094641139.html，最后访问日期：2022 年 7 月 14 日。

一价"（即实施日、揭露日或更正日、基准日和基准价格）是损失计算的重要基础。《规定》第六章在以往司法实践基础上，对较有争议的虚假陈述实施日、揭露日的认定进行了规定。对于揭露日，实践中对以媒体报道时间、公告证监会的《立案调查书》或《立案调查公告》、公告证监会的《处罚事先告知书》还是公告证监会的《行政处罚决定书》为揭露日有所探讨。[1]而《规定》明确如无相反证据，监管部门应以涉嫌信息披露违法为由立案调查之日和自律组织因虚假陈述采取自律管理措施信息公布之日作为揭露日。司法实践中，法院大多也遵循具有全国性影响、首次被公开揭露并为证券市场知悉的尺量，并综合考虑对投资者的警示强度，就这一问题进行判断。

（二）系统性风险

在损失认定时，不少被告会以系统性风险作为抗辩理由，即投资者损失并非由于虚假陈述，而是因为系统性因素引起的证券市场或局部市场、局部行业的价格波动，实质上否定了损失因果关系。司法审判中，法院一直在探索系统性风险的认定，却难达成一致，采用大盘指数、板块指数、行业指数等不同标准，系统性风险周期确定也有不同规则，甚至实践中有法院把系统风险理解为"全有或全无"，也即否认了因系统风险影响而部分减免赔偿责任的合理性。[2]这不免过于绝对，有悖于公平原则。《规定》明确要求法院查明虚假陈述与原告损失之间的因果关系，以及导致原告损失的其他原因等案件基本事实，以此为基础判定赔偿范围，规制了审判过程中"全有或全无"的问题。考虑到系统性风险的复杂性，其计算难在法律中进行规定，在司法实践中可考虑听取专家意见，并对此加强说理，以规范审判中的自由裁量权。

五、结语

证券市场虚假陈述民事赔偿案件由于资本市场的复杂性、判断标准的抽象性，在事实认定、法律适用等方面法官自由裁量权不可或缺。可以看到，目前立法层面对于重大性认定、过错认定、损失认定等领域不断进行细化，

---

〔1〕 陈舒筠："证券虚假陈述侵权行为因果关系的认定——基于三个时间点的认定为核心"，载《东南大学学报（哲学社会科学版）》2018年A02期。

〔2〕 缪因知："精算抑或斟酌：证券虚假陈述赔偿责任中的系统风险因素适用"，载《东南大学学报（哲学社会科学版）》2020年第5期。

司法实践层面裁判文书对于论理亦颇为重视，审判标准的统一是大势所趋，证券市场虚假陈述案件对于法官自由裁量权的规范越加明晰。当然，现行法律中仍有漏洞与不足，亟待进一步通过司法解释加以顶层设计和推动，完善案例指导制度，提升法官专业水平，以实现审判标准的合理统一。

股权让与担保的法律效力研究

司　琦*

（中国政法大学 北京 100088）

摘　要：股权让与担保的法律效力涉及合同效力、内部效力以及外部效力等多个层面。首先，《全国法院民商事审判工作会议纪要》（以下简称《九民纪要》）肯定了股权让与担保的合同效力；其次，对于内部效力，股权让与担保合同的约定和公司意志对担保权人的股东权利的行使进行了限制，有效地平衡了债权人与担保人之间利益关系，维护了其他股东的利益；最后，对于外部效力，善意取得制度和商事外观主义理论为股权让与担保的担保方式奠定了理论基础，从而更好地平衡各方当事人之间的利益，有助于维护公平正义。

关键词：股权让与担保　合同效力　善意取得　商事外观主义

一、问题的提出

近几年来，随着我国经济的飞速发展，社会融资需求的快速膨胀引起了股权让与担保这种非典型担保形式在商事活动中的日益普遍。[1] 股权让与担保是让与担保的一种，指的是债务人（第三人）为担保债务的履行，将债务人名下的公司股权通过双方签订股权转让合同的方式转移至债权人名下，并到股权登记机关办理股权变更登记，如果债务到期后债务人没有正常履行，

---

　　* 作者简介：司琦（1981年-），男，汉族，内蒙古呼和浩特人，中国政法大学同等学力研修班2022级学员，研究方向为民商法。

〔1〕 司伟、陈泫华："股权让与担保效力及内外部关系辨析——兼议《民法典担保制度解释》第68条、第69条"，载《法律适用》2021年第4期。

则债权人可将转移至其名下的股权经过拍卖、变卖后所得的价款进行受偿的一种非典型的担保方式。这种非典型担保形式对于缓解企业融资困难具有较大优势，近些年的商事活动中，很多股权结构较为清晰的中小微企业，通过股权让与担保的这种担保形式，缓解了经营资金压力，促进了企业的资金融通。但由此引发的各类因股权让与担保协议的性质、效力、内容和履行产生的商事纠纷，以及因债权到期后的还款请求、担保权人对外转让股权而引发纠纷的案件也在逐年递增。由于股权让与担保这种非典型担保方式并没有法律明文加以规定，在现有的司法判例中对股权让与担保的法律效力认定问题也存在不同的裁判结果，甚至存在同类案件裁判结果完全不同的现象，而这些情况都不利于社会的稳定和经济的发展。

二、股权让与担保的合同效力

司法实践中，大部分请求确认股权让与担保合同效力有效的诉请都得到了法院的支持，但也存在判决合同无效的案例，而判决合同无效的原因有三个方面：一是因为股权让与担保合同违反了物权法定原则而无效；二是因为股权让与担保合同系当事人之间名为买卖实为担保的虚假意思表示而无效；三是因为股权让与担保合同中具有流质、流押性质的条款而无效。[1]

（一）股权让与担保是否违反物权法定原则

物权法定原则是指物权的类型和内容均由法定，不得任意创设新类型或新内容的物权，否则，该物权不构成法定意义上的权利。对于股权让与担保是否违反物权法定原则，目前的司法裁判中倾向于不违反物权法定原则，但在过往的司法案例中，也存在法院认为违反物权法定原则而无效的情况，而认定无效的裁判理由通常是依据《物权法》第5条，认为我国法律中并无对于股权让与担保这种担保类型的规定，从而认定其违反法律的强制性规定而无效。《民法典》及相关司法解释、《九民纪要》的出台，对于非典型担保形式进行了相关的法律规定，因此股权让与担保作为一种非典型的担保形式，其存在和发展均具有理论和现实意义。

（二）股权让与担保是否属于虚假意思表示

《民法典》第146条规定："行为人与相对人以虚假的意思表示实施的民

---

〔1〕 李俪："股权让与担保法律构造、裁判分歧与立法进路"，载《宁夏大学学报（人文社会科学版）》2021年第5期。

事法律行为无效。以虚假的意思表示隐藏的民事法律行为的效力，依照有关法律规定处理。"

在司法实践中，部分法院认为股权让与担保属于虚假意思表示，认为双方当事人达成的股权转让合同并非双方真实意思表达，股权转让行为因此而无效。然而，部分法院认为，在股权让与担保的法律关系中，债务人作出的股权转让行为是为了担保债务而出于真实意思作出的，并且债权人作为相对人以受让股权作为债务担保的行为也系出于真实意思表达，并非互通的虚假意思表示，因此不应据此认定股权让与担保无效。[1]

（三）部分流质（押）条款不应影响整体效力

部分股权让与担保合同案件中，法官认为部分条款违反了禁止流质（押）的规定而无效，但不影响合同的整体效力，其他合同条款在不违反法律、法规强制性规定要求的情况下，在合同当事人之间具有法律效力。依据《关于审理民间借贷案件适用法律若干问题的规定》第 23 条，对于名为买卖实为借贷的法律关系，当债务人一方到期不能按照约定偿还借款时，债权人必须通过拍卖标的物的形式，将拍卖所得价款偿还借款。法律的强制性禁止规定已经对流质（押）条款进行了禁止性限制，因此即使存在流质（押）条款，整个合同的效力和整体行为也不应该受到部分条款的影响。

三、股权让与担保的内部效力

股权让与担保的内部效力，是指债务人与债权人之间的法律关系，这关系双方当事人之间的利益平衡。在司法实务中，股权让与担保内部效力的相关纠纷，主要集中在对担保权人权利的区分以及股权优先受偿权这两个方面。

（一）债权人拥有的是"股权"还是"债权"

股权让与担保行为的表现内容就是担保人将股权转让至担保权人名下并办理股权变更登记手续，据此债权人就成为该公司工商登记的股东。那么，对债权人作为股东是可以参加公司经营管理，还是仅仅拥有债权，存在较大争议。理论界认为，享有担保权并不必然享有所有权，不应该影响实际股东也就是担保人对公司经营管理权利的实现；但实务中，股权让与担保协议中通常对债权人约定赋予债权人一定的股东权利。但是，由于股权作为《公司

---

〔1〕 葛伟军："股权让与担保的内外关系与权利界分"，载《财经法学》2020 年第 6 期。

法》规定的一项综合性权利，债权人作为名义股东，其可以行使的权利范围，无疑会影响该法律关系中双方当事人的利益平衡，并且会对公司其他股东的利益产生影响。

（二）股权让与担保权人是否拥有优先受偿权

股权让与担保权人是否拥有优先受偿权是一直存在争议的话题。一种观点认为股权让与担保合同有效，但这种非典型担保并非法律规定的法定担保物权，不产生物权效力，因此债权人不享有优先受偿权；而另外一种观点，包括最高人民法院认为，对股权让与担保这种新兴的担保方式应当持更宽容的判断标准，根据《民法典》的规定，股权质押中，质权人享有优先受偿权，因此依据股权让与担保的法律关系，举轻以明重，既然质押可以产生优先受偿权，则股权让与担保中的担保权人也应享有优先受偿权，具有对抗其他一般债权人的效力，这种观点在司法实务中也占据较大的比例。

四、股权让与担保的外部效力

股权让与担保的外部效力，主要是指对公司的效力、对担保人其他债权人的效力以及对外部第三人的效力。股权让与担保具备了股权转让登记的权利外观，但由于双方担保协议内容的私密性，外部其他人无法对协议的存在及内容有所了解，存在各方当事人的利益可能受损的情况。

（一）股权让与担保对公司的效力

股权让与担保对公司的效力，核心在于股权受让人即担保权人（债权人）是否取得了股东的资格，而这个核心问题主要体现在以下两个方面：一是股权受让人即担保权人是否可以行使股东权利；二是公司或其他股东是否可以要求担保权人履行股东义务。在股权让与担保的法律关系中，受让人经过股权转让登记，从权利公示的角度来说已经取得股东资格，享有股东权利，但从让与人与受让人的真实意思表达方面，股权转让的行为动机实为担保，受让人只享有支配股权的交换价值，并且由于此方面法律规定的缺失，权利公示制度在此受到了挑战。[1]

（二）股权让与担保对担保人其他债权人的效力

股权让与担保对担保人（债务人）其他债权人的效力，主要体现在股权

---

〔1〕 王洪亮："让与担保效力论——以《民法典担保解释》第 68 条为中心"，载《政法论坛》2021 年第 5 期。

让与担保行为发生前，债务人已经存在了其他债务，则股权让与担保的行为存在损害其他债权人的风险，因此股权让与担保还是否有效，以及股权让与担保中债权人在债务人未履行到期债务时，是否对该股权具有优先于担保人其他债权人的优先受偿权。在司法实务中，在担保人的其他债权人请求法院撤销担保人的股权转让行为的案例中，该诉求未得到法院的支持，法院认定股权让与担保关系并非以股抵债，并不违反法律规定，并且认为存在债务的债务人作出的股权让与担保行为是有效的。

（三）股权让与担保对外部第三人的效力

在股权让与担保对外部第三人的效力问题中，主要争议产生于受让股权的债权人对外转让股权，在股权转让已登记具有权利外观的前提下，其转让行为与第三人受让股权的行为是否有效，该问题主要取决于第三人是善意还是恶意。[1]从司法实务观点看，以第三人是否明知和是否以不合理的低价为主要判断标准。善意第三人受让股权，法官通常会判定转让有效，反之第三人如果为恶意，通常会判定转让无效。

---

[1] 刘国栋：“《民法典》视域下股权让与担保的解释论路径”，载《北方法学》2021 年第 5 期。

论共同饮酒行为中同饮人的注意义务及侵权责任

王学良*

（中国政法大学 北京 100088）

摘　要： 饮酒文化在中华文化的历史长河中有着独特地位，但是近年来饮酒后引发的问题越来越突出，尤其是饮酒后死亡的事件时有发生。确定共同饮酒所致纠纷的裁判标准，需要细化行为违法性、行为人过错、行为和损害后果之间的因果关系这三个构成要件的判断规则。界分法定义务和道德义务，合理确定同饮人的注意义务及过错程度，运用相当因果关系规则界定损害，方能平衡共同饮酒中同饮人各方的权利义务与责任。

关键词： 共同饮酒　同饮人　注意义务　侵权责任

一、问题的提出

近年来，在人民法院审判的民事案件中，特别是基层人民法院所受理的案件中，因共同饮酒后引发的醉酒死亡纠纷或生命权、身体权、健康权侵权纠纷案件日渐增多。而这些案件在适用法律和确定责任比例方面的裁判思路并不统一，这一问题应予以关注。应当及时总结类案经验，合理确定和归纳共同饮酒引发醉酒死亡、伤害等侵权案件的法律适用标准和要求，明确共同饮酒行为中同饮人的注意义务及违反该义务所致的侵权责任，从而确保公平正义的司法裁判，以维护各方当事人的合法权益。

在亲朋好友相聚饮酒引起的醉酒身亡、伤害案件中，同饮人究竟在哪些情况下需要对过量饮酒者承担侵权责任，在以后司法活动中如何确定同饮人

＊ 作者简介：王学良（1992 年-），男，汉族，山东枣庄人，中国政法大学同等学力研修班 2022 级学员，研究方向为民商法学。

是否构成侵权，如何确定承担赔偿责任的标准与界限。本文认为，需通过以下三个方面的法律适用予以确认。

二、行为是否具有违法性是确定同饮者是否需要承担责任的重要问题

（一）如何判定行为是否具有违法性

在司法实践中判断行为人是否构成侵权责任，确定行为的违法性是前提条件。对于侵权责任，侵权行为是首要的构成要件。如果行为合法，即使行为客观上产生实际损失，也不意味着必然承担侵权责任。而行为的合法与否，就是确定发生行为是否与现行的法律规定相违背，是否侵害了他人的法益，是否与公序良俗等法律原则相违背，满足其中任一方面即可确定行为的违法性。

而确定不作为的行为的违法性，一般在确认之前首先要确定其是否具有法定的义务来源。通常认为，法定义务有三个来源，首先要看法律规定，法律中明文规定的义务就是法定义务；其次要看是否具备特定的职务，具备特定的职务赋予行为人负有法定义务，例如小学老师对未成年儿童的具有救助和照看义务；最后要看行为人是否具有前一个行为，而前一个行为将他人带入危险之中，在危险发生时，就负有对该他人的救助义务。[1]

（二）共同饮酒后的一般注意义务的判断

一般共同饮酒引发承担责任的原因系行为人的不作为行为。而其不作为行为的义务来源，系由于行为人共同饮酒、吃饭的前行为不当所产生，这种不当行为可能体现出故意的强行劝酒、逼迫饮酒等行为，也可能体现为醉酒者醉酒后作为同饮人的重大过失。而对于后者的注意义务，当同饮人都是成年人而不存在未成年人时，作为一起共同饮酒的同饮人，在同饮的行为引发危险发生时，同饮人应当负有作为的救助义务，但通常认为这项作为的救助义务是道德义务而不是法定义务。[2]

一般来讲，法定义务和道德义务是不同的，其两者基本不可能同时出现在一个义务之上，法定义务和道德义务是能够区分的。日常生活中，如果连提醒、劝阻饮酒，醉酒后同饮人的照顾和帮助都界定成法定义务的话，势必

---

〔1〕 杨立新：《侵权责任法》（第3版），法律出版社2018年版，第67页。
〔2〕 杨立新："共同饮酒引发醉酒死亡侵权案件的法律适用界限"，载《法律适用》2019年第15期。

导致对法定义务扩大解释的局面，最终导致的后果将是无人再敢共同饮酒。因此本文认为，在共同饮酒的饭局中对于一般的注意义务应界定为道德义务较为合适。

（三）对于不作为行为构成要件的判断

在共同饮酒的案件中，需要先确定同饮人是否具有作为的救助义务，如果作为共同饮酒人不履行或者未正确履行因共同饮酒而产生的救助的作为义务，就可能构成不作为行为的违法构成要件。而救助义务是基于共同饮酒的先行为所产生的。

不履行救助的作为义务，就是作为同饮人的醉酒人员需要救助时而应履行救助义务的人员完全的不履行义务，放弃对醉酒者的救助，最终导致醉酒者出现呕吐物堵塞呼吸道致使醉酒者死亡的法律后果，这种行为的违法性是显而易见的。

未正确履行救助义务，就是虽然在醉酒事件中履行义务人客观上实施了救助行为，但是其实施行为所产生的措施不当，或者使用的行为方式不正确等，导致同饮的醉酒者产生损害或扩大损害的情况，而这种救助义务一般是由于重大过失而产生，其行为也具有一定的违法性。

三、行为人是否具有过错是确定同饮人是否需要承担责任的前提

（一）行为人不应出于故意的主观目的

所谓过错，一般体现为故意和过失两种主观形态。

在共同饮酒致人死亡和伤害的案件中，行为人不能出于故意的主观目的。侵权责任作为民事责任，应与刑事责任予以区分。若行为人出于故意的主观形态导致醉酒人死亡和伤害，其可能涉嫌故意杀人罪和故意伤害罪，而这些内容不应再界定为侵权责任，当然也不再受《民法典》调整。

（二）行为人应出于过失的过错承担责任

通过排除故意的主观形态，对于醉酒死亡侵权的过错仅能出于过失。

民法的过失，包括疏忽和懈怠，区分并不严格，前者是应当预见或能够预见而没有预见，后者是已经预见而轻信可以避免。[1]不论是疏忽还是懈怠，都采用客观标准判断，即过失是对自己应当注意义务的违反，这就是过失概

---

〔1〕 王利明：《侵权责任法研究》（第 2 版）（上卷），中国人民大学出版社 2016 年版，第 345 页。

念的客观化。[1]在共同饮酒的案件中，如果作为同饮人对于一个即将产生的损害后果应当预见，而出于自己的疏忽大意未能预见或过于自信能够避免，导致最后损害结果的发生，就是过失。而过失或为疏忽大意的过失，或为过于自信的过失。过失的存在导致行为人在行为存在过错，即成立了侵权要件中的过错要件。

（三）行为人是否具有过错的判断

首先，行为人在饮酒过程中是否具有对醉酒者劝酒和强迫饮酒等行为，若没有，则不能认为行为人存在违反共同饮酒中一般注意义务的过错。

其次，在饮酒后，同饮者是否显示出醉酒状态，若饮酒时未出现醉酒现象，而是在返回家中后才出现，那么对于同饮人的醉酒现象，行为人也无法预见，也不能认定行为存在过错。

最后，若醉酒者出现损害后果系因自身患有疾病，对于醉酒者的身体情况，行为人应到预见且应对醉酒者的饮酒行为进行及时制止和劝阻及必要的监督，避免醉酒者在饮酒后将自身置身于高度危险的状态下，若行为人未尽到以上高度注意义务，则可能存在轻微的过失，存在轻微的违法性，导致最终承担责任。但是这种少量的过失，在确定最终的赔偿责任比例时得到了大幅度的减少或者免除。

四、行为和损害后果之间存在因果关系是确定同饮人是否需要承担责任的必然要求

（一）确定因果关系的规则

一般的侵权案件中，对于醉酒者的损害结果，行为人的共同饮酒行为与醉酒者损害后果之间是否具有因果关系，适用于相当因果关系认定。

对于运用相当因果关系规则来确定因果关系要件的，一般来讲是确定案件中行为人的行为是发生最终损害后果的适当条件。但是如何在具体案件中判断一个行为是不是损害结果发生的适当条件，其方法一般体现在三个方面。对此可以借助三段论来推导：大前提，根据生活经验，行为的引发是否导致特定结果的改变；小前提，案例中的行为确实引起了损害结果的产生；结论，该行为是引发损害结果产生的适当条件，具备因果关系。

---

[1] 陈聪富：《侵权行为法原理》，元照出版公司2018年版，第229页。

（二）相当因果关系中行为与损害发生的原因力对赔偿责任的影响

在共同饮酒后死亡的案件中，确定因果关系的意义在于两方面。一方面，通过对因果关系的论证，确定是否构成侵权要件；另一方面，通过对因果关系的论证确定行为和损害结果之间的原因力大小，确定赔偿责任比例。

对于一般侵权案件原因力的确定，一个行为对于损害结果的发生都是具备直接原因的，以此来确定原因力的大小较为容易。然而，复杂案件存在竞合的共同原因，有些原因是直接原因，有些是相当因果关系中的适当条件，这种情况在判断时就较为困难。

因此，通过细化行为违法性、行为人过错、行为和损害后果之间的因果关系这三个构成要件的判断规则，方能平衡共同饮酒行为中同饮人各方的利益，明晰相关纠纷中的裁判规则。

论体育活动中自甘风险的适用范围

王可为*

（中国政法大学 北京 100088）

摘　要：《民法典》侵权责任编引入自甘风险规则，有利于推动体育事业的健康有序发展。准确适用自甘风险规则以平衡因体育活动所致纠纷中各方当事人利益，应界分自甘风险与受害人同意、过失相抵等相关理论的区别，明晰文体活动的范畴，厘清自甘风险规则的适用范围。同时，要准确把握适用受害人明知风险、受害人自愿参与、文体活动的固有风险、行为人没有故意或重大过失这四大构成要件，方能正确适用自甘风险化解因体育活动所致的纠纷。

关键词：受害人同意　受害人明知　自愿参与

一、体育活动中自甘风险和其他理论的区分

（一）与受害人同意的区别

这里的受害人同意指的是受害人以明示或默示的方法同意其他人对自己造成伤害的行为。而自甘风险也是受害人对某种风险的自愿接受，从而行为人可以免除赔偿责任，二者在法律效果上相似，因此需要对二者进行区分：

适用范围不同。受害人同意的适用范围更加广泛，而自甘风险仅适用于具有"一定风险"的"文体活动"，属于受害人同意的特别情形。[1] 所以在

---

* 作者简介：王可为（1998 年-），男，汉族，浙江嘉兴人，中国政法大学同等学力研修班 2022 级学员，研究方向为民商法学。

〔1〕 董璐、杨江涛："民法典时代自甘风险的规范解构及其漏洞补充"，载《法律适用》2022 年第 5 期。

有一定风险的体育活动中应当优先考虑适用自甘风险规则。

对损害后果的认知不同。受害人对损害的性质、后果、发生时间能有预测和心理准备，而在自甘风险中，受害人不能预测到损害结果的发生。[1]

受害人对损害后果的态度不同。在自甘风险的情况下，受害人对该损害的发生是一种消极的被动承受，对其发生在心态上是一种不希望；而在受害人同意中，受害人对此损害结果的发生是积极的主动追求，对其发生在心态上是一种希望。

（二）与过失相抵的区别

在《民法典》颁布的大背景下，自甘风险因有独立条文而在地位上与过失相抵"平分秋色"，故对二者应加以区分来清晰其理论边界：

（1）功能不同。自甘风险解决的是行为人"赔不赔"的问题，属于免责事由范畴；而过失相抵是解决行为人"赔多少"的问题，属于损害分配范畴。如果适用自甘风险规则体系，则应当排除过失相抵的适用，二者是一种竞合关系。

（2）范围不同。从"一定风险的文体活动"中可得知自甘风险仅适用于带有风险的文体活动这种特定场合，而过失相抵规则则可以在所有侵权法领域内适用。

（3）受害者主观方面不同。两者虽然均需考虑受害人的主观心态，自甘风险更着重考虑受害人在主观方面是否超过一般过失。在自甘风险的体系下，考虑的是受害人对风险是否具有充分的识别能力，若受害人没有对风险的识别能力，那么故意或过失与其无关，若受害人有识别能力，损害结果的发生也不一定具有故意或过失。换言之，在自甘风险的体系中，受害人主观方面与故意或过失无关；但过失相抵体系中，考量更多的是受害人对损害的产生或扩大是否具有主观过错，且要与行为人进行比较。概言之，认定受害人过失相抵需要其主观具有故意或过失。过失相抵规则在无过错责任和过错责任中都能使用，若受害人的故意是损害结果发生的唯一原因，此时行为人可依据《民法典》第1174条之规定免责，且若有特别规定则应当优先适用特别规定。

---

〔1〕 刘铁光、黄志豪："《民法典》体育活动自甘风险制度构成要件的认定规则"，载《北京体育大学学报》2021年第2期。

（4）法律效果不同。自甘风险行为人的责任是免除的，而构成过失相抵的情况下行为人的责任是减轻的。

二、体育活动中自甘风险的适用范围

在《民法典》中提到了"具有一定风险的文体活动"，此处是指各种体育类活动和其他的以健身、休闲、娱乐为目的的身体活动。《民法典》在此处使用"文体活动"的概念而没有使用"体育活动"的概念，原因在于，在近年来的许多司法实践中，许多旅游或者是户外探险运动（比如户外徒步行走、攀登珠峰、沙滑等）的伤害案件中都适用了自甘风险规则。这些活动虽然大多和身体动作有关，但都不是我们传统意义上的体育活动。这里说的具有一定风险指的是文体活动本身存在的固有风险，且这里的固有风险是超出一般社会风险的。只有受害人自愿参与存在危险的文体活动，才可以推定受害人对此文体活动可能造成的损害后果表示接受。若文体活动本身不存在风险，那么也就不存在违法阻却的空间了。[1]

三、体育活动中自甘风险的构成要件

（一）受害人明知风险

明知指的是受害人对于文体活动中存在的固有风险及相关信息有相当的认识。但在司法实践中，不清楚风险会发生或不了解这项体育运动的风险是一般受害人常见的申辩理由，因此，要作出受害人明知这一推论，先要对受害人作为一个正常成年人可以充分预见其参与的体育活动有一定风险且可能造成损害后果有一个主观判断。若因受害者的年龄、知识等一些因素，无法判断受害人是否充分认识此项文体活动，则并不能认为其是自甘风险。在判断受害人是否明知时，应当考虑该体育运动的性质、在该地区的普及程度、大众的接受程度等因素。若是一项在该地区非常流行的体育活动，则此项运动的固有风险会被法院认定为是可预见的。因此，种种客观因素的不同，例如参与者、体育项目种类、大众对该运动的认知水平都会对判断受害人是否能预见文体活动中的固有风险产生影响。

---

[1] 赵峰、刘忠伟："论体育活动中自甘风险的适用范围"，载《法律适用》2021年第11期。

（二）受害人自愿参与

受害人自愿参与在此处是指受害人为了身体健康、快乐、荣誉等某种利益，自愿将自己置身具有一定风险的体育活动中，最后遭受损害。自愿参与且接受风险这一因素在自甘风险的认定中一般不是难题，大家几乎都是自愿参加文体活动的。但有争议的是非完全民事行为能力人能否被认定为自愿参加文体活动并且适用自甘风险规则。在理论界有观点认为，只有完全民事行为能力人才能独立对文体活动中可能发生的风险进行预知，才有可能适用自甘风险规则。但本文的观点是，在非完全民事行为能力人能否适用自甘风险规则的问题上不能一概而论，最好的办法就是交由法官根据实际情况分案处理。

首先，在实践中，不同非完全民事行为能力人的年龄和心智成熟水平是不同的。拿一名十几岁的中学生举例，虽然其还未成年，属于非完全民事行为能力人，但根据其心智水平也能推断出其当然能够知晓一般体育活动伴有固有风险。其次，草率地将非完全民事行为能力人排除在自甘风险规则的适用之外也并非我国《民法典》的立法本意，且对于我国青少年体育事业的发展具有不利影响。《民法典》的立法本意是让各项体育运动的参与者们能更加无负担地享受体育运动纯粹的快乐和各种好处（包括身体健康、心情愉悦、荣誉感等），推动我国大众体育事业朝着健康方向发展。在现代社会，青少年在课余时间参与学校组织的体育活动或是参加体育兴趣班的现象司空见惯，这是普罗大众在实践中反复对风险与收益进行衡量作出的最理性的选择，此选择意味着普罗大众在接受体育运动带来的利益的同时也随之接受了伴随着的固有风险。在司法实践中，将非完全民事行为能力人草率地排除在自甘风险规则的适用之外是不合理的，由法官个案分析当事人是否自甘风险，这是更公平合理的解决办法。

（三）文体活动的固有风险

（1）固有风险与体育项目是不可分离的。例如，在篮球比赛中，因要需要为己方得分而必须进行突破、投篮、抢断，而这些行为中球员之间的冲撞、伤害不可避免。若想完全避免损害的风险，唯一的办法就是不参与篮球运动。

（2）固有风险是可以预见的。固有风险是在某项体育活动中最容易发生的损伤。比如在足球运动中，为了己方得分而不得不进行高强度对抗，而这经常会导致双方球员摔倒、绊倒、冲撞而受到损伤。但是像守门员的头部被踢伤，这就不是显而易见的常见风险。[1]在足球运动中，守门员根据其接受的足球运动规则在禁区内持球是合理的，并无法预见对方在自己持球后仍然起脚踢向自己的危险，因守门员无法对该种危险进行预知，因此不能说守门员自甘风险。

（3）固有风险的发生是不可避免的。在体育运动中，该运动的组织者或者参与者都无法通过各种方式完全避免固有风险。固有风险是体育活动中不可或缺的部分。固有风险的发生也具有不确定性，虽然体育运动中的固有风险是可以预见的，但该风险什么时候发生、发生在谁身上，以何种形式发生都是不可预料的，其特点是具有深深的不确定性。

（四）行为人没有故意或重大过失

故意是对损害结果的希望或放任。而重大过失，则是行为人违反了注意义务或者应当预见却没预见，即使行为人希望自己的行为是无害的，但其应当有足够理由意识到其实施的行为有可能造成损害结果。因此，当行为人知道自己实施的某个行为可能会对受害人造成损害结果，但由于其没有尽到注意或者预见义务，且该危险现实发生了，这就属于重大过失，而若是行为人对此损害结果的主观心态是希望或者放任，就属于故意。在自甘风险规则适用中应当排除行为人故意或重大过失的情形。

---

〔1〕 韩勇："《民法典》中的体育自甘风险"，载《体育与科学》2022年第4期。

论股东出资加速到期

万　君*

（中国政法大学 北京 100088）

摘　要： 公司注册资本制度由实缴登记制转变成认缴登记制之后，股东依法享有期限利益。然而股东利用认缴制，使得出资义务长期处于不确定的状态，导致注册资本长期不到位，必然会严重损害公司人格独立与债权人的合理信赖利益。故此，在特定情况下可以通过股东出资加速到期制度来平衡股东出资期限利益和债权人利益。然而，在现行法放弃对资本缴纳的管制后，在司法实践中争议和矛盾不断，亟需完善后续相关法律制度，依法明确股东出资加速到期问题的适用条件，以避免赋予股东过度的资本控制权，从而保证股东、公司和债权人三方利益的尽可能的平衡。

关键词： 股东出资　认缴　出资义务　加速到期

一、问题的提出

《公司法》于 2013 年修正时，将公司注册资本由实缴登记制转变成了认缴登记制，由股东自行决定实缴出资的期限。这一改革引发了股东出资加速到期这个新的问题的产生。其产生的根本原因就在于公司股东在被赋予了出资期限利益后，可能利用法律对出资期限利益的保护来逃避出资义务，进而使公司债权人的合法权益遭受侵害。[1] 这也就使得在债权人利益受损的特定情况下，请求股东提前履行出资义务成为了迫切需要。

---

*　作者简介：万君（1986 年-），女，汉族，湖北黄冈人，中国政法大学同等学力研修班 2022 级学员，研究方向为民商法。

〔1〕　张磊："认缴制下公司存续中股东出资加速到期责任研究"，载《政治与法律》2018 年第 5 期。

尽管股东出资加速到期的特定情形在《企业破产法》《公司法》相关司法解释以及《全国法院民商事审判工作会议纪要》（以下简称《九民纪要》）中已有相应规定，但对于股东出资加速到期的具体适用问题，尤其是非破产清算阶段股东出资是否适用加速到期制度在实践中仍存在诸多争议，本文将就此着重梳理并尝试作出分析，以供交流和参考。

二、当前股东出资加速到期的法定情形

（一）公司破产或解散清算的情形

在公司破产或解散清算的情形下，对股东出资加速到期的规定主要有两条。一是《企业破产法》第35条规定："人民法院受理破产申请后，债务人的出资人尚未完全履行出资义务的，管理人应当要求该出资人缴纳所认缴的出资，而不受出资期限的限制。"二是最高人民法院《关于适用〈中华人民共和国公司法〉若干问题的规定（二）》第22条第1款规定："公司解散时，股东尚未缴纳的出资均应作为清算财产。股东尚未缴纳的出资，包括到期应缴未缴的出资，以及依照公司法第二十六条和第八十条的规定分期缴纳尚未届满缴纳期限的出资。"

该情形的规定，实际上就是明确了股东的出资期限不能超出公司的存续期间。故此，在公司破产或解散清算时，股东的出资义务需要一次性履行完毕。

（二）公司无财产可供执行，已经具备破产原因但不申请破产的情形

对公司已经具备破产原因但是不申请破产的情况，应当责令股东出资加速到期的依据是《九民纪要》第6条，具体规定为："在注册资本认缴制下，股东依法享有期限利益。债权人以公司不能清偿到期债务为由，请求未届出资期限的股东在未出资范围内对公司不能清偿的债务承担补充赔偿责任的，人民法院不予支持。但是，下列情形除外：（1）公司作为被执行人的案件，人民法院穷尽执行措施无财产可供执行，已具备破产原因，但不申请破产的……"

同时，认定公司具备破产原因的依据是：《企业破产法》第2条第1款和最高人民法院《关于适用〈中华人民共和国企业破产法〉若干问题的规定（一）》第1条的规定，债务人不能清偿到期债务并且具有资产不足以清偿全部债务或明显缺乏清偿能力的，可以认定为具备破产原因。

关于该情形的规定，实际上就是明确了在执行案件因无财产可供执行，

被法院裁定终结的情形下，可以推定被执行人已经具备破产原因，从而支持债权人关于股东出资加速到期的主张。

（三）公司在债务产生后延长股东出资期限的情形

关于公司在债务产生后延长股东出资期限的情形下支持股东出资加速到期的依据是《九民纪要》第6条第2项，在公司债务产生后，公司股东（大）会决议或以其他方式延长股东出资期限的，债权人可以要求股东出资加速到期。

该情形的实质是公司放弃了对股东即将到期的债权，从而降低了清偿债务的能力，有违诚实信用原则，属滥用股东权利来恶意逃避清偿债务，明显损害了债权人对股东到期出资的信赖利益，故债权人可以要求股东按照原出资期限进行出资。

三、当前股东出资加速到期的主要争议

通过本文梳理的股东出资加速到期的三种法定情形可知，第一种情形属破产清算阶段股东出资加速到期制度的适用，其依据是《企业破产法》和《公司法》相关司法解释，再加上公司破产或解散清算的程序、实现途径也都有明文规定，故此在实践中依据该情形主张股东出资加速到期没有什么争议。当前司法实践中争议较多的是非破产清算阶段股东出资加速到期制度的适用问题，也就是本文梳理的依据《九民纪要》第6条所规定的在非破产解散情形下主张股东出资期限加速到期的第二、三种情形。

（一）公司无财产可供执行，已经具备破产原因但不申请破产情形的适用争议

关于在公司无财产可供执行，已经具备破产原因但不申请破产的情形下主张股东出资加速到期制度的争议观点主要有：

（1）该情形下公司具备破产原因而不申请破产在法律上找不到请求权基础；

（2）非破产清算阶段的加速到期属于个别清偿，对于债权人之间的公平受偿产生不利后果，故债权人应申请公司破产救济自己权利；[1]

（3）该情形的正当性需要进一步考量。

---

[1]　张双原："非破产情形下股东出资加速到期制度反思与重构"，载徐涤宇主编：《中南法律评论》（第2辑），郑州大学出版社2021年版。

（二）公司在债务产生后延长股东出资期限情形的适用争议

关于公司在债务产生后延长股东出资期限的情形下主张股东出资加速到期制度的争议观点主要有：

（1）该情形下的请求权基础是诚实信用这一基础性的原则，还是《公司法》关于股东权利滥用的规定；

（2）在原出资期限并未临近的情形下，如何区分延长出资期限是正常商业行为，还是权利滥用逃避出资义务的行为；

（3）该情形的本质并非出资义务加速到期。

四、关于完善股东出资加速到期制度的几点建议

法谚云："未到期之债务等于无债务。"[1]当然，并非说债务履行期限届至前债务不存在，而是一般而言，除非另有约定，债务履行期限应推定为债务人（股东）利益。[2]在资本认缴制下，公司章程一般约定股东应在特定日期前完成出资，本质上是股东与作为独立法人的公司之间形成债权债务之约定。[3]但遵守诚实信用原则是行使权利的前提，不得滥用权利是底线。因此，股东出资期限利益保护必然存在适用的边界与例外。故此，在法无明文规定的情况下，最高人民法院以会议纪要的形式来确立非破产解散情形下股东出资应否加速到期的两点原则性规定，无疑是一个重大突破。但从实践来看，还需要从以下两个方面来加强。

（一）完善相关法律规定

尽管《九民纪要》的颁布，为在司法实践中适用股东出资加速到期制度提供了明确规定，基本统一了对该类案件的审判思路。但《九民纪要》并不能作为裁判依据，其效力远不及法律和司法解释，且《九民纪要》规定的适用情形与现有的法律规定，比如《企业破产法》，并不能很好地衔接起来，也有缩小了股东出资加速到期适用范围的弊端，比如没有考虑到股东出资期限自治所蕴含的其他风险包括但不限于在债务产生之前股东就约定过长出资期限这一情形。故此，依据现有法律规定，并不能对债权人利益给予全面有效

---

〔1〕 梅仲协：《民法要义》，中国政法大学出版社2004年版，第307页。

〔2〕 韩世远：《合同法总论》（第4版），法律出版社2018年版，第537页。

〔3〕 蒋大兴："'合同法'的局限：资本认缴制下的责任约束——股东私人出资承诺之公开履行"，载《现代法学》2015年第5期。

的保护，只有上升到立法层面对股东出资加速到期问题进行布局，才能从根本上解决这一问题。

（二）健全现有救济渠道

（1）进一步明确公司不能清偿债务的认定标准。什么情况属于"公司不能清偿到期债务"目前在法律上没有明确规定。理论上也存在争议，有"债务不能清偿说""公司资不抵债说"和"公司财产经强制执行不能清偿说"等诸多观点。[1]其中，较为明确的只有"公司财产经强制执行不能清偿说"，即公司财产经过强制执行之后是否具有财产偿还债务这一判断标准。但在实践中，采用这一标准极为容易增加债权人的维权成本。若是能够不限制证明渠道，仅明确公司实际财产状况是否能够清偿债务的认定标准，则可以更好地维系债权人和股东利益在不同判决中的平等。

（2）允许债权人在满足条件时直接起诉股东。从本质上来讲，支持股东出资加速到期制度就是为了能够更加充分全面地保护债权人的合法权益。故此，为了提高债权人主张债权的效率性，在满足了已有证据能够证明公司不能清偿债务这个条件下，应当允许债权人以主张股东出资加速到期为由来直接起诉股东，即债权人可以将公司和未届期股东作为共同被告起诉至人民法院，请求公司和未届期股东在未实缴出资本金范围内对公司债务不能清偿的部分向公司债权人承担补充赔偿责任，从而避免"一债两诉"，大大缩短债权人实现债权的成本。

（3）充分考虑在支持股东出资加速到期时多名股东之间的责任分配问题。这样可以有效避免仅仅就一个或几个股东提前履行了出资义务，不仅能够充分保护债权人的利益，也能够平等地保护各个股东的期限利益。故此，在司法实践中需要对股东之间责任如何承担的问题有一个相对统一的裁判标准。

---

〔1〕 赵旭东："资本制度变革下的资本法律责任——公司法修改的理性解读"，载《法学研究》2014年第5期。

论违约方解除权的行使

孙　来*

（中国政法大学 北京 100088）

摘　要：《民法典》第 580 条第 2 款创设性地规定了违约方解除权，打破了传统法学理论关于解除权的行使主体限于守约方的观点，赋予违约方解除权，有利于破解合同僵局，使得当事人摆脱合同严守的束缚。关于违约方解除权行使的条件，通过何种方式行使，需要遵循何种期限，权利行使的法律效果等问题亟需厘清，违约方解除权方能运用于司法实践，做到统一裁决尺度，同案同判。

关键词：《民法典》第 580 条第 2 款　违约方解除权　合同僵局　权利行使

一、问题的提出

通说认为，享有法定解除权的一方限于守约方。违约方本身并不能任意从债务履行或继续履行中自我解放，决定权在于非违约方，而不在于违约方。[1]《合同法》第 110 条的规定实际上是在守约方请求违约方履行债务时赋予违约方在特定情形之下享有的抗辩权。直到 2006 年最高人民法院公报案例"新宇公司诉冯某梅商铺买卖合同纠纷案"（以下简称"公报案例"）认为可以允许违约方解除合同。[2]该案被认为是违约方解除合同之先河。

---

* 作者简介：孙来（1992 年-），男，汉族，湖北孝感人，中国政法大学同等学力研修班 2022 级学员，研究方向为民商法学。

〔1〕 韩世远："继续性合同的解除：违约方解除抑或重大事由解除"，载《中外法学》2020 年第 1 期。

〔2〕 参见"新宇公司诉冯玉梅商铺买卖合同纠纷案"，载 http://gongbao.court.gov.cn/Details/e-8de538609306882e6ff406a642279.html，最后访问日期：2022 年 7 月 14 日。

此后，最高人民法院于 2019 年在《全国法院民商事审判工作会议纪要》第 48 条规定违约方符合特定条件可以向人民法院提起诉讼请求解除合同，《民法典》第 580 条第 1 款基本沿袭《合同法》第 110 条的规定，第 2 款则是直接以法条的形式对违约方解除权加以明文规定。不可否认，违约方解除权历经从无到有，从公报案例到法院会议纪要再到法律明文规定的过程，是一种进步。为了使法律规定能够有效指导司法实践，有必要厘清违约方解除权的行使要件、行使方式、行使期限以及法律后果，本文将围绕这几个方面展开。

二、违约方解除权行使的要件

（一）前提条件之一"法律上或者事实上不能履行"

法律上不能履行意味着债务人存在法律禁止履行的情况或者履约行为受到法律的否定性评价，如一房二卖中卖方无法向第一手买方办理房屋过户手续；而事实上不能履行意味着违约方虽然不存在法律上不能履行的情形，但存在客观现实无法履行债务的情况，如买卖合同的标的物（非种类物）出现毁损灭失的情况，卖方无法向买方交付货物。

（二）前提条件之二"债务的标的不适于强制履行或者履行费用过高"

债务的标的不适于强制履行主要表现在一些人身性质的合同中，如劳务合同、培训合同、合伙协议等，一方如果不按照约定履行相关义务，法律并不能强制其履行；履行费用过高需要衡量违约方继续履行合同义务所支出的成本与合同履行所获得的收益，若前者高于后者，则被认为属于"履行费用过高"，这一观点在公报案例说理部分也有体现。[1]

（三）前提条件之三"债权人在合理期限内未请求履行"

债务人不履行债务或者履行债务不符合约定时，债权人有权要求债务人继续履行合同，基于某些原因，债权人怠于请求债务人履行合同，使债务人产生信赖，信赖债权人不再请求继续履行。[2]此时，合同的履行陷入僵局状态，赋予债务人违约方解除权有利于使得其自身从合同僵局中解脱出来。至于"合理期限"如何界定，则需要人民法院或者仲裁机构在个案中根据当事

---

〔1〕 参见"新宇公司诉冯玉梅商铺买卖合同纠纷案"，载 http://gongbao.court.gov.cn/Details/e-8de538609306882e6ff406a642279.html，最后访问日期：2022 年 7 月 14 日。

〔2〕 崔建远："关于合同僵局的破解之道"，载《东方法学》2020 年第 4 期。

人之间的交易性质、交易目的、交易方式、交易习惯等综合确定。

（四）根本条件之四"合同目的不能实现"

违约方行使解除权不仅要符合任一前提条件，更要符合因为前提条件的出现而达到不能实现合同目的的严重程度。该要件的主要目的在于防止权利滥用，防止出现债务人随意请求终止合同的情况。[1]此处合同目的与《民法典》第563条中法定解除权的合同目的不尽相同，后者侧重于因违约方的违约行为导致守约方的目的无法实现，而前者不仅包含守约方的目的，更需要兼顾双方当事人的目的。"合同目的"这一术语非常抽象，主观性相当强，很难产生可欲的确定。[2]合同目的的认定则需要在个案中根据合同类型、合同关于目的的约定等方面进行司法认定。

三、违约方解除权行使的方式

相较而言，《民法典》第565条规定法定解除权的行使方式既包括以通知方式解除合同，也包括通过诉讼或仲裁方式解除合同。《民法典》第580条第2款仅规定了违约方通过仲裁或诉讼方式解除合同，由仲裁机构或者人民法院根据申请人的仲裁请求或者原告方的诉讼请求并结合案件事实与证据综合审查是否裁决终止合同权利义务关系，该项权利学界称为"形成诉权"。

通过对违约方解除权行使方式的分析，可以得出以下结论：其一，违约方解除权只能通过提起诉讼或者申请仲裁请求解除合同，而不得以通知方式解除合同；其二，合同是否最终解除是由法院判决或者仲裁裁决确定，因此，有学者称违约方解除权为"司法解除权"。[3]

四、违约方解除权行使的期限

法谚云"法律不保护躺在权利上睡觉的人"，为防止权利人怠于行使权利，《民法典》第188条规定了3年诉讼时效期间，《民法典》第564条规定

---

〔1〕 石佳友："履行不能与合同终止——以《民法典》第580条第2款为中心"，载《现代法学》2021年第4期。

〔2〕 孙良国："违约方合同解除制度的功能定位及其意义"，载《吉林大学社会科学学报》2021年第3期。

〔3〕 张春龙："违约方司法解除权否定论——评《民法典》第580条"，载《华侨大学学报（哲学社会科学版）》2021年第3期。

了 1 年除斥期间。诉讼时效期间适用的是债权请求权，形成权则适用除斥期间。

违约方解除权的行使期限可以参照适用《民法典》第 564 条关于解除权的行使期间的规定，原因在于：首先，根据权利的作用民事权利分为支配权、请求权、抗辩权、形成权，违约方解除权属于形成权；其次，虽然违约方解除权不像法定解除权那样可以依据当事人一方的意思表示使得法律关系发生变动，但如同《民法典》第 147~151 条规定的撤销权人 "有权请求人民法院或者仲裁机构予以撤销"，撤销权的行使同样需要通过法院起诉或者申请仲裁，学界对撤销权属于形成权没有争议，故而将违约方解除权作为形成权并适用除斥期间规定与法不悖；最后，违约方解除权适用除斥期间更有利于将当事人从合同僵局中尽早解脱出来，因除斥期间一般短于诉讼时效期间，且除斥期间为不变期间，不能中止、中断或者延长，也更有利于督促本就违约的一方当事人积极行使权利。

五、违约方解除权行使的法律后果

根据《民法典》第 580 条第 2 款规定，合同权利义务终止后，并不影响违约责任的承担。违约责任的承担方式包含继续履行、采取补救措施或者赔偿损失等，除 "债务的标的履行费用过高" 外的其他前提条件不能适用继续履行的违约责任承担方式，而 "债务的标的履行费用过高" 虽然能够继续履行，但公报案例的裁判要旨基于公平原则、诚实信用原则认定合同实际上已不具备继续履行的条件，判令准许违约方解除合同，由违约方向对方承担赔偿责任。[1] 根据《民法典》第 584 条的规定，损失赔偿额原则上应当相当于因违约所造成的损失，包括合同履行后可以获得的利益，但在 "债权人在合理期限内未请求履行" 情形下，因债权人违背诚实信用原则，在具体衡量损失金额时还需要适用过错相抵规则个案调整，最终实现结果公平。

六、结论

违约方解除权系《民法典》创设的一项重要的制度，以法典化的形式对

---

[1] 参见 "新宇公司诉冯玉梅商铺买卖合同纠纷案"，载 http://gongbao.court.gov.cn/Details/e-8de538609306882e6ff406a642279.html，最后访问日期：2022 年 7 月 14 日。

该项制度进行确立，具有里程碑的意义。《民法典》正式颁布施行以前，理论学界的主要争论在于是否有必要在《民法典》中规定违约方解除权；《民法典》施行后，关于违约方解除权只有一个条款直接规定，对违约方解除权的行使条件、行使方式、行使期限以及法律后果的梳理就显得尤为重要。正如美国著名大法官霍姆斯所说："法律的生命不在于逻辑而在于经验。"违约方解除权源自最高人民法院公报案例，需要大量司法案例对违约方解除权反复运用后总结出一般规律并制定相关司法解释来指导实践，统一司法裁判尺度。

《民法典》视阈下个人信息保护研究

张　晨*

（中国政法大学 北京 100088）

摘　要：信息时代，数据成为重要的生产要素之一，个人信息的利用和保障关乎所有民事主体的权利保障，生活质量和社会福祉的提高及经济产业的创新发展。个人信息的保护当然也是《民法典》立法过程中备受关注的内容之一。《民法典》中直接提及数据或个人信息的条款共 11 条。相关条款的内容主要涉及个人信息的定义和权利属性、信息主体的权利内容和处理者的相应义务、侵权的救济、特定行业信息获取及存储的专门要求等多个方面的基础性规定。

关键词：个人信息　个人数据　《民法典》

一、个人信息的定义及保护原则

《民法典》第 1034 条明确规定了个人信息的定义。[1]《民法典》作为确定民事权利义务根本内容的基础性法典，明确了个人信息的定义和范围，对于加强个人信息保护，包括在司法实践中减轻司法机关裁判压力等有突出的意义。

我国关于个人信息处理的合法基础采取选择同意原则，《民法典》对这一

---

* 作者简介：张晨（1994 年-）男，汉族，北京人，中国政法大学同等学力研修班 2022 级学员，研究方向为民商法学。

〔1〕《民法典》第 1034 条第 2 款规定："个人信息是以电子或者其他方式记录的能够单独或者与其他信息结合识别特定自然人的各种信息，包括自然人的姓名、出生日期、身份证件号码、生物识别信息、住址、电话号码、电子邮箱、健康信息、行踪信息等。"

原则再次予以明确。《民法典》第 1035 条〔1〕重申了《网络安全法》《消费者权益保护法》和《信息安全技术 个人信息安全规范》等相关法律法规、国家标准所确立的选择同意原则，同时针对处理个人信息的合法基础作出修正：在符合法律、行政法规规定的前提下，可以不经个人信息主体同意而处理其个人信息，从而使《民法典》与其他有关法律法规更好地衔接。同时，《民法典》还进一步规定了处理个人信息的责任豁免情形。第 1036 规定了三种豁免情形。此外，《民法典》第 999 条还规定了为公共利益而进行新闻报道、舆论监督的例外情形。

至于个人信息的保护原则，应着重关注以下三方面。首先，在条款的适用范围方面，尽管《信息安全技术 个人信息安全规范》对于上述原则也作出相同或类似规定且其适用范围并不局限于特定主体或场景，但《信息安全技术 个人信息安全规范》是不具有强制执行力的推荐性国家标准，因此其法律效力和执行力度有限。其次，由于《民法典》第 1035 条规定的是个人信息处理的基本原则，如何理解和具体适用上述原则还需要结合配套规定落实。最后，明示、披露原则的落实仍是合规监管重点。明示、披露原则是授权同意原则得以保障的必要前提，否则个人信息主体在未充分理解信息处理规则的情况下作出的授权同意将存在瑕疵。

二、个人信息权益保护的内容

个人信息主体的信息被处理的，享有被告知相应信息的权益，包括被告知处理信息的目的、方式、范围，有权知晓处理信息的规则。〔2〕尽管《民法典》第 1035 条并未直接规定个人信息主体享受什么权益，但是从其施加给个人信息处理者的义务实际上可推导出个人信息主体享有获知《民法典》第 1035 条个人信息处理原则条款中所提及的信息的权益。此外，《民法典》第 1037 条明确规定个人信息主体享有以下权益：

---

〔1〕《民法典》第 1035 条规定："处理个人信息的，应当遵循合法、正当、必要原则，不得过度处理，并符合下列条件：（一）征得该自然人或者其监护人同意，但是法律、行政法规另有规定的除外；（二）公开处理信息的规则；（三）明示处理信息的目的、方式和范围；（四）不违反法律、行政法规的规定和双方的约定。个人信息的处理包括个人信息的收集、存储、使用、加工、传输、提供、公开等。"

〔2〕黄镕："大数据时代个人数据权属的配置规则"，载《法学杂志》2021 年第 1 期。

（1）获取个人信息的权益。个人信息主体可依法向信息处理者查阅或者复制其个人信息。《民法典》在逻辑上完善了《网络安全法》第43条[1]规定的更正权和删除权。

（2）更正权。个人信息主体发现信息处理者处理的其个人信息有错误的，有权提出异议并请求及时采取更正等必要措施。与《网络安全法》的规定相比，《民法典》就个人信息主体发现信息有错误的情形如何处理，并未仅仅限定于"更正"，而是"提出异议并请求及时采取更正等必要措施"，因此，理论上，个人信息主体可要求信息处理者采取其他必要措施。

（3）删除权。个人信息主体发现信息处理者违反法律、行政法规的规定或者双方的约定处理其个人信息的，有权请求信息处理者及时删除。《民法典》仅就删除权作出了原则性规定，至于删除的具体内涵，删除权的行使有无限制性条件，哪些情形下信息处理者有权拒绝删除，有待后续立法进一步明确。

三、信息处理者的义务

（一）一般性义务

《民法典》第111条[2]整体上确定了信息处理者的依法收集、使用、提供、公开个人信息的原则，也是信息处理者应坚守的一般性义务。

（二）披露及依法处理义务

与《民法典》第1035条规定的信息处理原则相适应，信息处理者处理个人信息的，应履行公开处理信息的规则，明示处理信息的目的、方式和范围的义务，依法处理个人信息。

（三）对个人信息主体权益的配合义务

就个人信息主体的更正权而言，信息处理者根据具体情况有必要核实信息的，在个人信息主体提出异议后需要尽快核实信息，采取更正等必要措施。我们理解"等必要措施"的规定，赋予了信息处理者一定的裁量权，因此，

---

[1] 《网络安全法》第43条规定："个人发现网络运营者违反法律、行政法规的规定或者双方的约定收集、使用其个人信息的，有权要求网络运营者删除其个人信息；发现网络运营者收集、存储的其个人信息有错误的，有权要求网络运营者予以更正。网络运营者应当采取措施予以删除或者更正。"

[2] 《民法典》111条规定：任何组织或者个人，包括信息处理者，除不得非法收集个人信息外，还不得非法使用、加工、传输他人个人信息，不得非法买卖、提供或者公开他人个人信息。

个人信息主体提出对信息处理者处理的个人信息进行更正或限制使用、暂时断开链接等措施的，作为信息处理者的企业有必要根据具体情况，判定限制个人信息的使用或暂时断开链接等措施是否为必要措施，并采取相应行动。

（四）安全保障义务

信息处理者负有确保个人信息安全的义务，不论是否将个人信息储存在网络设备或网络环境中，信息处理者都应当采取技术措施和其他必要措施，确保其收集、存储的个人信息安全，防止信息泄露、篡改、丢失。

随着我国健康医疗大数据的应用发展以及社会信用体系的建设，《民法典》也特别提及了医疗机构和信用机构的个人信息保护问题。第1225条规定了医疗机构对病历资料的管理义务以及患者对其病历资料的查询和复制权；第1226条则对患者的隐私权加以保护。从个人信息保护角度来看，上述条款可视为《民法典》第1037条、第1038条关于个人信息主体的权益和信息处理者义务的规定在特定场景下的具化。第1029条赋予民事主体对其信用评价的查询权和异议权；信用评价人有义务及时响应民事主体的请求并采取必要措施。第1030条则明确民事主体与征信机构等信用信息处理者之间的关系适用《民法典》人格权编有关个人信息保护的规定和其他法律、行政法规的有关规定。

四、个人信息侵权责任

（一）《民法典》侵权责任编的适用

个人信息侵权责任未在《民法典》侵权责任编中独立成章规定，因此，个人信息侵权责任适用《民法典》侵权责任编。

（二）侵权责任承担方式

《民法典》第179条规定了承担民事责任的主要方式。个人信息受到侵害时，侵权人依照《民法典》第179条的规定承担相应的责任，我们理解，根据个人信息的特点及具体应用场景，通常而言停止侵害、排除妨碍、恢复原状、赔偿损失为侵权人承担责任的主要方式。对于获取个人信息的权益以及更正权、删除权的履行，如果信息处理者拒绝作为的，个人信息主体可请求法院判令信息处理者采取实现个人信息主体权益的相应行动，采取予以提供，予以更正、删除等行为。

（三）侵权责任主体

第三章"责任主体的特殊规定"中，第 1194 条至第 1197 条对于利用网络服务实施侵害他人民事权益的责任主体予以规制。[1]因此，企业作为网络服务提供者，对于网络用户侵犯个人信息的行为，在符合《民法典》规定的情形下可能构成侵权责任主体。对于可发布信息的网络平台来说，网络平台宜筛查平台上用户发布个人信息的行为（比如，有无大量个人姓名、身份证、手机号或银行卡号发布），或者通过技术上的设置预先阻止发布个人信息，尤其是敏感个人信息，以避免侵权风险，当然这可能增加网络平台的管理或技术成本。

《民法典》是中国法治建设的里程碑。《民法典》的发布和实施将对社会生活的各个领域产生深远影响。同时，《民法典》是关于民事权利义务的基础性法律，除了前述内容之外，对于数据、网络虚拟财产的保护，《民法典》沿袭《民法总则》，仅作了原则性的规定，为其他专项法律规定留下了充分的空间。随着科技的发展，大数据发展背景下个人信息的应用也会不断加强，明确个人信息的权属、权利范围和实施方式、方法等具有重要的实践意义和法律价值，相关具体内容仍然有待于专门法律以及法规、规章等法律规范的制定加以落实和实施。此外，随着法律规定的明确，相关监管和执法也会在现有基础上进一步强化，并成为常态化。依法合规合理利用和保护个人信息是企业经营的必由之路。

---

〔1〕 根据《民法典》第 1194 条规定，网络用户、网络服务提供者利用网络侵害他人民事权益的，应承担侵权责任，法律另有规定的从其规定。第 1195 条规定，网络用户利用网络实施的侵权行为，权利人可通知网络服务提供者采取删除、屏蔽、断开链接等措施，网络服务提供者应将该通知转送网络用户，并根据构成侵权的初步证据和服务类型采取必要措施；未及时采取必要措施的，对损害的扩大部分与该网络用户承担连带责任。第 1197 条规定，网络服务提供者知道或者应当知道网络用户利用其网络服务侵害他人民事权益，未采取必要措施的，与该网络用户承担连带责任。

铁路客运领域内的人脸识别应用与风险研判

徐 玮*

（中国政法大学 北京 100088）

摘 要： 随着铁路建设的迅猛发展，铁路客流量逐年剧增。同时随着信息技术与 AI 技术的不断进步，人脸识别技术在铁路客运领域中的运用也就成了社会发展的必然结果。但随着人脸识别应用的广度不断扩展，对该项技术在应用时出现的一系列漏洞以及可能造成的侵权风险值得深入思考。旅客个人信息的采集、个人隐私的保护，以及根据有关法律和司法解释的指引，铁路部门如何做好应用中的风险研判和必要的防范策略都值得深入研究。

关键词： 人脸识别　个人隐私保护　风险研判

近年来，随着信息技术与 AI 技术的高速发展，人脸识别渗透到人们生活的方方面面，在铁路客运领域的运用中尤其突出。但由于信息泄露风险大、安全漏洞难以消除等问题，人脸识别技术带来的个人信息保护问题也日益凸显，强化人脸信息保护的呼声也日益高涨。这对铁路部门也带来了新的挑战与考验。在人脸识别技术全方位开启全新生活、工作、出行、娱乐模式的背景下，如何在适应时代发展的前提下使人脸识别技术得到有效的应用与如何做好风险防范就成了铁路部门值得关注和思考的问题。

一、人脸识别系统是铁路发展的必然应用

在现代化社会发展过程中，人脸识别系统已经应用到了各个领域之中，其本质是一种在搜集人脸特征信息的基础上进行身份识别，也就是说，其原

---

* 作者简介：徐玮（1986 年-），女，汉族，山东曲阜人，中国政法大学同等学力研修班 2022 级学员，研究方向为民商法学。

理是利用摄像机来采集人脸特征信息内容，形成相应的图像或者视频内容，而后可以自动检测以及追踪这一人脸信息，并且对于所检测到的人脸利用信息技术进行识别，进而实现身份认证。

我国铁路运输中如此大的客流量，势必对实名制验证验票带来了巨大的压力。大数据时代人脸识别技术顺势而生，大大节约了旅客出行的时间成本，也大大提高了铁路部门组织旅客进站验票的效率。这是时代进步的必然发展结果，也是人脸识别技术在铁路领域中的必然应用趋势。

二、人脸识别在铁路领域中的具体应用

人脸识别技术在铁路中的应用，极大程度上提高了乘客管理效率，并且其具备较为典型的精准便捷功能，使得乘客仅仅需要进行"刷脸"操作，即可实现进站乘车，能够以最简单的方式实现身份验证。[1]在此过程中不需要出示更多证件，其效率是传统人工检测模式的 10 倍。从 2017 年春运开始，人脸识别系统已经基本应用到各大车站之中，并且以人脸识别技术作为支撑实现了人、证、票的统一验证，极大提升了整体乘车效率，减少了非法乘车问题的出现。随着 2020 年 6 月 20 日起正式启动电子客票，人脸识别技术的应用开始变得更为广泛，但是铁路客运在使用这一技术的过程中依旧持有较为谨慎的态度。

在铁路 12306 网络订票系统中，由铁路科学研究院研究开发的人脸识别通道可供旅客安全快速有效地完成人脸识别验证，从人脸识别数据收集的源头上来讲，大大降低了侵犯旅客个人隐私的风险。同时，铁路客运站所使用的实名制检验系统中也加入了人脸识别技术，并且这一技术是由我国专业化的科研机构进行研发并且应用，不仅能够充分保障其整体质量以及工作效率，还能保障乘客的信息安全。这一技术在设计过程中以安全性原则作为基础，可以保证系统在应用过程中能够实现平稳运行，同时使得乘客信息安全得以有效保障，确保铁路的核心信息数据不被泄露，整体运营效率更高。[2]

在铁路客运中应用人脸识别技术的目的主要是保证乘客人、证、票的一

---

〔1〕 姚佽、张凯敏："铁路旅客车票实名制现状问题及对策研究"，载《物流科技》2017 年第 9 期。
〔2〕 贾成强等："基于人脸识别技术的铁路实名制进站核验系统研究及设计"，载《铁路计算机应用》2018 年第 7 期。

致性，在信息互通的基础上，以捕捉到的乘客面部特征信息作为支撑，能够从身份证信息中获得识别检验，如果三者所表现出的信息内容一致，将会自动开闸放行，但是如果不一致，将会拒绝乘客进入。因此在人脸识别系统的监督作用下，乘客必须实现三项信息内容的统一，而这些信息内容的提交是经过乘客允许才实现的，因此是符合法律"正当必要要求"的，具备合法性。

三、人脸识别在使用中存在的侵权风险

（一）个人信息泄露

人脸识别技术在推广过程中极容易出现信息被盗用、破坏等问题，这些信息内容对于自然人而言有着较为重要的作用，因此信息泄露将会对其生活造成较大的影响。并且人脸识别信息技术在发展过程中需要采集大量的信息内容来进行技术的核验，因此技术水平越高，则其采集的数据信息越多。如果出现风险隐患则将产生更大程度的损害，甚至可能对于社会的稳定也会造成一定的影响。

（二）隐私权

人脸识别技术将会对使用者个体形成完整勾勒。人脸识别技术随着相关算法的不断完善，对于一片范围内所有个体的面部情况可以实现持续性的信息收集，并在此基础上进行分析。基于拓扑原理，后台还可以分析出被采集者的表情变化。个别领域中对于人脸识别的应用刻意"绕开"拥有者的知情授权。人脸信息作为个人信息的一种，采集使用应该获得所有者的知情同意。

个人信息是否许可被获取、由哪些对象获取、在什么范围使用、如何使用等，应依自主意志决定。在个人信息保护领域的基本原则中，唯有知情同意原则实现了与人身权利的连接。因此，知情同意原则毫无疑问是个人信息保护的基础条款，其他原则均应以其为基础拓展，且不能违背这个原则。[1]

四、铁路客运应用人脸识别技术侵权防范的对策

铁路客运在经营管理过程中对于人脸识别技术的充分应用，其从客观角度进行分析是出于对旅客自身合法权利的保障，尽管如此，旅客的权益依旧

---

〔1〕 齐爱民：《拯救信息社会中的人格》，北京大学出版社2009年版，第261页。

存在被侵犯的风险。在社会科学技术水平不断提升的过程中，盗取他人信息的技术水平也在不断提升，因此在保护人脸识别系统所搜集的个人隐私信息过程中，铁路部门应当提高警惕，防范旅客信息泄露风险。因此，为了能够保证铁路客运能够在应用人脸信息技术过程中实现更好的维权，对于旅客的权益作好保障，需要从多元化角度来构建起完善的制度体系以及技术防控体系，为社会和谐发展作出贡献。[1]

（一）利用技术支撑，从源头上做好防范措施

在防范信息被盗取的过程中，应当从源头来进行有效防治。以新型的安全技术以及较为完善的侵权防范体系作为支持，在采集乘客隐私信息的过程中需要充分获得乘客的认可，进而使得乘客可以履行其知情权，更需要从组织结构、技术水平提升等多个角度入手，在技术支撑作用下保证乘客信息可以获得相应的保障。

（二）加强现有法律的实施

《民法典》《消费者权益保护法》《网络安全法》都对于个人信息有着较为明确的规定，在采集乘客隐私信息的基础上应当以合法、正当的原则进行应用，并且这一过程需要乘客知晓。在此过程中需要加强对于法律相关知识内容的宣传普及，加强社会公众的法律意识，才能够充分发挥社会大众的监督功能，在充分了解法律的基础上，利用法律手段来保障自身权益。

（三）强化行业自律

由于当前的人脸识别技术相关法律条文内容不够完善，因此铁路部门在应用过程中需要从加强自身行业自律角度来进行分析概念防范，加强企业的社会责任心以及道德感，始终将为人民服务作为自身发展的理念，以高标准要求自身行为，进而能够在未来发展过程中树立起社会榜样形象，在榜样作用下形成行业自治意识，在较高的行业规范作用下保证人脸识别技术的合法应用。

五、结论

人脸识别技术的出现是时代发展的必然结果。但是从法律层面进行分析，

---

〔1〕　陈瑞英："铁路客运应用人脸识别技术侵权防范的思考"，载《铁道运输与经济》2021年第6期。

铁路部门在应用过程中需要进行深入的研究考虑，进而能够在提升乘客整体体验的同时保障乘客信息安全以及铁路信息安全，对于这一技术可能涉及的侵权风险进行有效防范。铁路系统作为国家重要的交通系统，应当发挥其领头作用，承担起社会责任，树立起行业之中的榜样形象，为社会和谐发展作出自身的贡献。

自动驾驶汽车的侵权责任研究

陈柏羽*

（中国政法大学 北京 100088）

摘　要： 自动驾驶汽车技术尚在发展过程中，由于人工智能接管并控制汽车、侵权责任主体多元化、事故原因调查难度大、产品缺陷缺乏标准、过错责任分配存在困难，自动驾驶汽车侵权规制存在问题，而且现阶段全国还没有统一的法律法规予以调整和规范。本文建议尽快完善过错责任主体的认定标准、统一归责原则、完善产品缺陷证明标准、完善事故保险赔偿体系。

关键词： 自动驾驶汽车　交通事故　产品缺陷

一、自动驾驶汽车交通事故侵权规制存在的问题

（一）过错主体认定难

我国《道路交通安全法》第 76 条规定，机动车发生交通事故造成人身伤亡、财产损失的，由保险公司在机动车第三者责任强制保险责任限额范围内予以赔偿，不足部分由过错方承担相应责任。对过错责任主体的认定，有学者认为是指机动车保有人和机动车驾驶人，[1] 还有学者提出控制力说，即采取实际控制和使用的标准作为确定赔偿责任主体的一般标准。[2] 当自动驾驶等级为三级（人机共驾模式）甚至达到更高级别自动驾驶时，人工智能接管

---

*　作者简介：陈柏羽（1990 年-），汉族，四川成都人，中国政法大学同等学力研修班 2021 级学员，研究方向为民商法学。

〔1〕　杨立新："论机动车交通事故的基本责任形态"，载《河北学刊》2009 年第 3 期。

〔2〕　刘家安："机动车交通事故责任的归责原则及责任归属"，载《政治与法律》2010 年第 5 期。

并控制汽车，涉及车载传感器、控制器、执行器等硬件装置的实时数据是否正确，也涉及网络平台服务提供商、现代通信与网络技术服务商的信号是否正常，更涉及智能系统自主判断和决策是否正确。如何判断是某一个环节导致发生事故，还是多个环节共同作用发生事故；汽车生产者、销售者、智能系统提供者、通信网络服务商是否可能存在过错。侵权主体的多元化将导致实际侵权责任主体难以认定。

（二）归责原则存在矛盾

我国《民法典》和《道路交通安全法》对机动车交通事故的处理适用过错归责原则，但自动驾驶汽车发生交通事故时可能并不完全适用。一方面，当人工智能接管并控制汽车而发生交通事故后，人类驾驶员不再有注意义务，身份由驾驶人变为乘客，不存在过错。但根据现有法规，车辆所有人、管理者需要承担无过错责任。归责原则不统一，存在矛盾。另一方面，当证明智能网联汽车存在产品质量缺陷，意味着生产者、销售者、智能系统提供者、数据提供者、通信网络平台服务提供者均有可能存在过错，应在过错范围内承担赔偿责任，但同时符合产品质量侵权适用无过错原则，依法又应当对全部损失承担赔偿责任。在此种情况下，归责原则也不统一，存在矛盾。

（三）产品缺陷证明难

根据《深圳经济特区智能网联汽车管理条例》第53条之规定，自动驾驶车辆的所有人、管理人需承担无过错责任，当证明车辆存在产品质量缺陷时，才能向生产者、销售者追偿。根据《产品质量法》第46条之规定，产品缺陷分为两类：一是产品存在危及人身、他人财产安全的不合理的危险；二是产品不符合保障人体健康和人身、财产安全的国家标准、行业标准。对自动驾驶车辆中"不合理的危险"尚无细则具体规定，"不合理的危险"由谁来判断尚不明确。在司法实践中，"不合理的危险"标准的抽象性使得裁判者行使自由裁量权的难度过大，[1] 车辆所有人、管理者更加难证明。另一方面，自动驾驶车辆中对不符合人体健康和安全的国家标准、行业标准也尚未出台，缺乏客观判断标准，车辆所有人、管理者也难以直接证明。更难证明的是自动驾驶汽车的智能系统缺陷。由于自动驾驶汽车搭载了智能驾驶系统，当监

---

〔1〕 李俊、许光红："美国对产品缺陷的认定标准及其对我国的启示"，载《江西社会科学》2009年第7期。

测数据错误、通信中断、系统决策错误而导致事故发生时，将难以认定是系统缺陷造成的。随着无人驾驶里程数的增加，各项信息数据变得精准，人工智能可能通过算法优化、自主修改决策程序，同时也可能造成交通事故发生。何况，人工智能自主修改程序的过程具有高度不确定性，这种风险难以被设计者提前预见，把这种情况定义为设计缺陷可能存在困难。退一步说，即使证明了智能驾驶系统存在缺陷，车辆所有人、管理者也难以向生产者进行追偿。根据《产品质量法》第41条之规定，生产者可以主张产品投入流通时的科学技术水平尚不能发现缺陷的存在，而不承担赔偿责任。

（四）损害结果追偿难

根据《深圳经济特区智能网联汽车管理条例》第54条之规定，自动驾驶车辆的所有人有权向生产者、销售者追偿，但是智能网联汽车产品的质量缺陷却难以证明，这将导致追偿权难以实现，不具有实务操作性。一方面，当自动驾驶发展到高级别之后，人类驾驶员变为车内乘员，也有可能因为交通事故而受到损害。从现有规定看，当智能联网汽车存在质量缺陷发生事故，仍然由车辆所有者或管理者赔偿，当车内乘员与车主身份重合时，将出现自己赔偿自己的逻辑矛盾。另一方面，车内乘员的赔偿不在交强险和第三者责任险的赔偿范围内，而车内乘员保险额最高为10万元，难以保障其合法权益。由此可知，自动驾驶汽车的所有人或管理人对事故损害结果只能寄希望于高额的保险赔偿，保险金不足以赔偿的部分，还是需要由车辆所有人或管理人承担赔偿责任，而且难以再向智能网联汽车的生产者、销售者追偿。

二、自动驾驶汽车交通事故侵权责任的完善建议

（一）完善过错主体认定标准

由于自动驾驶过程中，人工智能接管并控制汽车，涉及车载传感器、控制器、执行器等硬件装置的实时数据是否正确，也涉及网络平台服务提供商、现代通信与网络技术服务商的信号是否正常，更涉及智能系统自主判断和决策是否正确。因此，为完善过错主体的认定标准，本文建议国家建立自动驾驶汽车的安全鉴定中心，负责制定智能网联汽车一方承担责任的标准，由专家鉴定委员会综合鉴定智能网联汽车是否存在过错。

（二）统一归责原则

在我国主要由《民法典》《道路交通安全法》和《机动车交通事故责任强制保险条例》共同构建起传统的机动车交通事故责任体系，确立了以过错推定原则为基础，辅之以过错责任原则的归责原则，[1]机动车一方承担侵权损害赔偿责任的基本责任形态为替代责任和自己责任，复数侵权行为主体构成共同侵权的成立连带责任。[2]

本文建议区分事故类型后再统一归责原则。交通事故可以先分为人机共驾交通事故和无人驾驶交通事故。当车辆处于人机共驾模式时，建议适用过错推定原则。理由是车内始终由驾驶人员负有全程的安全注意义务，若驾驶员能够证明已尽安全注意义务，如减速、刹车、避让、救车等行为，可以推定驾驶员不存在过错而无须承担赔偿责任。当车辆处于无人驾驶模式或者人工智能强制介入操作车辆时，可以适用无过错原则，由车辆生产者、智能系统提供者承担连带赔偿责任。

（三）完善产品缺陷证明标准

自动驾驶车辆不合理的危险尚无细则具体规定，我国应当尽快制定统一的自动驾驶汽车安全标准，以便为产品缺陷的判断提供依据。[3]本文建议国家建立自动驾驶汽车的安全鉴定中心，负责制定智能网联汽车产品缺陷证明标准。除明确制造和设计缺陷的标准外，最重要的是不合理的危险内容，可以对自动驾驶汽车的购车人进行调研，不合理危险内容尽可能地详尽明确。产品缺陷鉴定标准还应当考虑到各地的鉴定实施条件，令各地司法鉴定机构足以根据标准判断产品是否存在缺陷。

三、结语

随着自动驾驶技术的发展，我国现阶段对智能网联汽车管理缺乏统一适用的规范，自动驾驶汽车交通事故侵权规制存在的问题，本文认为需要进一步完善错责任主体的认定标准、统一归责原则、完善产品缺陷证明标准、完善事故保险赔偿体系。但是，随着人工智能的进一步发展和5G技术的推广，

---

〔1〕 杨立新："我国道路交通事故责任归责原则研究"，载《法学》2008年第10期。
〔2〕 刘家安："机动车交通事故责任的归责原则及责任归属"，载《政治与法律》2010年第5期。
〔3〕 国务院办公厅《关于印发国家标准化体系建设发展规划（2016—2020年）的通知》。

人机共驾、无人驾驶将成为未来趋势，自动驾驶汽车侵权责任将进一步对现有的侵权体系带来新的挑战，因此，应对人工智能的法律适用继续展开深入研究，尽快确立科学统一的法律规范，为我国自动驾驶技术产业的发展保驾护航，也为人工智能的法律规制提供一个宝贵的样本。

《民法典》视域下违约精神损害赔偿的适用与完善

陈婷婷*

（中国政法大学 北京 100088）

摘　要：《民法典》第 996 条规定了在例外情况下受害人可在违约责任中主张精神损害赔偿，该项规定相较过去，拓宽了精神损害赔偿在违约领域的适用范围，但该条款在司法实践中仍然存较大限制，需要学术界与司法机关共同完善违约精神损害赔偿的类型建构，并对条款进行合理解释，以促进违约精神损害赔偿的进一步适用。

关键词：违约精神损害赔偿　适用前提　扩大解释

一、《民法典》中违约精神损害赔偿

违约精神损害赔偿在我国一直是处于争议中的问题，关于其在司法实践中是否能够得到主张也有不同的判断依据。我国的传统理论是将精神损害赔偿类别归属于《侵权责任法》进行调整，只有在侵权责任与违约责任发生责任竞合时，受损失方才能以侵权之诉请求对方赔偿自己的精神损害。反对者认为，《合同法》113 条并未明确规定不能够在违约提出精神损害赔偿，如将违约精神损害赔偿的适用范围限在发生责任竞合的领域，那么对于众多遭受精神痛苦与悲伤的被违约方而言，他们的权益便失去了保护的途径。

《民法典》对于这一司法困境，提出了解决法案，即第 996 条："因当事人一方的违约行为，损害对方人格权并造成严重精神损害，受损害方选择请求其承担违约责任的，不影响受损害方请求精神损害赔偿。"该条款突破了传

---

　* 作者简介：陈婷婷（1995 年-），女，汉族，江苏镇江人，中国政法大学同等学力研修班 2022 级学员，研究方向为民商法学。

统理念中违约责任与精神损害赔偿不能一并主张的情形，避免了选择违约之诉而无法提出精神损害赔偿的尴尬处境。

二、违约精神损害赔偿规定的不足之处

（一）违约精神损害赔偿的适用前提模糊

《民法典》第996条虽然允许受损害方在违约之诉中同时请求精神损害赔偿，但是对于违约精神损害赔偿的适用前提并未作出明确规定，从中也诞生了不同观点。如果支持在违约之诉中可以直接请求精神损害赔偿，无疑有助于全面充分地保护被违约方权益。而坚持违约与侵权竞合才能提起违约精神损害赔偿，则是从传统观点出发，立足人格权在侵权责任领域受到调整与保护的实际情况，谨慎地赋予受损害方请求精神损害赔偿的权利。

因此，不论是认为《民法典》第996条是针对单一的违约行为，还是认为该条只是请求权竞合的特殊规定，即一种行为须存在违约与侵权两种构成要件，只是在这种情况下可以合并审理，《民法典》第996条的适用前提都亟待确定。

（二）只针对人格权的适用范围狭窄

《民法典》第996条只规定了损害对方人格权并造成严重精神损害时，才能够提起违约精神损害赔偿。《民法典》第990条第1款指明："人格权是民事主体享有的生命权、身体权、健康权、姓名权、名称权、肖像权、名誉权、荣誉权、隐私权等权利。"而第996条也是人格权编中的条款，这就表明目前《民法典》将违约精神损害赔偿的适用范围限定于具体的人格权受到侵犯的场景。[1]

然而现实生活中存在大量合同违约行为虽并未损害当事人的身体健康或者社会名誉，但却切实地伤害了当事人的精神利益，使其陷入巨大的痛苦与悲伤中。如婚庆服务合同中，由于婚庆公司的过失，导致婚礼出现重大事故，未能如约圆满举行，婚礼对于参与者具有极为重要的意义，所以此类婚庆服务合同的违约行为，将会极大伤害被违约方的感情。又或是旅客运输合同中，因司机过错导致乘客受损，受损害方基于合同纠纷请求客运公司赔偿精神损失。若遵循《民法典》第996条的界定，此类违约之诉的受损害方似乎无法

---

〔1〕 李永军："论民法典中人格权的实证概念"，载《比较法研究》2022年第1期。

提起违约损害赔偿，但是在司法实践中，审判机关往往会考虑实际情况，对受损害方由此遭受的精神痛苦进行一定补偿，这也从侧面反映出《民法典》中违约精神损害赔偿只能针对人格权提出的适用范围过于狭窄，不能满足社会中广泛存在的实际需求。

（三）违约精神损害赔偿行使路径亟需明确

违约与侵权责任竞合的场合，为了防止发生重复救济，受损害方面临着违约之诉与侵权之诉之间的选择。如主要侵害对象为身体权、健康权等人格权的医疗服务合同的相对人，若其选择追究对方的违约责任，将丧失获得侵权责任中精神损害赔偿的可能，而如果受损害方选择追究对方的侵权责任，那么合同的违约规定则失去了用武之地，且当事人也将面临相对违约之诉更为严格的归责原则与举证责任。一旦受损害方无法证明对方的侵权行为存在主观过错，精神损害赔偿的请求也可能无法得到支持。

如果认为《民法典》第996条的适用前提是发生责任竞合，那么便需要考虑条文中规定的"不影响"应当作何种解释更为合理，这影响违约精神损害赔偿行使路径与救济程序的选择：一种观点认为，受损害方可以一并请求对方承担违约责任及精神损害赔偿；另一种观点认为，受损害方首先应向对方请求承担违约责任后，再另行提起侵权之诉，请求其承担精神损害赔偿。如果不将违约精神损害赔偿的行使路径加以明确，那么在司法实践中就会加重受损害方的诉讼成本，使得其通过司法途径弥补自身损失的过程更加困难。

三、完善《民法典》违约精神损害赔偿规定的措施

（一）明确适用前提为责任竞合场景

《民法典》第996条能够支持受损害方在违约之诉中提起精神损害赔偿，已经是一大创举。立法者将该条放置在人格权编中，并且规定只有人格权遭受重大损害时才能提起赔偿，无疑是将违约责任与侵权责任竞合作为该条适用的前提。具体来说，一个行为是违约行为，首先需承担违约责任，如果该行为同时侵害了人格权，由于人格权是由《民法典》中"侵权责任编"加以规制，那么该行为也属于侵权行为，必须承担侵权责任。这意味着对于只违反合同约定但并未侵权的行为，受损害方无权以该条为依据提起精神损害赔偿，研究《民法典》中对于违约精神损害赔偿的规定，此适用前提必须明确。

（二）以违约之诉作为行使路径

对于《民法典》第996条行使路径的争议，主要体现在对"不影响"一词的理解，一种观点认为，"不影响"指的是受损害方可以在违约之诉中一并提起精神损害赔偿；另一种观点则认为，违约之诉与侵权之诉应互相独立，受损害方在提起违约之诉要求承担违约责任后，还需另行提起侵权之诉以请求精神损害赔偿。[1]虽然后者看似更加符合《民法典》第186条关于责任竞合的立法意图，但是本文认为，将精神损害赔偿在违约之诉中一并主张，更有利于建立违约精神损害赔偿的法律体系，同时考虑到侵权之诉与违约之诉在举证责任、归责原则、义务内容、诉讼时效及免责形式等多方面的区别，为避免加重受损害方的诉讼难度，选择对上述各方面要求更为宽松的违约之诉更为合理，也更加符合未来民法典的发展方向。

（三）扩大解释"人格权损失"的范围

正如前文所述，现实生活中存在大量以获得精神享受为目的的服务合同，如婚庆服务合同、旅游服务合同等，这类合同的服务提供者如果违约，将会使得合同相对方产生强烈的痛苦，精神损害赔偿在此类合同中有广泛的适用空间。而《民法典》第996条只规定对"人格权损失"能够请求精神损害赔偿，明显无法涵盖此类合同。更为妥善的方法是对"人格权损失"进行扩大解释：一是将"人格权"理解为"一般人格权"，包括含有人格象征意义的物品；二是"损失"的范围扩大至以下三个方面：①侵害具体人格权造成的精神损失，如美容手术失败对受损害方造成的精神损失；②不以物质损害为表征的精神权益损失，如旅游合同违约使得被违约方承受无法放松的精神痛苦；③附随主体某种精神利益于其中的财产性损失，如照相服务合同中丢失具有重要纪念的相片。[2]为满足司法实践的需要，我们还可以将一些提供精神享受与违约将造成精神痛苦的服务型合同建构为典型合同类型，将违约精神损害赔偿在此类合同中适用，也有利于精神利益的更广泛保护。

---

〔1〕 任明艳："民法典中违约精神损害赔偿新规探析"，载《人民法院报》2021年1月7日。

〔2〕 朱晓平："违约责任中的精神损害赔偿问题研究"，载《法律适用》2017年第11期。

未实缴股东表决权行使的限制研究

成浩楠*

（中国政法大学 北京 100088）

摘　要：自 2013 年《公司法》将公司注册资本制度从实缴制改为认缴制以来，关于未实缴股东表决权是否应当限制、如何限制的问题一直未得到妥善解决。虽然 2019 年最高人民法院发布了《全国法院民商事审判工作会议纪要》（以下简称《九民纪要》），在第 7 条对表决权能否受限问题作了规定，但其仍旧以公司章程作为首要考虑条件，若无规定则应按照认缴出资比例行使，同时其对股东大会作出关于表决权是否受限制的决议要求审查表决程序本身是否合法，将导致产生"世界上是先有鸡还是先有蛋"的矛盾问题。因此，本文从表决权的性质、限制表决权的作用及价值出发，提出了以三分法为主的实践操作流程，同时提出了完善相关法律法规制度以及充分发挥公司章程功能的建议。

关键词：认缴制　股东决议　章程　三分法　表决权限制

一、问题的提出

《公司法》第 42 条〔1〕仅粗略规定了表决权按出资比例行使，但未明确是认缴出资比例还是实缴出资比例，从而在法律上对股东表决权行使限制留下了

---

　*　作者简介：成浩楠（1993 年–），男，汉族，浙江杭州人，中国政法大学同等学力研修班 2022 级学员，研究方向为民商法学。

　〔1〕《公司法》第 42 条规定，股东会议由股东按照出资比例行使表决权；但是，公司章程另有规定的除外。

巨大的争议空间，最高人民法院《关于适用〈中华人民共和国公司法〉若干问题的规定（三）》（以下简称《公司法解释（三）》）第 16 条[1]虽然规定了公司章程对利润分配请求权、新股优先认购权、剩余财产分配请求权等股东权利可以作出相应的合理限制，但仍未明确列举到表决权这一事项，且实践中，大部分公司对公司章程十分不重视，均是使用从网上摘抄或者工商部门提供的统一模板，其中通常不会对是否限制未足额缴纳出资股东的表决权再作特别约定。因此，自 2013 年《公司法》修正以来，实践中对于该问题始终存在较大争议。

2019 年的《九民纪要》第 7 条[2]进一步在该问题上强调了公司章程的效力，规定实践中应当以公司章程是否明确约定来确定未实际缴纳出资股东是否享有表决权的问题。公司章程没有规定的，应当按照认缴出资比例行使。但该条文的后半段要求股东大会作出不按认缴出资比例而按实际出资比例或者其他标准确定表决权行使的股东会决议时，必须作为重大事项，按照《公司法》第 43 条第 2 款的规定，经代表 2/3 以上表决权的股东通过。这就导致如果公司在创办一开始未在公司章程中设立关于表决权行使限制的约定，那么在后续修改章程时就必须先经过表决程序，而该修改章程的表决程序本身如何确定及行使表决权，将导致"先有鸡还是先有蛋"的终极矛盾问题。从条文内容来看，出现此种情况，只能是按照前半段规定，公司章程未规定的，应当按照认缴出资比例。那么，这就导致如果要修改"按照认缴出资比例确定表决权"这一事宜，必须先经过按照认缴出资比例表决这一程序，该程序的合法性只能来源于《九民纪要》，而非任何法律规定。显然这是违背逻辑的。因此，表决权修改以及如何修改才能合法的问题，仍未得到彻底解决。

---

[1] 《公司法解释（三）》第 16 条规定："股东未履行或者未全面履行出资义务或者抽逃出资，公司根据公司章程或者股东会决议对其利润分配请求权、新股优先认购权、剩余财产分配请求权等股东权利作出相应的合理限制，该股东请求认定该限制无效的，人民法院不予支持。"

[2] 《九民纪要》第 7 条规定："股东认缴的出资未届履行期限，对未缴纳部分的出资是否享有以及如何行使表决权等问题，应当根据公司章程来确定。公司章程没有规定的，应当按照认缴出资的比例确定。如果股东（大）会作出不按认缴出资比例而按实际出资比例或者其他标准确定表决权的决议，股东请求确认决议无效的，人民法院应当审查该决议是否符合修改公司章程所要求的表决程序，即必须经代表三分之二以上表决权的股东通过。符合的，人民法院不予支持；反之，则依法予以支持。"

二、股东表决权的性质以及限制表决权的作用及价值

表决权是否应受限制在学理中一直存在诸多争论，虽然最高人民法院通过《九民纪要》确定了通过章程确定表决权是否受限制的正当性，但本文认为仍应当充分解读和考虑股东表决权的性质、功能及价值。

就表决权的性质，有权威学者认为表决权属于固有权和共益权，应当同知情权一样不可限制、不可剥夺。[1]本文不同意该观点，理由有二：一是表决权是股东行使《公司法》规定的重大决策的主要渠道，是股东发声的主要载体，其关乎股东民主、公司决议的效力及行为问题，显然与知情权存在重大区别；二是《公司法解释（三）》中已经明确了利润分配请求权、新股优先认购权、剩余财产分配请求权等股东权利可以进行合理限制，这一类明确列举的股东权利与表决权一样均是固有的、共益的，将其与表决权割裂出来看待显然不合理。

表决权合理限制的作用及价值同样决定了限制表决权的合理性。股东之表决权若从个别来看，不具有重要性，但若是从整体观察，却是相当有价值。是故，股东之表决权绝对是落实股东民主之关键因素。[2]表决权的重要性及价值不言而喻，公司通过股东实际出资来进行经营活动，因此，出资义务的履行到位是表决权行使的前提条件。通过表决权的限制，可以提高公司经营活动的效率，股东要想对公司的重大事项享有决策权和决定权，以便控制公司经营活动，就必须要履行主动出资的义务，事先规定必定好于事后亡羊补牢，表决权的限制有利于公司提升效率。同时，根据权利义务相一致原则、诚实信用原则以及公平原则等诸多法律基本原则，股东享有的权利、分红、资产收益显然也应当与实际出资比例挂钩。只有合理限制表决权，才能让完成出资的股东在承担义务后更规范、更主动地参与公司经营，并能遏制瑕疵出资股东既不出资，又乱决策、乱作为，进而陷入恶性循环。

---

〔1〕 最高人民法院民事审判第二庭编著：《最高人民法院关于公司法解释（三）、清算纪要理解与适用》，人民法院出版社 2011 年版，第 265 页。

〔2〕 王文宇：《公司法论》，元照出版公司 2008 年版，第 172 页。

三、完善股东表决权限制的建议

（一）适用三分法

实践中，完全采用认缴出资或实缴出资确定表决权，均存在一定缺陷，且《九民纪要》已明确虽默认采用认缴出资比例确定表决权，但仍给公司章程留有除外情形。因此，本文建议对股东表决权采用三分法加以判断：第一阶段，看公司章程是否有明确规定，如果明确规定了采用实缴出资或认缴出资，则应当根据公司章程行使表决权；如果没有明确规定，则进入下一个区分阶段。第二阶段，看公司股东的出资情况，也就是看是个别少数股东未出资，还是全部股东均未出资。如果是全部股东均没有完成出资，则显然无法适用实缴出资制，应当适用认缴出资比例。但如果是个别股东未完成出资，那么这部分股东的表决权是否要受限制进入下一个区分阶段。第三阶段，看个别未出资股东未实缴的行为是否符合股东协议或公司章程约定。若股东协议或章程约定的该股东出资期限尚未届满，则无权限制其表决权，该个别股东虽未实际出资，但其行为并未违反任何法律法规以及公司、股东的内部约定，其表决权具有合法性及合理性，只要其在认缴出资到期日前完成出资，其对公司未构成任何损害，则其表决权自然不应受到限制。但若个别股东是出资期限届满却未实缴出资，则其表决权应当受到合理限制，对未实缴出资部分，其应当不享有表决权。

（二）法律法规上进行完善

现阶段的法律法规，对股东表决权限制的规定是缺位的，《九民纪要》显然只是最高人民法院发布的审判思路，下级司法机关可以参考这个思路来进行说理，但不能作为判案依据，也不能在判决文书里去援引。因此，未实缴出资股东表决权限制问题还是要通过立法来完善。立法机关可以通过在《公司法》中确定按照认缴出资比例来行使表决权，使裁判于法有据。同时，对《公司法解释（三）》同样应当进行修改，以司法解释的形式将表决权加入列举的范围内，明确与利润分配请求权、新股优先认购权、剩余财产分配请求权三种权利一同具有通过公司自身意思表示更改行使权限的规定。

（三）经营者重视公司章程作用

公司章程乃是"公司宪法"，其载明了公司组织与行为的根本准则，《公司法》200多个条款，有70余处提及了"公司章程"，且其中有大量条款是以"由公司章程规定""依照公司章程的规定""公司章程另有规定的除外"作为兜底的。公司章程的条文只要不违反法律法规中的效力性强制性规定，则根据意思自治原则，该条文就属于合法有效。然而现实中，大部分公司对公司章程不够重视，在设立公司之初，便选择网上复制的模板或工商部门提供的范本作为公司的最终章程版本，既未根据实际情况进行修改，也未对其中的空白部分进行有效填充，且在后续公司运营中直接将章程束之高阁，殊不知公司经营中的许多行为已经违反了章程规定，在出现法律风险时才寻求专业律师的帮助。公司经营者应当充分利用法律授予的章程自治权利，利用好公司章程，以长远的目光为自身定制充分的权利保障。

《公司法》及《九民纪要》均已明确规定公司章程优先，否则将直接适用认缴出资比例行使表决权。因此，公司经营者中已提前完成实缴出资，或实缴出资比例较高的股东，完全可以在章程中规定未依照章程或股东协议约定实缴出资的股东的表决权将受到合理限制，从而使实缴股东对公司经营的决策权得以放大。

浅论《民法典》时代习惯的适用

奉苏洋*

（中国政法大学 北京 100088）

摘　要：随着《民法典》的出台以及国家经济社会的发展，习惯在民事活动中的作用和地位达到了一个新的高度，而最高人民法院《关于适用〈中华人民共和国民法典〉总则编若干问题的解释》（以下简称《民法典总则编解释》）则更是对《民法典》时代习惯的适用进行了进一步的阐述。然而习惯在其适用过程中仍然会面临诸多问题，在本文看来，其中之关键在于何为民事活动意义上的习惯、习惯在适用中存在的问题、如何解决这些问题、习惯引入《民法典》最终的目的在何处。在本文看来，习惯引入《民法典》绝不是一个偶然，习惯最终能够很好地同《民法典》适配，在《民法典》时代得到广泛的适用。

关键词：民法典　习惯　完善　适用　自由裁量权

一、民事活动中习惯的定义

习惯在我国语言文本中本定义为一地方居民的风俗、社会习俗、道德传统等通过实践或经验积久养成的生活方式。从英文的语境来看，习惯的英文为"habit"，而其变体之后的"habitant"则为居民、居住者的意思，也表明居民长期形成的一种生活常态就变成了习惯。在世界两个最大的语系中，习惯均是由居民在生活中长期积累而来的，故习惯自然与民事生活息息相关。

习惯在《民法典总则编解释》中被定义为"在一定地域、行业范围内长

---

　　* 作者简介：奉苏洋（1997 年 - ），男，汉族，四川广元人，中国政法大学同等学力研修班 2022 级学员，研究方向为民商法学。

期为一般人从事民事活动时普遍遵守的民间习俗、惯常做法等，可以认定为民法典第十条规定的习惯"。有学者认为，《民法典》第10条所规定的习惯已不仅仅为一般社会规范意义上的习惯、事实上的习惯，而是国家法意义上的习惯法，[1]这亦是民法学界大多数学者们持有的观点，学界部分学者是以域外的立法作为参考来得出这一结论的，如《韩国民法典》规定："民事，法律无规定者，依习惯法；无习惯法者，依法理。"[2]《瑞士民法典》亦规定："如本法没有相应的规定，法官应依习惯法进行裁判。"[3]而除了这两个国家以外，大多数大陆法系国家，诸如德国以及法国等国家，虽然没有明文规定习惯法，但是其立法中所用的"习惯"一词，在其立法本意及司法适用中也均是作为习惯法理解的。

然而本文认为我国民法典中所规定的习惯，不应作习惯法理解，习惯法是一个独立于国家制定法之外的行为规范的总和，而我国作为社会主义国家，习惯法应当是不能在《民法典》中出现并得到理解的；故本文认为，《民法典》当中规定的习惯，应当理解且仅理解为习惯，即如《民法典总则编解释》中的定义那般，是介于法律与道德之间的一种社会规范。

二、习惯在实际适用过程中存在的法律问题

本文认为目前习惯的适用，还存在以下几个方面的问题：

（一）习惯在漫长的司法审判的历史中，缺乏历史沿革性

法律具有普遍适用性，而习惯则不具有普遍适用性，纵观我国各个时期的司法判决，习惯的适用少之又少，我国司法遵循"以事实为依据，以法律为准绳"的原则，这就导致法官在判案及办理案件的过程中大部分情况下都不会去考虑习惯，而是严格依据法律条文进行案件判断，正是由于这样的传统存在导致我国目前习惯适用的不畅，加之我国明确规定可以适用习惯是在《民法典》出台之后，习惯的适用直接被法律确认的时间也很短，所以习惯目前仍然缺乏普遍适用性。

（二）习惯的适用具有极大的地域差异性和民族差异性

如前文所说，习惯是一地方居民日积月累而形成的一种社会规范，既然

---

〔1〕 高其才："民法典中的习惯法：界定、内容和意义"，载《甘肃政法大学学报》2020年第5期。

〔2〕 崔吉子译：《韩国最新民法典》，北京大学出版社2010版，第135页。

〔3〕 于海涌、赵希璇译：《瑞士民法典》，法律出版社2016版，第5页。

是一地方的居民形成的，那么其适用自然会受到地域的限制；而不同的民族因其历史文化及社会风俗的不同，亦会形成各种各样不同的习惯，诸如汉族、藏族、彝族等各个民族都有各自的新年、各自的历法，自然也会有各自的习俗习惯，而在《民法典》时代，案件涉及范围不单单局限于一个地区抑或一个民族，多数情况下一个民事纠纷会涉及多个地区、多个民族；而由于不同地区和不同民族间的习惯差异，则导致了习惯在司法适用方面缺乏普适性，若习惯要在《民法典》时代进行广泛积极的适用，或需要进行多维度的综合调整。

（三）制定法范围的宽泛，可能阻碍了习惯的适用

《民法典》共七编，1260条，其条文调整的民事法律关系几乎涵盖了社会生活的各个方面，而在众多民事法律条文的规定下，民事习惯则显得不是那么重要，况且在民事法律条文无法覆盖的领域，还有民事法律原则可以进行兜底，所以在有大量规范性民事法律文件存在的情况下，民事习惯的用武之地便没有那么大了。

当然民事法律习惯在实际适用的过程中还存在其他问题，诸如引入时间过短，部分习惯与规范性法律文件存在冲突等。

三、民事习惯在实际适用过程中的完善

无论是民事习惯也好，还是其他民事法律规范也罢，在进行广泛适用前，均需要经历一个从陌生到熟悉再到掌握的适应期，我国民事立法走到今日并不是一蹴而就的，故民事习惯的适用亦会有一段漫长的适应和调整期，本文认为，现阶段的民事习惯的适用需要通过如下几个步骤来慢慢完善。

（一）在人民调解的过程中先试行民事习惯

习惯与人民的生活是密不可分的，而我国现行的人民调解制度亦是秉持着从人民中来到人民中去的理念，人民调解员在进行调解之时，可以适当地依据习惯来对民事纠纷的双方或多方进行说服劝解，使处于纠纷当中的民事主体互谅互让，让他们在自愿自主的心情中，达成一致，化解纠纷。本文认为，先通过人民调解制度，向民事主体灌输可以适用民事习惯解决纠纷的理念，使得民事主体对民事习惯适用的接受度提高，并且亦可以通过在人民调解制度中穿插习惯的适用，来观察习惯实际适用的效果；此可谓一举多得，既能调处息争又能向社会公众传递适用习惯的理念，还可以在不浪费司法资

源的情况下观察习惯适用的可行性，是民事习惯当下适用的一大良方。

（二）建立民事习惯数据库

我国幅员辽阔，人口众多，习惯则更是数不胜数，在如此众多的习惯中要做到精确地将民事习惯运用到司法中去，断然离不开数据的支持；本文认为，目前可以在部分地区试点建立本地民事习惯数据库，从小地方的习惯数据库中挑选其中相交的部分，向上拓展大地方的习惯数据库，可以按照人民法院的层级模式，在不同的层级法院辖区范围内建立不同的习惯数据库，若法官断案需要引用习惯之时，则以处于纠纷当中的民事主体的住所地、民事行为的发生地或者民事合同履行地等为判断标准，来对民事习惯进行检索，判断此次纠纷所需要、能够适用哪些民事习惯；有了数据库的支持，不仅可以使法律从业者乃至人民了解习惯，甚至可以淘汰陋习恶习并使优良的习惯得以继续延续下去，乃至某一天上升为法律规范，促进我国法治事业的发展进步。

（三）消除民事习惯适用的不稳定性，使民事习惯的适用变得平滑

由于我国《民法典》第10条规定为"可以适用习惯"，而习惯的适用又不存在一个明确具体的标准，所以在以往的司法判例中，适用习惯均是法官对案件行使自由裁量权的行为，而法官在适用裁量权的过程中难免会难以把握其中的度。为了更好地适用习惯，需要对法官在针对习惯这一范畴的自由裁量权进行一定的限制，本文前述的民事习惯数据库是一种方法；而收集司法判例，由国家统一出台并及时更新习惯适用的指导案例则更是另一种方法，可以使法官在对适用类似习惯的案件进行裁断之时，结果趋于稳定，而使得习惯的适用不再起伏不定，而是呈现出一种平滑的曲线。

概言之，我国现行法具有稳定性、普适性；而目前我国存在的习惯则具有波动性、区位限制性等特点，故在司法实践的过程中融入民事习惯，我们法律人首先要抱有现行法优先的理念，而不能为了适用习惯而将习惯放在比现行法更高的位置。要将价值权衡作为中心思想放在个案审理的过程中，慢慢形成不同的习惯适用于不同个案的具体解决规则，使民事习惯的适用向现行法的适用靠拢。法源于习惯，而在本文看来能够适用于法律实践的习惯也终将会成为法，这样才能使《民法典》时代的习惯得到更好的适用。

自动驾驶汽车事故责任主体研究

蓝红玲 *

（中国政法大学 北京 100088）

摘　要： 近年来，自动驾驶技术不断有突破发展，自动驾驶汽车在市场上作为新兴产品吸引了广大消费者的目光。自动驾驶汽车参与到道路交通活动中，势必引发人们对自动驾驶应用到实际道路交通活动中，发生事故后如何承担责任的思考。目前中国对于自动驾驶汽车行驶中发生的事故按现行道路交通法规进行处理，由驾驶员承担相关法律责任，并不能完美解决所有责任认定问题。根据自动驾驶技术的行业标准来细化自动驾驶汽车事故责任归属，更符合随科技发展产生的新责任认定问题。

关键词： 自动驾驶汽车　机动车交通事故　责任主体

一、问题的提出

随着自动驾驶技术不断有突破发展，具备自动驾驶功能的汽车在市场上受到消费者追捧。自动驾驶汽车参与到道路交通活动中，势必引发人们对自动驾驶应用于实际道路交通活动时发生事故应如何承担责任的思考。从自动驾驶汽车的定义来看，其作为机动车，在发生道路交通事故时按照一般的机动车交通事故责任主体进行判别，似乎合乎常理。但是对于购买自动驾驶汽车的消费者来说，其购买自动驾驶汽车的主要原因是自动驾驶技术，即购买了相应的服务功能，因此发生交通事故时，在机动车"驾驶人"并未实际驾驶车辆的情况下，仅作为自动驾驶技术的消费者，在事故中扮演的应该是同

---

* 作者简介：蓝红玲（1995 年-），女，壮族，广西柳州人，中国政法大学同等学力研修班 2022 级学员，研究方向为民商法学。

乘人而非驾驶人，依照现行的道路交通事故责任主体认定的规则，同乘行为一般不承担事故责任，这个逻辑将自动驾驶汽车责任认定引入产品侵权责任领域。另有说法认为，现有的自动驾驶技术在实践中应用参差不一，自动驾驶汽车的"自动化"水平并未有一致的标准，应根据自动驾驶汽车在道路交通中的参与度来进一步分析对自动驾驶汽车作为事故责任方的道路交通事故中责任承担主体的认定。

从自动驾驶技术不同发展应用阶段来看，业内主流标准美国机动车工程师学会标准（SAE 标准）。根据 SAE 标准不同的分级阶段，自动驾驶汽车因操控主体的不同，即人类驾驶员、系统驾驶、二者同时参与操控等不同情况，自动驾驶汽车事故中责任主体认定的最终结果也将不同，机械地将责任主体认定为人类驾驶员或是系统，都不能公平正义地完全覆盖现实的道路交通事故中，因自动驾驶汽车产生的事故责任认定问题。因此，根据自动驾驶汽车技术的行业标准来细化自动驾驶汽车事故责任认定问题，在技术与时代发展的层面上是具有实践意义的。

二、自动驾驶汽车事故责任主体认定情况

（一）人类驾驶员作操作主体，自动驾驶系统作为辅助

由于科技的发展，自动驾驶技术在实际应用中最初以"驾驶辅助"的形式出现，在此阶段，人类驾驶员仍作为驾驶主体，自动驾驶技术在车辆的行驶过程中为人类驾驶员提供驾驶信息及危险警告，如"车道偏离警告"。SAE 标准依照操作主体、环境观察主体、激烈驾驶应对主体等因素把此阶段列为 Level 0 和 Level 1 阶段。在驾驶辅助阶段，车辆的主要操控者是人类驾驶员，驾驶辅助系统在道路交通活动中提供相应的信息辅助人类驾驶员驾驶，在遇到紧急情况时，主要操作避险行为的主体是人类驾驶员。在此类情况下，如无证据证明事故是驾驶辅助系统故障引发的，按照现有的交通事故责任认定规则，应由车辆驾驶人作为侵权责任主体，连同车辆所有人、保险公司承担相应的侵权责任。大众希望自动驾驶技术作为一种辅助工具弥补人类的不足，但不希望其超越人类认知，独立使用。[1] 所以，在驾驶辅助阶段，因驾驶辅助系统失误导致驾驶人发生交通事故时，二者共同承担侵权责任也符合通常

---

〔1〕 杜严勇："人工智能安全问题及其解决进路"，载《哲学动态》2016 年第 9 期。

认可的主流观点。[1]

（二）自动驾驶系统作操作主体，人类驾驶员参与驾驶

随着自动驾驶技术的发展，自动驾驶技术向"无人驾驶"的目标不断迈进，自动驾驶系统作驾驶主体，人类驾驶员参与驾驶开始出现。此类情形下，自动驾驶系统具有一定的自主性，对于道路交通活动的参与度对比之前驾驶辅助阶段有所提升，可以称之为部分自动化阶段，SAE 标准中与之对应的为 Level 2 至 Level 4 阶段。在部分自动化阶段中，人类驾驶员需要对自动驾驶系统的某些行驶操作进行授权回应，即人类驾驶员在整个驾驶过程中仍需观察行驶环境、授权或是接手车辆操作。人类驾驶员在自身应有预见性及在行驶过程中负有注意义务时，由于其授权自动驾驶系统进行操作汽车参与道路交通活动，因此在发生事故时人类驾驶员仍应作为事故责任主体。在人类驾驶员与系统驾驶共同作为驾驶参与人的情况下，如何认定事故责任主体承担责任份额就成为新的争议焦点。

（三）自动驾驶系统作为完全驾驶主体

自动驾驶技术在科技支持下，发展至由系统作为车辆完全驾驶主体时，即全自动化驾驶，人类驾驶员不再参与驾驶。全自动化驾驶已发展至 SAE 标准中 Level 5 阶段，与其说车辆使用人在使用车辆，不如说是在消费自动驾驶服务。例如美国加州旧金山发生一起自动驾驶车祸事件，通用旗下的一辆巡航自动驾驶汽车在自动驾驶过程中与一辆丰田车相撞。事故发生前，加州监管机构首次授权自动驾驶相关许可，并可以向乘坐自动驾驶汽车的乘客收取车费。在此类交通事故中，人类作为乘客不在事故责任主体认定范围内，但从车辆所有人与使用人的角度看，事故发生也可能受到车辆自身状况的影响。从自动驾驶汽车所有人和使用人的角度来看，在使用自动驾驶汽车时，自动驾驶汽车状况及能否进行正常行驶都是其应履行的义务。对于自动驾驶系统厂商来说，其提供的自动驾驶系统是基于大量算法架构进行驾驶操作，在未有明确证据证明算法错误或是因系统缺陷造成事故时，要求自动驾驶系统厂商作为自动驾驶汽车事故责任主体仍需考量，如此可能打击自动驾驶技术的实践应用发展。

---

[1] 张龙："自动驾驶型道路交通事故责任主体认定研究"，载《苏州大学学报（哲学社会科学版）》2018 年第 5 期。

在此阶段，如何在自动驾驶汽车所有人、驾驶人与生产者之间认定事故责任主体，需要根据事故发生的主要因素判定。如果自动驾驶汽车发生事故是因为驾驶人违规使用导致的，驾驶人自然要承担过错推定的侵权损害赔偿责任。同时如果驾驶人与车辆所有人不是同一人的情况下，车辆所有人因未尽义务出借车辆给驾驶人，也需要对事故承担赔偿责任。因自动驾驶系统出现问题导致事故发生的，属于产品缺陷致害，自动驾驶系统厂商或自动驾驶汽车厂商需要承担相应的产品侵权责任。[1]

三、当前中国自动驾驶汽车事故责任认定主体规则

2017年北京市发布《北京市关于加快推进自动驾驶车辆道路测试有关工作的指导意见（试行）》《北京市自动驾驶车辆道路测试管理实施细则（试行）》，重庆、广州等地也陆续出台了自动驾驶汽车道路测试相关制度规定。目前中国对于自动驾驶汽车以部分自动化阶段进行看待，在实际驾驶中，自动驾驶汽车在测试时需要配置测试驾驶员。测试期间，如果测试车辆发生交通事故，则按现行道路交通规定进行处理，由测试驾驶员承担法律责任。延伸至实际道路交通事故处理中，我国道路交通管理部门对于自动驾驶汽车事故责任认定主体仍以驾驶人为主要主体，与原有的《道路交通安全法》进行了有效衔接。但是我国当前对于自动化较高的自动驾驶汽车发生事故后的责任认定规则，容易引起购车者的争议和纠纷。例如"特斯拉"车型刹车问题，目前还是以车主向受害人承担责任后，再由车主请求汽车厂商承担产品责任为主要处理纠纷渠道。

新兴技术不断发展，目前原有的道路交通安全规则与其他侵权责任法律对于自动化不高的自动驾驶汽车事故并未引发过多争议，但在未来，高度自动化的自动驾驶技术会让事故责任认定变得复杂，对于系统缺陷造成事故的举证将更具难度，如何确保自动驾驶汽车事故责任主体认定的公平与客观，需要国家层面的制度设计与监管技术的不断发展。

---

[1] 刘召成："自动驾驶机动车致害的侵权责任构造"，载《北方法学》2020年第4期。

格式合同免责条款的规制研究

李芃沛*

（中国政法大学 北京 100088）

摘　要：随着社会经济的高速发展，格式合同因其便捷性而得到普遍适用。而免责条款作为多数格式合同中的重要条款，在实践中的运用非常广泛。格式合同中的免责条款具有众多优点，但也具有缺陷。格式合同中的免责条款作为合同的组成部分，不能因其存在缺陷就予以排斥，但在大力促进经济发展与市场贸易繁荣的同时，我们不得不对它的负面影响给予高度重视，并促进格式合同免责条款领域相应制度的完善。

关键词：格式合同　免责条款　效力

一、格式合同的免责条款的概念、特征及其发展

格式合同中的免责条款，是指合同一方提出的旨在免除或限制未来责任的合同条款。免责条款常被合同一方当事人写入格式合同之中，作为明确或隐约的意思要约，以获得另一方当事人的承诺，使其发生法律效力。广义上的免责条款包括完全免除当事人责任的条款，也包括限制当事人责任的条款。免责条款虽然系提供合同一方单独定制，但其对合同的另一方具有约束力。

免责条款产生于商业活动风险管理需求与契约自由原则的结合。商业活动对于风险具有天然的厌恶性，妥善管理风险对于商业主体在商业竞争中取得优势具有重大意义。因此，商业主体时刻都在寻找能够降低自身交易风险

---

* 作者简介：李芃沛（1991 年-），女，汉族，内蒙古乌海人，中国政法大学同等学力研修班2022 级学员，研究方向为民商法学。

的方法。而契约法所确立的契约自由原则正好迎合了这一现实需求。基于该原则，合同一方可以在合同中对未来可能发生的责任承担预先作出免除或限制安排，关于此内容的合同条款就是免责条款。[1]免责条款具有如下特点：其一，免责条款是合同的组成部分，是一种合同条款，具有约定性；其二，免责条款旨在排除或限制未来的民事责任，具有免责功能；其三，免责条款的提出必须是明示的，不允许以默示方式作出，也不允许法官推定免责条款的存在。[2]

免责条款的出现能够减少交易中的不稳定性，并且降低交易成本。但随着人们经济生活的高速发展，免责条款多数运用在格式合同之中，而格式合同多数由具备优势地位的一方当事人所提供，所以导致免责条款逐渐演变为合同强势方侵害合同弱势方的工具。基于免责条款的两面性，法律既要保证其积极作用得到发挥，又要控制其可能造成的危害。为了维护实质公平，捍卫契约正义，各国纷纷在立法和司法层面对免责条款的使用进行了干预和限制，我国《民法典》中亦有所规定，通过这些干预和限制，免责条款被滥用的现象得到了一定矫正，实现了一定程度上的功能回归。

二、格式合同中免责条款的生效要件

免责条款广泛存在于格式合同之中，常见的譬如银行与借款人订立的借款合同、保险公司与保险人所订立的保险合同、交通运输公司与乘客之间的运输合同等。免责条款作为格式合同中的组成部分，通过当事人之间约定的形式来避免限制和免除责任的承担，其生效应具备如下条件：

（一）须被订立合同之中

免责条款作为合同中的一部分，其生效基础要件即是被订入合同之中。订入合同是指合同双方在订立合同时已经意识到该条款的存在，双方已就此达成了协议。通过书面合同的形式或者双方当事人一致认可的事实来体现双方当事人已经对该免责条款达成合意，从而对合同双方或一方产生约束力，并达到减轻或免除一定责任的法律效果。

---

〔1〕 最高人民法院民法典贯彻实施工作领导小组主编：《中华人民共和国民法典合同编理解与适用（一）》，人民法院出版社 2020 年版，第 326 页。

〔2〕 韩耀斌：《融资租赁司法实务与办案指引》，人民法院出版社 2020 年版，第 172 页。

（二）遵循公平原则确定当事人之间的权利义务

我国《民法典》第 496 条第 2 款规定了"提供格式条款的一方应当遵循公平原则确定当事人之间的权利和义务"。具体而言，免责条款是否符合当事人对公平合理的预期，应从以下几种情况分析。其一，考虑合同双方的相对地位和权利，接受免责条款的一方是否对订立合同有选择的余地，即如不接受免责条款则没办法订立合同，亦无其他选择余地；其二，要考虑接受免责条款的一方是否明知该免责条款的存在并能够准确了解该免责条款的意义所在，并未受到欺骗、诱导等；其三，双方约定的免责情形如果出现，对于受害方是否公平，是否不合理地剥夺或限制了受害方的权利或不合理地加重了其义务。如果免责条款不符合公平原则，那接受合同的一方可以依据我国《民法典》相关规定，主张合同的无效或者撤销。例如在房屋买卖合同之中，出卖人通过格式合同与买受人约定房屋若出现质量问题导致无法居住的，出卖人不承担任何责任，即属于显失公平的条款，买受人可以主张无效。[1]

（三）尽到合理的提示和说明义务

免责条款基于其特殊性，对于接受该条款约束的相对方而言，系对自己权利减少的一种放任。故提供格式合同免责条款的一方，应就其免责条款内容、性质、范围及相应的权利义务，对接受一方予以提示引起相对方的注意（包括但不限于使用加粗、加黑、放大字体、要求相对方签字确认、书写知晓声明等形式），并就其内容向对方予以说明，使得相对方对免责条款的内容充分知悉，并对自己对于哪些权利予以放弃而另一方的哪些责任予以免除完全知晓与理解。

（四）应具备一般合同的生效要件

免责条款的生效也需要具备法律行为的一般生效要件，即行为人是否具有法律规定的相应的缔约能力、是否不违反法律法规的强制性规定、是否违背公序良俗、是否意思表示真实。

三、格式合同中免责条款的无效情形

《民法典》第 506 条规定了两种无效免责条款：一是造成对方人身伤害的，即不管伤害是谁造成的，都不能够在合同中预先用一个条款来免除人身

〔1〕 邓绍秋："论免责条款效力的认定"，载《求索》2007 年第 3 期。

伤害责任。[1] 如若允许合同当事人在合同中约定免除侵犯对方生命健康权的责任，不仅有违宪法保护公民人身权利的精神，更是对一般道德观念和正常社会秩序的违反。[2] 二是因故意或者重大过失造成对方财产损失的，这是为了贯彻诚实信用原则，约束民事主体在进行民事活动时应诚实、恪守承诺。除此之外，格式合同或格式条款的提供一方不合理免除或减轻其责任，加重相对方责任，排除对方权利，条款亦没有效力。

四、对格式合同中免责条款进行规制的建议

在时代快速发展、经济高度繁荣的社会背景下，出于对快捷交易、降低风险的考量，大批格式合同应运而生。由于格式条款中免责条款的特殊性，以及我国现有法律对免责条款的规定并不完善，有必要对免责条款的适用进一步加以规制，从而避免因"契约自由"造成社会公平正义的丧失。因此，学界中有不少学者建议，借鉴域外已有的判断免责条款效力规定的合理成分，例如《英国不公平合同条款法》第 2 条规定，免责或限责条款只有在符合"合理性条件要求"时才具有效力；《德国民法典》第 276 条第 2 款规定，债务人因故意行为而应负的责任，不得预先免除等，并将其贯彻于我国法律体系中，以发挥免责条款的正面价值，从而遏制其负面作用。[3]

另外根据我国司法实践，本文认为，还可以从以下两个方面努力：其一，多措并举加强对格式免责条款的解释力度。目前，司法实践中接触较多的格式合同中的免责条款，多数具有一定的专业性和行业垄断性，譬如航空运输合同、保险合同等，上述合同的相对人在订立合同时不具备优势地位且缺少专业知识，对多数合同内容并不理解。而实践中确实存在即便提供免责条款一方尽到了例如加粗、标黑等提示义务，亦对该条款进行了说明，并由合同相对人签署知晓内容的声明，但处于弱势地位一方仍不能完全理解该免责条款的意思。对于此，应推动行业协会积极履行社会责任，并鼓励当事人向行业协会了解相关信息等。其二，加强对格式免责条款的行政监督和行业监督，

---

〔1〕 参见大连市西岗区人民法院［2017］辽 0203 民初 5058 号民事判决书；辽宁省大连市中级人民法院［2018］辽 02 民终 1024 号民事判决书。

〔2〕 最高人民法院民法典贯彻实施工作领导小组主编：《中华人民共和国民法典合同编理解与适用（一）》，人民法院出版社 2020 年版，第 329 页。

〔3〕 邓绍秋："论免责条款效力的认定"，载《求索》2007 年第 3 期。

有学者提出可以通过行政机关对格式合同内容进行事先审查来避免与消除免责条款的不合理、不合法之处或者由行政机关制定合同范本供当事人使用，特殊行业的格式合同必须先经过审查批准才能使用。[1]

---

[1] 郭卫华、董俊武、刘园园："非垄断型的强势企业与弱势企业所签格式霸王条款的效力问题探讨"，载《法律适用》2006年第8期。

认定名股实债的关键因素

林玉芳*

（中国政法大学 北京 100088）

摘　要： 名股实债在投融资领域，是一种常见的融资方式，投融资各方通过系列法律文件的签署以外在的股权投资形式包装实质的债权投资。在司法实践中认定为股权投资还是债权投资存在争议，综合分析相关司法案例，认定名股实债往往需要结合合同主体真实意思表示、是否享有并行使股东权利、是否享受固定收益、投资回报与投资期限、区分内外部关系等关键因素。

关键词： 认定　名股实债　关键因素

一、名股实债概述

名股实债并非一个法律概念，我国对名股实债没有明确定性的法律规定。2008 年被定义为附加回购条款的股权型投资，[1] 2017 年在《G06 理财业务月度统计表》中被定义为"带回购条款的股权性融资"，《证券期货经营机构私募资产管理计划备案管理规范第 4 号——私募资产管理计划投资房地产开发企业项目》对名股实债作了定义，明确其通常包含对赌、定期分红、回购、第三方收购等形式，但在实践中，是否属于名股实债仍存在争议。

二、名股实债司法裁判状况

关于名股实债，司法实践中不同的法院有不同裁判观点，究竟是债权投

---

* 作者简介：林玉芳（1990 年-），女，汉族，四川成都人，中国政法大学同等学力研修班 2022 级学员，研究方向为民商法学。

[1] 王晶晶、胡丽萍："对我国明股实债税务争议的探讨"，载《财会月刊》2018 年 10 期。

资还是股权投资，基本可以归纳为以下三种观点：

（一）判定为债权投资关系

在武汉缤购城公司与国通公司借款合同纠纷案[1]中，一审法院认为该案增资款投资实为一种债权投资。主要理由为：其一，各方当事人均有 11 258 余万元增资款部分系债权投资的意思表示。其二，国通公司的增资行为并非公司法意义上典型的股权投资。其三，该增资交易的实质是国通公司到期回收本金，定期收取固定收益，应属于信托公司投资经营活动。二审法院对此观点予以支持。

（二）判定为股权投资关系

在潘某义与四川信托有限公司合同纠纷案[2]中，最高人民法院认为四川信托有限公司与潘某义之间并非借款关系，潘某义应按协议约定向四川信托有限公司支付股权转让款并承担相应违约责任。理由如下：其一，从案涉《股权收购及转让协议》签订前，潘某义具有通过新厦公司购买东方蓝郡公司股权的真实意愿，新伊公司也有向新厦公司转让所持东方蓝郡公司股权的意思表示。其二，借款仅为市场主体进行资金融通的一种融资形式，法律应当充分尊重当事人的真实意思表示，对当事人之间法律关系性质，应综合合同的约定及履行等情况予以判定。其三，案涉《股权收购及转让协议》不是以股权让与方式担保借款合同的债权。其四，从当事人通过《信托合同》《股权收购及转让协议》等相关协议建构的交易模式看，案涉信托业务属于四川信托有限公司将信托计划项下资金投资于未上市企业股权，四川信托有限公司在管理信托计划时，可以通过股权上市、股权分配、被投资企业回购、协议转让等方式实现投资退出的信托业务。

（三）对投资性质不作判定

在浙江省东阳第三建筑工程有限公司（以下简称"东阳公司"）、戴某平与昆山纯高投资开发有限公司、戴某锦民间借贷纠纷案[3]中，一审、二审法院均未对双方之间是股权还是债权作出认定。一审法院认为东阳公司与戴某平、戴某锦分别签订的涉案两份股权协议系各方当事人真实意思的表示，

---

〔1〕 参见最高人民法院［2019］最高法民终 1532 号民事判决书。

〔2〕 参见最高人民法院［2019］最高法民终 688 号民事判决书。

〔3〕 参见上海市第二中级人民法院［2017］沪 02 民终 10491 号民事判决书。

合法有效，并据此支持东阳公司要求戴某平支付股权回购款的请求。二审法院对一审该项判决予以支持。

三、认定名股实债的关键因素

结合对相关司法判例的综合分析，我们可以归纳出在司法实践中，产生融资合同性质纠纷时，认定名股实债的关键因素包括：

（一）合同主体的真实意思表示

在名股实债案件中，从达成合意、募集资金、投放资金、管理财产及资金退出这一系列流程中，一般会签署多份合同文件，这些合同文件形式上可能相互独立，合同内容看似无关系，但却指向一个终极的合同目的。因此，在司法实践中，如何认定投资款项的性质，需要通过分析多份合同文件条款内容所反映的合同主体真实意思表示，结合合同履行具体情况等因素进行综合判定，而不能仅仅依据合同文件的名称进行判定。

（二）是否享有并行使股东权利

判定名股实债时，应考虑是否享有并行使股东权利。若为股权投资，首先应享有股东权利，在形式外观上，投资人在市场监管部门应登记为股东，同时，目标公司应向投资人签发股东名册，确认其股东身份、股权投资比例等信息；其次，投资人是否实际参与目标公司的股东会会议，是否行使股东表决权，是否行使了股东的知情权及股东分红权利也是判定依据之一；最后，需要结合投资人是否实际参与了目标公司的经营管理，并以此作为认定股权投资的依据。[1]股权投资人实际参与目标公司的经营管理以确保其享有并行使股东权利。

（三）是否享有固定收益

判定名股实债时，需要考虑投资人是否享有固定的收益。若为债权投资，投资人的目的一般是获取固定收益，并确保其投入资金可以定期安全退出。而作为股权投资，投资人的目的是获取股东的身份，并且实际参与目标公司的经营管理，其作为股东行使分红权的前提是目标公司经营状态良好，且有可分配的利润给股东。当然，公司股权也存在优先股，优先股也享有固定分

---

〔1〕 吴潇敏、孙美华、郑扬："'名股实债'的司法裁判路径探析——以'新华信托—港城置业'案为例"，载《法律适用》2019年第12期。

红的权利，享有固定分红并不必然确定为债权投资，需视情况而定。

（四）投资回报与投资期限

判定名股实债时，需结合投资回报与投资期限。在中国农发公司诉通联公司、汉中市汉台区人民政府股权转让纠纷案[1]中，最高人民法院认为协议约定的固定年收益率仅为 1.2%，远低于一般的借款利率，明显不属于通过借贷获取利息收益。因此，认定案涉《投资协议》属于股权融资协议，不属于名股实债。股权投资期限一般为 3 年至 5 年甚至更长，或者以破产、上市、达到某种业绩等不确定的事项为限；但债权投资期限一般为 1 年到 2 年或者仅有几个月。[2]

（五）区分内外部关系

在认定股权投资还是债权投资时，需要区分内部与外部关系，若只涉及股东内部关系，一般根据合同主体签订合同文件条款的权利义务责任安排以及合同内容所反映出的各方真实意思表示等因素进行综合判定后直接处理。但若涉及公司与公司其他债权人时，则需考虑是否存在损害公司或公司债权人利益的情形。但不能机械地认为凡是存在公司回购情形或其他债权人，就属于股权投资，还应考虑公司履行义务是否减损公司资产、降低偿债能力，资产是否足以清偿其他债务等。[3]

四、结论

综上所述，在名股实债纠纷中，究竟是股权投资还是债权投资，需要结合案件具体情况进行分析，本文结合相关司法判例，梳理出认定名股实债的五大关键因素，旨在为司法实践中相关主体研判投资性质提供参考。因本文研究方法存在不足，且受篇幅和笔者经历的限制，本文观点仍存在不完善之处，需要再进一步深入研究分析，总结出更全面、更完善的相关因素。

---

〔1〕 参见最高人民法院 [2019] 最高法民终 355 号民事判决书。

〔2〕 陈明："股权融资抑或名股实债：公司融资合同的性质认定——以农发公司诉通联公司股权转让纠纷案为例"，载《法律适用》2020 年第 16 期。

〔3〕 郝笛、赵思宇："'名股实债'之法律关系"，载《人民司法》2020 年第 35 期，第 73 页。

我国关联交易效力审查规则研究

刘福爽*

（中国政法大学 北京 100088）

摘　要： 我国目前的法律法规等对关联交易并非"一刀切"地禁止，但是出于对维护小股东权益及市场的公平竞争等方面考虑，对关联交易进行了程序和内容上的规制：关联交易应当具有商业实质，保证公司的独立性，交易价格公允，原则上不偏离市场独立第三方的价格或者市场当时的标准等条件，不存在严重侵犯公司和其他股东利益的情形，公司的董事、监事履行了忠实勤勉义务，合同内容应当合法、详细、具有可操作性。

关键词： 关联交易　公司法　决议效力　合同效力

关联交易，顾名思义是指发生在关联企业或者自然人之间的有关联转移资源或设定权利、义务等事项安排的行为。[1]关联交易是实践中较为常见的一种商业现象，在我国商事交易日益频繁的今天，因关联交易而产生的纠纷在司法实践中并不少见，经在中国裁判文书网检索，本文发现以"公司关联交易损害责任纠纷"为案由的纠纷并非少数。关联交易本身并不为法律所禁止，其具有降低谈判成本、提高运营能力、提升经营效率等优点，但是非公允关联交易也可能给公司、其他股东、债权人造成利益损失，既不利于公司的正常经营和发展，也会对市场公平竞争和社会秩序造成一定影响。因此，如何审查关联交易的决议和关联交易合同的效力就成为司法实践中较为重要的问题。

---

　　* 作者简介：刘福爽（1993年-)，女，汉族，北京人，中国政法大学同等学力研修班2022级学员，研究方向为民商法学。
　　〔1〕 沈澜："关联交易效力的司法认定"，载《人民司法》2010年第2期。

一、我国关联交易的立法情况

关联交易可以发挥稳定公司业务、节约运营成本、分散经营风险的积极作用，因此我国法律并不禁止关联交易。但是，也有部分股东、高级管理人员、实际控制人通过关联交易损害公司权益，损害其他股东的合法权益，导致交易违反自愿、公平原则，尤其是在有些公司的股东会、董事会形同虚设的情况下，最典型的案例为宁波某公司"拟花 580 万元买董事长夫人的劳斯莱斯车"，一般这种关联交易被称为"不公平关联交易"。

通过本文的检索，我国关于关联交易的法律规定包括《民法典》《公司法》及相关司法解释、《证券法》、股票上市规则、《银行保险机构关联交易管理办法》等，上述法律法规、司法解释、部门规章、行业自治规范对关联交易的认定、范围、程序、实质要求和权益救济进行了相关规定，但是司法实践中不同类型的市场主体、不同类型的关联交易具有不同的判断规则，同时也需要根据公平性、公允性、合法性等综合判断关联交易决议的效力和合同的效力。

二、公司关联交易决议的效力审查规则

我国现行法律关于决议效力的类型规定为以下几种：决议有效、决议无效、决议不成立和决议可撤销。根据《公司法》之规定，内容违反法律、行政法规的决议无效。同时，最高人民法院《关于适用〈中华人民共和国公司法〉若干问题的规定（四）》中关于决议不成立的特征为公司作出某项决议时，并没有实质性地根据公司法规定及公司内部程序要求对决议开会进行审议和表决，具体情形包括公司未召开会议、会议未对决议事项进行表决等。决议可撤销的情形一般为决议的程序、表决方式及内容存在瑕疵，该瑕疵虽然较小，但也影响着决议的效力，具体包括：会议召集程序、表决方式违法或违反公司章程，或决议内容违反章程等。

但是，并不能贸然认定关联交易决议是否有效或者存在瑕疵，应当从以下几个角度进行审查：

第一，公司关联交易的程序要件。具体而言要审查是否履行了信息报告和披露义务，对此《银行保险机构关联交易管理办法》第 52 条和第 53 条、《证券法》第 80 条等对关联交易的披露内容、披露对象、时限等内容作了相

关规定。此外要审查是否履行了法律规定和公司章程规定的关联交易审议程序，例如具有关联关系的股东及董事等是否进行了回避、是否满足《公司法》和公司章程规定的出席人数、表决结果是否达到通过比例表决人数、公司高级管理人员是否履行了忠实勤勉义务等。特别需要说明的是，关联交易中最为典型的是"内部担保"，即"为公司股东或者实际控制人"提供担保，为此《公司法》第16条第2、3款对"内部担保"作了特别规定，即必须满足"经股东会或者股东大会决议"，非利害关系股东"所持表决权的过半数通过"等要件方能确定决议有效。《北京证券交易所股票上市规则（试行）》、深圳证券交易所和上海证券交易所股票上市规则，均规定交易各方不得规避公司的关联交易审议程序。

第二，公司关联交易的实质要件。根据2020年最高人民法院发布的《关于适用〈中华人民共和国公司法〉若干问题的规定（五）》第1条不难看出，即便已经履行了信息披露、经股东（大）会同意等法律、行政法规或者公司章程规定的程序，但如果关联交易仍存在损害公司利益的情形，那么不能免除关联人的法律责任，故关联交易除了上述符合程序要件，还必须保证内容的合法性、公平性，即：决议是否违反法律法规的效力性规定；是否违反了公司章程的规定；是否遵循了平等、自愿、等价、公允、有偿的原则；是否保持了公司的独立性，而不存在利用控制权损害其他股东权利；是否存在利用关联交易调节财务指标等损害公司利益的其他情形。

三、公司关联交易合同的效力审查规则

不公平关联交易决议作出后，由于决议具有内部效力，对于相对人而言不具有外部效力，故往往通过与第三人订立合同的形式实现最终交易目的。虽然不公平的关联交易在《公司法》中被禁止，但我国审判实践中对于认定关联交易合同的效力无效或可撤销的情形是非常少见的。[1]然而，由于不公平的关联交易中不可避免地存在不公平及滥用控制权等风险，故需要进一步进行分析其合同的法律效力。

学术界关于关联交易的合同性质存在多种不同的理解。从《关于适用

---

〔1〕 马春梅、程安琪："公司关联交易司法裁判案件之实证研究——以优化营商环境为目的完善董事责任相关问题"，载《武汉交通职业学院学报》第2020年第4期。

〈中华人民共和国公司法〉若干问题的规定（五）》第 2 条可以看出，实践中关联交易合同存在"无效、可撤销或者对公司不发生效力"几种情形。

第一，《民法典》规定的合同无效情形包括：违反法律、行政法规的强制性规定；行为人与相对人恶意串通，损害他人合法权益等。仅凭公司关联交易认定"合同无效"不仅较为少见，而且也不利于促进市场交易。需要说明的是，《全国法院民商事审判工作会议纪要》进一步明确，针对《公司法》第 16 条规定，为公司股东或者实际控制人提供关联担保，必须以公司股东（大）会的决议作为授权的基础和来源，债权人应当提供证据证明其在订立合同时对股东（大）会决议进行了审查，决议的表决程序符合《公司法》第 16 条的规定，方可认定合同有效，否则合同无效。

第二，合同可撤销的情形包括：欺诈、胁迫、重大误解、显失公平。学术界很多学者赞同非公允关联交易的合同为可撤销合同，主要原因为：关联交易合同仅属于违反了管理性规定，很多存在违反信息披露原则，进而影响当事人的真实意思表示，故合同应当为可撤销的合同，而且关联交易并不存在有损国家、集体利益的情形，可撤销规则的目的是维护当事人之间平等的权利义务和意思表示的真实和自由，符合公允性关联交易的合同要求，[1]认定为可撤销合同更符合实际情况。

第三，合同对公司不发生效力的情形包括：无权代理、越权代理等情形，在此种情况下，合同应当经被代理人追认，否则对被代理人不发生效力。此种情形常见于公司的法定代表人或者授权代表未经公司批准、公司章程对其权限存在一定限制或者授权代表在没有取得相应代理权或者超越代理权的情况下与关联人签订合同。

关联交易是当前并不罕见的一种商业现象，但是关联人可能通过关联交易套取不正当利益、影响市场的正常竞争秩序，因此无论在司法实践中还是在公司管理过程中，应当对关联交易进行识别和管理，才能保证商事交易行为的健康发展。

---

〔1〕 彭江："关联交易的认定及合同效力分析"，载《中国商论》2018 年第 7 期。

民事自助行为的界定及法律后果

刘美娜*

（中国政法大学北京 100088）

摘　要：《民法典》将民事自助行为合法化，使得迫于情势不得不采取合理措施维护自身合法权益的行为在法定情形下具有阻却违法的功能。民事自助行为成为侵权免责情形，有利于维护受害人的合法权益，在一定程度上便利了纠纷的解决，节约了司法和执法成本。但是《民法典》仅将其作为侵权免责事由，并未作为总则编中的通用性条款予以适用，因此在司法实践中仍需要出台相应的司法解释对于其在不同情形下的适用予以明确。

关键词：民事自助行为　私力救济　构成要件

民事自助行为是受害人在合法权益受到侵害，情况紧迫且不能及时获得国家机关保护，不立即采取措施将使其合法权益受到难以弥补的损害时，在保护自己合法权益的必要范围内采取扣留侵权人的财物等合理措施的行为，并且行为人在采取合理措施后应立即请求有关国家机关处理。民事自助行为被认为是公力救济的一种补充，其作为阻却违法的私力救济手段应当被合理利用，并在一定范围内进行有效限制，以确保纠纷得到合理解决、社会秩序维持稳定。对民事自助行为的构成要件及法律后果的探讨能够在一定程度上解决民事自助行为侵权免责情形的适用问题。

一、民事自助行为的立法发展

在无政府状态下，私力救济是解决大多数纠纷的主要方式。随着社会经

---

* 作者简介：刘美娜（1992 年-），女，汉族，山东日照人，中国政法大学同等学力研修班 2022 级学员，研究方向为民商法学。

济的发展、国家的出现、公权力的集中，私力救济被国家机器所排斥、限制，甚至禁止。公力救济取代私力救济成为解决纠纷的主要途径，这是社会法治化的体现，也是社会文明发展的必然趋势。但是公力救济的发展并不意味着私力救济就应该完全消失，其作为公力救济的补充存在，仍然具有一定的合理性和必要性。

早在唐代，我国就已经出现民事自助行为的相关法律规定，允许债权人在消费借贷的债务人不偿还债务时，扣押债务人的财产抵债，即"牵挚"制度。但牵挚不能超过债务额，否则以坐赃定罪论处。此外，唐律中还有"役身折酬"制度，即在债务人"家资尽者"无力偿还的情况下，可以拘禁其进行劳务，让其以工抵债。[1]至封建社会末期，公力救济逐渐占据主导，律法规定严禁债权人私自扣押债务人的财产及限制其人身自由。

近代以来，对民事自助行为规定较为完善的是《德国民法典》，其第229条规定："出于自助的目的而扣押、毁灭或损坏他人财物者，或出于自助的目的而扣留有逃亡嫌疑的债务人，或制止债务人对有义务容忍的行为进行抵抗者，如来不及请求官署援助，而且若非及时处理则请求权有无法行使或其行使显然有困难时，其行为不认为违法。"[2]同时，《德国民法典》还规定了自助的限度及错误自助的责任承担，为我国相关立法提供了参考。

中华人民共和国成立后，我国在民事自助行为的立法上存在缺失。《民法通则》《侵权责任法》《民法总则》仅将正当防卫、紧急避险合法化，但并未对自助行为进行规定。因此在很长一段时间中，我国仅在司法实践中依据公平原则，对必要限度内的自助行为予以承认，免予承担责任。《民法典》颁布后，使得民事自助行为能够成为侵权免责的事由，但其法律适用仍然存有模糊地带，亟待厘清。

二、民事自助行为的构成要件

如何判定民事自助行为是否能够阻却违法，即明确法律对民事自助行为的界定标准及限制要求，是准确适用《民法典》第 1177 条民事自助行为条款

---

〔1〕 戴红玉："浅析民事自助行为之沿革"，载《科技风》2011 年第 4 期。

〔2〕 陈龙业："论《民法典》侵权责任编关于免责事由的创新发展与司法适用"，载《法律适用》2020 年第 13 期。

的前提条件。对于民事自助行为的构成要件，学界有多种观点，如"三要件说""四要件说""五要件说"等，大多数观点包含主观、客观及必要限度要件。

（一）主观要件

民事自助行为的主观目的应为维护自身的合法权益，即行为人具有合法的请求权，并为保护该项权益而采取的措施。合法的请求权应限制解释为，具备未超过诉讼时效、被侵害的权利可恢复等可执行条件的，基于财产权、人身权受到不法侵害而产生的请求权。[1]且具有该请求权的主体只能是民事自助行为的行为人，行为指向的对象也只能是侵权人本人的财产或人身，不能涉及第三人。为维护第三人的合法权益而采取的措施，可能构成正当防卫、紧急避险等情形，但不属于民事自助行为。

（二）客观要件

民事自助行为应在情况紧迫且不能及时获得国家机关保护，不立即采取措施将使其合法权益受到难以弥补的损害的情况下行使。必须同时达到上述三个条件，即如果合法权益处于危急状态、因客观原因无法及时获得公权力的保护、不立即采取措施将导致自己的合法请求权无法实现或无法完全实现，其中任意一项条件不具备，均不构成民事自助行为。情况紧迫可以进行扩张解释，如因国家机关假日、路途遥远等时间、空间原因，不能及时获得公力救济。[2]

（三）必要限度要件

民事自助行为的行为人应在保护自己合法权益的必要范围内采取扣留侵权人的财物等合理措施。该措施不得超越维护合法权益所需的必要限度，应在符合比例原则、法益平衡原则的前提下，选取造成最小损害的措施以达到目的，即能够以扣留财物的方式达到目的，就不能采取限制人身自由的措施。同时行为人采取的措施应当遵循公序良俗和法律，如雇佣他人以暴力或非法拘禁手段讨债等违反法律和公序良俗的行为当然被排除在必要限度外，自然也就不属于民事自助行为。[3]

---

〔1〕 宋歌："民事自助行为的界定及法律后果"，载《法律适用》2020年第8期。

〔2〕 宋歌、尹伟民："论我国民事自助行为的制度化"，载《东北大学学报（社会科学版）》2018年第3期。

〔3〕 陈龙业："论《民法典》侵权责任编关于免责事由的创新发展与司法适用"，载《法律适用》2020年第13期。

三、民事自助行为的法律后果

民事自助行为的法律后果除通过是否符合其构成要件来判断外，还应考虑行为人是否履行了立即请求有关国家机关处理的后行为义务。该项义务是否应纳入民事自助行为的构成要件在学界和司法实践中也存在争议，由于该项义务的履行与民事自助行为的实施不在同一时间，本文认为不应将其作为民事自助行为的构成要件。但民事自助行为是否成立的有权判断主体为公权力机关，也就是说有关国家机关对行为人采取的措施是否符合民事自助行为的构成要件的认定，能够决定行为人所实施的行为能否成为侵权免责事由。

同时，民事自助行为在本质上还只是对请求权的一种暂时性保全措施，这种措施可能导致对他人权利的侵害，这就要求公权力机关对民事自助行为进行审查和认定。[1]要求民事自助行为人及时请求有关国家机关介入处理，一方面是对民事自助行为进行规范，防止滥用，另一方面也将一时的私力救济转向了公力救济，由国家机关对民事自助行为的法律后果进行裁判。

（一）民事自助行为获得有关国家机关认可

民事自助行为在实施后，行为人应当立即寻求公权力保护，包括但不限于报警、诉讼、申请诉前保全等形式，[2]经法院、公安等有关国家机关认定符合民事自助行为构成要件的，民事自助行为则可以成为侵权免责事由，即使行为人采取的措施给侵权人造成损害，也不承担侵权责任。

（二）民事自助行为未获得有关国家机关认可

法院、公安等有关国家机关如果认定行为人采取的扣留侵权人的财物等措施不符合民事自助行为的构成要件，如误判合法权益受到侵害而错误实施民事自助行为、措施不合理或超出必要限度等，行为人应立即停止侵害，因此而造成对方损害的，还应当承担相应的侵权责任。

四、结论

民事自助行为在解决纠纷的过程中已经成为一种不可避免的手段，从社

---

〔1〕 尹伟民："民事自助行为的认定——以司法判决实证分析为视角"，载《社会科学》2016年第9期。

〔2〕 宋歌："民事自助行为的界定及法律后果"，载《法律适用》2020年第8期。

会秩序利益和司法公平正义角度出发，如何在合理合法范围内规范民事自助行为的运用，在避免民事自助行为人滥用私力救济激化矛盾的前提下，弥补公力救济的不足，是界定民事自助行为、研究其法律后果的目的所在。《民法典》对民事自助行为虽已有了明确的立法规范，但其仅规定在侵权责任编中，仅将其作为侵权免责事由，并未如正当防卫、紧急避险一般列入民法典总则编民事责任章节中作为通用性条款适用，因此在司法实践中仍需要出台相应的司法解释对于其在不同情形下的适用予以明确，进一步统一有关国家机关对于同类案件的处理标准，为司法实务作出指引。

论"借名买房"背景下实际购房人的合法利益保护

刘　鹏*

（中国政法大学 北京 100088）

摘　要： 近年来，由于国家户籍政策、限购政策等相继出台，在实践中部分买房者通过"借名买房"规避购房障碍，却忽视了其存在的极大法律风险。在名义产权人反悔、因"借名买房"合同违反法律强制性规定导致无效、名义产权人存在债务纠纷的情况下，实际购房人很难得到房屋，难以要求过户房产继续履行合同。其效力当然遵循《民法典》的规定，在行为人具有相应的民事行为能力、意思表示真实，且不违背公序良俗、不违反法律、行政法规的强制性规定的情形下，"借名买房"合同原则上有效，在没有及影响第三人利益的情况下，事实权利人的合法权益应当受到保护，实际购房人的事实物权优先于名义产权人的法律物权。

关键词： 借名买房　实际购房人　合同效力　排除执行

一、问题的提出

近年来，由于国家户籍政策、限购政策等的相继出台，现实生活中存在大量房屋登记人和实际使用人不一致的情况，伴随房屋价值的攀升，凸显出来的纠纷也日益增多。各级政府一再强调"房住不炒"，还出台了一系列政策及规定以调控房价，但是在实践中，部分买房者通过"借名买房"规避购房

---

* 作者简介：刘鹏（1986 年-），男，汉族，山东济南人，中国政法大学同等学力研修班 2022 级学员，研究方向为民商法学。

障碍，却忽视了"借名买房"本身存在的极大法律风险。

"借名买房"是指房屋的实际购房人借用亲朋、同事的名义购房，将房屋所有权登记在出名人名下的行为，事实购房人或者真正购房人是房屋的实际出资人，出名之人为名义产权人。其形式为房屋实际购房人（借名人）与不动产登记的所有权人（出名人）不一致，究其原因可分为四类：其一，获得贷款审批或者贷款优惠。其二，规避限购政策，或规避政策的限制性规定。其三，隐匿真实财产信息逃避债务，达到使法院认为其无财产可供执行的假象。其四，享受特定购房优惠或减少税费，享受国家为特殊人群提供的福利。我国坚持物权变动的公示原则，将物权设立和变动的事实通过法定的方式公开，如不动产进行登记，动产进行交付，就是为了达到保护交易安全的目的，尤其是保护当事人对公示的信赖利益，避免第三人利益遭受损害。"借名买房"现象中名义产权人如果未经实际购房人同意而处分该房屋，在第三人属于善意取得情况下，名义产权人与第三人之间将发生物权的变动，而名义产权人的所有权将因此消灭，第三人因为善意取得而取得房屋的所有权，实际购房人不能向善意第三人主张返还房屋，只能要求名义产权人赔偿损失，返还购房款。由于我国法律更加注重保护交易安全，因此在"借名买房"引发的纠纷中，法律虽然保护双方当事人合法的"借名"合意，即双方"借名买房"的合同约定，但存在善意第三人的情况下，法律更注重保障善意相对人基于物权公示公信力产生的信赖利益。

二、实际购房人所面临的风险

（一）名义产权人反悔的风险，实际购房人权利无法保障

如名义产权人反悔，因名义产权人与实际购房人之间往往存在同事、亲朋等某种亲密关系，一般不重视收集和保存书面证据，如果实际购房人无法证明支付购房款的事实和双方之间的委托代理关系，则要求名义产权人返还购房款也相当困难。

（二）借名买房合同可能被认定为无效

如果借名购买政策保障性住房，如经济适用房、人才住房等，因侵害社会公共利益，合同无效。实际购房人将用非法收入购买的房屋登记在他人名下，名义产权人明知其购房款为犯罪所得而帮忙掩饰的，实际上已经构成相关

上游犯罪，合同当然无效，并应没收所购房产。[1]借名人为了隐匿、转移资产以逃避债务或者进行洗钱等非法目的而"借名买房"，甚至以"借名买房"为手段进行虚假诉讼，"借名买房"合同将因违反法律的强制性规定而无效。

（三）名义产权人擅自出售房屋的风险

如果名义产权人未经实际购房人同意出售房屋，买房人主观为善意，符合善意取得的条件，且已经办理变更登记的情况下，实际购房人很难要求返还该房产，即使收集和保存书面证据，可以证明支付购房款的事实和双方之间的委托代理关系，也只能通过要求名义产权人承担相应民事责任来维护自身合法权益。

（四）名义产权人擅自在该房屋上设定其他权力的风险

如果名义产权人未经实际购房人同意在该房屋上设定抵押权、居住权，如果该抵押权人属于善意取得，在这种情况下，实际购房人要求确认涉案房屋物权，一般要对他项权利提出异议，才能获得他项权利人的认可。抵押权人符合善意取得并进行了抵押权登记，实际购房人要想维护自身的权利确认物权，存在一定的障碍。

（五）名义产权人存在债务，则房产存在可能被查封或拍卖的风险

在名义产权人进行房产登记后，未及时将房屋产权过户给实际购房人的情况下，如果名义产权人负有到期不能清偿的债务或存在离婚纠纷，该借名房产存在被查封或拍卖的风险，如果名义产权人发生意外死亡，将会产生继承纠纷。此类情况下，实际购房人很难取得房屋，诉讼过程中其也不能要求取得房产，而只能要求返还房价款、进行违约金索赔。

三、保护实际购房人的合法利益

（一）"借名买房"合同的效力

房屋买卖合同是常见而典型的买卖合同，买卖合同作为有名合同之一，其效力当然遵循《民法典》的规定。在行为人具有相应的民事行为能力，意思表示真实，不违反法律、行政法规的强制性规定，不违背公序良俗的情形下，"借名买房"合同原则上有效，具体情况还应结合借名买房的真实原因判断。

---

〔1〕 赵龙、林型茂、阮梦凡："借名买房合同不能排除强制执行"，载《人民司法》2020年第17期。

我国建设经济适用房的目的是解决中低收入家庭住房问题，此类住宅享受了工程报建中的优惠政策，减免了部分费用，成本要比普通商品房略低。按照现有政策，购买经济适用房，须为年收入小于等于6万元的家庭、当地户口才可购买。2009年12月份以来，我国政府开始调控楼市，房地产宏观调控政策经历了多次升级，相继出台了《关于坚决遏制部分城市房价过快上涨的通知》和国务院常务会议确定的五项加强房地产市场调控的政策措施（楼市调控"国五条"），但都没有明确违反相关规定导致的后果，因此其本质并非效力性强制规范而是管理性强制规范。另外，个别地方政府制定了地方政策、法规，但均不属于法律、行政法规的范围。因此不能仅依据《民法典》第153条否定借名买房合同的效力。

（二）借名买房的物权归属及法律适用

在"借名买房"的民事法律行为中，名义产权人以其名义在房屋登记机关进行房屋登记，此时其享有法律上的物权，该登记具有公示效力；实际购房人虽然在名义上不是房屋的所有权人，但实际上对房屋进行占有、使用、支配，此时其构成真实权利人。作为物权公示手段，物权的设立、变更、转让和消灭，依照法律规定应当登记，自记载于不动产登记簿时发生效力，不动产登记不仅仅是登记机关的行政管理行为，它还会产生权利推定的效力。在不存在影响第三人利益的情况下，法律侧重保护事实权利人，实际购房人的事实物权优先于名义产权人的法律物权。由此可见，双方通过"借名买房"的外在形式，将真实物权登记于借名人名下，是对物权的处分方式，房屋实际购买人与登记权利人不一致，借名人与出名人之间关于房屋所有权归属的约定只能约束合同双方当事人。根据"物权法定原则"，"借名买房"协议不能产生变更房屋所有权的法律效力，而使借名人直接取得房屋所有权。房屋的代持行为不能导致物权丧失，当物权归属发生争议时，真实权利人可直接向法院请求确认物权归属。

（三）部分地区实际购房人享有物权期待权并可排除执行

法务实践中虽对于"借名买房"中直接确认的实际购房人享有物权并未明确，但在具体纠纷案件中也并非完全否认实际购房人对房屋的权利。实际购房人与名义产权人之间的关系不是简单的普通债权关系，而是包含了物权期待关系，在已经履行合同部分义务的前提下，签订买卖合同的买房人，被赋予类似于所有权人的地位，虽然尚未取得合同标的物的所有权，但其物权的期待权可以排除执行，从而达到维护房屋买受人合法权利、交易安全及社会稳定的目的。北京、江苏和广东等地高级人民法院文件中也明确了实际购房人依据合同要求名义产权人办理房屋所有权登记的，可予支持，但也有一些除外条件，如借名人不具有购房资格，房屋被查封，不得对抗善意第三人等。

论继续性合同解除的法律效果

刘轶群*

（中国政法大学 北京 100088）

摘 要：时间因素在债的履行上占有举足轻重的地位，也是继续性合同的基本特色。信赖基础是继续性合同能够签订的重要因素，双方当事人各尽其力实现合同目的是该合同持续的重要前提，反之若信赖基础丧失，或者当因其他特殊事由无法继续维持此种结合关系时法律是允许一方当事人解除继续性合同的。本文从继续性合同概述、继续性合同解除的特殊性、继续性合同解除的法律效果三方面展开分析，旨在丰富现有研究体系内容。

关键词：继续性合同 解除 法律效果

继续性合同是日常生活中较为常见的合同类型，对促进私法理念、合同理论的前行与发展发挥了重要的作用。[1] 然而，继续性合同成立之初仅仅是一个初步的合同架构，在具体内容上需要合同双方当事人履行期间不断地确定、填充和完善，故本质上此类合同属于不确定性契约。[2] 影响继续性合同顺利履行的因素众多，如合同双方当事人的有限理性、信息不对称性、外部环境的不确定性等，故并非继续性合同一经签订就一定会顺利完成。任意解除继续性合同不可避免地对合同一方当事人的权益带来损害，故明确继续性合同解除的法律效果对于约束合同双方当事人的任意解除行为具有重要意义。

---

* 作者简介：刘轶群（1983 年-），女，汉族，吉林长春人，中国政法大学同等学力高级研修班2022 级学员，研究方向为民商法学。

[1] 郝丽燕："《民法典》中继续性合同解除制度的多元化发展"，载《社会科学研究》2021 年第 2 期。

[2] 刘胜男："《民法典》第 580 条第 2 款的局限性与解决路径"，载《吉林工商学院学报》2022 年第 1 期。

一、继续性合同概述

继续性合同为所签订的合同内容并非一次给付即可完结，而是继续地实现的一种合同类型，在整个合同的履行上时间因素始终占据着关键性的地位，总给付内容的多寡取决于给付时间的长短。[1]通过该定义不难看出，继续性合同具有以下几个特点：一是总给付内容的不确定性。继续性合同在签订时并不能明确具体的给付内容多寡，而是根据给付时间长短而定，换言之给付时间长短最终决定了总给付内容。二是具有无限延续性。若合同双方当事人对于继续性合同的给付内容以及给付时间无异议，则该合同可以一直无限期地持续签订。三是合同双方当事人具有牢固的信赖基础。信赖是合同双方当事人能够签订继续性合同的前提条件，且因继续性合同始终处于持续状态，使得债权关系并不会因为签订合同而立即消灭，所以双方当事人之间必须具有十分牢固的信赖关系才能够促使双方竭尽全力地完成该合同。

二、继续性合同解除的特殊性

继续性合同解除的特殊性表现在以下两方面：

（1）理念方面。继续性合同的持续时间普遍较长，在此过程中合同双方当事人的有限理性以及信息不对称性会导致后期总给付内容充满着不可预见性，合同时间越长，此种不可预见性越显著，带来的潜在风险也就越大，所以继续性合同解除的要求不宜过于严苛，可以在法律框架内适度放宽，以保证合同双方当事人的合法权益。但恰恰是因为继续性合同双方当事人之间存在着高度的信赖性，所以在解除合同时就需要对具体的解除事由作出严格限制，避免某一方当事人任意解除给对方合法权益带来的损害。尽管我国民法典对继续性合同的解除作出了新的规定，即：违约方解除以及重大事由解除，但违约方解除在法理上以及司法实践上尚存在着较大的争议，所以此方面内容仍然值得进一步深入研究。

（2）解除效力方面。《民法典》合同编规定一旦合同被终止，则尚未履行的部分立即终止，已经履行的部分就需要根据履行情况以及合同性质由当事

人决定具体的解决策略，如：恢复原状；实施其他补救措施；要求相应的经济赔偿。该条规定中"合同性质"同样涵盖了继续性合同。然而，继续性合同的解除并不具有溯及既往效力，自合同解除之日起至约定的合同结束日期的给付内容均归于消灭，至于恢复原状则并不具有可操作性，所以继续性合同解除与解除不能恢复原状之间并不能画等号。

三、继续性合同解除的法律效果

（一）继续性合同解除的损害赔偿

继续性合同的解除，包括非任意解除以及任意解除两大类。非任意解除为合同一方主观意愿上并无解除合同的动机，而是外部环境或者是不可抗力因素导致继续性合同无法继续履行。此种情况下继续性合同的解除往往是采取合同双方当事人约定或者是协议解除的方式终止合同的履行，无论是约定还是协议，均表明双方当事人对于继续性合同无法继续履行已经达成了共识。任意解除则是在预期自身利益将会蒙受到巨大损失的前提下跳出合同，提前终止履行的情形。任意解除并不要求继续性合同的具体结束期限，而是根据当前情况推知自身是否可以从该合同中获益，若预期收益小于继续性合同的履行，则可以提前提出终止履行合同的要求。以建筑业的工程器械租赁为例，在我国房地产政策调整以及新冠肺炎疫情的冲击双重因素作用下整个行业的发展步履维艰，"去库存"成为房地产业的重中之重，此时新开楼盘数量急剧减少，必然会对工程器械的租赁形成强烈冲击，此时房地产企业可以根据自身的实际情况随时随地解除继续性合同，或者是工程器械租赁企业预期无法从房地产企业中获得相应的经济收益，无论是合同双方当事人是否约定了合同终止期限，均享有一致的任意解除权。通过对以上内容进行梳理不难发现，继续性合同解除是对无法实现预期目标而采取的一种救济举措，在本质上与违约责任之间存在着区别，具体的损害赔偿需要由合同双方当事人共同商定，在终止履行合同与继续履行合同之间寻求一个平衡点，以保证双方的利益均不受损害，或者是受到的损害最低。[1] 但是，继续性合同解除的损害赔偿前提在于拥有正当的事由，或是外部环境改变超出了预期，或是遇到了不可抗力，此时才可以不作出损害赔偿抑或是仅仅承担部分损害赔偿，而非全部损

---

〔1〕 朱虎："分合之间：民法典中的合同任意解除权"，载《中外法学》2020年第4期。

害赔偿，反之，一方当事人无正当事由而提出终止履行合同，就需要对另一方当事人作出全部的损害赔偿。

（二）继续性合同解除的其他补救措施

恢复原状、实施其他补救措施、要求相应的经济赔偿为我国《民法典》合同编规定合同解除后的重要解决策略。对于继续性合同而言，恢复原状显然不可能实现，除了要求相应的经济赔偿外，目前继续性合同解除的其他补救措施以修理、更换、重作等为主。继续性合同解除后或要求恢复原始状态，或要求相应的经济赔偿明显充满着极端的色彩，故实施其他补救措施成为"折中"选择。继续性合同之所以被解除，与未达到合同当事人预期目的直接相关，在守约方强烈要求或者违约方不想作出经济赔偿的情况下通过修理、更换、重作等完全能够实现弥补守约方损失的目的。此举在守约方选择保留违约方给付内容的前提下简便易行，也在司法解释中预留出了足够的空间，使其在实际生活中具有较强的可操作性。[1]除了该补救措施外，大陆法系国家还制定了价额补偿制度，即：给付内容已经无法修理、更换、重作，而双方当事人主张通过价额补偿进行的救济，本质上属于恢复原始状态的一种"替代变化方案"。该项制度具有一定的参照意义，但在现行的法律法规中尚无法条作出明确阐释，故究竟是否适用于我国有待进一步商榷。

四、结论

综上所述，继续性合同的解除在理念方面以及解除效力方面具有特殊性，故对于继续性合同解除的法律效果进行探讨与分析就成为当务之急。本文在深入分析后指出，继续性合同解除的损害赔偿前提在于拥有正当的事由，即：外部环境改变超出了预期，或者是遇到了不可抗力，但在具体赔偿上违约方可以不作出损害赔偿或者是仅仅承担部分损害赔偿。在其他补救措施中则是以修理、更换、重作等为主，对于守约方确实起到了一定的补救效果。此外，大陆法系的价额补偿制度亦具有重要的借鉴价值，所以关于继续性合同解除的研究仍然有待进一步完善。

---

[1] 高萌："违约方合同解除权的适用困境与解决路径"，载《黑龙江生态工程职业学院学报》2021年第5期。

夫妻忠诚协议的法律效力探讨

刘志媛*

（中国政法大学 北京 100088）

摘　要：夫妻忠诚协议是指夫妻双方在登记结婚之前或者登记结婚之后以互相忠诚为履行婚姻的前提而签订的条款。随着时代的进步，婚姻关系中存在的问题越来越多，夫妻忠诚协议也开始普遍存在。对于夫妻忠诚协议的效力在我国还没有具体的法律规定予以规制，在审判实践中司法机关仍具有很大的自由裁量权，各方对于忠诚协议的效力看法也不尽相同。

关键词：忠诚协议　类型　法律效力

近几年，夫妻之间在婚前或者婚后，经常会以书面的形式签订夫妻忠诚协议，以维持夫妻情感忠实可靠，和谐稳定。但是在现实中，学界对于忠诚协议的效力争论不休，司法实践也在自由裁量的范围内不断探索。对此，本文研究了近几年夫妻忠诚协议相关的判例，对夫妻忠诚协议的司法现状、类型以及面对争议的处理原则进行分析，以求对夫妻忠诚协议相关问题的处理寻找可行路径。

一、夫妻忠诚协议效力判断的司法现状

2021 年 3 月，北京市顺义区人民法院处理了一起夫妻忠诚协议案，原被告在《房产协议》中约定："如女方感情背叛则净身出户，如男方感情背叛则净身出户，本协议是双方真实意思表示。"对于此《房产协议》性质及是否具有法律效力，北京市顺义区人民法院在一审审理中认为夫妻是否忠诚实质上

　＊ 作者简介：刘志媛（1997 年-），女，汉族，天津人，中国政法大学同等学力研修班 2022 级学员，研究方向为民商法学。

属于情感道德范畴，从立法上层面上看，法律并不禁止夫妻之间签订忠诚协议，从形式上看夫妻双方签订的忠诚协议类似于当事人之间签订的合同，但与合同的区别以及最大的不同在于夫妻忠诚协议并不具有法律上的强制力，不能凭借此协议要求法院依法分割夫妻共同财产或确定子女抚养权归属。

2015 年 7 月，河北省沧州市人民法院审理了关于忠诚协议的案例，认为忠诚协议的缔结本质上正是当事人就私生活订立合同的表现，忠诚协议参照适用合同约定，只要忠诚协议符合以下条件，就应当受到法律的保护：其一，该协议是夫妻双方在平等自愿且未受任何胁迫的前提下作出的，系双方真实意思表示；其二，内容没有违反法律的禁止性规定，也不损害他人和社会公共利益；其三，符合《民法典》合同编规定的全部生效要件。夫妻自结婚登记之日起便存在着相互忠诚、纯洁以及信任的义务，这些义务属于道德范畴，而道德与法律更是相互依存的关系。宏观角度上看，认定忠诚协议有效符合《民法典》中婚姻家庭编的立法精神。

在司法实践中，对于夫妻忠诚协议有两种观点：一是有效说，另一是无效说。有效说认为，夫妻忠诚协议只要是夫妻双方真实意思表示，不违反国家强制性规定，就应当受到法律的尊重，认定为有效。无效说认为，身份性不可以自由约定，夫妻忠诚协议只属于道德范畴，应该自我约束，不应该纳入民法体系。本文认为，以上两种观点都具有合理性，但是也有不足。对夫妻忠诚协议的法律评价不能一概否定或肯定，而应基于具体的类型作出合理合法的判断。[1]

二、效力认定的类型分析

从审判实务案例上看，夫妻忠诚协议一般分为人身性的约定和夫妻之间财产的约定。对于不一样的约定可以进一步进行深度的剖析，划分为不同的类型，以便理清思路，作出相应的处理。

（一）宣誓性的夫妻忠诚协议

夫妻双方在准备领证结婚或者结婚典礼上，经常会面对面宣誓，类似："结婚后会永远爱你，绝不背叛，如违此誓，赔礼道歉，断绝关系，永不再见。"此类纯属于道德上的忠诚约定，不违反法律强制性规定，事实上此类约

---

〔1〕　童航："夫妻忠诚协议的效力认定"，载《甘肃政法学院学报》2014 年第 6 期。

定法律上也不具有强制力，但是法律所倡导的夫妻忠诚义务。

（二）人身性的忠诚协议

涉及夫妻双方婚姻关系是否存续的忠诚协议。《民法典》第1076条规定，夫妻双方自愿离婚的，应当签订书面离婚协议，并亲自到婚姻登记机关申请离婚登记。第1079条规定，具有重婚或者与他人同居的，有家庭暴力或者虐待家庭成员的，有赌博、吸毒等恶习屡教不改的，因感情不和分居2年等达到法定离婚条件的，调解无效，应当准予离婚。从法律规定看，是否解除婚姻关系，需要履行法定的程序，在我国立法上，只有两种离婚方式：一是双方自愿同意离婚协议离婚，二是诉讼离婚，婚姻自由受到法律的制约，并非可以通过夫妻忠诚协议来干涉的。现实中可能有夫妻通过忠诚协议约定，如果一方提出离婚，需要给支付给另一方1000万元，或者如果一方提出离婚就净身出户，都是违反我国对于婚姻自由的规定的，属于无效的约定。

涉及子女抚养权问题的忠诚协议。常见的关于子女抚养权的忠诚协议，一般会约定，一方在婚姻关系存续期间违反忠诚协议，子女抚养权归另一方。本文认为，子女抚养权不能完全按照忠诚协议的约定来决定，因为《民法典》第1084条规定，子女抚养权以最有利于未成年子女原则判决。不可以以夫妻忠诚协议的约定直接确定抚养权的归属。子女抚养由于具有一定的人身属性，因此，不能成为婚姻忠诚协议的约定对象。[1]当然，有限制地承认子女抚养权忠诚协议的效力，与现行法毫无抵触，于未成年子女权益的保护毫无妨害。[2]司法裁判机关在确定抚养权归属时将忠诚协议关于抚养权问题的约定作为考量依据之一，是有其现实意义的。

（三）关于财产的忠诚协议

财产问题比较复杂，相互交叉叠加，大致可以分成违约赔偿和财产分割两种。违约赔偿是指一方如果不遵守忠诚协议，需要支付另一方赔偿金，分割财产是指一方不遵守忠诚协议，在进行财产分割时需要少分或者不分。对于违约赔偿与财产分割，本文认为这样的协议符合合同成立生效的要件，不违反意思自治，不违反强制性规定，对于夫妻双方应当是有效的。当然在进

---

〔1〕 梅夏英、叶雄彪："婚姻忠诚协议问题研究"，载《法律适用》2020年第3期。

〔2〕 邹开亮、邸帅："夫妻忠诚协议的性质及其对内效力——基于社会关系'泛'契约化的一般认识"，载《华南理工大学学报（社会科学版）》2021年第6期。

行财产分配时应当考虑其他因素，对于赔偿数额有一定的限度，不必然以忠诚协议约定为准。

关于财产的约定常见的还有净身出户约定，一般都会约定，一方感情不忠出轨或者首先提出离婚的，要净身出户。净身出户协议很难认定为合同的约定，因为一般合同需要具有签订主体、签订时间、采取书面形式并且不违反法律法规强制性规定。像这样限制婚姻自由，并且违反婚姻相关法律规定的协议，在现实审判中很难得到法院的支持。

三、忠诚协议的裁量原则

夫妻忠诚协议不能简单地以有效或无效来处理，在实际执行过程中，应当遵循一定的原则。法院在对于忠诚协议的裁量要遵循一定的比例，违反忠诚协议的情形恶劣与否，背叛方财力是否雄厚，是否能够轻松地履行忠诚协议约定的赔偿金，对于对方的伤害是否严重，均是需要考虑的因素。在作出具体裁判时不能过度也不能不足，要更多地考虑一般性的情况，以免造成不公平、不客观的情况。

在签订忠诚协议时，往往是双方关系很好，出于情感签订，未必具有真诚认真的态度，很容易在各种缘由之下签订非常不利于自己或者根本不可能履行的协议；另外，在签订忠诚协议时，也可能其中一方具有虚假的意思表示，或存在意思表示错误甚至引诱欺诈的情况，此时双方签订的协议很可能是显失公平的，司法机关在处理案件时应当审查协议内容，作出公正处理。

四、结论

对于夫妻忠诚协议是否有效，法律没有作出明确的规定，在审判实践中也是给予法官充分的自由裁量权。法官在作出裁判时应当进行类型化区分，根据个案和具体情况具体评判。在审查忠诚协议时，不仅应审查其是否是双方真实的意思表示，是否违反法律强制性规定，还应当根据婚姻关系存续期间夫妻双方各自对家庭的贡献大小、对造成婚姻破裂的程度以及过错方的过错大小等情况综合考虑，对贡献较大方或无过错方，应当酌情予以照顾，以平衡双方利益，实现社会公平正义。

房屋租赁中的优先承租权研究

——浅谈商铺租赁的优先承租权

邱泽佳*

（中国政法大学 北京 100088）

摘　要： 优先承租权，是指原承租人在租赁期限届满后，在同等条件下拥有和出租人优先签订租赁合同的权利。当前，优先承租权已被列入《民法典》，但是该项权利的立法初衷在于保护住房承租人的住房权利，并未明确商铺租赁是否囊括其中。因此，本文拟就商铺租赁是否同样享有优先承租权、商铺租赁享有优先承租权的意义及价值、商铺租赁在司法现状中面临的困境及对应的解决策略进行初步探讨，以供业内人士参考。

关键词： 商铺租赁　优先承租权　司法困境

一、商铺是否享有优先承租权

在我国的法律体系中，房屋租赁可区分为住房租赁及商铺租赁。在《民法典》第 734 条第 2 款 "租赁期限届满，房屋承租人享有以同等条件优先租的权利" 的规定中，住房租赁和商铺租赁显然并未得到明确的区分。而社会各界对该规定的解读及报道均集中于保障住房承租人的住房权利，促进租购同权住房制度的落实，却忽略了商铺租赁是否同样适用于优先承租权的问题。

但是，随着我国经济的不断发展，《民法典》承担了商法的原有功能，从

---

* 作者简介：邱泽佳（1995 年–），男，汉族，广东佛山人，中国政法大学同等学力研修班 2020 级学员，研究方向为民商法学。

而需更多扮演市场资源配置和经济秩序维持的市场经济基本法角色。[1]在这种"民商合一"的社会背景下，从文义解释角度出发，将商铺租赁排除出优先承租权的适用范围显然不妥。商铺租赁也理应享有优先承租权，不可与住房租赁区分适用。

二、商铺租赁享有优先承租权的意义及价值

（一）经济价值：有利于保障商事活动的稳定性

商事主体通过租赁商铺展开生产经营活动具有广泛性和灵活性。承租人在租赁商铺后，往往需要投入大量的成本用于装修、采购、宣传等各方面，并在长时间稳定经营后才可能产生收益。在无优先承租权的保障下，承租人则面临着租期结束后所有投入化为乌有的风险，不利于经济活动的发展。尤其是新冠肺炎疫情对经济造成冲击的情况下，保持商事活动的稳定持续尤为重要。因此，优先承租权的适用，可以激发承租人对外投资的积极性，为承租人较长期限进行经营活动，实现较大的经济效益，在商事活动的稳定运营保驾护航，最终实现促进经济效益稳定增长的目的。

（二）社会价值：进一步促进法治化营商环境的建设

法律存在的最基本的价值之一就是秩序，法产生的根源在于解决人类社会所产生的冲突。[2]在优先承租权相关规定实施之前，普通大众在大量的租赁活动早已对优先承租的问题进行了约定，但由于普通大众缺乏对法律的了解，对于法律规定的理解也不同，导致约定各异，常常引发法律纠纷；同时，在优先承租权未确立前，司法审判人员在审理类似纠纷时也缺乏相应的法律依据，出现同案不同判的情况。如此，营商环境的建设也将受到严重影响。而优先承租权的法定化可以对优先承租这一社会上已有的交易行为进行规范，合理干预租赁市场，防止自由的过度泛滥，保证效益的最大化，促进我国营商环境迈向法治化。

---

〔1〕 周林彬、吴劲文："民法典隐名商法规范的合分之道——以合同编为例"，载《甘肃政法大学学报》2020年第5期。

〔2〕 ［美］罗·庞德：《通过法律的社会控制　法律的任务》，沈宗灵、董世忠译，商务印书馆1984年版，第55页。

三、从当前部分案例看商铺租赁优先承租权所面临的司法困境

商铺租赁享有优先承租权具有极高经济和社会价值。根据《民法典》规定，优先承租权的适用看似有十分明确的标准，商铺承租人的合法权益也理应可以得到充分的保障。但在司法实践中，商铺承租人优先承租权的主张往往难以被支持。根据当前网上公开的近三年的部分司法裁判文书，商铺租赁优先承租权主要面临如下司法困境：

（一）优先承租权的适用过分依赖出租人的主观意愿

商铺租赁中，常有失信出租人以房屋收回自用的方式，给承租人主张优先承租权造成阻碍。而在司法实践中，审判者也往往根据出租人是否存在出租意愿作为优先承租权的适用前提。例如，在"广东某精密机械有限公司、中山市某五金实业有限公司等房屋租赁合同纠纷"一案中，法院认为"只有出租人在租赁期限届满并有意愿继续出租房屋时，承租人才存在行使优先承租权的空间"。[1]但是，过于依赖出租人是否继续出租的主观意愿，即便双方事前已约定优先承租权，出租人也有随意撤回优先承租权的空间。这不仅严重影响承租人优先承租权的实现，更可能变相鼓励承租人违约，与优先租赁权的立法目的相悖。

（二）"同等条件"的理解适用无明确使用标准

"同等"因其内在的无限拓展性，使"同等条件"一词在司法实践中缺乏明确的评价标准，导致部分审判机关在同等条件的认定和适用上过于僵化。

首先，部分司法判例认为"同等条件"意味着须有第三人参与或者出租人拟继续租赁租赁物。在未满足此前提条件下，承租人的优先租赁权无法得到支持，如在金某与某粮食收储中心租赁合同纠纷案判决书[2]中法院即持有该观点。

其次，在出租人改变出租方式，由部分出租转变为整体出租时，"同等条件"亦无法得到满足。在湖南省公路运输服务公司、王某某房屋租赁合同纠纷案[3]中，法院即认为承租人要求单独租赁，与出租人整体出租等要求不

---

〔1〕 参见中山市中级人民法院［2022］粤20民终414号民事判决书。
〔2〕 参见青岛市中级人民法院［2021］鲁02民终15573号民事判决书。
〔3〕 参见长沙市芙蓉区人民法院［2021］湘0102民初16602号民事判决书。

符，不再属于"同等条件"，承租人不再享有优先承租权。

以上可以看出，因无明确评价标准而导致对"同等条件"的僵化解读，审判机关过于侧重对出租人权益的保护。这对于本身就处于弱势的承租人而言，更是难以行权维护自身合法权益。

（三）承租人需承担较重的举证责任

在与优先承租权相关的诉讼活动中，法院通常要求商铺承租人对出租人对外转租、侵犯其优先承租权的事实进行举证。在王某与陈某、李某租赁合同纠纷案中，法院要求作为原告的王某就其优先承租权受到侵犯的事实承担举证责任。[1]尽管该要求符合民事诉讼中"谁主张，谁举证"的举证原则，但是从实操的角度出发，承租人难以履行举证义务。承租人在行权、诉讼的过程中，多数情况下均一直保持着对租赁物的占有状态，不存在第三人占有租赁物的情况。承租人很难举证证明其权益受到侵犯的事实，更无法直接从出租人处获得对外向第三人转租的相关证据。过重的举证责任将不利于对承租人优先承租权的保护。

四、上述困境的解决对策

上述困境显然严重影响了商事活动的正常运营，难以实现商铺租赁的意义和价值。因此，尽快解决商铺租赁所处的司法困境，具有相当的紧迫性和必要性。

（一）对出租人进行适当限制

对于失信出租人以收回自用等方式随意撤回继续出租房屋的承诺的情况，有必要采取一定措施对出租人进行一定的限制。若出租人将房屋收回后消极闲置，承租人的优先承租权应当受到保护。出租人收回房屋后，在较长期限内不得将房屋后再次出租给第三人，否则应当承担损害赔偿责任，以避免出租人损害承租人优先承租权的情况。若出租人确有必要收回的，应当给予承租人充分的时间重新寻找商铺。通过对出租人严格的限制措施，禁止出租人肆意停止租赁，对保障商事活动的稳定持续有着十分积极的作用。

（二）明确"同等条件"的适用

首先，优先承租权是《民法典》规定的、承租人应享有的权利，并不因

---

〔1〕 参见福建省福鼎市人民法院〔2022〕闽0982民初536号民事判决书。

无第三人参与租赁而灭失。在无第三人、无"同等条件"对比的情况下，不应影响承租人优先承租权的行使。其次，对于"同等条件"的理解应当仅局限于租金和租赁期限这两个最关键、最客观的要素。对"同等条件"扩大化的理解都可能导致强势一方肆意借由阻碍商铺承租人优先承租权的实现，不利于优先承租权的保护。最后，出租人整体出租租赁物的，也不应影响承租人优先承租权的实现。如果承租人部分租赁不影响出租人租赁物的整体规划的，应当允许承租人继续租赁；如果实在不宜分开租赁的，出租人应当给予承租人一定的补偿。

（三）合理分配出租人和承租人的举证责任

在审理承租人主张优先承租权的纠纷案件中，承租人的举证责任应适当予以减轻。若出租人需撤回继续租赁商铺承诺、收回商铺的，应由出租人履行较为严格的举证和说明义务，向法院充分举证、说明其收回房屋的用途；在出租人拟向第三人出租商铺、侵犯承租人优先租赁权的情况下，法院也不能一味地、僵化地加重承租人的举证责任。在承租人确实难以举证的情况下，法院可以通过现场走访、追加相关当事人参加诉讼、出庭接受询问等方式查明案件真相，保护商铺承租人的合法权益。

论侵权法中的相当因果关系

王　丽[*]

（中国政法大学 北京 100088）

摘　要： 就侵权法中的因果关系的证明标准，相当因果关系理论认为，在同样的条件下原因有引起结果发生的合理盖然性就应认定为具有因果关系，而不要求加害事实与结果之间具有必然的、直接的因果关系。相当因果关系说较之条件说更加具有普遍适用性，较之高度盖然性学说在特殊侵权领域更加具有针对适用性。

关键词： 侵权责任　合理盖然性　因果关系相当性

一、相当因果关系说的内容

在侵权责任法领域，因果关系是一项举足轻重的责任构成要件，长久以来一直是困扰举证义务人的一大难题。因果关系，即加害人的侵权行为与受害人所遭受的损害后果之间存在的引起与被引起的关系。对于因果关系的证明所适用的标准，一种是大陆法系较早发展起来的条件说，又称条件因果关系说，该理论认为：就引起某一损害后果的多种原因，这些"多因"对于损害后果的发生具备同样的价值。鉴于根据条件说所认定的因果关系范围过大，在处理多因一果的案件时会导致理论运用失灵。因此，学者们在条件说基础上，进一步发展出了相当因果关系说。

（一）相当因果关系的概念和演绎规则

相当因果关系由德国学者冯·克里斯首创，他在《相当因果关系》一书

---

* 作者简介：王丽（1992 年-），女，汉族，河北张家口人，中国政法大学同等学力研修班 2022 级学员，研究方向为民商法学。

中提出：相当因果关系，是指依据一般社会经验判断，某一侵权事实能够导致与损害同样的后果，即认为构成侵权行为要件的因果关系。相当因果关系的具体规则，可通过"若无，则不"标准进行判断，来得出真正意义上的事实原因。假设 C 事件是原因，R 事件是损害结果，运用"若无，则不"标准进行因果关系演绎推理过程如下：[1]

假设	C 与 R 的因果关系类型
（1）若无 C，则 R 必然不发生 +R 必然伴随 C 发生	C 与 R 必然存在因果关系
（2）若无 C，则 R 不必然发生 +R 不必然伴随 C 发生	C 与 R 必然不存在因果关系
（3）若无 C，则 R 必然不发生 +R 不必然伴随 C 发生	C 与 R 不存在相当因果关系
（4）若无 C，则 R 不必然发生 +R 必然伴随 C 发生	C 与 R 存在相当因果关系

（二）相当因果关系的理论价值

相当因果关系的存在意义在于，两个案件的关系，必然存在因果关系和必然不存在因果关系这两个领域所覆盖的范围委实过小，在这两种极端因果关系领域外存在着大量的间接因果关系。

以一个环境污染侵权案件为例，受害人在起诉中主张：自己鱼塘中养的鱼因受被告排污行为影响而死亡；被告则主张：原告所养鱼死亡的原因是饲养方法不当。而本案中的关键证据，即"被告排污中含有致原告鱼死亡的直接成分"，原告受当时技术、科学水平或其他原因所限无法证明。那么，与本案有关的证据，如该条河下游的养殖业均受到了排污影响导致产业受损、水质监测结果显示指标异常、被告违法排污等，均是原告证明因果关系的有效途径。当然，被告也不会坐等原告单方证明因果关系，而是会从排污并不必然导致鱼死亡、鱼死亡的其他原因等方面证明自己的排污行为与原告的损害

---

〔1〕 陈若冰、王雪琪："侵权行为法之相当因果关系理论实证化分析"，载《黑龙江省政法管理干部学院学报》2020 年第 4 期。

之间不存在因果关系。从审判角度来说，哪方因果关系证明得更加充分，即达到"相当性"，往往会直接决定案件走向。

根据相当因果关系说，只要根据一般社会经验认为同样情况下这一原因有发生同样结果的合理可能性，就认为存在因果关系，而不要求侵权行为与损害后果之间具有直接的、必然的因果关系，该学说的客观依据，就在于事实上这种原因属实引起了该种后果。

二、简评现行法律规定中的因果关系证明标准

我国民事审判通常要求举证方所提供的证据对于案件事实的证明程度达到高度盖然性。[1]如最高人民法院《民事诉讼法》司法解释规定的举证义务人所提供的证据足以证明待证事实的存在具有高度可能性的，应当认定该事实存在。[2]据此，原告必须证明被告的行为高度可能导致其损害。该高度可能性在民法学界也被称为高度盖然性。

高度盖然性学说符合我国传统"谁主张，谁举证"的证据证明精神。但是，上述规定仅是作为一般案件的证明标准，而在侵权法领域，随着科技的发展，个人信息侵权、环境侵权、食品药品侵权等案件大量增加，如果同样采取高度盖然性标准，那么公民个人维权之路必将充满坎坷。因此，《民事诉讼法》司法解释第108条第3款作出了"法律对于待证事实所应达到的证明标准另有规定的，从其规定"的规定，该条款为特别案件处理留出了空间。

三、相当因果关系理论在我国民事审判中的运用

20世纪90年代后，我国学者引入相当因果关系理论，在司法实践中，我国法院对相当因果关系理论的运用积累了大量的审判经验。[3]

（一）相当因果关系在审判实践中的运用

以付某与三快科技公司网络侵权责任纠纷案[4]为例，原告付某委托同事梁某2018年7月27日从美团手机APP订购了7月30日出行的东航机票，但

〔1〕 张卫平："认识经验法则"，载《清华法学》2008年第6期。
〔2〕 参见《民事诉讼法》司法解释第108条第1款："对负有举证证明责任的当事人提供的证据，人民法院经审查并结合相关事实，确信待证事实的存在具有高度可能性的，应当认定该事实存在。"
〔3〕 程啸：《侵权责任法》（第3版），法律出版社2021年版，第251~252页。
〔4〕 参见北京互联网法院〔2018〕京0491民初1905号民事判决书。

在 7 月 29 日梁某收到航班取消的通知（诈骗短信）后告知了付某，因通知内容里航班消息与原告预订机票信息完全吻合，原告根据通知所载的（诈骗）客服电话进行操作，导致被诈骗 2 万多元。法院认为，由于本案中购票时间与诈骗时间联系紧密，尽管无法确定一定是由被告泄露的原告购票信息，但三快科技公司在其信息安全管理无漏洞方面举证并不充分，无法证明其已尽到了保护个人信息安全的义务。最终认定三快科技公司未履行保护消费者信息安全的义务与原告遭受损害事实之间存在因果关系。显然，就本案的事实与举证情况，原告对于因果关系的证明力度并未达到高度可能性，而是一种合理盖然性，该种合理盖然性在侵权法领域即等值于相当因果关系标准。

另外，在食品药品这一特殊侵权领域，由于受专业知识、科技水平等限制，为减轻受害人的举证责任，有关司法解释在该特殊领域已经确认了相当因果关系标准。[1]由于消费者对于"被告生产的食品药品造成了消费者损害"这一因果关系很难证明，于是最高人民法院对食品药品纠纷规定，消费者只需初步证明其损害与食用食品或使用药品存在因果关系即可认定其完成了因果关系证明责任。该规定将消费者的举证义务设定为"初步证明"因果关系，即达到合理盖然性，而非《民事诉讼法》司法解释所规定的高度可能性，[2]体现了相当因果关系学说在我国司法实践中的实际运用。

（二）相当因果关系适用于实践的进一步展望

在法律思维和法律方法中，因果性占据着十分重要的地位。[3]相当因果关系学说尽管存在"相当性概念具有不确定性"这一问题，但该理论仍然在审判实践中发挥着重要的作用。相当因果关系说不仅具有现实可行性，同时也符合法律维护社会公平正义之精神。[4]

我国《民法典》将侵权责任编独立成编，但是对于侵权行为四大要件之

---

[1] 田野、张耀文："个人信息侵权因果关系的证明困境及其破解——以相当因果关系理论为进路"，载《中南大学学报（社会科学版）》2022 年第 1 期。

[2] 参见最高人民法院《关于审理食品药品纠纷案件适用法律若干问题的规定》第 5 条第 2 款规定："消费者举证证明因食用食品或者使用药品受到损害，初步证明损害与食用食品或者使用药品存在因果关系，并请求食品、药品的生产者、销售者承担侵权责任的，人民法院应予支持……"

[3] 马长山："面向智慧社会的法学转型"，载《中国大学教学》2018 年第 9 期。

[4] 梁慧星："雇主承包厂房拆除工程违章施工致雇工受伤感染死亡案评释"，载《法学研究》1989 年第 4 期。

一的因果关系证明标准，并未作出明确规定。相当因果关系长久以来受到民法学界以及审判实践的青睐，可以作为弥补该法律漏洞的一条路径，特别是在食品药品、个人信息保护、环境侵权等特殊侵权领域。将这一理论继续进行深入研究，是非常具有价值且必要的。

社会本位视阈下探寻大数据
时代个人信息保护路径

王笑迎*

（中国政法大学 北京 100088）

摘　要：大数据时代，数据被广泛商业化的同时，如何使用数据和如何保护个人信息也成为时代焦点问题，传统个人本位视阈下一元控制论面临重重现实壁垒，已无法满足时代的要求。基于此，本文以大数据时代背景下的个人信息保护为中心议题，尝试厘清个人信息的法益属性与责任归属，确保个人信息保护中各方利益达到动态平衡，并试图从制度创新角度，就社会本位视阈下权利体系的升级给出优化路径。

关键词：大数据　个人信息保护 个人信息权益　社会本位

一、传统个人本位视阈个人信息保护的现实壁垒

"数据是新的石油。"[1]随着数字经济的兴起，数据毫无疑问已经演变成一种新型的生产要素并被广泛用于各种商业化场景，其捕捉、存储、检索、共享、分析乃至可视化的呈现，都成了当前最为重要的研究课题。在巨大的商业价值下，新的隐忧也悄然浮出，在整条信息处理链路上由信息的规模化引发的对个人信息的不当使用、泛化或违法使用，已经成为限制数字经济发展的内生障碍。同时，在个人本位视阈下，无可避免会遭遇目的差异和价值取舍方面的抉择难题。因此，如何打破传统立法的桎梏，兼顾个人数据的流

---

* 作者简介：王笑迎（1995 年-），女，汉族，天津人，中国政法大学同等学力研修班 2022 级学员，研究方向为民商法学。

〔1〕 景玥："'数据就是新的石油'"，载《人民日报》2019 年 8 月 13 日。

通性和个人权益保护，确定数据的归属与责任主体，责任主体又该履行哪些义务，都是值得深入研究的焦点问题。

纵观国内现有立法和域外法理论，个人信息保护规则大多归属于个人本位下的框架式立法，要求在个人充分知情的前提下自愿、明确作出同意。[1]传统视阈下的信息法案最早发端于欧美，以基于人格尊严的欧盟法律体系《通用数据保护条例》和基于隐私权的美国法律体系的《加利福尼亚消费者隐私保护法案》为理论源头，世界多数国家的个人信息立法均或多或少采纳了其中个人本位下的一元控制论。[2]其理论基础的根本都是"知情—同意"框架，强调个人是个人数据的唯一权属，对个人信息享有完全的控制权，以维护个人利益、人格尊严和个人隐私。

但是云存储、云共享、智能捕捉的应用使传统个人本位视阈下的框架立法在实践中遭遇现实困境，作为架构之本的"知情—同意"框架形同虚设。首先，"知情—同意"沦为程序上的知情，个人用户作为有限理性的主体，在实践中会受到外部性、信息不对称性、风险不对称性和自身有限理性的影响，其判断决策很难说是真正理解了知情同意的内容。此外，获取信息的企业主体也往往会陈列晦涩难懂的隐私声明，进一步阻却了用户在实质上的知情。其次，在网络语境中，用户往往除点击"同意"外再无第二选择，"知情—同意"框架实际上沦为用户的义务而非权利，而诸如限制处理权、更正权、删除权等相关权利是否真正得以实现则呈现出一种"黑箱"状态，用户无从维权。再次，此框架中的"目标限定原则"面临适法性的现实挑战，《个人信息保护法》规定，个人信息处理目的、处理方式和处理的个人信息种类发生变更的，应当重新取得个人同意。[3]然而，大数据时代信息的交错复用往往导致收集到的个人信息用于超出收集时刻的目的，考虑到规模效应，面对数亿万人的重新知情，每次目的变更的再知情在实现上显然会为企业带来不小的压力，从而阻却数据的流通及其背后商业价值的实现。最后，在大数据时代，云存储、云共享、云计算、智能捕捉、自动抓取等技术手段被频繁应用到个人信息的收集和流转的整个生态中，用户在很多情况下对信息的收集毫不知

---

〔1〕《个人信息保护法》第 13 条、第 14 条。

〔2〕靳雨露："个人信息'控制—利用二元论'的提出及其制度优化"，载《大连理工大学学报（社会科学版）》2022 年第 3 期。

〔3〕《个人信息保护法》第 13 条、第 14 条。

情，他们无法对第一方收集者行使权利，更难以追究第三方、第四方或者整个流转链条上的相关主体的责任，更遑论对个人信息进行控制。显然，传统个人本位视阈下的模式已经不适应大数据时代的要求，亟待改进。

二、从个人本位到社会本位的理论尝试

（一）厘清法益：个人信息法律属性为个人权益

长久以来，我国学界和实务界对个人信息法益的属性一直分立为两种观点，主要为强调自然人对个人信息享有完全支配控制权利的民事权利说[1]和自然人仅享有民事上权益的人格权益说[2]。争议焦点在于个人是否享有信息自决权，该权益是否具有绝对性和支配性。

从文义解释来看，控制意为管理和占有，并使其不超出掌控的活动。文义上的控制并未否认个人信息的非排他性支配。但基于个人本位下的民事权利说，已不自觉地将其异化为绝对排他的支配权利。诚然，应当认同的是个人本位下关注个体的人格尊严和个人隐私耦合了宪法中人格尊严不受侵犯的基本价值观，但它并未有效平衡个人信息的公共属性和数据的流通本质。

数据的再生性和流通性决定了它不可能等同于传统财产，数据承载信息，特别在大数据时代，个人信息流通速度快、量级大、易用率高，快速再生、流转的个人信息一定程度已经具备公共产品的属性。数据只有在流通中才会产生价值，个人信息的流动是社会正常运作的前提，以数据为核心驱动数字经济蓬勃发展更应在大数据时代被充分重视。而在社会本位视角下，个人信息虽然具备一定公共属性，但该视角并不排斥个人对信息享有权益。

从立法意志考虑，《个人信息保护法》第 1 条、第 2 条表述为"个人信息权益"，《个人信息保护法》和《网络安全法》中亦写明"促进个人信息合理利用""推进公共数据资源开放"，[3]体系上如此安排证明了个人信息权益是一种新型的民事人格权益，其客体具备一定的公共属性，应以超个人视角视之。

---

[1] 王利明："论个人信息权的法律保护——以个人信息权与隐私权的界分为中心"，载《现代法学》2013 年第 4 期。

[2] 龙卫球、刘保玉主编：《中华人民共和国民法总则释义与适用指导》，中国法制出版社 2017 年版，第 404 页。

[3] 《个人信息保护法》第 1 条、《网络安全法》第 18 条。

（二）厘清归属：个人、企业、社会应达到动态平衡

评判个人信息的归属问题应采取利益衡量的方法，受益方成为当然的责任主体。就本质而言，个人信息蕴含着个人利益、企业利益和社会公共利益。自然人是个人信息的首要主体，其关于个人信息的人格利益诉求是个人信息保护的基石。企业享有数据作为其生产资料，由此获得超额剩余价值，并获得加工处理后的可视化、具有匿名性属性的分析结果和商业视野。在某种意义上，经过企业加工处理后的信息更具有管理价值和经济价值。同时，应该承认的是，在社会本位视阈下，社会公共利益是抽象的个人利益的集合，个别企业的信息化快速推进终将带动全行业的繁荣，数字经济快速发展促使全民享受数据红利，个体会反过来获得经济利益。社会本位视阈下，其内核依然是保护个人利益和人格尊严，只是在利益的优位选择权上占有先手优势。因此，个人信息的权属应分别归于个人、企业和社会，各利益单元协助互作，达成三方利益动态平衡。

三、社会本位视阈下对权利体系的优化设计

鉴于传统的个人本位视阈下的一元控制论已无法回应大数据时代信息控制、处理和流转的需求，因此，本文建议可以从以下三个方面优化对个人信息保护的权利体系：

（1）采用个人信息赋权保护模式。遵循"谁使用谁负责"的原则，端到端地建立"使用者责任"机制，扩展框架范围使用主体至第一方收集者、第三方机构、数据控制者及数据处理者，使个人信息生态系统的新架构的关注重心无差别地覆盖信息收集至流转全链路。

（2）赋予个人及企业公共数据使用权。匿名化、去标识的数据可归属到公共数据范畴，网信部门和各主管部门应加大力度推进公共数据库的开发和使用，完善公共数据的共享规则，推动公共数据的分配达到帕累托最优。

（3）赋予企业数据权，并明确区分企业合法获得的源数据与经过二次加工后获得的分析数据的权属类型与性质。在此基础上，严格规制各企业的义务，关于数据的权属规则、交易规则、安全规则、监管规则、报告规则均应有标准化的明确指导而非仅规定框架条文。

四、结语

在大数据价值链上，发展的不只是数据本身，更是基于思维范式和广域视角的根本性变革。清晰认识传统模式的现实阻碍，并推翻其影响下的治理藩篱，在兼顾捍卫个人利益和个人尊严不可侵犯的正当性的同时，考虑个人信息的公共属性并厘定其本质法益，达到各利益单元的动态平衡，必将使信息化之路平坦又辉煌。

夫妻约定财产制度研究

王学志*

（中国政法大学 北京 100088）

摘　要：社会经济发展，人们收入水平提高，随着保护个人财产意识的增强，经济纠纷矛盾问题愈演愈烈，经济稳定是社会稳定的重要条件。《民法典》对夫妻约定财产制度也进行了相关的规定及解读，但其中构建要件等细节仍值得进一步探究，对夫妻约定财产制度进行研究对保护家庭及个人财产具有重要意义，也可为社会经济稳定提供良好的基础。

关键词：经济纠纷　夫妻约定财产　经济稳定

一、问题的提出

根据《民法典》第 1065 条第 1 款的规定，男女双方可以通过协议对婚姻关系存续期限内财产和婚前财产进行约定，可以约定为部分共同所有、部分各自所有、共同所有和各自所有，须以书面形式进行约定，若并未约定或者约定不够清晰，则按本法第 1062 条、第 1063 条的要求进行处理。关于婚姻关系存续期间财产和婚前财产的约定，夫妻双方都受该约定的限制。若夫妻双方约定婚姻关系存续期间获取的财产为各自所有，而非夫妻共有，则夫妻双方中任一方对外承担的债务，相对人知道或者应当知道该约定的，应以作为债务人的夫妻一方的个人财产进行清偿。尽管《民法典》对夫妻财产作出了相应的规定，但现行的相关法律难满足和完全适用于解决越来越复杂的夫妻财产问题，本文就夫妻约定财产的构成要件、成立等细节进行探讨，以期

---

* 作者简介：王学志（1993 年-），男，苗族，贵州黔东南人，中国政法大学同等学力研修班 2022 级学员，研究方向为民商法学。

为夫妻财产约定制度的实际应用提供一定的参考。

二、夫妻约定财产制的内涵及构成要件

夫妻约定财产制指的是对于婚前财产和婚姻关系存续期间获取财产，夫妻另外进行约定。也就是说夫妻双方中一方的婚前财产、婚姻关系存续期间获取的财产都属于夫妻约定财产制的对象。[1]关于夫妻财产，立法者将其分成夫妻财产以及约定财产两种，顾名思义，基本的夫妻财产主要为通俗意义上的"共同财产"，约定财产则是夫妻双方对婚姻存续过程中部分或全部的财产以书面等形式作出的特殊约定部分，若夫妻双方在婚姻存续期间未进行财产约定或无明确约定方式（口头等）对财产进行明确约定则适用夫妻法定财产，当然对夫妻财产约定也需采取合法方式，若一方被胁迫进行夫妻财产约定则不满足夫妻约定财产制，因此据上所述，夫妻约定财产制需在合法情况下以书面等明确的形式对婚姻存续期间或婚前所得财产进行约定。

（一）夫妻约定财产成立与订立时间

中华民族是一个在婚姻关系上较为保守的民族，极少数夫妻会在婚前或婚姻存续期间对夫妻财产作出明确约定。近年来媒体多报道夫妻双方对财产仅作出口头约定导致其在财产纠纷时无法举证进而增加司法工作难度，因此夫妻约定财产制应采用书面等明确的方式。第三人财产利益、婚姻家庭生活物质基础以及夫妻重大财产利益等都属于夫妻财产制的约定的范畴，因此，法律规定夫妻约定财产制必须以书面形式进行约定，确保约定财产制意思明确清晰，避免出现纠纷，同时维护第三人合法债权利益。

夫妻双方在婚前、结婚时以及婚姻存续期间都可以进行夫妻财产的约定，不过立法对于夫妻财产约定何时生效并没有明确规定。夫妻间的财产约定，是建立在夫妻关系成立的前提下，因此婚前财产约定须以男女双方缔结婚姻关系并实际共同生活为生效条件，若双方缔结婚姻关系，则可将其界定为本条所规定的财产协议。

（二）夫妻约定财产的特殊性

实际上，人们对于夫妻间赠与和约定的夫妻财产难以明确地区分，夫妻

---

〔1〕 贺剑："夫妻财产法的精神——民法典夫妻共同债务和财产规则释论"，载《法学》2020年第7期。

赠与适用合同法，夫或妻一方可将自己财产赠与另一方，若物权变动手续没有履行或者没有公正，那么赠与人具有撤销权利，而夫妻间的财产约定则是夫妻双方对其婚前或婚姻存续期间的共同财产份额进行约定，不过夫妻财产约定和夫妻赠与必然会有交叠之处，经过公证或履行物权变动手续的赠与可被包含在夫妻财产约定中。

而且当前国内房产登记办法和房产税收政策能够将夫妻约定财产的特殊性展现出来：免征夫妻房产变动契税，存续期间夫妻对于土地权属和房屋可自愿进行变更，通常非资金和权益往来，不可以作为普通的赠与、交换或者买卖进行处理，这显然将普通民事主体的赠与和夫妻间夫妻财产如房产约定变更进行了明确区分，所以夫妻约定财产是特殊的。

三、夫妻约定财产的效力

合同的法律效力众所周知，当然夫妻财产约定属于合同约定范畴，也必然具有法律效力，并且可约束夫妻双方，如果此约定被第三人知晓，则可以对第三人进行对抗。主要内容包含下面几点内容：

（一）对内效力

对内效力指的是婚姻关系的当事人受到协议的约束力。基本效力是指夫妻财产协议生效，也就是夫妻双方之间以及继承人之间关于夫妻财产约定物权效力，婚姻关系当事人受其约束力。[1]对于夫妻财产协议来说，不管约定的是一方所有还是分别所有的财产制，甚至是约定处分权、收益权或者使用权等，都应当按照约定具有物权效力。若要撤销或者变更，婚姻关系当事人都要统一，只要有一方不同意，就不允许撤销或者变更。

（二）对外效力

对外效力指的是婚姻财产约定过程中，夫妻是否可以对抗第三人。[2]如果对对外效力认可，则对第三人就可以对抗，相反则不允许对抗。从原则上来说，若此约定是第三人知晓的，也就是对抗第三人效力是发生的；若此约定是第三人不知晓的，则对抗第三人效力就是不发生的。第三人对此约定并不知晓则对抗效力不发生，财产清偿债务由双方当事人来承担。

---

〔1〕 陈永强：“夫妻财产归属约定的法理明晰及规则适用”，载《中国法学》2022年第2期。
〔2〕 邹小琴：“夫妻财产约定制度的司法困境及解决路径”，载《河北法学》2021年第7期。

四、夫妻约定财产的变更与撤销

夫妻约定财产制度在现代司法中并未有明确变更和撤销条件的规定，仅在对夫妻离婚时财产分割协议作出了可变更、撤销的情形规定，但却未对夫妻约定财产制度变更、撤销的情形作出具体规定。实际上，关于财产约定，夫妻双方可就其撤销和变更进行书面形式的约定，同时由原公证机关对其公证，并且要求由婚姻登记机关对其进行登记并备案，但约定的变更和撤销涉及多种法律后果，因此本文认为在后续的法律完善中应对夫妻约定财产制度变更与撤销作出明确的规定，以便"有法可依"。

五、结论

前文也提到中华民族对婚姻存在一定的敬畏心理，只有极少数人会进行夫妻财产约定，不过随着改革开放的推进，群众生活发生翻天覆地的变化，人们的财产保护意识不断增强，婚内财产纠纷案件与日俱增，成为社会热点问题引起广泛关注，在此社会背景下夫妻财产约定制度应运而生。夫妻财产约定制度对婚前、婚姻存续期间双方财产具有重要的意义，其不仅符合现代人追求自由的意愿，同时也为双方财产安全提供了法律层面的保障，因此该制度在目前社会背景下较为适用。但该项制度仍存在些许不足，对夫妻财产的约定方式、生效条件时间等未作出明确规定，因而与现有的夫妻赠与等存在交叉，在实际司法应用中会造成不便，因此需进一步探讨并补充完善相关条件，进而使得夫妻财产约定制度更好地适用于社会，对经济及社会稳定具有重要意义。因此，本文对夫妻约定财产制的探讨旨在为今后的制度完善提供理论上的分析和可能的细化思路，其可行性和可操作性仍有待考证。

彩礼返还请求权研究

王宇杰[*]

（中国政法大学 北京 100088）

摘　要： 彩礼作为我国特有的民间婚嫁风俗，几千年来经久不衰。虽然最高人民法院《关于〈中华人民共和国民法典〉婚姻家庭编的解释（一）》（以下简称《民法典婚姻家庭编的解释（一）》）第 5 条对于彩礼返还请求的几种情形已有明确规定，但近几年，彩礼返还纠纷案件的数量仍在增加。究其原因，主要是审判者在司法实践中对于彩礼返还的规定还未完全适用及贯彻，有的地方法院为了维护个案公平而突破现有规定的价值导向，不断创造出新的彩礼返还行为在一定程度上也影响了民间对于彩礼返还的认知，为此应兼顾立法与地方司法裁判的融洽，让彩礼返还请求权的行使有一个更为统一的标准。

关键词： 彩礼返还　裁判规则　过错

近些年来，随着社会的不断向前发展和人们思想的进一步解放，对于自主婚姻的追求已然成为主流，这就给缔结婚姻本身带来了极大的不稳定性。与此同时，一些"闪婚""闪离"现象变得十分平常，很多给付彩礼的家庭往往会面临"人财两空"的局面，如果处理不好，容易激化社会矛盾，甚至引发恶性刑事案件。我国现有法律对于彩礼返还适用的标准并不统一，如何让法院作出既符合法理亦符合情理的有温度的判决就成了值得关注的问题。

一、彩礼的认定

彩礼是指一方及其家人依照当地的风俗习惯在结婚前或结婚时给付给另

　＊ 作者简介：王宇杰（1999 年 -），女，汉族，河南周口人，中国政法大学同等学力研修班 2022 级学员，研究方向为民商法学。

一方及其家人的财物，也被称为定亲财礼、聘礼、聘财等。一般涉及彩礼返还纠纷的司法审判中，往往会出现将一般性赠与列入彩礼当中的现象，法院在审理过程中应对各项财物逐一分析，剔除非彩礼部分，不宜对彩礼作出扩大性解释。因为彩礼与恋爱期间男女之间为促进感情或双方亲属逢年过节出于礼节而进行的一般性财物赠与有着明显区别，所以在讨论彩礼是否应当返还时首先要明确彩礼的范围，即一方给付给另一方的财物中哪些属于彩礼，哪些不是彩礼。在认定是否为彩礼时，应先对当事人当地有无给付彩礼的习俗进行考量，除此之外，还应结合给付财物的价值、给付场合、给付的时间等因素判断是否以结婚为目的，如以结婚为目的，则可考虑认定为彩礼。[1]

二、彩礼返还请求权的基础

目的赠与说认为，男女双方一方向另一方交付彩礼，是基于双方曾订立的婚约而产生的赠与行为，此赠与的目的在于双方最终能成功缔结婚姻，若目的未达成，则接受彩礼构成不当得利。[2]根据《民法典》第 157 条及第 158 条的可知，给付彩礼的行为是一种附条件的赠与行为，且其所附为解除条件，在符合其解除条件的情形发生时，该赠与行为则丧失效力，双方的婚约或婚姻关系即刻解除，此时接收彩礼一方就没有了继续占有彩礼的法律依据，给付彩礼方只得要求其予以返还。除此之外，我国《民法典》第 1042 条也同样规定了禁止借婚姻索取财物的行为，这些都为彩礼返还的请求奠定了坚实基础。

三、彩礼返还请求权的适用困境

《民法典婚姻家庭编的解释（一）》第 5 条规定了请求彩礼返还的三种情形，即：双方未办理结婚登记手续的、双方办理结婚登记手续但确未共同生活的、婚前给付并导致给付人生活困难的，但仅凭所列并无法满足司法实践所需。

（一）地方裁判规则不一

因每个地区都有其独有的社会习惯及风俗传统，每个个案的彩礼数额、

---

[1] 肖峰、田源主编：《婚姻家庭纠纷裁判思路与裁判规则》，法律出版社 2017 版，第 2 页。

[2] 吴娟："解除同居关系后彩礼返还的法律分析"，载《东南大学学报（哲学社会科学版）》2017 年第 S1 期。

男方经济能力、离婚原因及双方主观意愿等因素皆有差异，且每个承办法官裁判案件的着重点及落脚点皆有不同，故一些地方法院对于彩礼返还请求权的标准已发展出自己的一套裁判规则。例如在彩礼返还数额上，应当结合彩礼的数额、男女双方共同生活时间长短、有无子女、过错程度、当地风俗和经济水平等因素综合认定。[1]此外，关于其他财物的返还，有的司法裁判亦有相应观点，如双方同居或恋爱期间，一方以结婚为目的赠与另一方较大数额财物，分手后请求另一方返还赠与财物的，人民法院应予支持。[2]前述规则均丰富了我国法律已有的彩礼返还情形，司法实践依据民间习俗及社会习惯所作的调整是否符合，这就需要立法来给出一个较为明确的答案。

（二）对于"共同生活"的解读不够明确

根据《民法典婚姻家庭编的解释（一）》第5条第1款第2项的规定，彩礼是否应该退还，还要以双方婚后是否共同生活为前提，但是对于什么是"共同生活"，立法并未给出一个明确的解释，此举无疑会给司法裁判带来难度。审判实践中，经常出现男女双方确已办理结婚登记手续，但仅共同生活几个月就离婚，抑或者双方长期共同生活，具有了婚姻生活的实质内容的情形，此时无论是从"时间"或"结婚登记"层面来看，都一律要求返还彩礼，确实有失公平。

（三）未将过错因素考虑在内

立法对于因一方重大过错而导致离婚的案件中彩礼返还问题并未涉及。事实上，该类案件十分普遍，在司法实践中，因某一方的原因，导致双方未能办理结婚登记，或者不能共同生活的现象层出不穷，导致这种情况发生的主要原因通常包括一方有家庭暴力、出轨、赌博或吸毒等恶习。有学者认为，在判定彩礼返还纠纷案件时，应该将过错因素引入范畴，对无过错方和妇女的权益进行相应的保护。[3]

---

〔1〕 商丘市中级人民法院《关于审理婚约财产纠纷案件的裁判指引（试行）》第5条。

〔2〕 李姗萍："论婚约及其解除之损害赔偿"，载《法律科学（西北政法大学学报）》2021年第5期。

〔3〕 李忠芳："关于保护离婚妇女财产权益的立法思考"，载全国妇联权益部编：《〈中华人民共和国妇女权益保障法〉修改研讨会论文集》，中国妇女出版社2004年版，第342页。

四、我国彩礼返还的完善建议

（一）确立统一裁判规则

社会生活本身具有复杂性，个案有时千差万别，人民法院根据实际情况适用公平责任裁量案件，作为一种例外情形也有存在的必要。[1]如前所述，我国立法仅确立了彩礼返还的三种情形，无法涵盖因此而衍生出的其他财物返还、财产损害及精神损害等常见问题，这就导致地方司法裁判标准不一。裁判规则若过于教条，会让人们产生错误认知，从而将意在解决、制止纠纷的规则当作解决问题的唯一标准，日常问题解决方式选择单一化、极端化。为此，最高人民法院应吸收各地法院裁判规则，出具关于审理彩礼返还纠纷案件若干问题的指导意见，将彩礼返还案件的审判形成一套完整体系，约束法官的自由裁量权，使人们对于此类问题的解决产生确信。

（二）明确"共同生活"的含义

为了更加注重对婚姻生活实际内容的考察，尽量追求实质公平，可以将彩礼返还请求权与结婚年限相关联，以"男女双方登记结婚或举办婚礼后同居生活两年以上"作为对于共同生活的认定。因为男女双方缔结婚姻关系的目的并不仅仅是取得法律上的登记手续，更重要的是双方结婚后相互扶持，共担生活压力，共创美好生活的持续稳定状态，这就需要通过一个持续稳定的期间检验，而两年期限作为考察刚好合适。

（三）彩礼返还请求权采用过错原则

如果导致婚姻关系解除的一方为彩礼给付方，则应根据具体情况判决全部彩礼或部分彩礼不予返还，将其过错的程度直接与返还彩礼的数额和比例挂钩，因为在这种情况下，如果依然采用"一刀切式"的规则要求另一方返还彩礼，无疑会对其造成更大的伤害，将其导向新的极端，所以从公平的原则出发，在彩礼返还请求权的行使问题上，还应当考虑当事人是否具有过错。法院在制定彩礼返还的规则时，可以以我国民法典对于判准离婚的情形为参照，将一方过错因素纳入考量范围，以保障家庭关系的稳定性和弱势一方利益。

---

〔1〕 最高人民法院民法典贯彻实施工作领导小组主编：《中华人民共和国民法典侵权责任编理解与适用》，人民法院出版社 2020 年版，第 208 页。

证券市场虚假陈述民事责任研究

——取消前置程序

• • •

许世奇*

（中国政法大学 北京 100088）

摘　要： 最高人民法院《关于审理证券市场虚假陈述侵权民事赔偿案件的若干规定》（以下简称"新司法解释"）相较于 2003 年《关于审理证券市场因虚假陈述引发的民事赔偿案件的若干规定》（以下简称"旧司法解释"）取消了前置程序。虽然该举措符合理论界以及市场对保护投资者的预期，切实降低了投资者起诉的门槛。不过也应该注意取消前置程序对律师和投资者的影响。在取消前置程序后，更需要考虑如何减轻投资者利用诉讼救济其权利的成本，以及应对取消前置程序带来的一系列现实问题。

关键词： 虚假陈述　董事责任　证券法

一、虚假陈述民事责任制度的发展及立法、司法现状

一直以来，我国证券欺诈民事责任制度广受诟病，尽管我国颁布了《证券法》《股票发行与交易管理暂行条例》《禁止证券欺诈行为暂行办法》等法律法规以及最高人民法院 2003 年颁布的旧司法解释，但实践中上述规定却效果不佳。在股票发行注册制改革的背景下，信息披露成为上市公司监管的核心，证券市场的信息披露是否真实、准确、完整均关系到广大投资者的切身利益。然而我国证券立法中，虚假陈述的民事责任因不能适应飞速发展的资本市场而愈显薄弱。

---

　* 作者简介：许世奇（1997 年-），男，汉族，天津人，中国政法大学同等学力研修班 2022 级学员，研究方向为民商法学。

信息披露义务人作出的虚假陈述行为，因证券发行其本身自有的广泛性，通过市场的流通常常会给大规模的社会投资者造成损失。因此近年来加强虚假陈述民事责任规制的呼声愈盛。我国首家金融专门法院上海金融法院公布的 2018 年至 2021 年案件审判情况显示：2018 年 8 月 20 日至 2021 年 12 月 31 日，该院受理各类金融案件 23 456 件，其中证券虚假陈述责任纠纷 12 003 件，占比 51.17%。[1]在国家建立和逐步完善代表人诉讼制度后，因虚假陈述导致损害而起诉的投资者人数大幅上升，案涉诉请金额大幅上升。另据上海金融法院统计分析，此前的虚假陈述案件中被告主体通常仅为上市公司的情形也不复存在，投资者集体诉讼的金额往往过亿。在此基础上，投资者一方为保能够足额受偿，大多会追加其他责任人如证券公司等中介机构为被告。

最高人民法院于 2021 年 12 月通过新司法解释。新司法解释的施行取代了在该领域施行 20 年的旧司法解释。然而，其中仍有待完善之处，具体适用还有待进一步细化。

二、新司法解释的现实意义

新司法解释是一部现象级的，对我国资本市场民事赔偿制度具有统领性意义的法律规范，其对 20 年来旧司法解释在司法实践中的实践问题以及我国证券民事司法审判领域种种重大的理论研究与实践问题深刻回应和系统提纲挈领地总结，也是以完善资本市场制度供给、畅通投资者权利救济渠道为导向，构建具有中国特色的投资者保护机制的重大理论创新成果，是我国资本市场迈向法治化、成熟化进程的重要标志，[2]具有完善证券虚假陈述体系以及强化投资者保护的现实意义。民事责任作为中小投资者最重要的救济手段，新司法解释完善证券虚假陈述民事责任有助于维护投资者权益，保护资本市场的流动性。

---

〔1〕 齐琦："上海金融法院受理案件连年增长　证券类占一半以上"，载《第一财经日报》2022 年 6 月 28 日。

〔2〕 彭冰："证券虚假陈述民事赔偿中的因果关系——司法解释的新发展评析"，载《法律适用》2022 年第 5 期。

三、新司法解释的重大改进及后续问题——取消前置程序

（一）降低投资者起诉门槛，促进市场反舞弊力量

旧司法解释设置前置程序的目的在于避免证券虚假陈述民事诉讼滥诉。然而前置程序的法律基础和现实功能存在争议，且并非有处罚决定书的虚假陈述均被投资者提起民事诉讼；实践当中有法院并不认同警示函、通报批评等措施满足前置程序的要求。新司法解释第2条第2款规定，人民法院不得仅以虚假陈述未经监管部门行政处罚或者人民法院生效刑事判决的认定为由裁定不予受理。新司法解释取消前置程序，符合理论界以及市场对保护投资者的预期，切实降低了投资者起诉的门槛。将取消前置程序明确载明在司法解释中系我国虚假陈述责任民事责任制度中最本质的变化，该举措或将引发市场做空力量的快速成长，并在很大程度上使得反舞弊的力量不再局限于监管部门，市场本身成为反舞弊的最重要力量，这将会促成司法部门与证监会之间的双向互动，促进监管资源的分配，隐含了市场反舞弊的力量。

（二）民事责任认定标准独立性

在新司法解释未取消前置程序前，人民法院一般会将行政责任或是刑事责任的存在直接认定为虚假陈述的民事责任，往往不再另行审查判断。诚然，前置程序的设置会明显地提高司法效率，但据统计从证监会介入涉嫌虚假陈述的上市公司调查直至作出处罚决定的平均时限大于一年时间。故而，实际将取证责任完全转给相应行政机关也并非提高效率的最好办法。此外民事责任与刑事、行政责任之间是存在着本质区别的。民事责任功能主要在于补偿与救济，重在填补当事人所受损失；行政责任功能主要是保障政府权力的合理与有效运行；刑事责任意在制裁与惩罚，同时拥有一定的警示作用。[1]以康美药业案为例，康美药业公司总经理助理唐某和陈某虽然因被认定为信息披露违法行为的其他直接责任人而受到了证监会的行政处罚，但二人因并未在相应虚假陈述的年度报告中签字保真而被法院认定不承担赔偿责任。

上述案例可见，即便陈某和唐某已被证监会通过行政程序认定虚假陈述行为的存在，但由于不同种责任功能以及思考路径的不一致，即便其行为在

---

〔1〕 朱倩："前置程序取消后证券虚假陈述民事责任要件的认定"，载《福建金融管理干部学院学报》2022年第2期。

行政责任要件中符合虚假陈述行为但也可能不构成民事责任中的虚假陈述行为要件，故认定虚假陈述的民事责任应当从其自身功能以及思考路径出发，确定独立标准。

（三）司法实践的改变

前置程序的取消必然增加人民法院审查案件的压力，因此在司法实践操作方面也必须作出改变。证券虚假陈述民事案件的审理具有极强的专业性，尤其是在前置程序取消的情况下，法院审理案件压力增大，因此要充分发挥专家辅助人与证券律师的作用，将专业辅助制度正式化，提高效率的同时有助于保障案件的公平公正。人数不确定的代表人诉讼有助于提高效率，更好地保障投资者权益，应当允许其适用于证券虚假陈述民事案件中；另外应充分发挥投资者保护机构在诉讼中的作用，完善相应监督机制以及激励措施。

其一，前置程序取消后，未来投资者可以依靠法院以及相关部门的协调和程序规则，如《关于适用〈最高人民法院关于审理证券市场虚假陈述侵权民事赔偿案件的若干规定〉有关问题的通知》（以下简称《适用通知》）第2条允许法院向证监会等有关部门收集有关证据，第4条规定法院可以咨询相关单位意见。其二，通过利用现行证券民事诉讼当中的程序规则，如实践当中有些法院采用的调查令，如《适用通知》第5条允许相关专业人士担任陪审员。其三，2019年《全国法院民商事审判工作会议纪要》第85条所确定的前置程序的重大性推定规则，可以通过赋予原告举证责任予以替代，新司法解释第10条第1款也具体列示了原告可以证明虚假陈述所涉信息具有重大性的多种情形。

四、结论

新司法解释完善了证券虚假陈述责任体系，确立了民事责任认定标准的独立性，进一步强化了对投资者的保护。该解释依照保护投资者、健全资本市场的法政策要求，取消了前置程序。该举措虽然降低了投资者起诉的门槛同时也确定了虚假陈述民事责任认定标准的独立性，但因此而产生的诉讼案件数量激增以及投资者举证责任增大的问题也不容忽视。因此，应当充分发挥专家辅助人与证券律师的作用，对此类案件设立正式的专业辅助制度降低普通投资者的维权成本。在司法实践中还要充分利用特别代表人诉讼制度，大大提高诉讼审判效率，从而真正畅通投资者的权利救济渠道，构建与完善具有中国特色的投资者保护机制。

关联企业实质性合并破产考量因素

姚莹明[*]

（中国政法大学 北京 100088）

摘　要： 集团经济在近年来是市场经济发展的重要组成部分，也是企业立足于经济社会、对抗风险、优化配置、节约成本、减少社会损耗的重要模式。在集团经济给公司运营带来经济利益的同时，也会因集团公司滥用控制权导致关联公司在资产、财务、人员方面产生混同，致使关联公司失去独立的法人人格。当集团公司及各关联公司整体丧失偿债能力进而破产时，应当结合是否存在关联企业混同、是否具有正当商业目的欺诈行为、是否能实现债权人利益公平分配等因素来判断是否符合实质性合并破产的条件。

关键词： 关联企业　合并破产　人格混同

近年来，企业以集团形式在市场经济中运作屡见不鲜，企业集团化经营是企业得以控制运营成本、降低商业风险等行之有效的方式。此外，集团化经营还可以优化集团内部的资源配置，获取更大的经济收益。但集团化经营在带来巨大收益的同时，也存在着弊端，若由于集团滥用控制权，会导致集团内部的各关联企业存在严重混同，比如在关联企业之间的债权债务、关联企业的资产、经营权、决策权、管理权以及人员交叉任免等方面，致使各关联企业失去独立人格，那么当集团各关联企业整体上丧失债务清偿能力时，判断是否适用关联企业实质合并破产还是分别破产就显得尤为必要。

---

* 作者简介：姚莹明（1982 年-），女，汉族，上海人，中国政法大学同等学力研修班 2022 级学员，研究方向为民商法学。

一、关联企业合并破产的现状

关联企业实质合并破产是对各关联企业的资产与负债的合并处理，即将多个关联企业在破产程序中视为一个单位或者一个企业，在统一财产分配与债务清偿的基础上进行破产重整或者清算程序，所有企业同类债权人的清偿率相同，各企业的法人人格在破产程序中不再独立。[1]

关联企业实质性合并破产是近年来实践中的积极探索，它不但能够保障破产中的公平清偿、简化破产程序、避免耗时费力的诉讼与资产债务清理工作，还能有利于企业重整挽救等因素，同时也在一定程度上促进实质合并规则的发展与适用。但是，该规则也挑战了公司法的根本即有限之责任制，外加在最高人民法院印发的《全国法院破产审判工作会议纪要》虽然设有专章八个条文来规定关联企业破产，但也仅在第 32 条中提到了关联企业实质合并破产需要审慎适用，描述较为抽象，具体标准却没有详细列明，导致实践中标准较难把握。本文将从以下三个因素来讨论实质合并破产的标准。

二、关联企业合并破产的因素

（一）关联企业混同因素

关联企业混同即法人人格混同。混同是目前判断关联企业是否可以实质合并破产的主流标准，也是判断是否实质合并破产最为普遍的理由。具体而言，判断关联企业是否混同，可以通过下述角度进行判断：

一是经营管理不独立：具体表现为企业的经营场所混同、关联企业没有重大事项自主决策权、管理及经营方案均有控制企业统一制定下发、企业间经营范围多数重合或者存在业务交叉等。[2]二是资产管理不独立：具体表现为资产来源以及资产的产权归属不明确、各个关联企业共同享有资产，相互之间随意调拨使用，随意处分。三是资金财务管理不独立：具体表现为财务管理混乱，各关联公司可能适用同一套财务管理制度，关联往来频繁，内部控制处于失控状态，又或是融资行为混同，关联企业间交叉担保情形严重，债权债务无法区分，资产重复入账。四是人事管理不独立：具体表现为董事、

[1] 王欣新：《破产法》（第 4 版），中国人民大学出版社 2019 年版，第 382 页。

[2] 肖彬："实质合并破产规则的立法构建"，载《山东社会科学》2021 年第 4 期。

监事、高级管理人员交叉任职，劳动关系混同，人事任免不独立，职工关系由控制企业统一处理、关联企业没有独立的人事任免权。

《公司法》第 20 条第 3 款规定了法人人格否认制度："公司股东滥用公司法人独立地位和股东有限责任，逃避债务，严重损害公司债权人利益的，应当对公司债务承担连带责任。"简言之，否认法人人格的标准是该行为严重损害了债权人的利益。而在实践中则表现为上述四个角度。当关联企业严重混同并且严重损害债权人利益时，就有必要对关联企业的人格进行全盘否认。

实质性合并破产是公司法中有限责任制的例外，同时也是法人人格混同的拓展运用。因为公司的有限责任制在出资股东和公司之间建立了一道防火墙，即便公司破产，也不会延伸至背后的股东。但实质合并破产就不再局限于单个破产公司了，而是延伸至背后的股东、实际控制人甚至是对关联企业人格的全盘否认，使关联企业成员之间的所有债权债务关系完全消灭、财产完全合并，强调对全体债权人利益维护，这在处理高度混同的关联企业破产案件时是一种更有利的手段，[1]从而实现了债务人资产最大化，提高债权清偿率。

（二）不具有正当商业目的的欺诈因素

本文认为，是否具有正当商业目的欺诈行为也应当是判断是否实质性合并破产的考量因素。《破产企业集团对待办法》提到："法院确信企业集团成员从事欺诈或者毫无正当商业目的的活动，为取缔这种图谋或者活动，必须进行实质性合并。"[2]那么此处，何为欺诈，何为不具有正当商业目的？《破产企业集团对待办法》规定："所谓欺诈，并非指公司日常经营中发生的欺诈，而是指其活动根本没有正当商业目的，这可能与创建公司的用意以及其创建后从事的活动有关。这类欺诈的实例包括：债务人几乎将其所有资产转移至某个新设立的实体或者其自身拥有的不同实体，目的是保护自己的利益而保全和保留这些资产；对其债权人进行阻挠、拖延和欺诈；设局假冒或者庞氏骗局和此类其他欺诈计划。"[3]

通过上述实例，可以看出并非所有实质性合并破产的案例都存在严重的法人人格混同现象。比如一部分欺诈体现为：当主体负债时，为了自身利益

---

〔1〕 王欣新、周薇："论中国关联企业合并破产重整制度之确立"，载《北京航空航天大学学报（社会科学版）》2012 年第 2 期。

〔2〕 联合国国际贸易法委员会《破产法立法指南》第三部分"破产企业集团对待办法"。

〔3〕 联合国国际贸易法委员会《破产法立法指南》第三部分"破产企业集团对待办法"。

考虑，重新设立一个公司，并将资产转移至新设公司从而拖延、阻碍债权人实现债权，损害债权人利益。这种手法从表面上看与法人人格混同较为相似，但其区别在于前者设立公司不具有正当商业目的，存在明显的主观恶意，其实质仍然是欺诈。所以，本文认为不具有商业目的的欺诈行为也是实质性合并破产的考量因素，尤其是在不具备法人人格严重混同的前提下，欺诈可以单独作为考量因素。

（三）公平利益分配因素

企业破产程序是为了保障并实现债权人能公平地得到利益分配，而实质性合并破产更是为了增加破产企业可供分配的资产，从而提高债权人受偿比率。因此，出于上述目的，关联企业实质合并破产的利益平衡应当包括两个方面。一是合并能否使被破产企业用于偿还债务的资产增加；二是合并是否能让所有债权人或者说给所有债权人带来的利益大于损害。如果不能满足上述两个方面，那么合并破产将变得毫无意义。

结合上述利益平衡的两个方面，实务中主要表现为以下几个特征：一是将企业合并破产是否能让被破产企业的偿债资产增加；二是关联企业合并之后，有没有可能通过重整使企业运营能力提升，从而给债权人带来更大的利益；三是通过合并是否能消除关联企业间的相互负债、降低清理正本、缩短破产程序。上述三个特征应当是能给所有债权人带来利益的，如果因为合并，在形式上用于偿债的资产变多了，能使大部分债权人得到利益，但是少部分债权人利益是受损的，则不能合并破产。

三、结语

综上，关联企业实质合并破产的本意是为了保障债权人利益，使每一个债权人能够公平实现自己的权利。但是实质性合并又突破了公司有限责任制度，无论对债权人还是债务人的影响都是巨大的。因此，在适用时应当慎之又慎，结合多方因素来考量，才能使实质性合并破产发挥其应有的作用。

有限责任公司股权登记效力研究

张　苏*

（中国政法大学 北京 100088）

摘　要：本文结合《民法典》及最高人民法院《关于适用〈中华人民共和国公司法〉若干问题的规定（三）》（以下简称《公司法司法解释（三）》）相关法条重点分析了关于"善意"的认定以及实际出资人主张登记为显名股东的相关问题，主张"善意"应该是基于工商登记信息推定"善意"，并主张在代持股东滥用其表决权阻碍隐名股东显名化时，经超过半数的其他实际出资人同意的隐名股东可以变更为显名股东。

关键词：有限责任公司　股权登记效力　善意相对人　实际出资人显名

一、问题的提出

随着中国经济的迅猛发展，各类公司成为国民经济的支柱力量。回顾过往，我国除颁布《公司法》外又出陆续出台了五套与《公司法》相关的司法解释，且多次更新。可见随着社会的发展进步不断优化相关法律是大势所趋，且法规应当为商业发展起到正向助推作用。随着《民法典》及《公司法司法解释（三）》生效，其中涉及有限责任公司股权登记效力的相关法律概念和规则引起了本文的注意，其中最为突出的问题一是关于《民法典》第65条中"善意"一词应当如何认定；二是《公司法司法解释（三）》第24条中关于实际出资人主张变更股东登记的规则在实践中能否充分体现"人合性"原则。

＊ 作者简介：张苏（1985年-），汉族，北京人，中国政法大学同等学力研修班2022级学员，研究方向为民商法学。

二、有限责任公司股权登记效力相关法律问题

（一）善意相对人的概念不够明确

善意相对人一词在《民法典》中出现了九处，可见其在《民法典》中是一个经常出现的法律概念。基于我国的现代民法理念从清末自西方引入，因此探究西方对于"善意"（Bona Fides）一词的起源性概念不无启发作用。[1]

从以上西方法学概念解释可以看出，拉丁语词源的"善意"一词本意带有在精神层面道德范畴的"诚实""尊重客观事实"之意。从合同法范畴的权利义务角度观察，可以发现"善意"带有不"恶意"摧毁相对方权利和利益之意，且是基于双方主体"平等"的逻辑。

我国法学领域的专家对于善意相对人的概念有如下观点：其一，《民法典》第145条第2款第3句确认，民事法律行为被法定代理人追认之前，善意相对人有撤销的权利。这里所谓善意相对人，是指不知道也不应该知道对方为限制民事行为能力人的相对人。其二，现代民法上的"善意"由来已久，意为"不知情"，通常是指"行为人在为某种民事行为时不知存在某种足以影响该行为法律效力的因素的一种心理状态"。[2]民法中的"善意"是一种消极的、单纯的、推定的善意，这是因为自然人之间的法律关系能让相对人产生认识错误的因素较少。因此，目前关于"善意"的定义并不明确，究竟是应该强调"不知情"还是"被推定为善意"需要被澄清。

目前我国有限责任公司法律框架下大量存在实际出资人隐名和被登记的代持股东，代持股东一旦与第三方出现债权纠纷几乎必然会产生诉讼，这是一个在现实社会法律实践中必须面对并妥善解决的问题。

例如，A为D公司的部分股权实际出资人，B为A在D公司的自然人代持股东并已完成股权登记。C是与B进行商业往来合作的自然人。某日，A、B、C三人进行商务宴请，席间A向C表明其与B存在股权代持关系并通过微

---

[1] *Bona fides* is a Latin phrase meaning "good faith". In law, *bona fides* denotes the mental and moral states of honesty and conviction regarding either the truth or the falsity of a proposition, or of a body of opinion; As a legal concept *bona fides* is especially important in matters of equity. In contract law, the implied covenant of good faith is a general presumption that the parties to a contract will deal with each other honestly and fairly, so as not to destroy the right of the other party or parties to receive the benefits of the contract.

[2] 郑立、马太建："论民法中的善意制度"，载《法学杂志》1989年第5期。

信向 C 发送了几页 A 与 B 之间代持协议的照片。事后一年，B 因为拖欠 C 某项目货款产生债务纠纷。C 主张 B 将其在 D 公司的股权用来清偿。那么此时 C 是否还可以被认为是善意相对人？认定其为"善意"的标准是什么？

（二）实际出资人主张股权登记问题

在探究《民法典》第 65 条的规则时，《公司法司法解释（三）》的第 24 条因为与之存在逻辑关联性，也引起了本文的关注。第 24 条中体现了两个主要的法律原则：一是保护实际出资人及隐名股东的权利；二是对于隐名股东希望完成工商登记的要求，应以维护有限责任公司的人合性原则为先。

在［2022］苏 04 民终 858 号案，即梁某君、江苏好牧人塑业有限公司等股东资格确认纠纷案民事二审判决书中涉及实际出资人要求显名的相关问题。在此案中，江苏省常州市中级人民法院在审判中参考了《全国法院民商事审判工作会议纪要》第 28 条规定的实际出资人显名的条件，即"实际出资人能够提供证据证明有限责任公司过半数的其他股东知道其实际出资的事实，且对其实际行使股东权利未曾提出异议的，对实际出资人提出的登记为公司股东的请求，人民法院依法予支持"。

但是结合此案的事实和审理使用的法规，再结合商业活动中的实际情况，本文注意到一个问题。原告梁某君希望将自己变更为显名股东，但是被告赵某满作为一个根据股权登记占有 70% 股权的代持股东实际上对梁某君变更为显名股东具有根本性的"一票否决权"。但其背后的问题还在于，赵某满虽然根据当下《公司法司法解释（三）》第 24 条及《全国法院民商事审判工作会议纪要》第 28 条的规定是具有此权利的，但是赵某满本人还代持了其他占股 44.54% 的实际出资人的股份（除去赵某满和梁某君之外的实际出资股份），赵某满作为自然人实际出资只占 17.1%。进一步进行一些合理推测，赵某满可能是具有行业生产管理经验的股东，所以在公司创立时被作为占股 70% 的显名代持股东，全权主导公司的管理和日常运营。随着公司的生产经营不断发展，梁某君作为在"小股东"中占比相对较大的实际出资人可能产生了对公司管理经营的不同想法且希望自己能够参与到公司的日常管理中。从有限责任公司"人合性"的理念出发，赵某满确实可以通过表示不同意而直接否决梁某君的主张并且在两次审判中也实现了这个结果。但是，基于公司相对特殊的股权结构，还有 13 位被赵某满代持的"小股东"（实际出资人）可能也存在和梁某君类似的想法，但是基于公司创始时的股权登记构架无法实现其主张。再作进一步的假设，赵某满在今后的公司经营过程中不断发生不当管理导致公司业绩下滑甚至破产清算，那么作为只实际出资 17.1% 的赵某满和其兄弟赵某玉（占股30%）可能会对合计出资超过 50% 的其他股东造成利益侵害。这种多名实际出资人出资占比超过 50% 但是无一能够主张公司股东登记的情况值得进一步思考。

三、解决相关问题的对策

（一）支持推定"善意"

关于善意相对人在前文问题分析时所提到的情况，善意第三人无法通过公司股权的实际出资人或代持股东的语言、信函或者任何形式去彻底确认双方的代持行为真实性。所谓"知情"的判断标准缺乏精准的判断标准且在实际司法审判中可能会遇到诸多问题。由于国家工商系统的信息登记是具有公信力的第三方政府行为，是有限责任公司内部实际出资人和代持股东等最终达成共识具有公信力的外在体现。因此本文认为，"善意"被作为推定善意更为合适，即基于善意第三人对国家政府工商登记信息的知悉和确信加以推定。

（二）以多数实际出资人作为同意股权登记的条件

在前述案件中引起本文关注的问题是：当一些实际出资人的出资比例总和已经超过 50%，但是在公司创建时的股权登记和代持协议构架下，任一或所有"小股东"（占比率较小的实际出资人）联合要求也永远不可能具有登记为显名股东的权利时，公司法和相关司法解释在有限责任公司股权问题中所提倡的"人合性"原则是否可能会被登记过半比例的代持大股东利用，值得进行进一步的深入讨论。此外，如果将实际出资人看作建立公司时的实际基础力量，且他们的经济利益与公司的经营状况息息相关，那么在代持股东滥用其表决权阻碍隐名股东显名化时，可以考虑将《公司法司法解释（三）》第4条第3款调整为"实际出资人未经公司其他实际出资人半数以上同意，请求公司变更股东、签发出资证明书、记载于股东名册、记载于公司章程并办理公司登记机关登记的，人民法院不予支持"，以维护出资比例过半的股东的相关权利。

公司法修订背景下有限责任公司清算义务人范围问题研究

张译尹*

（中国政法大学 北京 100088）

摘 要：《公司法（修订草案）》首次明确了有限责任公司和股份有限公司在公司进行自行清算时，清算义务人均为公司董事，且清算组成员原则上也应当由公司的董事组成。由于董事对公司的运营情况比股东更为熟悉，规定由董事组建清算组更方便、操作性更强，也会使股东进一步放手让董事履行更多职责，让董事做符合其专业的事，未来投资可能会因这一规定而更加活跃，该规定也有利于消除股东或投资者的投资忧虑。

关键词：公司法修订草案 清算义务人范围

1994 年 7 月 1 日起正式施行的《公司法》为我国的第一部公司法。2021 年，全国人大常委会发布《公司法（修订草案）》向社会公开征求意见。此次修改规模仅次于全面修改，近三分之一的法律条文被修改。在新冠肺炎疫情的影响下，有限责任公司总体利润降低、市场低迷、缺乏动力，同时，在对老全民所有制企业全面改制或清理退出的工作要求下，大量企业走向清算的道路。《公司法（修订草案）》与现今公司经营权与所有权分离的管理理念相融合，更能激发市场活力、适应时代需求，为经历了新冠肺炎疫情企业的未来发展注入了新的支撑，也将曾经存在争议的部分规定得以统一及明确。该法案的更新换代，是我国务实的态度在立法过程中集中体现，也是党的实

---

* 作者简介：张译尹（1993 年-），女，汉族，黑龙江双鸭山人，中国政法大学同等学力研修班 2022 级学员，研究方向为民商法学。

事求是精神在立法过程中的集中体现。

一、清算义务人的概念

清算义务人是在公司将面临被清退的情况下，依法对公司承担组织清算的义务，在公司对相关权利人造成损害的情况下，依法承担相应责任的民事主体。[1] 国内首次提出清算义务人概念的是《民法总则》。《民法总则》提出清算义务人作为法人董事、理事等执行机关或决策机关成员，并不是将股东列为直接清算义务人的范围内，也不是将清算义务人的范围限定为股东。

但要注意的是，清算义务人不完全等同于清算人。清算义务人负责在公司解散时组织公司清算，被称为公司清算的组织主体。清算义务人负责启动清算程序，清算组负责实施清理步骤，两者在清算过程中的职权是有所区别的。清算人是在清算的过程中具体处理清算事务、推进清算过程的执行主体，清算人的职责是履行和实际执行清算。在实践中，清算义务人也可以担任清算人进行清算事务。从现行法律规定来看，清算义务人的范围没有进行统一和明确。

二、清算义务人范围相关法律规定

《公司法》未明确说明公司清算义务人范围，而是对有限责任公司的清算组人员构成进行了规范。由于《公司法》未明确清算义务人范围及责任，在司法实践中，部分面临解散的企业面临各种解散事由，例如被吊销营业执照、未按照规定及时自行组织清算，使公司财产贬值、流失或消失，甚至主要财产、财务账册和重大合同等资料下落不明，无法进行清算，给债权人造成严重损失，所造成的损失也难以进行有效追究。

最高人民法院《关于适用〈中华人民共和国公司法〉若干问题的规定（二）》仍未明确清算义务人的概念。该司法解释第 18 条明确规定了清算义务人的范围及法律责任。股东怠于履行清算义务而导致公司无法清算时，必须对公司债务承担连带偿还责任，这一规定使得有限责任公司解散后的清算义务人能够及时启动清算程序，依法进行清算，规范企业清退的流程，保障企业债权人的合法权益。在公司发生解散事由之前，其主要财产、账簿和重

---

〔1〕 王欣新："论清算义务人的义务及其与破产程序的关系"，载《法学杂志》2019 年第 12 期。

要文件处于不明状态的，不应在发生纠纷之后认定股东怠于履行清算义务与公司主要财产、账簿和重要文件的灭失、不能清算之间存在因果关系。

《民法典》第70条明文规定了清算义务人的确定原则，与《公司法》规定的内容有所不同。《民法典》规定的清算义务主体是公司的董事，《公司法》则是股东。[1]前者属于一般法，后者属于特别法，在法律适用上，秉持着特别法优先于一般法的原则，在明确清算义务人的范围上，后者优先于前者。但是，《公司法》及其司法解释为旧法，颁布于《民法典》之前，因此，根据新法优于旧法的原则，前者优先于后者。公司作为最普遍存在的法人如若不能适用《民法典》，则《民法典》将失去其颁布的意义，且《公司法》及其司法解释也不应包含进第70条"法律、行政法规另有规定"的范围内。如是，清算义务人的范围则应按照新法优先于旧法的原则，应为《民法典》所规定的公司的董事。

三、《公司法（修订草案）》关于清算义务人范围的优化

（一）明确清算义务人

《公司法（修订草案）》已根据《民法典》第70条的规定，明确无论是有限责任公司还是股份有限公司，清算义务人都是公司的董事，而不包括股东。清算组由董事组成，但公司章程另有规定或根据股东会决议选择他人的除外。

（二）清算义务人内增加监事的可能性

与股东相比，监事的优势在于：其一，监事有权检查公司财务。公司财务的情况是判断公司是否解散和如何清算的主要依据。其二，监事比股东更了解公司的经营情况。董事作为高管，其经营行为决定公司的经营状况，因此公司监事的构成成为合理公司治理的重要一环。其三，监事享有特别调查权。公司发生异常情况时，监事作为公司的主管有权进行调查。其四，监事享有更多保障性权利，如监事可建议召开临时股东会会议，但《公司法（修订草案）》并没有赋予监事清算义务和责任。

四、结论

进行这样的立法修订，一方面保证《公司法》与《民法典》观点一致，

---

〔1〕 赵吟："公司清算义务人侵权责任的体系解构——兼论《民法典》第70条与《公司法司法解释二》相关规定的适用关系"，载《法治研究》2020年第6期。

另一方面又考虑到公司治理的实践层面，对目前经济的发展以及保障公司的债权人的利益有重大意义。该修订草案的合理之处在于董事比股东更熟悉公司的运作情况，董事比股东更有义务组成清算组。修订草案将清算义务人明确为董事这一规定，否定了以往清算义务人系股东这一长期、普遍的观点，同时也为市场经济主体的注册实践提供了明确的指引。本次修改如最终通过审议，因清算义务人未及时履行义务而损害公司债权人利益的，赔偿责任的主体也将是公司的董事。同时，清算组备案的，清算组成员原则上可以确定为董事，公司另行提供章程或者公司股东另行决议的，依照其章程或者决议。进一步看，在股东或投资者层面，该规定回归股东有限责任这一公司法的基本原则，有助于消除投资者的投资顾虑，也有利于让董事履行更多职责，让专业人士做专业的事，增加投资者对被投资主体的信任度。在公司董事的层面上，这将意味着更多更重的责任，也对公司董事的忠实义务和勤勉义务提出了更高层次的要求。

我国离婚损害赔偿制度司法实践中的问题与完善

赵 楠*

（中国政法大学 北京 100088）

摘 要：为了维护婚姻中无过错方的合法权益，制裁过错方，我国法律规定了离婚损害赔偿制度。其出发点是好的，但是在现实的司法实践过程中却会涌现出许多问题，如适用权利主体范围窄、适用范围难以确定、举证难影响事实认定、赔偿数额计算标准难以确定等，司法实务中的运用效果并不好。通过适度扩大适用主体范围、明确离婚赔偿制度的适用范围、综合考量赔偿标准、合理运用优势证据来完善该项制度的实践，可以更好地保护无过错方的合法权益。

关键词：离婚损害赔偿制度 赔偿标准 改进与救济

一、离婚损害赔偿制度的概念

中国法律意义上的婚姻，是男女双方基于平等自愿的原则缔结而成的一种法律意义上的契约关系。一旦婚姻关系成立，那么二人之间的这种亲密状态就会受到法律的保护，并应该遵守家庭伦理道德规范的约束，夫妻双方互负忠诚义务。一旦夫妻中的一方违反义务、冲破伦理的束缚，出现不忠、暴力虐待、吸毒等行为，那么婚姻关系有可能会走向终结，进入到下一阶段即离婚的程序中。我国为了保护无过错方的权利制定了离婚损害赔偿制度，属于婚姻解除时财产清算关系的矫正与补偿，有填补损害、弥补受害方、惩治和制裁加害方的作用。[1]

---

* 作者简介：赵楠，中国政法大学同等学力研修班 2022 级学员，研究方向为民商法学。

[1] 巫昌祯、夏吟兰："《民法典·婚姻家庭编》之我见"，载《政法论坛》2003 年第 1 期。

根据《民法典》第 1091 条的规定，离婚损害赔偿制度在逻辑上包含着两层因果关系：第一层是一方实施重大过错行为导致离婚这一后果出现，要求请求权人必须是无过错方，若在这段婚姻关系存续期间，双方均就离婚问题有过错的，那么双方均无权提起离婚损害赔偿；第二层是离婚是引起受害方提起损害赔偿的因，那么无过错方的损害赔偿请求就是离婚的果，即离婚损害赔偿制度的前提是婚姻关系走向终结，本质是为了弥补无过错方对婚姻美好愿景破裂带来的希望的落空。

通过将《民法典》的离婚损害赔偿制度与《婚姻法》比较发现，前者新增加了兜底条款"其他重大过错"，弥补了后者列举模式带来的司法运用的局限性，后者仅仅规定了四种情形，难以应对现实需求，非常不利于受害方的权益保护。而《民法典》的条款采取了列举、概括并行的方式，对比来看更接近立法原意。

二、离婚损害赔偿制度在我国司法实践中的不足

（一）适用权利主体范围过窄

根据《民法典》关于离婚损害赔偿制度的规定，赔偿请求权人为婚姻关系中的无过错方，这种设置是否过于局限。权利主体不应仅仅限于婚姻关系中的无过错方，因为法条所指的家庭暴力、遗弃、虐待行为对象在现实中不可能仅仅只是夫或妻中的一方，还可以是未成年人及其他共同居住的家庭成员，而这类人是否拥有损害赔偿请求权、怎样行使这项权利等都需要加以考虑。

（二）制度适用范围仍然不明晰

《民法典》相较于《婚姻法》，在离婚损害赔偿制度的适用范围上已经有了很大进步，其在原有的重大过错行为的穷尽性列举的基础上还加上了"其他重大过错"兜底条款，婚姻生活中情况是复杂多变的，法条上的穷尽性列举显然不能满足人们现实生活的需要，而《民法典》这一兜底条款既能够保持司法在现有的立法框架下有所遵循，又能够弥补法律的滞后性和局限性。但是这种改变又产生了新的问题，那就是，如何认定"其他重大过错"的决定权掌握在法官手中，什么是重大过错行为？行为恶劣到何种程度才会被认定为重大过错？不同的法官可能会有不同的判断，出现同案不同判的情况，不利于维护过错方权益、不利于司法公正、影响法律权威。

（三）举证难

根据《民事诉讼法》中"谁主张谁举证"的证明责任分配原则，在离婚损害赔偿诉讼中，无过错方负有向法院举证证明过错方实施了《民法典》第1091条规定的家暴、遗弃虐待家庭成员、重婚、与他人同居及其他重大过错行为，但是婚姻关系中过错方实施的这些伤害行为都极具隐蔽性和私密性，且婚姻家庭生活中，过错方往往缺乏拍照、录音等保留证据的意识，因此在此类案件中，举证责任人最多只能提供言词证据，主要证据形式是当事人陈述，可能还有家人的证人证言。而根据《民事诉讼法》有关证据的规定，与一方当事人有利害关系的证人出具的证言不能单独作为认定案件事实的依据，此种证人证言证明力很薄弱。举证难带来的后果就是无过错方往往因为证据不足而败诉，离婚损害赔偿制度制裁过错方保护无过错方的立法目的就无法实现。

（四）赔偿数额计算标准难以确定

离婚损害赔偿范围包括物质损害赔偿和精神损害赔偿，物质损害是指无过错方因为过错方重大过错行为导致的财产权益的损失，包括现有财产利益的损失及恢复伤害造成的财产利益损失。精神损害则是过错方给无过错方造成精神方面的痛苦和损失。在司法实践中，认定精神损害赔偿和物质损害赔偿金额存在一定难度，因为这两种损失很难量化，比如使用什么样的暴力，使用的暴力程度如何，都没有统一的标准与赔偿金额挂钩。此外，在司法实践中适用精神损害赔偿的案件中赔偿数额一般偏低，难以真正弥补无过错方受到的伤害。

三、完善我国离婚损害赔偿制度司法实践的建议

（一）适度扩大权利主体和义务主体的范围

根据《民法典》规定，损害赔偿请求权人是婚姻关系中的无过错方，但是重大过错行为方实施的暴力、虐待、遗弃的行为对象也有可能是未成年人及共同居住的其他家庭成员，从对未成年人保护角度考虑，有学者认为应当扩大权利主体的范围，赋予未成年人独立的损害赔偿请求权。[1]

---

〔1〕 田韶华、史艳春："民法典离婚损害赔偿制度法律适用的疑难问题"，载《河北法学》2021年第1期。

另外，考虑到存在第三者蓄意对婚姻关系进行破坏，除了过错方刻意隐瞒其已婚事实，第三者被蒙在鼓里不知自己插足他人家庭的情况，过错方与第三者共同实施了破坏婚姻的行为，此种行为过于恶劣，因此应当适度扩大赔偿责任主体范围，双方需要共同对无过错方承担赔偿责任。

（二）明确适用范围

法律自身的局限性和滞后性决定了其往往是无法顺应时代变化与发展的，这是法律固有的特性。尽管《民法典》就离婚损害赔偿情形采取了"列举+概括"的形式，但是还存在法定情形以外，认定过错行为恶劣程度的标准模糊不清的情况，比如同性恋骗婚、生育私生子女、滥交嫖娼等，缺少明确认定标准将会导致法官自由裁量权过大，影响案件公正。因此，需要由最高人民法院对典型案例进行汇总，发布指导性案例，指导各级法院法官准确认定过错行为程度，作出符合事实与法律的判决。

（三）合理运用优势证据

离婚损害赔偿诉讼中请求权人往往因为证据不足而败诉。因此，法官可以综合运用优势证据规则和高度盖然性证明标准。根据最高人民法院《关于民事诉讼证据的若干规定》之规定，双方针对同样的事实拿出了截然相反的证据，那么此时法官就要根据明显优势就这一对完全相反的证据进行判断，对证明力较为突出的证据予以确认。在离婚案件中，如果双方都无法提供充分的证据，如果无过错方的举证达到了高度盖然性标准，则法院应当支持无过错方的赔偿请求，判令过错方向其承担赔偿责任。[1]

（四）综合考量赔偿标准

至于赔偿标准问题，首先考虑到不同地区经济发展水平不同，想要全国达成统一的赔偿标准是不现实的。因此未来应当针对赔偿标准出台原则性规定，各个地区的法院在不违反原则性规定的前提下，根据所在辖区经济发展水平就赔偿标准作出明确的具体标准。此外，法官也要适当行使其自由裁量权，综合以过错方行为的恶劣程度、持续时间、对社会的影响、侵权损害程度及侵权持续时间等作为重要考量标准来确定赔偿数额。

---

〔1〕 张榕、陈朝阳："论作为司法能动性之核心的法官自由裁量权——以最高人民法院《民事证据规定》为中心"，载《河北法学》2005 年第 4 期。

四、结论

离婚损害赔偿制度增加了离婚成本，同时还起到了弥补无过错方受到的损害、惩戒过错方的作用，一定程度上对过错方起到震慑作用，降低离婚率，维护婚姻家庭关系的和谐稳定，从而为社会的和谐稳定起到了推动作用。但是这项制度在现实的法律实践过程中，由于法律的滞后性，其无法更好地顺应时代的发展、无法更好地发挥这项制度应有的作用，因此应该进一步加强对离婚损害赔偿制度的理论研究，使其能够在司法实践中更好地保障当事人的合法权益，促进我国婚姻家庭法律制度的健全与完善。

预约合同的违约救济研究

段艳霞*

（中国政法大学 北京 100088）

摘　要： 预约合同在锁定交易对象、创造交易机会等方面日益发挥着重要作用。预约合同虽然较建立正式交易关系的本约合同有本质区别，但同样具有相应的法律约束力。违反预约合同应承担何种违约责任，守约方可通过何种途径有效实现违约救济，现尚无具体明确的法律依据可循，还需要通过进一步完善相关法律规定，切实保障守约方在违约方违反预约合同后，能通过合理的救济途径追究违约方的违约责任，以捍卫预约合同的法律约束力。

关键词： 预约合同　信赖利益　机会成本　履约收益

预约合同通常系当事人在不具备直接订立本约合同的条件时，为了有效掌控未来订立本约合同的可能性而订立的合同，对调整市场交易关系具有积极意义。若不能合理保障预约合同的违约救济，必然将严重削弱预约合同的法律约束力。

一、预约合同的性质、价值及现行法律规范

（一）预约合同的性质简析

依据手段和目的的关系，对两个合同的互动关系进行区分，可将合同区分为预约合同和本约合同。[1]预约合同简称为"预约"，也被称为预备性契

---

　*　作者简介：段艳霞（1982年-），女，汉族，内蒙古鄂尔多斯人，中国政法大学同等学力研修班2022级学员，研究方向为民商法学。

[1]　朱广新：《合同法总则》（第2版），中国人民大学出版社2012年版，第25页。

约。[1]预约合同的实质系当事人之间形成的关于未来在特定的条件下或一定的期限内就具体的交易事项另行订立合同的约定，预约合同中约定的拟在未来另行订立的合同即为本约合同。预约合同的核心内容是当事人关于未来拟订立本约合同的具体约定，但也存在当事人在预约合同中已就未来拟订立的本约合同的主要内容作出较为具体明确的约定的情形。

（二）预约合同的存在价值

在社会经济实践中，受不同领域不同时期的供需波动等交易因素的影响，往往在特定的市场周期内会呈现出"买方市场"或"卖方市场"，必然导致市场供需不平衡、交易双方实力不对等等情形。当事人出于竞争或交易等需要，会不程度上存在锁定交易对象的需求。但直接订立本约合同又会受现实交易条件的制约，很难一蹴而就，于是预约合同便应运而生。

以商品房销售领域为例：一方面，商品房出卖人在未取得商品房预销售许可证前与买受人订立商品房买卖合同的，既要承担合同无效的民事法律后果，还要承担因非法预售商品房而被行政处罚的行政法律责任。但商品房出卖人在商品房销售实践中基于竞争和销售需求，通常锁定买受人的迫切性和必要性，为了避免承担合同无效的民事法律后果，并规避非法预售商品房的行政法律风险，一般会选择先与买受人订立预约合同，以便约束买受人在其取得商品房预销售许可证后与其订立商品房买卖合同，以期有效保障商品房的销售进度与销售数量。另一方面，即使商品房出卖人已取得商品房预销售许可证，商品房出卖人基于及时高效回笼资金的需要，通常也不会在买受人未能履行大部分购房款的前提下，便轻易与商品房买受人订立商品房买卖合同。因为一旦订立商品房买卖合同，非经法定程序无法解除合同，且解除合同后还需要履行解除商品房预售合同登记备案等行政监管程序，若在未经法定程序解除商品房买卖合同的前提下再销售的，又将承担"一房多卖"的惩罚性赔偿责任。由此一来，若商品房买受人在订立商品房买卖合同后无法按期足额支付购房款，商品房出卖人很难通过及时解除商品房买卖合同，有效实现商品房的再次销售，必然严重制约商品房出卖人及时高效地回笼资金。但适用预约合同则既可以克服解除商品房买卖合同的现实困难，又可以规避"一房多卖"的法律风险。鉴于上述原因，预约合同在商品房销售领域适用较

---

[1] 王利明："民法典合同编通则中的重大疑难问题研究"，载《云南社会科学》2020年第1期。

为普遍，且应用相对成熟。

显然，合理适用预约合同既符合市场经济规律，又能满足当事人在经济交易中的实际需求，预约合同客观上具有存在价值。

（三）预约合同的现行法律规范

最高人民法院《关于审理商品房买卖合同纠纷案件适用法律若干问题的解释》第 4 条，[1]规定了当事人先行订立合同，为将来能否订立商品房买卖合同提供违约担保的条款。该条款中所述的先行订立的合同实质即为商品房预约合同，而未来拟订立的商品房买卖合同即为本约合同。

《民法典》第 495 条，[2]则以正式法律规定的层面，作出了关于预约合同的具体规定，但同样仅规定了守约方有权主张不履行订立本约合同义务的违约方承担预约合同的违约责任，但却未明确规定具体的违约救济途径。

二、预约合同的违约损害后果

当事人在具备订立本约合同的条件时，因一方违约未能按照预约合同约定订立本约合同的，即属于根本违反预约合同，构成预约合同违约。预约合同违约可能造成的直接损害后果，主要包括损害当事人的信赖利益、机会成本、履约收益等。

（一）对信赖利益的损害

当事人未按照预约合同约定订立本约合同，所损害的信赖利益一般主要指守约方基于对违约方的信赖，而准备订立本约合同可能支出的合理费用。

（二）对机会成本的损害

当事人未按照预约合同约定订立本约合同，所损害的机会成本通常主要指守约方为了为违约方保留交易机会，而丧失的与其他交易对象进行交易的机会。

---

[1] 最高人民法院《关于审理商品房买卖合同纠纷案件适用法律若干问题的解释》第 4 条规定："出卖人通过认购、订购、预订等方式向买受人收受定金作为订立商品房买卖合同担保的，如果因当事人一方原因未能订立商品房买卖合同，应当按照法律关于定金的规定处理；因不可归责于当事人双方的事由，导致商品房买卖合同未能订立的，出卖人应当将定金返还买受人。"

[2] 《民法典》第 495 条规定："当事人约定在将来一定期限内订立合同的认购书、订购书、预订书等，构成预约合同。当事人一方不履行预约合同约定的订立合同义务的，对方可以请求其承担预约合同的违约责任。"

（三）对履约收益的损害

当事人未按照预约合同约定订立本约合同，所损害的履约收益在实务中主要指守约方在双方订立本约合同后可基于履行本约合同而获取的合理利益。

三、预约合同的违约救济

依据《民法典》第119条之规定，依法成立的合同，对当事人具有法律约束力。显然，在预约合同合法有效的前提下，自然应对订立预约合同的当事人具有相应的法律约束力。当事人违反预约合同约定未履行订立本约合同的义务，应承担违反预约合同的违约责任。但在当前市场交易及司法实践中，预约合同的违约救济具有很强的局限性，守约方的利益很难切实有效地得到合理保护。

（一）不具有强制继续履行的可能性

当事人存在预约合同违约，实际上主要指当事人在订立预约合同后未能按照预约合同约定实际订立本约合同。

依据《民法典》第577条之规定，当事人一方不履行合同义务或者履行合同义务不符合约定的，应当承担继续履行、采取补救措施或者赔偿损失等违约责任。但《民法典》第580条第1款第2项又规定：债务的标的不适于强制履行的，当事人不可以请求继续履行。强制继续履行预约合同，实质上等同于强制当事人订立本约合同。而订立本约合同应当遵循当事人自愿原则，当事人有权按照自己的意思决定是否订立本约合同。通过强制当事人继续履行预约合同，进而实现强制当事人订立本约合同的目的，显然会违反设立民事法律关系应当遵循的自愿原则。在调整民事法律关系过程中，当面临更应该保护当事人的信赖利益，还是更应该尊重当事人的意思自治的法律适用价值冲突时，意思自治显然应具有更高的价值位阶。当前司法实践中，鲜少有强制当事人继续履行预约合同即强制当事人订立本约合同的情形。

最高人民法院《关于审理商品房买卖合同纠纷案件适用法律若干问题的解释》第5条，[1]规定了若商品房预约合同已经具备商品房本约合同应有的

---

〔1〕 最高人民法院《关于审理商品房买卖合同纠纷案件适用法律若干问题的解释》第5条规定："商品房的认购、订购、预订等协议具备《商品房销售管理办法》第十六条规定的商品房买卖合同的主要内容，并且出卖人已经按约定收受购房款的，该协议应当认定为商品房买卖合同。"

主要内容，且当事人已经按照相应约定履行商品房买卖价款的，应认定该商品房预约合同具有商品房买卖合同的法律效力和法律约束力。这一条款等同于实质上保护了已经具备本约合同主要内容且已实际履行本约合同主要义务的预约合同的继续履行，也即认为：预约合同只有具备本约合同的主要内容，才具有强制继续履行的现实可能性。

（二）难评估预约合同违约的实际损失

既然预约合同违约后基本上不具有强制履行的可能性，主张赔偿损失便成为主要的违约救济途径。但以上所述预约合同违约所致的对信赖利益、机会成本、履约收益等的损害，基本上都属于无法客观公允地予以合理量化定损的指标，故在司法实践中通常很难准确地评估认定预约合同违约所致的实际损失。

（三）加强对违约责任的约定更具有可行性

若当事人在订立预约合同时，能在预约合同条款中具体明确地约定，当事人一方在具备订立本约合同时，非因另一方当事人原因，拒不订立本约合同，应承担何种违约责任，则能在一定程度上有效提高实现预约合同的违约救济的可能性。当事人同时可通过在预约合同中约定适用定金罚则、约定一定的违约金、约定违约损失的组成、约定违约损失的计算标准等方式，明确约定预约合同的具体违约责任，从而能有效保障预约合同的违约救济。

四、结论

当前司法实践中，预约合同呈现出法律约束力弱、解约随意性强、违约风险责任小等基本特征，有悖民事主体从事民事活动应当遵循诚信、秉持诚实、恪守承诺的基本原则，更不符合对民事契约应有的信赖保护原则。在订立预约合同时加强对预约合同违约责任的约定，可在一定程度上保障预约合同的违约救济。但最终还要依赖于通过进一步制定立法解释、司法解释等方式补充、完善相关法律规定，切实保障预约合同的违约救济，才能将预约合同的法律约束力落到实处。